国际经济行政法系列丛书

涉外经济行政法体系建构与实践展开

程天权　朱淑娣　等著

复旦大学出版社

本书由复旦大学国际经济行政法研究基金支持

国际经济行政法系列丛书

编委会

编委会主任 程天权 朱淑娣
编委会执行主任 谭艺渊 栗春坤 万 玲
编委会副主任 商建刚 连晏杰 宋晓阳 秦 亮 张 翔
编委会成员（以姓氏笔画为序）
　　　　　　　万 玲 孙秀丽 朱淑娣 江国强 李冠龙
　　　　　　　张 华 张圣翠 张 翔 连晏杰 陈文清
　　　　　　　宋晓阳 罗 佳 祝 高 秦 亮 栗春坤
　　　　　　　商建刚 程天权 路平新 谭艺渊
学术顾问 周洪钧 张圣翠 潘伟杰
法律政策与实务顾问 王 骞 宋晓阳 邢芝凡 裴长利

总序

应时而生、与时俱进的国际经济行政法学

在经济全球化程度日益加深,中国实施并推进改革开放,加入世界贸易组织的时代背景下,中国国际经济行政法学应时而生。1978年党的十一届三中全会开启了改革开放,以及以经济建设为中心的社会主义现代化建设历史新时期,打开了中国与世界交流对话、交汇融合的大门。1995年1月,世界贸易组织成立。2001年12月,中国正式加入世界贸易组织,这是中国适应和参与经济全球化的重大举措,并给中国法治国际化带来了重要机遇。世界贸易组织改造并创设了比关税及贸易总协定(GATT)更加健全有效的国际经济治理机制,在国际层面发挥着重要的治理作用,并深入影响各成员方政府的涉外经济行政活动。此类公权力运作的社会机制,已经自成体系,孕育出需要专门研究它的学科。基于这样的时代背景,复旦大学法学院朱淑娣教授率先提出国际经济行政法学,并带领团队开展前沿研究。

朱淑娣教授团队在2002年至2008年先后出版专著《运行中的国际经济行政法》《中国经济行政法治与国际化》《国际经济行政法》,以及公开发表《国际经济行政法的理论界定》等建构性论文,系统性地阐释国际经济行政法,为国际经济行政法学这门新兴分支学科在中国的建立作出贡献。2012年至2021年,朱教授团队相继出版《全球化与金融消费者权益行政法保护》《道器兼具:全球化与经济规制行政法前沿研究》《道器兼具:全球化与金融信息披露行政规制研究》《涉华国际贸易行政诉讼案例精析》,以及多篇高质量论文,推动国际经济行政法学研究纵深化发展。

在面对世界百年未有之大变局,中国进一步全面深化改革,推进中国式现代化的新阶段,国际经济行政法学研究与时俱进、奋力作为。当下,国际

体系和国际秩序正面临着深刻调整,全球经济的发展形势严峻,其治理格局深刻演变,经济全球化在形式和内容上面临着新的调整。面对纷繁复杂的国际国内形势,2024年党的二十届三中全会对进一步全面深化改革、推进中国式现代化作出部署。其中,在经济建设方面,要求推进高水平对外开放,打造现代化经济体系,建设更高水平开放型经济新体制,积极参与全球经济治理体系改革;在法治建设方面,要求加强涉外法治建设,完善涉外法律法规体系和法治实施体系,深化执法司法国际合作,积极参与国际规则制定。这对国际经济行政法学研究提出了新的更高要求。在党中央战略布局的指引下,国际经济行政法学者们秉持"道器兼修"的学术品格,围绕时代新问题打造新的理论增长点,更加侧重涉外经济行政法、国际经贸规制法改革等方面的研究,并形成"国际经济行政法系列丛书",以新的体系化理论成果回应时代之需。

"国际经济行政法系列丛书"由我和朱淑娣教授共同担任编委会主任,推出三本专著。其中,《涉外经济行政法体系建构与实践展开》由朱淑娣教授、蔡从燕教授、张圣翠教授、谭艺渊博士后研究员、万玲副教授等合著,《金融法域外适用中的行政行为合法性》由朱淑娣教授和谭艺渊博士后研究员合著,《国际贸易行政诉讼中的原告权益保障》由朱淑娣教授和罗佳博士合著。三本专著的研究各有侧重,同时相互融会贯通,呈现出三个方面的共通点。

一是研究站位上,注重中国主体性。在全球化视角下的法律现象观察,既包括空间维度,也包括时间维度,它们的互动演变与具体的时空相勾连。随着时空的演进,在当代全球经济治理格局中,中国已从以往的跟跑者向并行者乃至领跑者转变,更加主动、更加深入地参与全球经济治理。因而,中国在全球经济治理格局中的主体性更加突出。本系列丛书研究所凸显的中国主体性,是立基于中国在涉外经济行政和参与全球经济治理方面的实践,找出法律制度及其施行过程中的问题"靶点",提出彰显中国主体、中国作为的制度改革方案。同时,这种方案并非仅限于在中国的时空中发挥效用,而是尝试为全球经济治理制度体系完善提供助力,促进不同时空下法治体系之间的互动,以法治方式强化中国在全球经济治理格局中的主体作用。

二是理念导向上,追求法治现代性。法治区别于传统社会的人治,是现代人类为实现自我驾驭而发明的制度,彰显了现代人类的理性意识。因而,法治被称为一项现代性事业,法治现代化的过程就是一个不断获得现代性的动态过程。对公权力的控制和规范,对人权的尊重和保护,是法治现代性的根本体现。本系列丛书在经济规制国际化的语境下强调控权和人权保护,防范公权力跨国"作恶",维护具有涉外因素的行政相对人的合法权益。面向复杂的跨国经济行政,主张通过形式与实质相统一的双层法治化架构对其进行约束,促进该行政领域中的良法善治。同时,值得注意的是,法治现代性并非一种单一的现代性,而是多样化的。本系列丛书在开展比较法研究的过程中,在根植于中国制度环境的基础上,对相关域外法进行批判性借鉴,以提升中国涉外经济行政法在国际社会上的可接受性,增强中国在全球经济治理规则建构中的话语权。

三是价值取向上,强调利益平衡性。透过"法学的显微镜","每一个法律命令都决定着一种利益冲突"。国际经济行政法是对跨国经济治理、国际经济治理进行调整的法,聚焦于全球化时代政府经济规制法的国际协调,其本身实质上就是一个巨大的利益平衡机制,具有利益平衡的显著功能。通过强化国际协调性,调解跨国利益冲突,促进各元素之间的利益均衡状态,推动形成和谐有序的涉外或国际经济市场秩序。其中,既涉及两国经济市场之间的公共利益平衡,也涉及两国经济行政主体之间的部门利益平衡,还涉及本国经济市场公共利益与涉外私人主体利益之间的平衡。

本系列丛书是国际经济行政法学发展过程中所结出的一枚"果实",其背后离不开多元主体长期以来的"栽培"。中国法学会副会长、华东政法大学校长叶青教授,复旦大学上海医学院党委副书记、法学院原党委书记胡华忠研究员,复旦大学文科科研处处长顾东辉教授,复旦大学出版社有限公司党委书记、董事长严峰先生,对系列丛书的整体策划、宏观统筹进行深入指导,为横向协同、纵向互动提供有力的支撑。复旦大学法学院打造本土化与国际化相结合的学术生态,为国际经济行政法学落地生根供给良好的土壤。法学院院长杜宇教授、党委书记赵文斌先生及其团队,持续推动国际经济行政法学发展,为跨学科合作、丛书编著提供坚实的组织载体。复旦大学出版社是业界重镇,在原创性学术著作出版方面具有重要的影响力和引领力。出版社社科编辑部刘月主任、张鑫编辑、朱枫编辑及其团队专业高效,对丛书产品的质量进行细致打磨,促进著者们对自身作品的省思和完善,合力提升丛书产品质量。复旦大学对外联络与发展处、复旦大学校友会,整合资源、汇聚力量,推动设立国际经济行政法研究基金,予以长期助力。此外,感谢丁震宇、李洁、林志松、唐志华、王海等校友的支持和帮助。

我相信,在国际经济行政法学者的精耕细作之下,在多元主体无私帮助、大力支持和深度参与之下,应时而生、与时俱进的国际经济行政法学,一定能因势而谋、应势而动、顺势而为,在"专精特新"的道路上阔步前行,为中国在国际经济形势应对、国家经济治理、人权保障等方面提供更加深入的智识支持,为全球经济治理变革贡献更多的理论智慧。

程天权　教授

复旦大学原党委书记

中国人民大学原党委书记

国际经济行政法圆桌论坛理事长

2025年2月于北京

序　言

古往今来谓之宙，上下四方谓之宇。环顾世界，省察当下中国，经纬神州，由陆及海，中外融通。华夏为本，制度开放，和光同尘，内求国富民安，外求美美与共。

为应对时变，达至理想目标，宜基于本土情怀和开拓国际视野，推进现行国际法治与国内法治双翼联动。在此情境下，坚持统筹推进国内法治与涉外法治是回应百年变局与实现复兴使命、积极推动全球治理体系变革的必然要求。正如总书记指出的"我们观察和规划改革发展，必须统筹考虑和综合运用国际国内两个市场、国际国内两种资源、国际国内两类规则"。

基于一种视角，从系属上定位：涉外经济行政法是行政法、经济行政法的一个重要分支。涉外经济行政法学，是一个道器兼修、极具发展前景的新兴法学研究领域。当前，关涉涉外经济行政法的研究已经取得了一定进展，重点是对WTO（世界贸易组织）规则及其与中国行政法的关系、国际经济治理中的中国行政法治国际化、全球化与贸易规制、金融规制、投资规制、跨境数据规制等领域中的行政法，以及国际贸易行政诉讼（司法审查）等涉外经济行政法领域中的某一子系统或某一具体问题进行的研究。在直接以涉外经济行政法为关键词进行的研究中，部分成果在"国际经济行政法"的框架下初步论及涉外经济行政法及其主要的涉外经济行政行为。部分期刊论文对涉外经济行政法的理论界定、基本原则、公共利益、行政立法等问题进行了一定研究。总体而言，这对涉外经济行政法学的全景宏观系统性研究做出了基础性贡献。学术是层累的历史，有关涉外经济行政法的前期研究为国际经济行政法研究团队继往开来，创作"涉外经济行政法"领域的建构性、系统性学术专著提供了良好的条件。

作为公法与私法互动、国内法和国际法交融的产物,涉外经济行政法是调整涉外经济行政关系的法律规范和原则的总和。涉外经济行政法广泛地吸纳和反映了国内行政法规则和有效的国际公法规则,这些法律规则的适用使涉外经济行政法产生境内外的法律效力。

基于一种分类,中国涉外经济行政法主要包括涉外贸易规制行政法、涉外金融规制行政法、涉外投资规制行政法、涉外数据规制行政法,以及涉外经济行政争议解决法等。在当今时代国际经济形势愈发复杂,以及某些国家利用经济主导地位、频施经济压制的背景下,中国亟须构建完善的涉外经济行政法律体系。从国内层面来说,完善的涉外经济行政法有利于构建良性健康的国内营商环境,充分吸引外资,促进本国经济发展,并有效落实高水平对外开放的国家战略。从国际层面来说,完善的涉外经济行政法,能够为中国与其他国家进行经贸谈判提供重要法律支持,有助于与他国建立平等合理的国际经贸法律关系;有助于参与国际法律规则优化与创制,促进全球范围内经济治理的法治化、公正化和民主化。

我早年指导的博士生朱淑娣教授及研究团队二十余年专注国际经济行政法领域前沿研究,出版了《欧盟经济行政法通论》《运行中的国际经济行政法》《WTO体制下国际贸易救济审查制度研究》《国际经济行政法》《涉华国际贸易行政诉讼案例精析》等专著,为涉外经济行政法学的跨学科研究作出重要贡献。

此次由程天权教授领衔,由朱淑娣教授、蔡从燕教授、张圣翠教授、谭艺渊博士后研究员、万玲副教授等参与主著的《涉外经济行政法体系建构与实践展开》一书,更是多元主体多维度、跨学科,道器兼修的研究成果。主要著者程天权教授从事中国当代政治、中国法制史等领域的教学和研究,主编了《中国民法史》《法律基础》等著作,主持和筹划"中国发展研究""中国精神文明纲要研究""人权问题研究""上海21世纪研究"等专题研究活动,研究报告呈送中央及有关部门,并被采用。蔡从燕教授从事国际法律理论、对外关系法、国际经济法以及中国国际法政策与实践研究,著有《〈对外关系法〉:六点评论》《论"以国际法为基础的国际秩序"》《美国国际投资协定》《类比与国际法发展的逻辑》《国际性法院与法庭适用的一般法律原则》等科研成果。张圣翠教授从事国际商事仲裁、中国仲裁法制改革研究,著有《仲裁司法审查机制研究》《中国仲裁法制改革研究》《仲裁市场竞争法律制度的困境与出路》《论我国涉外仲裁法制的完善》《强行规则对国际商事仲裁的规范》等专著。

本书的跨学科研究视角多样，涵盖了宪法、行政法、经济法、对外关系法、国际公法、国际经济法等部门法，从多个部门法交叉融合的视角构建了完整的涉外经济行政法理论逻辑。其内容与中国实践紧密联系，涵盖了中国涉外经济规制行政法的重点领域。同时具有引领性，无论是上编理论逻辑的构建还是下编的实践前沿研究，都为涉外经济行政法的研究与发展提供了重要指引。

经验中的对象世界，只有经过多维度、多层次的理性阐释，才能在理论结构中再次趋于完整，达到思维的具体层次。鉴于对象世界的展开有个过程，涉外经济行政法治的经验正在积累之中，其系统性、建构性的逻辑正在探寻之中，加之哲学社会科学研究的相对主观性，复加之受研究人员、研究时间等约束条件限制，本书存在着一些疏漏之处，有待学者后续不断优化与深化。

瑕不掩瑜。作为第一本中国涉外经济行政法学建构性、系统性专著，本书的出版，将为中国涉外经济行政法学发展作出重要贡献。期待以此书付梓为开端，出现更多的深入细致、精彩纷呈的研究成果。

学术报国，士林情怀；多元主体，道器兼修。诚可期也！

是为序。

周洪钧　教授
2025年2月于上海

目 录

前言　涉外法治的显要领域:涉外经济行政法⋯⋯⋯⋯⋯⋯⋯⋯⋯⋯⋯001

上编　涉外经济行政法:体系建构

第一章　涉外经济行政法的理论基础⋯⋯⋯⋯⋯⋯⋯⋯⋯⋯⋯⋯⋯003

　　第一节　涉外经济行政法的内涵阐释⋯⋯⋯⋯⋯⋯⋯⋯⋯⋯⋯⋯004
　　　　一、"涉外"内涵的双层次界分⋯⋯⋯⋯⋯⋯⋯⋯⋯⋯⋯⋯⋯004
　　　　二、涉外经济行政法的核心要义⋯⋯⋯⋯⋯⋯⋯⋯⋯⋯⋯⋯007
　　　　三、涉外经济行政法的三维特征⋯⋯⋯⋯⋯⋯⋯⋯⋯⋯⋯⋯011

　　第二节　涉外经济行政法的生成机理⋯⋯⋯⋯⋯⋯⋯⋯⋯⋯⋯⋯015
　　　　一、涉外经济行政活动的规范化⋯⋯⋯⋯⋯⋯⋯⋯⋯⋯⋯⋯015
　　　　二、宪法涉外经济条款的具体化⋯⋯⋯⋯⋯⋯⋯⋯⋯⋯⋯⋯018
　　　　三、国际经济规则要求的法制化⋯⋯⋯⋯⋯⋯⋯⋯⋯⋯⋯⋯020

　　第三节　涉外经济行政法的显著功能⋯⋯⋯⋯⋯⋯⋯⋯⋯⋯⋯⋯023
　　　　一、面向涉外经济市场的规制功能⋯⋯⋯⋯⋯⋯⋯⋯⋯⋯⋯023
　　　　二、面向跨国经济治理的合作功能⋯⋯⋯⋯⋯⋯⋯⋯⋯⋯⋯026
　　　　三、面向外国不当经济措施的反制功能⋯⋯⋯⋯⋯⋯⋯⋯⋯028

第二章　涉外经济行政法的制度构造⋯⋯⋯⋯⋯⋯⋯⋯⋯⋯⋯⋯⋯031

　　第一节　国际性视域下的制度构造:形式规范与实质规范⋯⋯⋯032
　　　　一、国际性:涉外经济行政法制度构造的现实需要⋯⋯⋯⋯032

二、形式规范奠定涉外经济行政法的基础 ·········· 033
三、实质规范构筑涉外经济行政法的内核 ·········· 036
第二节 合规性视域下的制度构造：实体法与程序法 ·········· 039
一、合规性：涉外经济行政法制度构造的本质规定 ·········· 039
二、涉外经济行政实体法根据 ·········· 040
三、涉外经济行政程序法保障 ·········· 043
第三节 系统性视域下的制度构造：硬法与软法 ·········· 047
一、系统性：涉外经济行政法制度构造的内在要求 ·········· 048
二、硬法形塑涉外经济行政法的基本格局 ·········· 049
三、软法拓展涉外经济行政法的弹性空间 ·········· 052

第三章 涉外经济行政法的关系结构 ·········· 058

第一节 涉外经济行政法关系结构的理论阐释 ·········· 059
一、法律关系维度审视涉外经济行政法的理论必要 ·········· 059
二、涉外经济行政法关系结构的形成过程与具体构成 ·········· 064
三、涉外经济行政法关系结构的特征 ·········· 066
第二节 涉外经济行政法的主体与内容 ·········· 068
一、涉外经济行政法的行政主体及其权责 ·········· 068
二、涉外经济行政法中的行政相对人及其权利义务 ·········· 072
三、涉外经济行政法中的第三人及其权利义务 ·········· 077
第三节 涉外经济行政法关系结构中的客体 ·········· 080
一、涉外经济行政法中客体的理论阐述 ·········· 080
二、涉外经济行政行为：涉外经济行政法中的重要客体 ·········· 081
三、涉外经济行政法中的其他客体 ·········· 084

第四章 涉外经济行政法的利益平衡机制 ·········· 087

第一节 涉外经济行政关系中的利益冲突 ·········· 088
一、涉外经济行政关系中利益失衡的"纵横"格局 ·········· 088
二、国家安全与经济自由的张力 ·········· 091
三、效率与安全的权衡 ·········· 093

第二节　涉外经济行政关系中利益平衡的理论基础 096
　　　　一、行政法中的利益平衡原则 096
　　　　二、利益平衡理论在涉外经济行政关系中的实践运用 098
　　　　三、涉外经济行政关系中利益平衡理论的局限 100
　　第三节　涉外经济行政关系中利益平衡的基本原则 102
　　　　一、公私利益协调原则 102
　　　　二、国家经济安全原则 105
　　　　三、平等互惠原则 109
　　第四节　涉外经济行政关系中利益平衡的实现机制 113
　　　　一、立法约束 113
　　　　二、执法监督 114
　　　　三、行政复议与司法救济 116

第五章　涉外经济行政法学的研究范式 118

　　第一节　行政法学传统研究范式的划分 118
　　　　一、人文社科研究"范式"一词的起源与界定 118
　　　　二、中国行政法学迄今的主流研究范式 124
　　　　三、评析：包容开放与中国贡献 132
　　第二节　涉外经济行政法学研究范式的特殊性 133
　　　　一、涉外经济行政法学与经济法学的交叉性质 134
　　　　二、涉外经济行政法学与国际法学的交叉性质 136
　　第三节　涉外经济行政法学主要研究范式的划分 140
　　　　一、法政策学 140
　　　　二、法教义学 147
　　　　三、社科法学 153
　　　　四、评析：范式的萃取与整合 160

第六章　宪法视阈下的涉外经济行政法 162

　　第一节　"经济宪法"：社会主义市场经济的根本法 163
　　　　一、作为宪法核心内涵的"根本法" 163

二、从"政治根本法"到"经济根本法"的发展 ································· 166
　　三、中国"经济宪法"的根本决断:"社会主义市场经济" ············· 168
第二节　"行政宪法":授权与控权并行的权力模式 ······················ 170
　　一、"行政宪法"的历史生成 ··· 171
　　二、中国"行政宪法"的基本形态 ·· 173
　　三、"行政宪法"对涉外经济行政法的启示与要求 ····················· 175
第三节　"涉外宪法":对外开放与维护主权的统一 ······················ 177
　　一、"涉外"的宪法根源:"生存的根本法" ······························· 177
　　二、新中国成立早期的涉外宪法探索 ···································· 178
　　三、现行宪法的决断:"对外开放与维护主权相统一" ················ 181

第七章　对外关系法视阈下的涉外经济行政法 ···················· 187

第一节　行政机关与对外关系法 ··· 188
　　一、行政机关与对外关系法治 ··· 188
　　二、对外关系法的发展 ·· 190
第二节　中国对外关系法的原理与实践 ····································· 192
　　一、中国对外关系法:新背景与重要性 ··································· 192
　　二、中国对外关系立法的新发展 ·· 196
　　三、中国《对外关系法》:宗旨与功能 ··································· 199
第三节　对外关系法与中国涉外经济行政法的发展 ······················ 206
　　一、对外关系法影响中国涉外经济行政法的原因 ····················· 206
　　二、对外关系法影响中国涉外经济行政法的表现 ····················· 207

第八章　国际公法视阈下的涉外经济行政法 ························ 209

第一节　国际公法与涉外经济行政法的关系 ······························· 210
　　一、国际公法视阈下涉外经济行政法的概念群 ························ 210
　　二、国际公法与涉外经济行政法的互动关系 ··························· 215
　　三、国际公法与涉外经济行政法的协调关系 ··························· 217
第二节　国际公法对中国涉外经济行政法的影响 ························· 225
　　一、国际条约对中国涉外经济行政法的影响 ··························· 225

二、国际习惯对中国涉外经济行政法的影响 228

　　三、一般法律原则对中国涉外经济行政法的影响 230

第三节　中国涉外经济行政法对国际公法的影响 232

　　一、中国涉外经济行政法对国际条约的影响 232

　　二、中国涉外经济行政法对国际习惯的影响 233

　　三、中国涉外经济行政法对一般法律原则的影响 235

下编　涉外经济行政法：实践展开

第九章　涉外经济行政法的重要来源：涉外经济行政立法 241

第一节　从涉外立法到涉外经济行政立法 242

　　一、中国法治体系建设情境中的涉外概念 242

　　二、涉外经济行政立法的内涵 244

　　三、涉外经济行政立法的特征 245

第二节　中国涉外经济行政立法的结构 248

　　一、涉外经济行政立法的类型 248

　　二、涉外经济行政立法的要素 249

　　三、涉外经济行政立法与相关立法的比较 251

第三节　中国涉外经济行政立法的功能 252

　　一、涉外经济行政立法是国际法国内转化的主要机制 252

　　二、涉外经济行政立法是区域间法律兼容的重要路径 254

　　三、涉外经济行政立法是政府对他国法律的回应手段 256

第十章　涉外贸易规制领域的行政法前沿论题
　　　　——规范体系与司法救济 260

第一节　本体论视角的涉外贸易行政法 261

　　一、涉外贸易行政法的基本特征 261

　　二、涉外贸易行政法研究的对象 263

第二节　涉外贸易行政的法规范体系 266

一、中国涉外贸易领域立法的历史脉络 266
　　二、涉外贸易行政的法规范梳理 268
第三节　我国涉外贸易行政行为的司法救济及其问题 271
　　一、我国涉外贸易行政行为的司法救济机制 271
　　二、涉外贸易司法救济机制存在的问题分析 275
　　三、完善涉外贸易司法救济机制的建议 277

第十一章　涉外金融规制领域的行政法前沿论题
　　　　——基于涉外金融安全视域 281

第一节　涉外金融安全的内涵及其行政法制度现状 282
　　一、国家安全视野下涉外金融安全的内涵界定 282
　　二、中央层面关于涉外金融安全的行政法制度现状 286
　　三、地方层面关于涉外金融安全的行政法制度现状 293
第二节　涉外金融安全的行政法制度问题解析 297
　　一、涉外金融安全行政的法律基础较薄弱 297
　　二、涉外金融安全行政的实体法授权不足 299
　　三、涉外金融安全行政的程序法缺失问题 301
第三节　涉外金融安全的行政法制度完善对策 304
　　一、立体式推进涉外金融安全行政法律化 304
　　二、强化涉外金融安全行政的实体法授权 307
　　三、完善涉外金融安全行政的程序法规则 310

第十二章　涉外投资规制领域的行政法前沿论题
　　　　——东道国涉外投资行政规制权的法律控制 314

第一节　法律交融下的涉外投资行政规制权 315
　　一、国际法视阈下的涉外投资行政规制权 315
　　二、行政法视阈下的涉外投资行政规制权 318
第二节　利益平衡下的投资者权益和行政规制权冲突 321
　　一、新自由主义下外国投资者利益强化 321
　　二、各国涉外投资行政规制权力扩张 324

第三节　双向兼顾下的行政法律控制·································332
　　一、涉外投资行政规制需有法律更为明确的授权·············333
　　二、以正当程序规范涉外投资行政规制权·····················333
　　三、以比例原则限制涉外投资行政规制权·····················335

第十三章　涉外数据规制领域的行政法前沿论题
　　　　　　——基于数据出境规制视域·································338

第一节　全球与中国数据跨境治理概述·································340
　　一、全球数据治理背景和现状·····································340
　　二、中国数据治理变迁···342
第二节　现行法律法规下数据出境的规制·····························344
　　一、《促进和规范数据跨境流动规定》出台后数据出境的
　　　　主要变化···344
　　二、现行法律法规下数据出境的三种路径·····················349
　　三、GAI数据出境的路径分析····································355
第三节　新规后数据出境面临的问题·································358
　　一、各行业数据出境共性化的遗留问题·······················358
　　二、各行业数据出境的个性化遗留问题——以金融行业为例···361
第四节　涉外数据规制领域制度完善进路·····························363
　　一、完善数据治理规则体系·······································363
　　二、兼顾数据安全与自由流动·····································363
　　三、提升数据治理国际话语权·····································364

第十四章　涉外经济行政争议解决法·································365

第一节　涉外经济行政争议解决法的学理基础·····················365
　　一、涉外经济行政争议法的界定·································365
　　二、涉外经济行政争议解决法的指导理论·····················368
　　三、涉外经济行政争议解决法的重点领域·····················372
第二节　涉外经济行政诉讼法的理论与制度运行·····················375
　　一、涉外经济行政诉讼法的指导理论··························375

二、涉外经济行政诉讼法规范及其运行·····377
　　三、中国涉外经济行政诉讼法的不足与完善·····382
第三节　涉外经济行政争议仲裁法的理论与制度运行·····387
　　一、涉外经济行政争议仲裁法的指导理论·····387
　　二、涉外经济行政仲裁法规范及其运行·····390
　　三、中国涉外经济行政仲裁法的不足与完善·····392

结语　涉外经济行政法：在时空交汇中守正创新·····397

前言

涉外法治的显要领域:涉外经济行政法

近年来,伴随着经济全球化进程的不断加快与影响的持续加深,国际经贸领域出现了单边主义与保护主义的逆流与杂音,突出表现为个别西方大国频频运用退群、毁约、单边制裁等手段,置一己之私利于人类和平、开放、发展共同利益之上。这既是西方传统上以掠夺性开发与不平等贸易为特征的旧发展模式的惯性作用,也从一个侧面凸显出当今国际经济秩序及国际法治还存在的诸多短板与不足。与此相对,中国作为全球新发展模式的重要倡导者与引领者提出了"全球发展倡议"和"构建全球发展命运共同体"重要理念,一方面回答了国际经济格局深刻变革的世界之问、时代之问,另一方面也为我国通过加强经贸领域国内法治与涉外法治建设来助推国际法治,最终构建一个更加公正、平衡和可持续的全球经济治理体系提供了根本遵循。与此相适应,作为连接经贸领域国内法治与国际法治的重要桥梁与纽带——涉外法治开始成为一门显学。

从联系经贸领域国内法治的角度来讲,涉外法治的重要性体现在规范经济行政主体的行政行为,在处理含有涉外因素的主体(行政相对人)、客体(动产、不动产、知识产权、数据等)及相关权利义务时,推动严格依法行政,同时主动对接和吸纳高标准国际经贸规则,积极扩大规则、规制、管理、标准等制度型开放,持续打造市场化、法治化、国际化营商环境,践行我国承诺及相关国际法义务。从联系经贸领域国际法治的角度来讲,加强涉外法治建设有助于完善我国反制单边主义与保护主义行径的法律武器,积极参与国际经贸规则的制定与完善、贡献中国智慧与中国方案,不断提升和增强我国在国际经贸规则体系中的话语权和影响力,推动全球经济治理体系朝着更加公正合理的方向迈进。涉外法治的上述职责与使命落到具体部门法与学科上,就是涉外经济行政法。

涉外经济行政法是一个前沿性与交叉性均比较强的制度空间与研究领域,与之最为接近的概念是国际经济行政法。国际经济行政法是调整跨国经济行政关系的国际与国内公法规范与原则的总和,属于跨国法的范畴。从内容上来讲,它既包括协调经济行政规制的国际公法规范,是各国经济行政规制法的国际协调,也是各国国内涉外经济行政法规范的国际化。相较之下,涉外经济行政法则总体上属于国内法的范畴,是调整涉外经济行政关系的法律规范和原则的总和。作为国家利用权力纵向管理经济关系的法律,调整的是在主体、客体及相应权利义务方面具有涉外因素的经济行政关系。从内容上来讲,涉外经济行政法除了各国"原创"的经济行政法律规范以外,在全球化的今天,还会广泛吸纳和反映有效的国际规范,将国际条约、国际习惯法等国际层面的经济行政法规范"转化或吸纳"为国内法规范,构成国际层面的经济行政法在经济主权国家或地区的延伸与拓展;也会有部分域内涉外经济行政法律规范"溢出"国界产生域外适用效力,或者引领、形成国际规则。从这个意义上来说,涉外经济行政法很大一部分内容构成国际经济行政法的重要渊源和组成部分。二者相互影响、相互作用,共同构成当今国际经济秩序的动态格局与生动画面。具体到制度框架与规范体系上,涉外经济行政法包括涉外贸易行政法、涉外金融行政法、涉外投资行政法、涉外数据行政法、涉外经济行政争议解决法等传统和新兴的具体制度领域。

全书各部分的作者分工如下:

前言　赵德关(上海市总工会副主席,法学博士,中国法学会行政法学研究会理事)

第一章　程天权(复旦大学原党委书记、中国人民大学原党委书记、教授,国际经济行政法圆桌论坛理事长);谭艺渊(加拿大奥斯古德法学院博士后研究员、加拿大约克大学访问学者,国际经济行政法圆桌论坛常务副理事长)

第二章　朱淑娣(复旦大学法学院教授、耶鲁大学国际福克斯学者,国际经济行政法圆桌论坛主席);孙秀丽(上海电机学院教师,法学博士,国际经济行政法圆桌论坛副理事长);祝高(复旦大学法律硕士,国际经济行政法圆桌论坛秘书长助理)

第三章　丁钰(上海中联律师事务所高级合伙人,上海市法学会诉讼法研究会理事,浙江大学法学院法律硕士校外导师);陈文清(南通大学法治现代化研究中心研究员,国际经济行政法圆桌论坛副秘书长,法学博士)

第四章　季奎明(华东政法大学经济法学院教授、博士生导师,法学博士)

第五章　刘彬(西南政法大学国际法学院副教授,法学博士,国际经济行政法圆桌论坛特邀研究员)

第六章　路平新(复旦大学法学院师资博士后,国际经济行政法圆桌论坛副秘书长)

第七章　蔡从燕(复旦大学法学院教授、博士生导师,复旦大学涉外法治研究中心主任)

第八章　王勇(华东政法大学教授、博士生导师,国际金融法律学院副院长);颜立恒(华东政法大学国际法学院硕士研究生)

第九章　袁勇(南京师范大学法学院暨中国法治现代化研究院教授,法学博士);罗佳(法学博士)

第十章　张翔(重庆静昇律师事务所执业律师、重庆市律协数字经济专委会委员,国际经济行政法圆桌论坛副秘书长);沈其梅(上海申浩律师事务所律师、专利代理师,上海科技创业导师)

第十一章　谭艺渊(加拿大奥斯古德法学院博士后研究员、加拿大约克大学访问学者,国际经济行政法圆桌论坛常务副理事长);李冠龙(澳大利亚莫纳什大学商学院硕士);宋晓阳[北京德和衡(上海)律师事务所高级权益合伙人、金融合规与争议解决部主任]

第十二章　万玲(上外贤达经济人文学院副教授,法学博士,国际经济行政法圆桌论坛常务副理事长兼秘书长);连晏杰[北京安杰世泽(上海)律师事务所合伙人,华东政法大学刑事法学院校外导师,上海市律师协会第十二届理事会理事]

第十三章　江翔宇(上海市协力律师事务所高级合伙人,法学博士,上

海市法学会金融法研究会副秘书长)

  第十四章 张圣翠(上海财经大学法学院教授、英国诺丁汉大学与美国波士顿大学访问学者,多家仲裁机构仲裁员);蒋周悠(上海财经大学法学院硕士研究生)

  结语 谭艺渊(加拿大奥斯古德法学院博士后研究员、加拿大约克大学访问学者,国际经济行政法圆桌论坛常务副理事长);罗佳(法学博士,国际经济行政法圆桌论坛副秘书长)

上编

涉外经济行政法：体系建构

第一章

涉外经济行政法的理论基础

在中国式现代化的进程中,我国加强涉外法治建设,完善涉外国家安全机制,推进高水平对外开放,打造现代化经济体系,建设更高水平开放型经济新体制,并积极参与全球经济治理体系改革。[①] 此间,涉外经济行政法的重要性日益显著,其制度体系日趋完善。中国式现代化是以"制度现代化"为主线的,其首先要求"法治现代化"。[②] 为了回应中国式现代化的战略需求,促进中国法治现代化中的涉外经济行政法发展完善,必须融合多学科的力量对涉外经济行政法展开系统研究,[③]充分揭示其内在实质和外在形式,深入探究其制度现状和未来的变革方向,推动实现涉外经济行政领域的良法善治。

本章主要阐释涉外经济行政法的理论基础,解析涉外经济行政法的概念内涵,并对涉外经济行政法的制度生成机理以及重要功能进行论述,为本书的展开提供基础性的学理支撑。

[①]《中共中央关于进一步全面深化改革、推进中国式现代化的决定》,2024 年 7 月 18 日中国共产党第二十届中央委员会第三次全体会议通过。相关内容参见该《决定》第(3)(24)(37)(53)(60)项和第七部分。
[②] 参见莫纪宏:《论法治改革的底层逻辑——党的二十届三中全会精神的法学解读》,《中国法律评论》2024 年第 5 期,第 1—13 页。
[③] 涉外经济行政法具有多重交叉性,在法律部门上涉及涉外经济法和行政法的交叉,在法律体系上涉及国内法和国际法的交叉。因此,必须整合多学科的知识资源才能实现涉外经济行政法研究的系统性和科学性。参见朱淑娣主著:《国际经济行政法》,学林出版社 2008 年版,第 54—55 页。

第一节　涉外经济行政法的内涵阐释

涉外经济行政法是涉外经济行政法治的制度基础,也是本国对外维护经济领域核心利益和参与全球经济治理的制度基础。因而,涉外经济行政法中的"涉外"一词具有双层内涵,即本国在经济行政中所涉及的"外国因素",以及本国参与全球经济法律治理过程中所涉及的"国际因素"。涉外经济行政法是调整涉外经济行政关系和监督涉外经济行政关系的法律规范和原则的总和,其在本质上是规范和控制涉外经济行政权之法,并主要呈现出如下特征:其一,效力维度,域内和域外效力相结合;其二,权力规范维度,授权与控权并行;其三,权益保护维度,"矛"与"盾"并举。

一、"涉外"内涵的双层次界分

就涉外经济行政法的概念内涵而言,需要考察的第一个问题就是何为"涉外"。一般而言,"涉外"指具有"涉外因素",①这里需要厘清其究竟指何种意义上的涉外因素。

从直观的语义上看,"涉外"具有多义性,人们对其可以有不同的理解。"对一个概念下定义的任何企图,必须要将表示该概念的这个词的通常用法当作它的出发点"。② 因为科学领域的术语总是来源于日常的语言,其首先要"从日常用语中吸取这些话语,然后进一步发展它们使之具有技术的含义"。③ 在《辞海》中,"涉外案件"被定义为"涉及外国、外国企业和组织、外国人(包括无国籍人)的案件";"涉外民事法律关系"被定义为"主体、客体、权利、义务诸因素中,有一个或一个以上的因素涉及外国的民事法律关系"。④

---

① 参见车丕照:《涉外非民事关系的管辖与法律适用》,《吉林大学社会科学学报》2022年第2期,第22—23页。
② [奥]汉斯·凯尔森:《法与国家的一般理论》,沈宗灵译,商务印书馆2017年版,第31页。
③ 参见[德]H.科殷:《法哲学》,林荣远译,华夏出版社2002年版,第176页。
④ 夏征农:《辞海》,上海辞书出版社1999年版,第1117—1118页。

据此,"涉外"可以被理解为"涉及外国因素"。此外,"涉外"还可以被理解为"涉及(关)境外因素",或"涉及法域外因素"。

上述关于"涉外"的三种理解,它们之间既有一定的关联性,也存在一定区别。立足于中国而言,在"一国两制"的架构下,中国内地施行的经济行政法若涉及对香港特别行政区、澳门特别行政区相关市场主体的规制,则属于跨(关)境和跨法域意义上的法律适用,①进入了涉及境外和涉及法域外的范畴,但不存在涉及外国的因素。立足于欧盟而言,在欧盟法这一"法域"的制度框架下,若德国在实施欧盟经济行政法过程中涉及对法国相关市场主体的规制,则同时存在跨国和跨境的因素,但不属于跨法域意义上的法律适用;若其是涉及对美国相关市场主体的规制,则同时包含了跨国、跨境和跨法域的三重因素。概括而言,当一个国家的领域内存在区域性的关境,对于其中一个区域而言,境外的范围比国外的范围更广;当一个国家内存在多个法域时,对于其中一个法域而言,法域外的范围比国外的范围更广;当多个国家同属一个法域时,对于其中一个国家而言,国外的范围比法域外的范围更广。可见,在不同的空间下,关于"涉外"的三种理解之间的关系可能会发生一定的变化,进而让"涉外"的内涵捉摸不定。因此,有必要对"涉外"进行清晰的界定,以避免因核心概念内涵上的模糊不清而造成歧义。

对"涉外"这一概念内涵的厘清,应当在涉外经济行政法治的语境下展开。概念的文字往往具有多义性,加之不同研究者的切入视角各异,进而让概念的内涵众说纷纭。从研究的有效性来看,对一个概念的内涵界定,"唯一的问题是它们是否将符合我们打算达到的理论目的"。② 涉外经济行政法属于涉外法治体系的制度范畴。同时,本书对涉外经济行政法的研究,是在中国加强涉外法治建设的背景下展开的,也旨在促进中国涉外经济领域的行政法治化。因而,对"涉外"这一概念的阐释不应脱离涉外经济行政法治

---

① 《中华人民共和国出境入境管理法》(2012年)第八十九条规定:"出境,是指由中国内地前往其他国家或者地区,由中国内地前往香港特别行政区、澳门特别行政区,由中国大陆前往台湾地区。入境,是指由其他国家或者地区进入中国内地,由香港特别行政区、澳门特别行政区进入中国内地,由台湾地区进入中国大陆。"
② [奥]汉斯·凯尔森:《法与国家的一般理论》,沈宗灵译,商务印书馆2017年版,第31页。

这一特定的语境。

　　涉外经济行政法治强调本国主体立场,恪守国家利益本位,①以行政法治的方式对外维护本国在经济领域中的核心利益。"涉外法治是从一国自身角度而言的概念,或者说是站在一国自己立场来讲的概念"。② 涉外经济行政法治作为涉外法治的一部分,同样具有这一特性,即强调以本国立场为出发点构建涉外经济行政领域的法治体系。一国推进涉外经济行政法治建设,其重要动力在于实现本国经济领域中的重要利益需求,即以维护本国的经济主权、经济安全和经济发展等核心利益为基本导向。

　　基于涉外经济行政法治的本国立场站位,将"涉外"界定为"涉及外国因素"更为合理。在关系范畴上,与"本国"直接相对应的是"外国"。同时,涉外法治是主权国家对外的法治立场表达,故在构建中国涉外经济行政法治体系时,国家经济主权是最重要的考量因素。进而,中国内部各领域之间的法律跨境适用问题,属于一国内部的区际法律适用问题,不属于涉外范畴。③ 若将"涉外"界定为"涉及(关)境外因素"或"涉及法域外因素",此类区际法律适用问题就成了"涉外"问题,这是显然不合理的。此外,"涉外法治"是经由中国政治力量推进而从实践领域进入理论领域的概念,是当代中国法治实践和理论视野中的新兴维度,④因而对"涉外"这一核心概念的阐释,首先应当符合中国的制度现实和立场取向。基于上述考量,不宜将"涉外"解释为"涉及(关)境外因素"或"涉及法域外因素",而应将其界定为"涉及外国因素",进而与涉外经济行政法治的意涵,以及中国"一国两制"的制度现实相契合。

---

① 国家利益与公共利益的侧重点不同,内涵上有所交叉,同时在实现方式上存在一定差异。国家利益侧重于主权、政治、外交层面,一般多在国际政治、国际经济与国际法语境中呈现,国家利益的实现主要依靠国家机关在国际层面的积极作为和斗争。公共利益侧重于经济、民生、公序良俗层面,公共利益的实现,在与个体利益的对立意义上,主要依靠政府等公共组织对不同个体利益的整合。参见冯辉:《政府治理中社会整体利益的法治实现》,《中国社会科学》2024 年第 8 期,第 40—50 页。
② 黄进:《论统筹推进国内法治和涉外法治》,《中国社会科学》2022 年第 12 期,第 85 页。关于涉外法治的概念内涵,以及涉外法治与国内法治、国际法治之间的关系,参见张龑:《涉外法治的概念与体系》,《中国法学》2022 年第 2 期,第 264—282 页。
③ 参见肖永平、焦小丁:《从司法视角看中国法域外适用体系的构建》,《中国应用法学》2020 年第 5 期,第 57—58 页。
④ 参见何志鹏:《涉外法治:开放发展的规范导向》,《政法论坛》2021 年第 5 期,第 177 页。

涉外经济行政法治亦强调以行政法治方式参与全球经济治理，因而"涉外"的内涵还应包括本国参与全球经济法律治理过程中所涉及的"国际因素"。法治是现代国家参与全球治理的基本方式。在当代全球视野下，中国在全球治理体系中已经从过去的冷静观察者转变为积极参与者，并积极推进涉外法治建设，以法治的方式参与全球法律治理。① 在中国更加主动、更加深入参与全球治理的时代背景下，"涉外"一词的内涵不断演进、拓展，它还涉及国际规则谈判和反恐、反腐败中的合作，以及为相关国家提供法律服务等因素。② 具体到涉外经济行政法治领域，即强调以行政法治的方式参与全球经济治理。党的二十届三中全会指出："维护以世界贸易组织为核心的多边贸易体制，积极参与全球经济治理体系改革，提供更多全球公共产品。"③作为世界经济大国，中国有责任为全球经济治理提供公共产品，促进全球经济秩序良性发展，涉外经济行政法治则是中国参与全球经济治理体系改革的法治化路径。因而，在涉外经济行政法治的语境下，"涉外"的内涵还包括本国参与全球经济法律治理过程中所涉及的"国际因素"，即涉及本国公权力主体履行全球经济治理中的国际法义务、参与全球经济治理规则制定、与国际经济监管组织进行执法合作等过程中的"国际因素"。

"涉外法治体系的基础是涉外法律法规体系"，④涉外经济行政法是涉外经济行政法治体系的制度基础，也是本国对外维护经济领域核心利益和参与全球经济治理的制度基础。相应地，涉外经济行政法中的"涉外"包含了两个层次的内涵，其一是本国在经济行政中所涉及的"外国因素"，其二是本国参与全球经济法律治理过程中所涉及的"国际因素"。

二、涉外经济行政法的核心要义

有学者将涉外经济行政法定义为"有权行政机关为了调整涉及其他国

---

① 参见张龑：《涉外法治的概念与体系》，《中国法学》2022年第2期，第281—282页。
② 参见马忠法：《百年变局下涉外法治中"涉外"的法理解读》，《政法论丛》2023年第1期，第97页。
③ 《中共中央关于进一步全面深化改革、推进中国式现代化的决定》，2024年7月18日中国共产党第二十届中央委员会第三次全体会议通过。
④ 莫纪宏：《加快推进涉外法治体系建设》，《民主与法制》2024年第18期，第51页。

际经济法主体所肯定的、具有其法律意义因素的经济关系,依据国内法律或有效的国际经济法而制定的行政法规范"。① 其对涉外经济行政法的内涵作了一定的限定,即将该类制度的制定主体限定为相关有权行政机关。这是狭义上的涉外经济行政法。该定义或可进一步被解读为"涉外经济行政立法"所形成的法规范,即在涉外经济领域中通过行政立法机制所产生的法律规范。② 此外,该定义在行政法学的基础上,嵌入了国际法的知识资源,为涉外经济行政法的交叉学科研究带来了启发。

也有学者认为,"涉外经济行政法就是行政机关同国内企业或者其他经济组织、外国的企业和其他经济组织或者个人在涉外经济活动中发生的经济管理关系的法律规范的总称。简言之,涉外经济行政法是调整国家行政机关同涉外经济当事人之间的经济管理关系的法律规范的总和"。③ 该涉外经济行政法定义的要点是:主体包括国家行政机关和涉外经济当事人,对象是相关经济(行政)管理关系。

涉外经济行政法是行政法在一国经济对外开放发展进程中所形成的重要分支,其既是行政法学的研究对象,也与经济法学、国际法学等密切相关,因而需要综合运用跨学科的研究方法和视角展开研究。④ 本书汇聚了法理学、宪法学、行政法学、国际法学、经济法学等方面的学者,对此问题开展合作研究的成果。⑤ 对于社会科学研究而言,"合作是一个整合创新的过程",经过整合创新充分发挥跨领域研究的综合优势。⑥ 立足于涉外经济行政法研究的基本规律,为促进跨学科的研究合作与创新,我们应当塑造开放性较强的涉外经济行政法概念,让其对多学科的知识资源具有包容性。

---

① 朱淑娣主著:《国际经济行政法》,学林出版社2008年版,第44页。
② 参见袁勇、朱淑娣:《涉外经济行政立法新论》,《兰州学刊》2005年第3期,第184页。
③ 陈立虎:《涉外经济行政法论纲》,《金陵法律评论》2009年第2期,第67页。
④ 参见马怀德、李策:《关照时代命题的行政法学》,《湖南科技大学学报(社会科学版)》2022年第4期,第108页。
⑤ 本书第四章主要运用经济法理论分析涉外经济行政法的利益平衡机制,第五章对涉外经济行政法的研究范式进行系统论述,第六章从宪法学的角度阐释涉外经济行政法,第七章和第八章主要运用国际法学理论对涉外经济行政法展开论述。
⑥ 参见程天权:《有关发展社会科学研究的一些思考》,《社会科学》1999年第10期,第7—8页。

一般而言,涉外经济行政法是指调整涉外经济行政关系和监督涉外经济行政关系的法律规范和原则的总和。涉外经济行政关系是涉外经济行政法的调整对象,经过涉外经济行政法调整的涉外经济行政关系转化为涉外经济行政法律关系。[1]

涉外经济行政法律关系就是具有涉外要素的经济行政法律关系,其在主体要素中一方为本国行政主体,另一方则涉及外国人(含无国籍人)或国际性组织,这里的"外国人"包括外国自然人和法律拟制人,后者即外国的法人和非法人组织。或者,在客体要素中包含位于国外的物、非物质财富、部分或全部发生在国外的行为。或者,在内容要素上导致法律关系发生变化的事实部分或全部发生在国外。

涉外经济行政法律关系三要素中涉及外国因素的部分较为容易理解,关于主体要素中的国际性组织方面,这里作进一步说明。例如,《中华人民共和国反洗钱法》(2024年修订)第四十七条规定,"国务院反洗钱行政主管部门根据国务院授权,负责组织、协调反洗钱国际合作,代表中国政府参与有关国际组织活动,依法与境外相关机构开展反洗钱合作,交换反洗钱信息"。中国人民银行依照该条款规定与国际反洗钱组织开展执法合作所形成的法律关系,即在主体要素中含有国际性组织。因而,该条款即为含有"国际因素"的涉外经济行政法规范。

涉外经济行政法是经济行政法的组成部分,可以将之理解为经济行政法中的涉外规范体系。涉外经济行政法作为部门行政法之一,亦自成体系,由一系列具有内在属性联系的相互配合的不同层级的法规范所组成。[2] 从规范体系来看,涉外经济行政法包括涉外贸易行政法、涉外金融行政法、涉外投资行政法、涉外数据行政法、涉外经济行政争议解决法等传统和新兴的

---

[1] 本书第三章对涉外经济行政法的关系结构进行系统论述。涉外经济领域的行政活动具有复杂性和开放性,涉及诸多非型式化的行为手段、新型涉外行政规制方式等。在学理上,行政法律关系作为分析工具可以发挥功能优势,它为各种新兴法律问题和复杂行政法现象的规范和解决,例如非型式化的行为手段、私益冲突的权衡调和、全新的行政规制方式等提供秩序框架。参见赵宏:《法律关系在行政法上的功能定位与体系结构》,《环球法律评论》2024年第5期,第81—82页。
[2] 参见陈立虎:《涉外经济行政法论纲》,《金陵法律评论》2009年第2期,第67页。

具体制度领域。① 从规范的外在形式来看,在中国法上,涉外经济行政法主要分布于各层级的经济规制法之中,即主要由经济监管法中的涉外行政法规范构成。其他主要经济发达国家一般不直接使用涉外经济行政法等相关概念或表述,其关于外国或对外经济法中的相关行政法规范,或类似于中国法语境下的涉外经济行政法。例如,美国《外国资产控制法》、德国《对外经济法》、日本《外汇及外国贸易法》等对外经济法中的行政法规范。

此外,需要注意的是,涉外经济行政法是一种从主权国家出发的制度类型,在中国内地施行的、涉及中国港澳台因素的经济行政法,属于中国内部区际经济行政法的一种制度安排,而不属于涉外经济行政法。② 例如,《中华人民共和国台湾同胞投资保护法》(2019年修正)中的行政法性质规范,即为区际经济行政法规范。同时,在"一国两制"框架下,中国内部不同法域之间的区际法律问题与涉外法律问题具有一定的相似处,现实中解决区际法律问题时亦通常参照或比照适用解决涉外法律问题的规定。③ 因而,基于两种法律制度的相似性,在研究涉外经济行政法的过程中,亦会对相关区际经济行政法进行讨论。

从行政法学的角度看,涉外经济行政法在本质上就是规范和控制涉外经济行政权之法。④ 立足于现代法治观,法对涉外经济行政权的规制,关键在于对涉外经济行政权运行过程中所产生的动态行政行为进行规范和控制。⑤ 为了强化法对涉外经济行政权的规制,将涉外经济领域中各类新型行政活动纳入法治轨道,有必要对涉外经济行政行为作广义上的定义,即涉外经济行政行为泛指行政主体运用行政权实现涉外经济行政目的的一

---

① 本书第二章对涉外经济行政法的制度构造体系进行总体性论述,下编各章对涉外经济行政法各具体领域的制度进行分述。
② 参见应松年主编:《行政法与行政诉讼法学》,法律出版社2009年版,第8、25页。
③ 例如,由于港澳台投资在性质上属于特殊国内投资而不属于外国投资,《外商投资法》中不对港澳台投资法律适用问题作出明确规定,而是由国务院制定的相关法规范来明确参照或者比照适用外商投资的有关规定。参见《第十三届全国人民代表大会宪法和法律委员会关于〈中华人民共和国外商投资法(草案)〉审议结果的报告》,2019年3月12日第十三届全国人民代表大会第二次会议主席团第二次会议通过。
④ 参见姜明安主编:《行政法与行政诉讼法(第八版)》,北京大学出版社、高等教育出版社2024年版,第25—26页。
⑤ 参见姜明安:《行政法》,法律出版社2022年版,第18—19页。

切活动。① 由此,涉外经济行政行为不仅包括传统意义上的刚性行政行为(如行政处罚、行政强制、行政督查等),还包括中性行政行为(如行政评估、行政合作、行政和解、行政约谈等),以及柔性行政行为(如行政指导、行政承诺等)等新型涉外经济行政活动。

现行的中国涉外经济行政法中,已然出现了许多新型的行政活动。例如《中华人民共和国期货和衍生品法》(2022年)第一百二十三条、一百二十四条规定中国行政主体与外国行政主体的跨国行政合作,以及与国际组织的国际性行政合作。《促进和规范数据跨境流动规定》(2024年)中涉及行政评估(第七条)、行政指导(第十二条)等。此外,根据《优化营商环境条例》(2019年)第六条规定,该条例对外商投资的企业具有适用性,因而其第三十一条规定的行政承诺,亦会被运用到涉外经济行政领域。将涉外经济领域中诸多新型行政活动纳入涉外经济行政行为体系,有助于防范其逃脱法治化的规范和约束,进而让该领域中的行政权运行受到涉外经济行政法的全面规制。

三、涉外经济行政法的三维特征

涉外经济行政法具有"时代开展性",其所调控的疆域以及主要的机制,随着时空的变迁而不断调整。② 在经济全球化浪潮和国家经济对外开放举措的共同形塑之下,涉外经济行政法持续发展、渐进变革,主要形成了三个维度的特征。

其一,效力维度,涉外经济行政法的域内和域外效力相结合。

在空间层面上,法律的效力可以区分为域内效力和域外效力。其中,法律的域外效力是指"国家所制定的法律对领土范围之外的人、物和行为所产生的确定拘束力"。③

涉外经济行政法是国家经济主权的制度表达,一般而言,其在国家主权所及的本国领域之内具有确定的拘束力,即具有域内效力。换言之,涉外经济行政法对在本国域内的相关涉外的人、物和行为具有法律效力。例如,

---

① 参见叶必丰:《行政行为原理》,商务印书馆2022年版,第71页。
② 参见翁岳生编:《行政法(上)》,中国法制出版社2009年版,第91—92页。
③ 廖诗评:《域外管辖论纲》,《武大国际法评论》2024年第2期,第30页。

《中华人民共和国公司法》(2023年修订)第十三章关于"外国公司的分支机构"的相关规定,其作为一种涉外经济行政法规范,在中国域内具有拘束力,即适用于外国公司在中国境内所设立的分支机构。

在经济规制国际化的演进过程中,部分涉外经济行政法还衍生出了域外效力的面向,为越来越多的跨国性经济规制任务提供规范依据,进而让涉外经济行政行为的效力不再局限在本国领域范围之内。①

从规范的角度看,涉外经济行政法经由域外效力规则的确立而将效力范围拓展至本国领域之外。当经济领域中的法律将效力范围限定在域内时,法律中的相关涉外经济行政法规范仅具有域内效力;当其设立域外效力条款,则法律中相关涉外经济行政法规范的效力范围被拓展至域外。例如,《中华人民共和国证券法》(1998年)第二条规定,"在中国境内,股票、公司债券和国务院依法认定的其他证券的发行和交易,适用本法"。其将效力范围限定在中国境内,因而不具有域外效力。《中华人民共和国证券法》(2019年修订)第二条第四款规定,"中华人民共和国境外的证券发行和交易活动,扰乱中华人民共和国境内市场秩序,损害境内投资者合法权益的,依照本法有关规定处理并追究法律责任"。该条款明确了域外效力规则,进而将《证券法》的涉外规范效力范围拓展至域外。

在中国经济领域的立法演进中,近年来越来越多的法律确立域外效力规则,积极塑造涉外经济行政法的域外效力面向。具体而言,这些域外效力规则包括《中华人民共和国企业破产法》(2006年)第五条、《中华人民共和国反垄断法》(2007年)第二条、《中华人民共和国证券法》(2019年修订)第二条第四款、《中华人民共和国出口管制法》(2020年)第四十四条、《中华人民共和国数据安全法》(2021年)第二条第二款、《中华人民共和国个人信息保护法》(2021年)第三条第二款、《中华人民共和国期货和衍生品法》(2022年)第二条第二款,等等。

其二,权力规范维度,涉外经济行政法注重授权与控权并行。

涉外经济行政法是有关涉外经济行政的法,其内核触及涉外经济行政

---

① 参见[德]施密特·阿斯曼:《秩序理念下的行政法体系建构》,林明锵等译,北京大学出版社2012年版,第129—137页。

与法的关系。在这一关系中,既涉及法对涉外经济行政的授权,也涉及法对涉外经济行政的控权。

一方面,涉外经济行政法强化授权,引导涉外经济领域中的行政权对外扩展。面对日益复杂化、开放化的涉外经济活动,国家为应对外部经济风险挑战、维护内部核心利益,有必要在该领域中建立起强有力的行政权力体系予以干预应对。这就需要涉外经济行政法以行政任务和实践需求为导向,发挥"积极作为法"的作用,通过授权制度为涉外经济行政充分授权,授予行政主体为实现涉外经济领域的复杂行政任务而应当具备的职权。[1] 授权制度"一头"连着涉外经济行政法的规范性,"另一头"连着涉外经济行政的开放性,以纽带的形式为该领域中新增的国家干预和新扩张的行政权力提供合法化机制。如,《中华人民共和国国际海运条例》(2023年修订)第四条授权国务院交通主管部门和有关的地方人民政府交通主管部门,依照条例规定对国际海上运输经营活动实施监管,并对与国际海上运输相关的辅助性经营活动实施有关的监管。

另一方面,涉外经济行政法在授权的基础上强调控权,防范涉外经济行政权恣意而为。涉外经济行政权是回应涉外经济治理需求,积极实现涉外经济领域中的行政规制目标和公共利益的必要手段,但不受法律控制的涉外经济行政权则会变质为侵损相关公私主体利益的"作恶"工具。而且,由于部分涉外经济行政活动具有跨国规制性,放纵该类行政权恣意行使将出现公权力跨国"作恶"的问题。例如,涉外经济行政权在域外管辖中滥施,将带来国家之间的管辖权冲突问题,不利于本国的对外关系发展。由此,涉外经济行政法作为公法,理应坚持其控权的底色。一般而言,涉外经济行政法的控权制度主要表现为涉外经济行政中的程序制度、责任制度和监督救济制度等。以《中华人民共和国国际海运条例》(2023年修订)为例,在行政程序制度方面,第五章"调查与处理"对相关行政程序作出规定,明确行政主体所需遵守的行政程序规范;在行政责任制度方面,第四十二条规定了行政主体及其工作人员出现不法行为时的追责制度。

---

[1] 参见谭宗泽、杨靖文:《面向行政的行政法及其展开》,《南京社会科学》2017年第1期,第112—113页。

其三,权益保护维度,涉外经济行政法"矛"与"盾"并举。

一方面,涉外经济行政法内含法律之"矛",以"走出去"的法律效果为本国公私主体权益保驾护航。首先,涉外经济行政法为域外管辖型的行政措施"走出去"提供规范支持。2019年以来,中国立法机关加强推进中国法域外适用的法律体系建设,陆续在证券、期货和衍生品、出口管制、反外国制裁、数据安全、个人信息保护等多个领域的法律中确立域外效力规则,为相应领域中的涉外经济行政主体行使域外管辖权提供基础性的规范依据。适度行使域外管辖权,对损害中国境内主体利益的、发生在国外的经济违法行为实施跨国规制,可以维护本国经济市场的公共利益和私人市场主体的合法权益。其次,涉外经济行政法为本国企业和公民"走出去"提供法律保护。《中华人民共和国对外贸易法》《对外承包工程管理条例》《对外劳务合作管理条例》等法律法规中的相关规定,为中国企业和公民在海外获得良好的经贸环境,以及维护自身合法权益等提供了涉外经济行政法方面的保障。最后,涉外经济行政法为本国制度规则"走出去"提供依据。涉外经济行政法可以对本国公权力主体参与国际规则、国际标准制定作出规定,要求其在相关国际经济治理领域的制度构建中积极作为。这有助于提升本国在国际经济治理制度制定中的话语权,并在促进国际经济治理体系完善的过程中维护本国在该领域中的重要利益。

另一方面,涉外经济行政法亦内含法律之"盾",防范外部经济安全风险和外国不当干预"走进来"侵害本国公私主体的权益。首先,防范外部经济安全风险"走进来"。根据《中华人民共和国国家安全法》(2015年)第十九条和第二十条的规定,国家健全预防和化解经济安全风险的制度机制,健全金融宏观审慎管理和金融风险防范、处置机制,防范和抵御外部金融风险的冲击。其次,防范外国不当干预措施"走进来"。如,《中华人民共和国反外国制裁法》(2021年)为行政主体运用行政权反外国经济制裁提供了法律基础。商务部制定的部门规章《阻断外国法律与措施不当域外适用办法》(2021年)为中国采取阻断性的行政措施抵御外国不当干预"走进来",维护中国主体参与国际经济活动的正当权益提供了具体规范依据。[1]

---

[1] 参见廖诗评:《〈阻断外国法律与措施不当域外适用办法〉的属事适用范围》,《国际法研究》2021年第2期,第60—61页。

第二节 涉外经济行政法的生成机理

涉外经济行政法是国内经济行政法国际化、国际经济治理法国内化的双向进程的结果呈现。在国内经济行政法国际化的层面上,涉外经济行政疆域的产生与拓展所形成的规范需求,以及宪法中相关涉外经济条款的具体化落实需求,催生了涉外经济行政法。在国际经济治理法国内化的层面上,国家对国际经济治理中相关义务要求的接受和规则转化,亦生成相应的涉外经济行政法。

一、涉外经济行政活动的规范化

涉外经济行政疆域的产生与拓展带来了规范上的需求,进而引发经济行政法制度的回应性变迁,形成相应的涉外经济行政法体系。基于行政法形成与发展的历史规律,行政疆域的范围决定了行政法的调整范围,行政疆域的大小则取决于公共产品(公共服务)的范围。[1] 法国学者狄骥在论述公法变迁时揭示,公共服务的内容处于流变状态之中,与公共需求相关的政府活动数量随着文明的发展而不断增加,在整个世界范围内发生的经济与工业的深刻变迁,创设出了各种新的、政府所担负的义务,同时政府介入公共服务的方式必须受到一套公法制度的规制与调整,于是需要形成新的客观秩序制度以适应新的公共服务内容。[2] 因此,当国家根据对外经济交往的公共服务需求而介入对涉外经济活动的管理,就会对经济行政法产生涉外规范的需求,进而促使涉外经济行政法生成。而且,一国关于对外经济交往的公共服务需求会随着时代变迁而不断变化,政府相应的涉外经济行政疆域亦随之演变、扩张,进而推动涉外经济行政法体系更新。

中华人民共和国成立以来,不同历史时期涉外经济行政的规范需求,推动形成了各具特色的涉外经济行政法。

---

[1] 参见姜明安:《行政的"疆域"与行政法的功能》,《求是学刊》2002年第2期,第69—70页。
[2] 参见[法]莱昂·狄骥:《公法的变迁》,郑戈译,商务印书馆2013年版,第35—55页。

中华人民共和国成立初期,主要围绕外资的管制和清理形成相应的涉外经济行政法性质的规范。1949年12月,广州市颁布《华南区进出口贸易厂商登记暂行办法》等管理条例,对外商企业实施登记管理,为后续的管制和清理打下基础。1950年12月16日,美国宣布将中国在美的一切公私财产置于美国的管制之下。对此,中国政务院于12月28日颁布《关于管制美国在华财产冻结美国在华存款的命令》,对美在华财产采取相应的清查和管制措施。在地方层面,广州市人民政府公布了《管制及冻结美国财产暂行办法》,冻结在本市各银行的美国存款,南京、汕头等其他城市亦采取类似行动。1952年,根据周恩来同志参与制定的《关于处理外商银行申请停业进行清理工作的指示》,对停业的在华外资银行进行清理。[①]上述在特殊历史阶段所形成的相关规范性文件,具有较强的临时性与政治斗争性,但其有针对性地回应了中华人民共和国成立初期涉外经济行政的规范需求。

进入改革开放后,涉外经济行政的疆域持续拓展,与之相配套的系列涉外经济行政法规范相继涌现。1978年党的十一届三中全会作出了改革开放的重大决策,并决定将党和国家工作重心转移到经济建设上来。改革开放对涉外经济行政提出了更多的要求,行政权在引进外资、管理外资企业、维护对外贸易秩序等领域中运行,其行政疆域获得了较大拓展,进而需要配套的法制予以规范。关于涉外经济立法完善,邓小平同志多次强调,搞社会主义建设,尤其利用外资,引进技术装备,要有法,要按法办事,不能少数人说了算,要抓紧做好经济立法工作。[②] 1987年党的十三大报告指出,要进一步健全涉外经济立法,落实优惠政策,改善投资环境;要坚决地有步骤地改革外贸体制;要让行政管理走上法制化的道路,加强行政立法,为行政活动提供基本的规范和程序。在上述背景之下,改革开放初期制定的"外资三法",即《中华人民共和国中外合资经营企业法》(1979年)、《中华人民共和

---

① 参见曲韵:《新中国对进出口领域外资在华企业的利用与清理(1949—1956)》,《中国经济史研究》2021年第6期,第151—155页。
② 参见《我国对外开放的法治保障》,载中国人大网2021年8月24日,http://www.npc.gov.cn/npc/c12434/wgggkf40nlfcjgs/202108/t20210824_313191.html,2024年9月20日最后访问。

国外资企业法》(1986年)、《中华人民共和国中外合作经营企业法》(1988年)等法律制度,为行政权在各个涉外经济领域中的运行提供了规范性基础。

随着改革开放的不断推进,中国进入全面深化改革、推进高水平对外开放的新时期,对涉外经济行政提出了新要求,其法制化亦进入了新的阶段。2013年党的十八届三中全会布局全面深化改革,对建设开放型经济新体制作出部署,提出了统一内外资法律法规、改革涉外投资审批体制、加快自由贸易区建设等方面的要求。① 2013年8月和2014年12月,全国人大常委会授权国务院在上海自贸区和广东、天津、福建的自贸区内暂时调整"外资三法"中有关行政审批的内容。在该授权之下,上海自贸区率先制定投资负面清单,其他自贸区亦跟进探索,逐步建立起新的外资审查与监管模式,为高水平开放新格局下制定统一的《外商投资法》提供了制度探索经验。② 2019年党的十九届四中全会对完善国家安全体系作出部署,提出了坚持总体国家安全观,统筹发展和安全,健全以经济安全为基础的国家安全体系,提高防范抵御国家安全风险能力等方面的要求。③ 在当代世界格局中,国际形势变幻引发国际安全形势变化,中国面临的国家安全环境日趋复杂,国家安全领域立法理应作为中国涉外领域立法的重中之重。④ 在新的发展时期,维护中国经济安全成为涉外经济行政的重点,因而国家安全领域中涉外经济行政法的制度需求强烈。新的《中华人民共和国国家安全法》(2015年),以及《中华人民共和国出口管制法》(2020年)、《中华人民共和国生物安全法》(2020年)、《中华人民共和国反外国制裁法》(2021年)、《中华人民共和国数据安全法》(2021年)等近年出台的系列法律规范,共同为行政主体在涉外经

---

① 《中共中央关于全面深化改革若干重大问题的决定》,2013年11月12日中国共产党第十八届中央委员会第三次全体会议通过。
② 参见孔庆江、丁向群:《关于〈中华人民共和国外商投资法〉立法过程及其若干重大问题的初步解读》,《国际贸易问题》2019年第3期,第2—3页。
③ 《中共中央关于坚持和完善中国特色社会主义制度 推进国家治理体系和治理能力现代化若干重大问题的决定》,2019年10月31日中国共产党第十九届中央委员会第四次全体会议通过。
④ 参见刘敬东:《加强涉外领域立法的理论思考与建议》,《国际法研究》2023年第2期,第7—8页。

济领域中维护国家经济安全提供了制度框架。此外,2025年4月颁布的《民营经济促进法》,强化民营经济的海外利益保障机制,助力中国民营经济更好地"走出去",提升国际市场竞争力,促进中国经济领域高水平对外开放。①

二、宪法涉外经济条款的具体化

宪法中关于涉外经济的相关条款具有高度概括性和抽象性,需要通过下位法具体化后才能实施,进而形成涉外经济行政法。一般意义上,宪法与行政法之间存在如下关系:"宪法者,确定关于国家之组织及作用之大纲;而行政法者,演绎其大纲而涉于细目,使补充之、或完备之者也。"②在公法体系中,宪法是根本大法,行政法从属于宪法,是对宪法的具体化,其对宪法所规定的内容进行细化、充实,强化宪法的实施。③ 就涉外经济领域的规范而言,宪法确立涉外经济的基本政策方向,规定该领域中的基本权利(权力)和义务(职责)。这些规定具有相当的抽象性,需通过有权主体制定涉外经济行政法将其具体化,促使其在涉外经济市场中得到贯彻落实,进而将抽象规范转化为制宪者所欲达到的社会现实作用。由此,在对宪法中关于涉外经济规范要求的具体化落实过程中,产生了涉外经济行政法。

在中华人民共和国的宪法演进史中,1949年《中国人民政治协商会议共同纲领》规定实行对外贸易管制,④1954年、1975年和1978年《中华人民共

---

① 《民营经济促进法》(2025年),对民营经济的海外权益保护等方面作出规定。其中,第三十三条第二款规定:"加强知识产权保护的区域、部门协作,为民营经济组织提供知识产权快速协同保护、多元纠纷解决、维权援助以及海外知识产权纠纷应对指导和风险预警等服务。"第四十三条规定:"民营经济组织及其经营者在海外投资经营应当遵守所在国家或者地区的法律,尊重当地习俗和文化传统,维护国家形象,不得从事损害国家安全和国家利益的活动。"第五十六条规定:"国家支持引导民营经济组织在海外依法合规开展投资经营等活动,完善海外利益保障机制,维护民营经济组织及其经营者海外合法权益。"
② [美]古德诺:《比较行政法》,白作霖译,中国政法大学出版社2006年版,第4—11页。
③ 参见关保英:《论新时代以来行政法精神的变迁(2012—2022年)》,《行政法学研究》2024年第1期,第5页。
④ 《中国人民政治协商会议共同纲领》(1949年)第三十七条规定:"实行对外贸易的管制,并采用保护贸易政策。"第五十七条规定:"中华人民共和国可在平等和互利的基础上,与各外国的政府和人民恢复并发展通商贸易关系。"

和国宪法》基本未对涉外经济方面作出明确规定,①1982年《中华人民共和国宪法》即现行《中华人民共和国宪法》则对涉外经济作出了系列规定。下面以现行《中华人民共和国宪法》为例展开。同时,由于第六章将立足于宪法的视阈全面分析涉外经济行政法,因而这里仅作简要分析。

对宪法涉外经济相关条款的直接具体化,可以产生相应的涉外经济行政领域的法律。例如,1982年《中华人民共和国宪法》第八十九条第九项规定由国务院行使"管理对外事务"的职权,而国务院如何行使该项职权,需要下位法进一步细化明确。其中,对外贸易属于对外事务的范畴,那么国务院如何管理对外贸易,则需要有权机关制定该领域的法规范来予以具体化。因而,在这个意义上,可以说立法机关制定《中华人民共和国对外贸易法》(1994年)是对1982年《中华人民共和国宪法》第八十九条第九项规定的具体化。

对宪法涉外经济相关条款的间接具体化,还将产生相应的涉外经济行政领域的法规。《中华人民共和国对外贸易法》(1994年)是对《中华人民共和国宪法》第八十九条第九项的直接具体化,但其未对反倾销和反补贴作出详细的明确规定,而是在第三十二条规定,当进口产品对国内相关产业、产品产生损害或损害威胁时,国务院规定的部门或者机构应当依照法律、行政法规的规定进行调查,作出处理。那么,国务院对"双反"采取何种措施,以及由国务院何部门采取措施等,仍需通过制定行政法规作进一步的具体化。由此,国务院制定《中华人民共和国反倾销和反补贴条例》(1997年),②对倾销与损害进行界定,对反倾销调查、反倾销措施、反补贴措施等作出规定。

一般情况下,涉外经济行政领域的法规是对相关法律进行直接具体化,对宪法而言则属于间接的具体化。但是,在特殊的情况下,当相关法律尚不完备时,国务院亦可直接根据《中华人民共和国宪法》制定相关行政法规,对

---

① 1954年《中华人民共和国宪法》在序言中指出,将继续贯彻"根据平等、互利、互相尊重主权和领土完整的原则同任何国家建立和发展外交关系的政策";在第四十九条第八项中明确国务院行使"管理对外贸易"的职权。1975年和1978年《中华人民共和国宪法》仅在序言中指出,在"和平共处五项原则"基础上"建立和发展同各国的关系"。
② 《反倾销和反补贴条例》(1997年)已失效,现行有效的为《反倾销条例》(2004年)和《反补贴条例》(2004年)。

宪法规范予以直接具体化。① 1982年《中华人民共和国宪法》第十八条规定,国家允许外商来中国投资,国家保护外商的合法权益。但改革开放初期关于外商投资的法律体系尚不完善,难以为制定相关行政法规提供直接的法律依据。1985年4月,第六届全国人大三次会议通过了《关于授权国务院在经济体制改革和对外开放方面可以制定暂行的规定或者条例的决定》,"授权国务院对于有关经济体制改革和对外开放的问题,必要时可以根据宪法,在同有关法律和全国人民代表大会及其常务委员会的有关决定的基本原则不相抵触的前提下,制定暂行的规定或者条例","经过实践检验,条件成熟时由全国人民代表大会或者全国人民代表大会常务委员会制定法律"。此后,一系列涉及对外开放、吸引外资的行政法规相继出台,如《技术引进合同管理条例》(1985年)、《国务院关于鼓励外商投资的规定》(1986年)、《国务院关于加快和深化对外贸易体制改革若干问题的规定》(1988年)等。②

此外,《中华人民共和国海南自由贸易港法》(2021年)第十条规定:"海南省人民代表大会及其常务委员会可以根据本法,结合海南自由贸易港建设的具体情况和实际需要,遵循宪法规定和法律、行政法规的基本原则,就贸易、投资及相关管理活动制定法规(以下称海南自由贸易港法规),在海南自由贸易港范围内实施。"据此,在理论上,当出现相关涉外经济法律和行政法规尚不完善,且急需推进海南自由贸易港体制机制改革创新的特殊情况之时,海南省立法机关或可根据《中华人民共和国海南自由贸易港法》,遵循宪法规定,通过制定海南自由贸易港法规的方式对宪法进行直接具体化。此时,宪法的直接具体化就会产生相关涉外经济行政的地方性法规。

三、国际经济规则要求的法制化

诸多涉外经济行政法的制定和完善是中国履行国际法义务的直接产

---

① 《中华人民共和国宪法》(1982年)第八十九条第一项规定,国务院根据宪法和法律,制定行政法规。因而,在宪法制度安排上和理论上,国务院可以直接根据宪法制定行政法规,通过行政法规对宪法进行直接具体化。但是,在实践中,这样的情况较为少见,国务院一般是直接根据法律制定行政法规。
② 参见全国人大常委会法工委宪法室:《对外开放与我国宪法》,载中国人大网2019年3月18日,http://www.npc.gov.cn/zgrdw/npc/xinwen/2019-03/18/content_2084005.htm,2024年9月23日最后访问。

物,是对所接受的相关国际经济规则要求的法制化。① 2001年12月11日,中国加入世贸组织。为履行中国签订的"入世"承诺协定,全面遵守和执行世贸组织的治理规则,中国在"入世"前后开展了大规模的法规范清理和完善工作。中共中央办公厅和国务院办公厅于2001年9月下发《关于适应我国加入世界贸易组织进程,清理地方性法规、地方政府规章和其他政策措施的意见》(中办发〔2001〕22号),统一布置各级地方政府的法规清理工作。据此,对外贸易经济合作部于2001年11月向地方外经贸主管部门下发《关于适应我国加入世界贸易组织进程,清理地方性外经贸法规、规章的通知》,确保地方各级政府的相关制度措施与中国的"入世"承诺相符。据统计,中央层面共清理法律法规和部门规章2300多件,地方层面清理地方性政策法规19万多件,覆盖投资、贸易和知识产权保护等多个方面,其中尤其是对"外资三法"、《中华人民共和国对外贸易法》、《中华人民共和国专利法》、《中华人民共和国商标法》、《中华人民共和国著作权法》等重要法律进行修改完善,实现与世界贸易组织规则体系的衔接。② 世贸组织不仅要求成员的法律、法规符合协定规定的义务,还要求其行政程序与世贸组织规则接轨。由此,中国推动涉外经济行政程序法的建立健全,集中出台了《对外贸易壁垒调查暂行规则》(2002年)、《保障措施调查听证会暂行规则》(2002年)、《反倾销调查听证会暂行规则》(2002年)、《反补贴调查听证会暂行规则》(2002年)和《产业损害调查听证规则》(2003年)等关于涉外经济行政程序的系列规章。③ 中国"入世"过程中的法规清理工作可能是中国立法史上规模最大的一次,其中涉及大量涉外经济行政法的制定和修改,涌现了一大批契合对外经贸交往新需要的涉外经济行政

---

① 参见姚金菊:《藩篱的跨越:行政法的国际面向》,《经贸法律评论》2019年第4期,第98—102页。
② 参见《我国对外开放的法治保障》,载中国人大网2021年8月24日,http://www.npc.gov.cn/npc/c12434/wgggkf40nlfcjgs/202108/t20210824_313191.html,2024年9月25日最后访问。
③ 《反倾销调查听证会暂行规则》(2002年)、《反补贴调查听证会暂行规则》(2002年)和《产业损害调查听证规则》(2003年)已失效,现行有效的为《反倾销和反补贴调查听证会规则》(2018年)。

法规范。①

2020年11月15日,东盟10国和澳大利亚、中国、日本、韩国、新西兰共同签署《区域全面经济伙伴关系协定》(Regional Comprehensive Economic Partnership, RCEP),该协定于2022年1月1日对中国正式生效。由于近年中国制定《中华人民共和国外商投资法》《中华人民共和国出口管制法》《中华人民共和国电子商务法》,以及修改《中华人民共和国著作权法》《中华人民共和国专利法》等法律,与《区域全面经济伙伴关系协定》的立法适配性程度较高,因而针对实施该协定的修法工作主要集中在行政法规、部门规章方面,包括货物贸易方面的税率调整、服务贸易方面的负面清单设立、投资方面的负面清单完善,还有自然人移动的开放(例如入境管理政策)等。②

中国政府先后于2021年9月和11月正式申请加入《全面与进步跨太平洋伙伴关系协定》(Comprehensive and Progressive Agreement for Trans-Pacific Partnership, CPTPP)和《数字经济伙伴关系协定》(Digital Economy Partnership Agreement, DEPA),并推进相关进程。《全面与进步跨太平洋伙伴关系协定》涉及知识产权保护、环境保护、电子商务等方面的高标准国际经贸规则。《数字经济伙伴关系协定》是世界上首个数字贸易专门协定,包含商业和贸易便利化、数字产品及相关问题的处理、商业和消费者信任、数字身份等模块的数字经贸规则。2024年2月,国务院办公厅印发《扎实推进高水平对外开放更大力度吸引和利用外资行动方案》(国办发〔2024〕9号),要求积极推进高标准经贸协议谈判及实施,推动加入《全面与进步跨太平洋伙伴关系协定》和《数字经济伙伴关系协定》,并主动对照相关规则、规制、管理、标准推进国内相关领域改革。

加入和实施国际经济治理领域中国际条约的过程,往往是涉外经济行政法规范清理和发展的过程。党的二十届三中全会要求,主动对接国际高标准经贸规则,在产权保护、产业补贴、环境标准、劳动保护、政府采购、电子

---

① 参见廖诗评:《经由国际法的国内法改革——改革开放四十年国内法制建设的另类路径观察》,《中国法律评论》2018年第5期,第148页。
② 参见中国贸易救济信息网,http://cacs.mofcom.gov.cn/article/flfwpt/jyjdy/zjdy/202011/167077.html,2024年9月25日最后访问。

商务、金融领域等实现规则、规制、管理、标准相通相容,打造透明稳定可预期的制度环境。扩大面向全球的高标准自由贸易区网络,建立同国际通行规则相衔接的合规机制,优化开放合作环境。① 党和国家关于推动加入高标准经贸协议、对接高标准经贸规则的部署,为已有涉外经济行政法的完善,以及新型涉外经济行政法的生成提供了基本遵循。当前,中国已对《全面与进步跨太平洋伙伴关系协定》全部条款进行分析、研究和评估,梳理了可能需要采取的改革措施和修改的法律法规。② 在未来,若中国成功加入和实施《全面与进步跨太平洋伙伴关系协定》和《数字经济伙伴关系协定》,势必会对涉外经济行政法体系进行新一轮的审视和完善,推动相关法规范的立、改、废,这将催生各类新型的涉外经济行政法规范。

第三节 涉外经济行政法的显著功能

涉外经济行政法具有多重重要功能。对于涉外经济市场而言,涉外经济行政法具有规制功能,维护涉外经济市场秩序稳定,促使其良性发展。对跨国经济治理而言,涉外经济行政法具有合作功能,促进双边和多边的治理合作。对于来自外国的不当经济措施而言,涉外经济行政法具有反制功能,以适当的法律武器实现自我保护。

一、面向涉外经济市场的规制功能

法律对涉外经济市场的规制,既有私法规制,也有公法规制,二者都是国家以法治方式调节涉外经济市场运行的重要途径,而涉外经济行政法是国家对涉外经济市场实施公法规制的制度选择。涉外经济市场领域中公共利益的广泛存在,使得国家以公法手段对之进行规制具有正当性和现实需要。涉外经济市场的行政法规制是对私法规制的补充,其回应了涉外经济

---

① 《中共中央关于进一步全面深化改革 推进中国式现代化的决定》,2024 年 7 月 18 日中国共产党第二十届中央委员会第三次全体会议通过。
② 参见中国政府网,https://www.gov.cn/lianbo/bumen/202311/content_6914473.htm,2024 年 9 月 26 日最后访问。

市场机制缺陷、市场失灵等问题，是公法手段对涉外经济市场自我调节的矫正，以弥补涉外经济市场中私主体力量之间的不平衡。从总体上看，国家运用涉外经济行政法规制该特定市场，可以防治经济风险跨国传导，保护公众权益免受系统性打击，维护涉外经济市场整体结构的稳定性；可以营造法治化、国际化的涉外经济市场环境，促进涉外经济市场乃至全球经济市场公平有序发展。①

　　涉外经济行政法的规制包含积极的鼓励促进和消极的限制禁止双重面向，而不能将之简单理解为对涉外经济市场实施泛化的管控性国家干预。涉外经济行政法作为行政法的具体类型，其亦具有公共利益本位法这一特质，即强调政府以维护公共利益为导向参与和介入涉外经济活动，依法对涉外经济市场实施规制。规制突出政府主导性，但并不意味着国家干预的泛化，也不能简单地将规制等同于国家公权力对市场实施全面的管控和限制。在经济规制法的语境中，规制包含积极和消极双重面向：积极层面主要指，采取激励手段促使有益于公共利益的行为发生，积极促进利益的增长；消极层面主要指，通过限制和禁止性规范，防止危害行为发生。② 由此，涉外经济行政法中规制的完整内涵包括双重面向，即积极的鼓励促进与消极的限制禁止并举，统筹兼顾涉外经济市场中各方利益关系，蕴含了利益平衡协调之意味。③

　　从积极规制的面向来看，涉外经济行政法对市场起到鼓励和促进的制度作用。首先，在涉外经济市场中，鼓励和促进外商投资具有突出的重要性。国务院办公厅于2024年2月印发的《扎实推进高水平对外开放更大力度吸引和利用外资行动方案》（国办发〔2024〕9号）指出，外商投资是参与中国式现代化建设、推动中国经济与世界经济共同繁荣发展的重要力量，进一步吸引和利用外资是营商环境建设的重要目标。其次，涉外经济行政法为

---

① 参见朱淑娣、陈文清：《全球视阈下的金融规制行政法：困境根源与理论路径》，《复旦大学法律评论》2022年第3期，第121—122页。
② 参见刘水林：《经济规制法——经济法"飞地"的经济法》，《经济法论丛》2018年第1期，第109页。
③ 参见杨同宇：《经济法规制范畴的理论审思》，《中国法律评论》2023年第5期，第183页。

鼓励和促进外商投资提供法制保障。《中华人民共和国外商投资法》（2019年）第一条将促进外商投资作为立法目的之一，第三条明确规定鼓励外国投资者依法在中国境内投资。这些规定并非倡导性的规范，而是必须得到有效实施的规范。《中华人民共和国外商投资法》第二章专章对"投资促进"作出规定，明确各级政府及其有关部门在鼓励和促进外商投资方面的法定义务，以具体的法律规则要求相关行政主体必须有所作为、依法作为。《中华人民共和国外商投资法实施条例》（2019年）第二章"投资促进"对《中华人民共和国外商投资法》的第二章进行细化，进一步明确各级政府及其有关部门在鼓励和促进外商投资过程中的系列执法义务，持续优化外商投资环境。在地方层面，各地以地方性法规、规章、规范性和政策性文件贯彻落实国家关于发展壮大外商投资的法制要求。例如，《上海市外商投资条例》（2020年）第三章"投资促进"，以及《上海市加大吸引和利用外资若干措施》（2023年）、《上海市促进外商投资全球伙伴计划实施办法》（2023年）、《关于进一步优化外商投资环境加大吸引外商投资力度的实施方案》（2024年）、《上海市跨国公司地区总部发展资金管理办法》（2024年修订）等制度和政策，明确上海市相关行政机构在鼓励和促进外商投资方面的职责，以及应当执行的具体行政措施。

从消极规制的面向来看，涉外经济行政法以限制禁止性规范约束市场行为，防范不当行为损害涉外经济市场公共利益。这里仍以外商投资的法制规范为例。中国欢迎和惠待外商投资，但外商对中国市场的投资并非可以任意而为，其受到相关限制性和禁止性法规范的约束。一是对外商投资的领域范围进行规制。《中华人民共和国外商投资法》第二十八条规定，外商投资者不得投资负面清单中所规定的禁止投资领域，对负面清单中的限制投资领域进行投资的则应当符合特定条件。国家发展和改革委员会、商务部共同制定《外商投资准入特别管理措施（负面清单）》，对限制和禁止外商投资的具体领域予以明确。二是对外国投资者（企业）的信息报送进行规制。《中华人民共和国外商投资法》第三十四条明确外商投资方面的信息报送义务。部门规章《外商投资信息报告办法》（2019年）第七条规定，外国投资者（企业）应当及时报送真实、准确、完整的投资信息，不得进行虚假或误导性报告，不得有重大遗漏。三是对外国投资的安全进行规制。《中华人民共和国外商投资法》第三十五条规定,国家建立外商投资安全审查制度,对影响或者可能影响国家安全的外商投资进行安全审查。部门规章《外商投资安全审查办法》(2020年)具体规定外商投资安全审查的实施主体,以及审查的程序与内容,预防和化解外商投资可能带来的国家安全风险。这也是中国自主构建安全高效的开放型经济体系的应有之义。①

二、面向跨国经济治理的合作功能

涉外经济行政法作为涉外法体系中的一种特别法,其受到涉外领域基本法中对外合作理念的调控。《中华人民共和国对外关系法》属于宪法相关法,是关于涉外法治的基础性、综合性法律,在中国涉外领域中具有基本法的地位。② 在涉外法体系中,《中华人民共和国对外关系法》起到统领作用,为涉外经济行政法等特别领域中的涉外法提供指引。③《中华人民共和国对外关系法》确立了对外合作的基本理念,全文中共有28处提及"合作"。根据第二条的规定,《中华人民共和国对外关系法》的适用范围为:中国发展同各国的外交关系和经济、文化等各领域的交流与合作,以及发展与联合国等国际组织的关系。可见,对外合作规范是该法律的核心内容之一。第二十六条是与涉外经济合作直接相关的规范,规定中国鼓励开展对外投资等对外经济合作,维护多边贸易体制,反对单边主义和保护主义,推动建设开放型世界经济。第三十九条第三款是与涉外行政合作直接相关的规范,规定国家深化拓展对外执法合作工作机制,推进执法领域国际合作。涉外经济行政法必须秉持《中华人民共和国对外关系法》的对外合作理念,对跨国经济治理中的涉外行政合作作出制度安排。

总体而言,涉外经济行政法为本国行政主体融入多双边关系架构,实施跨国经济治理合作提供制度规范。经济全球化增进了国家为确保本国经济规制实效性而与其他国家、国际组织进行合作的必要性,通过跨国经济治理

---

① 参见张宇燕:《中国对外开放的理念、进程与逻辑》,《中国社会科学》2018年第11期,第32—33页。
② 参见黄进:《论〈对外关系法〉在中国涉外法治体系中的地位》,《国际法研究》2023年第4期,第8页。
③ 本书第七章立足于对外关系法的视阈全面分析涉外经济行政法。

过程中的国际协调,为跨国经济活动的自由化和公平竞争创造条件。[①] 与经济全球化规律相契合的涉外经济行政法,应当是促进跨国经济治理的一种法律手段,促进不同主权国家之间的公权力主体,以及本国公权力主体与国际组织之间的行政法合作。在以制度型开放为重点推进经济高水平对外开放的过程中,涉外经济行政法的开放性使其能够深入关照跨国经济治理中的法制需求,适应全球化发展需要。涉外经济行政法的规范性则为本国涉外经济行政主体在跨国经济治理中行使行政权力,主动构建双边合作关系,加入多边合作机制提供规范基础。

具体而言,涉外经济行政法为跨国经济治理合作提供软法规范指引。涉外经济行政法中关于对外合作的原则性规定,大多是指导性、号召性、宣示性的软法规范。对外合作的过程是一个双边或多边形成合意的过程,也是一个在对等互惠基础上进行互动的过程。由软法对之进行规范,既对外表达了本国在参与跨国经济治理中的合作诚意,也为本国公权力主体在复杂多变的国际经济形势中相机而动、灵活运用合作机制预留了裁量空间。如,《中华人民共和国数据安全法》(2021年)第十一条规定,国家积极开展数据安全治理、数据开发利用等领域的国际交流与合作,参与数据安全相关国际规则和标准的制定。其中,"积极"一词对外传递了中国在数据领域跨国治理中的合作意愿和姿态,同时避免僵硬地给本国公权力主体施加上强制性的合作"枷锁"。又如,《中华人民共和国期货和衍生品法》(2022年)第一百二十三条第一款规定,国务院期货监管机构可以和境外期货监管机构建立监管合作机制,或者加入国际组织,实施跨境监管。该条款中"可以""或者"等非强制性的立法语言,为中国期货行政主体构建多双边合作机制提供了裁量空间,以便其在对等互惠的基础上掌握对外合作关系构建的主动权。

同时,涉外经济行政法还为跨国经济治理合作提供硬法保障体系。该类硬法规定主要用于规范跨国经济治理合作中的信息出境问题,避免涉密信息不当外泄而对本国经济安全甚或国家总体安全产生负面影响。较早对此作出规定的是1988年制定的《中华人民共和国保守国家秘密法》,其第二

[①] 参见中川淳司、白巴根:《经济规制的国际协调》,《政法论坛》2006年第3期,第87—88页。

十一条规定,"在对外交往与合作中需要提供国家秘密事项的,应当按照规定的程序事先经过批准"。该简要规定为早期对外经济交流与合作中的信息出境安全提供了法律保障。依据该条款和相关法律,中国证监会、国家保密局、国家档案局于 2009 年 10 月联合发布《关于加强在境外发行证券与上市相关保密和档案管理工作的规定》,明确规定境外发行证券和上市过程中所形成的工作底稿等档案应存放在境内,未经有关主管部门批准不得向境外提供。同时规定,在合作监管过程中,境外监管机构到境内进行现场检查时,应以我国监管机构为主进行,或者依赖我国监管机构的检查结果。① 2019 年修订的《中华人民共和国证券法》完善相关规定,从法律层面上对跨国证券治理中的相关合作内容制定强制性规范,为保守证券业务活动所涉及的国家秘密、保障国家经济安全提供硬法支撑。②

三、面向外国不当经济措施的反制功能

涉外经济行政法在以合作为导向的同时塑造反制功能,在对外国不当经济措施进行反制的过程中促进合作,维护本国核心利益。从历史上看,大国之间在技术和制度领域中的遏制与反遏制是大国竞争中的重要组成部分,遏制与反遏制的过程影响着大国自身发展,也决定着国际政治经济格局的走向。③ 在当代,随着近年来国际环境的变化,某些国家对崛起中的中国滥施制裁、加强围堵,特别是以美国为首的西方发达国家在可预期的未来仍会加大对我国的挤压,企图进一步侵损我国的合法权益。④ 对此,中国以涉外法治的方式加以应对,一方面积极倡导和主张合作,在条件许可的情况下

---

① 《关于加强在境外发行证券与上市相关保密和档案管理工作的规定》(2009 年)已失效,现行有效的为《关于加强境内企业境外发行证券和上市相关保密和档案管理工作的规定》(2023 年)。
② 《中华人民共和国证券法》(2019 年修订)第一百七十七条第二款新增了关于监管合作的相关规范,明确境外证券监管机构不得在中国境内直接进行调查取证等活动;未经有关主管部门同意,任何单位和个人不得擅自向境外提供与证券业务活动有关的文件和资料。
③ 参见王勇、赵昌文、江深哲:《大国竞争中的技术遏制与反遏制》,《中国社会科学》2024 年第 6 期,第 100—101 页。
④ 参见刘晓红:《推进高水平对外开放的法治维度》,《政治与法律》2023 年第 4 期,第 12 页。

真诚推进合作;另一方面也注意到有时候合作并非自然而然的选择,当一些国家采用"长臂管辖"等不当措施危害中国的国家利益和国民利益时,我国坚决予以制度反制,如此既可能维护自身利益,也可能获得合作的机会。①换言之,反制不是为了与相关外国作对,而是为了维护本国的海外利益,并促使被反制者重新认识到合作的经济性,进而创造各方的合作机会,拓宽共同合作的渠道。当外国以不当措施破坏两国在经济领域中现有的合作关系,或执拗关上未来的经济合作之门时,中国可以启动涉外经济行政法的反制功能,应对挑战、防范风险、维护利益,同时让所涉外国因受到反制而付出一定的经济代价,推动相关方回归理性、重塑合作共识,维护国际经济公正秩序。

其一,对非法单边经济制裁的制度反制。一国实施的制裁可以分为两类,一类是执行性制裁,旨在执行安理会决议,是联合国多边制裁的组成部分,其合法性一般少有疑义;另一类是附加性制裁,系联合国制裁之外由国家自主实施的,也就是单边制裁,其合法性争议较大,对于非法的单边制裁,受制裁国在国际法上拥有反制的权利。②《中华人民共和国反外国制裁法》(2021年)为中国对非法的单边经济制裁进行反制提供概括性的法律依据。根据第三条规定,若外国实施的单边经济制裁行为违反国际法和国际关系基本准则,在经济领域对我国进行遏制、打压,对我国公民、组织采取歧视性限制措施,乃至干涉我国内政的,我国有权采取反制措施。结合第四条、第五条、第七条的规定,反制的路径是由国务院有关部门将相关个人和实体列入反制清单,且国务院有关部门依法作出的反制决定具有终局效力,免于行政复议和行政诉讼。在程序规范上,《中华人民共和国反外国制裁法》关于反制决定的程序规则较为简略,为减少反制措施可能引发的正当程序争议,有必要完善被反制对象的程序保障条款,设立反制措施在申请暂停、变更和取消等方面的程序制度,增强我国反制裁措施的程序合法性。③

---

① 参见何志鹏:《国内法治与涉外法治的统筹与互动》,《行政法学研究》2022年第5期,第13页。
② 参见张辉:《单边制裁是否具有合法性:一个框架性分析》,《中国法学》2022年第3期,第284—303页。
③ 参见霍政欣、陈彦茹:《反外国制裁的路径演化与中国选择》,《社会科学》2023年第2期,第189—190页。

其二，对具体经济领域中的外国不当措施进行制度反制。部分与涉外经济行政密切相关的法律和行政法规，设置了对外国歧视性措施的反制条款。如《中华人民共和国个人信息保护法》(2021年)第四十三条规定，"任何国家或者地区在个人信息保护方面对中华人民共和国采取歧视性的禁止、限制或者其他类似措施的，中华人民共和国可以根据实际情况对该国家或者地区对等采取措施"。作出该类对等反制规定的还有《中华人民共和国对外贸易法》(1994年)第七条、《中华人民共和国外商投资法》(2019年)第四十条、《中华人民共和国出口管制法》(2020年)第四十八条、《中华人民共和国数据安全法》(2021年)第二十六条、《中华人民共和国保障措施条例》(2004年修订)第三十一条、《中华人民共和国国际海运条例》(2023年修订)第四十六条，等等。外国相关方面实施"歧视性的禁止、限制或者其他类似措施"是触发对等反制机制的先决条件。在立法语言上，该类对等反制触发条件的规定与《中华人民共和国反外国制裁法》第三条的规定具有相似性，都具有较强的抽象性、概括性，属于不确定法律概念，在法律适用中需要对其内涵进行辨识和界定。从制度完善的角度看，尚待建立健全关于认定"歧视性"措施的裁量基准，避免出现识别上的无序和恣意，进而强化对等反制的制度合法性与实效性。①

综观之，涉外经济行政法具有规制功能、合作功能和反制功能。这些重要的功能由涉外经济行政法的制度体系承载和具体呈现，并随着制度体系的完善发展而不断深化。下一章将对涉外经济行政法的制度构造展开体系性分析。

---

① 参见周艳云:《中国〈反外国制裁法〉中"歧视性限制措施"的识别》,《环球法律评论》2022年第2期,第162页。

第二章

涉外经济行政法的制度构造

从传统国际经贸规则下的商品与要素流动型开放到新一轮国际经贸规则下制度型开放,我国已然步入了融入世界经济的新征程。依托我国超大规模市场优势,以国内大循环吸引全球资源要素,增强国内国际两个市场两种资源联动效应,提高贸易投资合作质量和水平,稳步扩大规则、规制、管理、标准等制度型开放。① 为了回应制度型开放的实践需求,必须加强对我国涉外经济行政法制度构造的研究,以期更好地应对国际经贸规则深刻调整以及国内规范体系深化开放的双重挑战。在兼顾情理法的中华优秀传统法律文化的基础上,中国应当积极贡献中国式现代化法治建设经验,以制度化、程序化、融合化的方式积极参与国际经济法律治理。

本章主要阐释涉外经济行政法的制度构造,注重围绕涉外经济行政法的理念与目标、实体规范与程序规范、规制规则的实施与国际协调等,深入促进涉外经济行政法形式规范和实质规范相统一、实体规范与程序规范兼备、硬法与软法相协调的制度构造,为本书后续内容的展开提供体系性的制度支持。

---

① 参见习近平:《高举中国特色社会主义伟大旗帜 为全面建设社会主义现代化国家而团结奋斗——在中国共产党第二十次全国代表大会上的报告》,人民出版社 2022 年版,第 32 页。

第一节　国际性①视域下的制度构造：
　　　　形式规范与实质规范

涉外经济行政法因其"涉外"属性，其制度构造兼具维护本国经济主权、国家安全和参与全球经济治理的目标。在当前制度型开放的宏观背景下，我国涉外经济行政法的制度构造呈现如下特点：第一，以形式规范为基础，确定明示的约束条件，对接国际经贸规则，促进国际规范国内化；第二，以实质规范为内核，彰显内在的价值追求，发挥本国法律传统优势，推动国内规范国际化；第三，国内外法律交融影响下涉外经济行政法形式规范和实质规范相统一。

一、国际性：涉外经济行政法制度构造的现实需要

涉外经济行政领域制度型开放的国际性是时代所趋，代表了当前涉外经济行政规制的必然要求和前沿动态，强调国际与中国的相互开放、相互影响、相互融合。涉外经济行政领域制度型开放的国际性时代要求主要体现为：涉外经济行政领域制度型开放的涵盖范围更广，系统性更强。自2018年中央经济工作会议首次提出"制度型开放"的表述，到2024年党的二十届三中全会关于"稳步扩大制度型开放"的阐释，我国在制度型开放的进程中走出了对标学习、积极建构、稳步扩大的路径。

从横向维度来看，基于涉外经济行政规制对涉外经济全领域、全要素的治理，涉外经济领域制度型开放涉及贸易、金融、投资、数据等诸多领域。首先，传统涉外经济领域持续发展，为我国制度型开放提供了广阔的空间。顺

---

① 中文语境下"国际性"为属性词，意为"国与国之间的；世界各国之间的"，参见中国社会科学院语言研究所词典编辑室编《现代汉语词典（第7版）》，商务印书馆2016年，第497页。英文语境下国际性表述为international：connected with or involving two or more countries, see the Oxford Learner's Dictionary of Academic English, https://www.oxfordlearnersdictionaries.com/definition/academic/international，2024年10月6日最后访问。

应经济全球化的时代要求,我国在国际经济舞台所发挥的作用越来越大,"我国成为一百四十多个国家和地区的主要贸易伙伴,货物贸易总额居世界第一,吸引外资和对外投资居世界前列,形成更大范围、更宽领域、更深层次对外开放格局"。① 其次,新兴涉外经济领域不断兴起,为我国制度型开放扩大了范围。如,涉外数据规制以数据安全、数据使用、数据跨境流动为重点,推动涉外数据行政规制与国家数据安全监管、数据要素流通等深度融合,实现涉外经济行政规制体系下对新要素领域的有效规制。

从纵向维度来看,制度型开放又贯穿涉外立法、涉外执法、涉外司法、涉外法律服务、涉外法治人才培养、全球治理与法治合作、自贸区与自贸港法治等诸多面向。涉外法律法规是涉外经济法治体系完善的基础,为涉外经济行政规制提供依据。涉外执法的有效性是保障,进一步推动涉外法治实施的协同高效。涉外司法提升效能保驾护航,与立法、执法、守法、法律服务深度协同。涉外法律服务提供了制度创新的合力,涉外法治人才培养是面向世界的资源储备。涉外经济行政领域制度型开放的要求程度更高,合作程度更深,全球治理与法治合作推动全球治理法治化,为我国参与全球治理提供了路径。自贸区与自贸港法治则为制度型开放创新发展提供了先行实践的场域。因而,涉外经济行政规制领域的制度型开放是系统性、全方位的开放。

在国际性视域下,涉外经济行政法兼顾国际经济合作与国家经济主权的内在张力,着眼于以涉外经济行政法制度规范的形式规范与实质规范共同推动国家经济主权原则与国际经济合作原则的协调统一。

二、形式规范奠定涉外经济行政法的基础

(一) 国际规范提供涉外经济治理制度资源

国际公约、国际条约等国际规范是国际社会结构秩序体系的具体表达,一定程度上也塑造了国家行为和一国的制度规范,"当国际上公认的规范和

---

① 习近平:《高举中国特色社会主义伟大旗帜 为全面建设社会主义现代化国家而团结奋斗——在中国共产党第二十次全国代表大会上的报告》,人民出版社 2022 年版,第 9 页。

价值变化时,它们就相应地引起体系层面上的国家利益和行为的转变"①,包括对一国制度规范带来深刻的影响。鉴于国际与国内法律的交融,我国涉外经济行政法律制度从国际经济治理规则体系中加以吸收并融入自身发展,国际条约/协定提供了国际经济治理的制度资源,是形式规范的主要表现形式,形式规范奠定了制度型开放国际性的基础。

(二) 对接国际通行规则完善涉外经济法律法规

第一,主动对接国际高标准经贸规则。高标准经贸规则是当前国际经济治理规则深刻重塑的产物。首先,开放力度的高标准。涉外经济制度型开放是硬环境和软环境共同作用的结果,主动对接国际高标准经贸规则对制度型开放的软环境建设提出了更高的要求。为适应全球经济自由化发展的趋势,国际货物贸易对于打破关税和非关税壁垒的诉求越发强烈,服务贸易和投资倾向于采用负面清单模式开放,因此,诞生了一些开放程度更高的国际协定,例如《全面与进步跨太平洋伙伴关系协定》(CPTPP)、《数字经济伙伴关系协定》(DEPA)等。其次,开放纵深的高标准。涉外经济制度型开放是外环境和内环境综合作用的结果,不仅仅是在涉外环节的开放,而且延伸到国内法律规制的内环境建设,包括产权保护、政府权力、数据流通、环境保护、产业补贴、知识产权、劳动保护、电子商务、竞争政策、政府采购、金融等领域的改革。可以说,国际高标准经贸规则对国内体制机制改革也提出了要求,需要进一步调整、优化国内制度规范。

第二,系统对接融合国际通行规则。首先,确立与国际通行规则对接融合的前置条件。如,2021 年 11 月 1 日施行的《海南自由贸易港优化营商环境条例》②将是否符合我国参加的国际协议作为前置条件,指出了在制定有关贸易、投资等相关管理活动的法规、规章、规范性文件时,应当评估是否符

---

① [美]玛莎·芬尼莫尔著:《国际社会中的国家利益》,袁正清译,上海人民出版社 2012 年版,第 2 页。
② 《海南自由贸易港优化营商环境条例》(2021 年)第四条规定:"政府及有关部门应当适应国际经济贸易规则发展和全球经济治理体系改革新趋势,以贸易投资自由化便利化为重点,在标准对接、信息共享、人员交流和执法协同等方面加强营商环境国际交流。制定有关贸易、投资等相关管理活动的法规、规章、行政规范性文件,应当评估是否符合我国参加的国际协议,加强与国际通行规则对接融合。"

合我国参加的国际协议,加强与国际通行规则的对接融合。与国际通行规则对接融合的目的,一方面是稳步扩大我国的制度型开放,另一方面是进一步营造我国市场化、法治化、国际化一流营商环境。其次,明确自由贸易港与国际通行规则对接融合的保障条件。主要包括三个方面。其一,明确"人人都是营商环境的理念"[1]。营商环境是世界银行提出的一项系统性指标评价,用以衡量市场主体在准入、生产经营、退出等过程中涉及的政务环境、市场环境、法治环境、人文环境等有关外部因素和条件。"人人都是营商环境的理念"以更高的内环境自我要求推动构建良好的社会氛围,引导社会成员形成共识与凝聚力。其二,明确政府在构建营商环境中的权力边界。政府及有关部门应当按照构建亲清新型政商关系的要求,增强主动服务市场主体意识,建立有事必应、无事不扰的经营便利政策制度,建立畅通有效的政企沟通机制,依法为市场主体解决生产经营中遇到的困难和问题,保障市场主体正常开展生产经营活动。其三,明确营商环境考核制度体系和反馈响应。依据《海南自由贸易港优化营商环境条例》规定,省和市、县、自治县人民政府应当建立的营商环境考核制度体系包括营商环境考核督察制度和营商环境政务切身体验、专业观察监督制度,加强专项督察和日常督导。此外,还应设立投诉平台等方式受理市场主体对营商环境问题的投诉,针对市场主体投诉反映的共性、普遍性问题,政府及有关部门应当建立解决问题的长效机制。

第三,涉外经济行政法发展与国家构建新发展格局高度统一。构建新发展格局要依托我国超大规模市场优势,增强国内国际两个市场两种资源联动效应,涉外经济行政法的制度构造也要顺应"双联动"趋势。首先,与国际竞争环境高度融合,将国际经济新兴领域的规制动向及时反映到国内立法之中。2021年9月1日起施行的《中华人民共和国数据安全法》是我国数据规制的第一部基础性法律,该法的实施为涉外数据规制领域新型生产要素流通与国家数据安全之间的关系提供了法律依据。该法的制定也反映了国际经济领域数据规制对我国涉外数据规制的影响。例如,对数据范围界

---

[1] 《海南自由贸易港优化营商环境条例》(2021年)第五条第一款规定:"单位和个人应当树立人都是营商环境的理念,积极参与营商环境建设,共同营造开放包容、互利合作、诚实守信、文明和谐、重商护商的社会氛围。"

定的广泛。《中华人民共和国数据安全法》第三条对数据做出概括性定义："本法所称数据,是指任何以电子或者其他方式对信息的记录。"这种宽泛界定的方式与当前国际社会代表性的数据界定方式保持一致。① 其次,强化我国法律的域外适用。如,《中华人民共和国数据安全法》第二条规定："在中华人民共和国境内开展数据处理活动及其安全监管,适用本法。在中华人民共和国境外开展数据处理活动,损害中华人民共和国国家安全、公共利益或者公民、组织合法权益的,依法追究法律责任。"

三、实质规范构筑涉外经济行政法的内核

在国际法与国内法交融的维度下,我国涉外经济法律制度在实质规范层面对国际的影响和贡献,体现了涉外经济行政法的理念内核,也充分体现了在全面推动制度型开放的进程中要注重维护国家经济主权,创制符合自己国家特色的涉外经济行政立法。我国涉外经济法治的发展,以中国优秀法律传统、中国式现代化涉外法治建设经验为中心,生成了具有中国法治特色的涉外经济治理的理念、规则,表达了涉外经济行政规制的实质正义。在当前制度型开放的宏观背景下,我国形成的具有中国特色的涉外法治建设经验是国际经济行政规制的重要组成部分,是在面对国家经济主权、国家安全/国际经济合作博弈关系过程中积累的重要成果,也是涉外经济规制的中国倡议和中国方案。

(一) 体现中国特色的涉外经济行政法理念

当前,我国涉外经济行政法治建设遵循"坚持统筹推进国内法治和涉外法治"②的指导方向,涉外法治处理跨国法律关系,亦是国内法治的对外延展,因而,建设中国特色社会主义法治体系取得的经验将在涉外经济行政规制领域进一步践行。

---

① 例如,欧盟《一般数据保护条例》(2016 年)中也对数据这一术语做出概括性定义,个人数据是以自动化方式处理的任何信息。
② 习近平:《坚定不移走中国特色社会主义法治道路 为全面建设社会主义现代化国家提供有力法治保障》,载中华人民共和国中央人民政府网,2021 年 2 月 28 日,https://www.gov.cn/xinwen/2021-02/28/content_5589323.htm,2024 年 10 月 23 日最后访问。

坚持党的领导原则。我国宪法规定，中国共产党领导是中国特色社会主义最本质的特征。涉外法治是中国特色社会主义法治体系的重要组成部分，事关全面依法治国和我国对外开放工作大局。① 具体到涉外经济领域而言，涉外经济行政法治建设的系统性、协调性、全局性和复杂性，决定了推进这一系统工程要牢牢坚持中国共产党的领导，坚持党总揽全局、协调各方的领导作用。这是我国涉外经济法治建设最本质的保障。

坚持国家经济主权与国家安全原则。国家经济主权、国家安全与国际经济合作之间的关系，在涉外经济治理语境下具有天然的内在张力。国家经济主权原则意味着每一个国家都在经济上享有独立自主和不容剥夺的权利，国家安全是涉外经济行政规制的底线原则。经济全球化的深入发展使得国际经济治理的需求不断扩展，对国家经济主权的行使、国家安全的保障也提出了越来越高的要求，涉外经济法治建设就是以法治方式更好地维护国家和人民的利益。

坚持法治和德治相结合原则。法治和德治是治国理政不可或缺的两种方式，法安天下，德润人心，法治和德治以各自的优势在涉外经济治理中发挥作用。一方面，涉外经济行政要发挥法治的作用，完善涉外经济行政法规，推动涉外法律法规有效实施，做好国际法和国内法的有效衔接。首先，要推动法治政府建设与涉外经济行政法发展相结合。如，外资准入制度规范的全面升级，《中华人民共和国外商投资法》于2019年修订，引入准入前国民待遇、负面清单制度。②《中华人民共和国对外贸易法》外商投资备案制度的改革，原动力是建设法治政府进一步简政放权。其次，要进一步营造市场化、法治化、国际化的营商环境。2019年2月25日，习近平总书记在中央全

---

① 参见杜涛：《涉外法治为中国式现代化行稳致远保驾护航》，《中国社会科学报》2024年7月5日第A01版。
② 《中华人民共和国外商投资法》(2019年)第四条规定："国家对外商投资实行准入前国民待遇加负面清单管理制度。前款所称准入前国民待遇，是指在投资准入阶段给予外国投资者及其投资不低于本国投资者及其投资的待遇；所称负面清单，是指国家规定在特定领域对外商投资实施的准入特别管理措施。国家对负面清单之外的外商投资，给予国民待遇。负面清单由国务院发布或者批准发布。中华人民共和国缔结或者参加的国际条约、协定对外国投资者准入待遇有更优惠规定的，可以按照相关规定执行。"

面依法治国委员会第二次会议上提出"法治是最好的营商环境",深刻阐明了法治和营商环境的关系。另一方面,涉外经济治理还要发挥德治的作用,营造有利的法治条件和外部环境。如,引导我国公民、企业树立参与涉外经济活动的合规意识,培养德法兼修的涉外法治人才,彰显中国法文化传统在涉外法治领域的影响力。

(二)蕴含中国法文化传统的涉外经济法治建设

涉外经济法治建设融合了法治建设的现代性与法律文化的传统性。一方面,面对当前制度型开放的现实需要,特别是来自外部环境的诸多新矛盾、新挑战,离不开系统完备、规则完善的涉外法律法规体系。习近平总书记指出:"涉外法律制度是国家法制的重要组成部分,是涉外法治的基础,发挥着固根本、稳预期、利长远的重要作用。"[1]另一方面,基于我国传统法律文化的深厚底蕴,以构建人类命运共同体为世界经济治理贡献中国方案。坚持推动构建人类命运共同体,是习近平外交思想的核心和精髓,是中国引领时代潮流和人类文明进步方向的鲜明旗帜。[2] 全球经济治理亦是构建人类命运共同体的重要场域,全球化进程中面临的诸多挑战是全人类共同面临的难题,经济合作是推动构建人类命运共同体的重要方式之一,我国为促进全球经济合作目标的实现贡献了诸多具有中国优秀法律传统的倡议和方案。"法律文化传统作为一种文化的力量深深地嵌入国家法治发展进程之中,并且对这一进程产生持续久远的深刻影响,铸就着国家法治发展的独特的民族禀赋"。[3] 构建人类命运共同体蕴含深厚的和合法文化,向世界传递了共商共建共享的理念,注重规制合作与合作治理,共享经济全球化发展成果。当前,全球化发展面临多方面赤字[4],"一带一路"倡议是构建人类命运共同体的生动实践,为涉外经济行政规制与国际合作关系的协调提供了有效途径,为治理世界经济赤字贡献了中国方案。

---

[1] 参见《习近平在中共中央政治局第十次集体学习时强调 加快涉外法制建设 营造有利法治条件和外部环境》,《人民日报》2023年11月29日,第01版。
[2] 参见杨洁篪:《以习近平外交思想为指导深入推进新时代对外工作》,《求是》2018年第15期,第3页。
[3] 公丕祥:《法治现代化的中国方案》,《江苏社会科学》2020年第4期,第45页。
[4] 参见习近平:《习近平著作选读》(第二卷),人民出版社2023年版,第251—252页。

第二节 合规性①视域下的制度构造：
实体法与程序法

一、合规性：涉外经济行政法制度构造的本质规定

合规性源于20世纪三四十年代美国银行业与反垄断的合规，我国最早也是在金融领域引入合规②，合规强调对规范的主动遵守。在这个意义上说，涉外经济行政法领域的合规性可以理解为合规范性，规范的范围包含法律法规、政策规定、行业准则以及国际条约、规则等等。合规是涉外经济发展的必然要求，没有合规，涉外经济主体行为与涉外经济秩序都会变得混乱、无序，而"有序性是我们对世界提出的一项要求……我们③的任务在于去消除原初秩序，并建构起一种适合我们自身目的和我们人类利益的秩序"④。人们追求涉外经济治理的有序，目的代表着涉外经济行政法制度构造指向的

---

① 中文语境下"合规性"常用于监管视角下对规范的遵守，如，国务院国有资产监督管理委员会于2022年8月23日公布的《中央企业合规管理办法》第三条规定，"本办法所称合规，是指企业经营管理行为和员工履职行为符合国家法律法规、监管规定、行业准则和国际条约、规则，以及公司章程、相关规章制度等要求"。英文语境下的"合规性"主要包含服从命令的行为、状态、倾向这三种不同角度的解释。Compliance: (1) The act of yielding to some command, demand, requirement, etc.; conduct in accordance with a direction, exhortation, proposal, condition, request, wish, etc.; practical assent. (2) The state of being in conformity with some command, demand, requirement, etc.; harmony, agreement, or accordance. (3) A disposition to yield to others' preferences; the habit of politely obliging; complaisant. See Black's Law Dictionary, 12th ed. 2024. https://1.next.westlaw.com/Document/，2024年10月3日最后访问。
② 2006年，我国原银监会为加强商业银行合规风险管理，维护商业银行安全稳健运行，制定了《商业银行合规风险管理指引》，指引中所称合规是指商业银行的经营活动与法律、规则和准则相一致，合规风险是指商业银行因没有遵循法律、规则和准则可能遭受法律制裁、监管处罚、重大财务损失和声誉损失的风险。
③ 结合引注的原文理解，此处的"我们"意指我们人类。
④ 参见[加]大卫·戴岑豪斯编著：《重构法治——法秩序之局限》，程朝阳、李爱爽译，浙江大学出版社2020年版，第393页。

价值方向,利益代表着如何达到目的的过程保障。是否达致涉外经济治理的有序状态,需要相应的能够融合价值方向和过程保障的评价依据和标准。合规性要求提供了这样的评价标准,是涉外经济行政法制度构造的本质规定。

从法律原则角度看,合规性视域下的涉外经济行政法兼具实体法规范与程序法规范,二者之互补,也是涉外经济行政法平等保护原则与正当程序原则在合规性视域下的呈现。涉外经济行政实体法规范聚焦平等保护原则,有助于涉外经济行政法规制目标的实现。囿于地区差异,经济全球化进程中各国资源、技术、制度规范等都面临全球性的发展不平衡问题,程序法规范聚焦正当程序原则,则为涉外经济行政法规制过程提供保障。涉外经济行政实体法规范和程序法规范构成了基于目的和利益的二元结构,促进涉外经济行政法治的良性互动,为我国构建新发展格局提供了法治保障。

从法律渊源角度看,涉外经济行政实体法规范和程序法规范内生于国家经济主权的诉求,国际经济治理场域下又关涉到让渡国家经济主权与构建良好的国际经济秩序。以明确涉外经济关系权利和义务的规范依据为参照进行国家经济主权的让渡,以及在让渡国家经济主权的同时遵循涉外经济关系的运作程序有效保障国家经济利益,是涉外经济行政实体法规范和程序法规范各自的目标指向。

二、涉外经济行政实体法根据

从国内视角来看,合规性视域下涉外经济行政实体法,就是涉外经济行政主体与行政相对人之间"权力与权利"的关系构造。从国际视角来看,实体法通过规定、确认权利和义务以及相应的法律责任,在丰富国际制度资源的同时也强化了国家之间制度选择上的竞争。如,欧盟《一般数据保护条例》,确定了数据是一种权利,对数据权利的构建兼具人格属性和财产属性,并将其提升到人权的高度,①深化了对数据权利法律地位的认知,对违反条例规定的企业和组织处以巨额罚款,为数据保护确定了更高更严格的标准。

---

① 此处仅讨论了国内角度的涉外经济行政实体法。国际角度也存在实体法,如国际条约中成员国权利与义务的约定,鉴于签署国际条约等法律文件是建立在成员国同意的基础上,因此此处不专门讨论国际角度的实体法。

国内角度①能够更直观地反映行政法律关系在涉外经济行政法中的具体体现,故在此以国内角度进行展开。

(一) 涉外经济行政主体合规

涉外经济行政主体合规主要包括涉外行政主体权限和涉外经济行政规制行为两个方面。我国涉外经济行政主体主要包括国家行政机关和法律、法规及规章授权的组织。如,《中华人民共和国对外贸易法》(2022 年修正)所调整的就是作为行政主体的国务院对外贸易主管部门与行政相对人对外贸易经营者之间的关系。②《中华人民共和国数据安全法》(2021 年)则采用纵向条线和横向板块相结合的方式,规定了与数据安全监管相关的多种行政主体类型。③

行政规制行为主要包括三类:制定行政法规、规章等规范的行为;制定相关具体政策的行为;具体的干预行为④。按照以上三种类型划分,涉外经济行政规制行为的合规具有不同的表现方式。第一类为聚焦风险规制的行政立法。制定行政法规、规章等涉外行政立法保障的价值目标,关系到涉外经济秩序等国家利益的保护,"经济全球化下,各国更加注重保护本国的经济秩序,并制定适合保护本国利益与符合本国国情的法律"。⑤ 同时,涉外经济规制又需要考量行政相对人的合法权益。如,"在数据治理领域,监管者因复杂(complexity)、混沌(ambiguity)的未来而难以作出有效决策,

---

① 参见张海斌、赵守政等:《迈向国别与区域法治——外国经济法律前沿问题研究》,法律出版社 2023 年版,第 16 页。
② 《中华人民共和国对外贸易法》(2022 年)第三条规定:"国务院对外贸易主管部门依照本法主管全国对外贸易工作。"第二章对"对外贸易经营者"进行专章规定,第八条规定:"本法所称对外贸易经营者,是指依法办理工商登记或者其他执业手续,依照本法和其他有关法律、行政法规的规定从事对外贸易经营活动的法人、其他组织或者个人。"
③ 《中华人民共和国数据安全法》(2021 年)第六条规定:"各地区、各部门对本地区、本部门工作中收集和产生的数据及数据安全负责。工业、电信、交通、金融、自然资源、卫生健康、教育、科技等主管部门承担本行业、本领域数据安全监管职责。公安机关、国家安全机关等依照本法和有关法律、行政法规的规定,在各自职责范围内承担数据安全监管职责。国家网信部门依照本法和有关法律、行政法规的规定,负责统筹协调网络数据安全和相关监管工作。"
④ 参见江必新:《论行政规制基本理论问题》,《法学》2012 年第 12 期,第 23 页。
⑤ 张国斌、赵守政等:《迈向国别与区域法治——外国经济法律前沿问题研究》,法律出版社 2023 年版,第 6 页。

被监管者因动荡(volatility)、不定(uncertainty)的局面而难以作出有效应对"。① 平衡二者之间的关系,可以以风险规制作为行政立法的着眼点。风险规制指向对不确定性的防范,兼顾了国家利益、公共利益与行政相对人权益保障的要求。第二类为聚焦引领与指导的具体政策制定。具体政策亦称"部门政策""方面政策",是针对特定而具体的公共政策问题作出的政策规定,是政府为解决具体问题而为有关部门和个人规定的行动准则。② 涉外经济领域具体政策通过表明原则、提出举措、提出行动方案等方式,灵活地为市场主体引导方向,同时表明国家在涉外经济具体领域的立场。如,《专利转化运用专项行动方案(2023—2025 年)》③,明确提出鼓励海外专利权人、外商投资企业等按照自愿平等的市场化原则,转化实施专利技术④,致力于打造开放、公平、公正的知识产权市场环境。2023 年,国务院印发《关于进一步优化外商投资环境 加大吸引外商投资力度的意见》,提出二十四条政策措施,要求更好统筹国内国际两个大局,营造市场化、法治化、国际化一流营商环境,充分发挥我国超大规模市场优势,更大力度、更加有效地吸引和利用外商投资。第三类为以适度干预为导向的具体行为。涉外经济行政层面的引领或干预,应持守以尊重市场为前提,适度干预才能提高行政权力行使的规范性。涉外经济领域具体行政行为有行政处罚、行政许可、行政裁决等多种类型,适度干预的边界主要表现为公共利益的衡量和保护,注重风险防范,事前防范和事后监管相结合。

(二) 涉外经济行政相对人合规

涉外经济行政相对人在合规性要求下从事涉外经济活动,合规要求的

---

① 对外经济贸易大学涉外法治研究院、对外经济贸易大学法学院编:《中国涉外法治发展报告(2022)》,对外经济贸易大学出版社 2023 年版,第 64 页。
② 参见陆雄文主编:《管理学大辞典》,上海辞书出版社 2013 年版,第 475 页。
③ 国务院办公厅于 2023 年 10 月 17 日印发实施的《专利转化运用专项行动方案(2023—2025 年)》是为贯彻落实《知识产权强国建设纲要(2021—2035 年)》和《"十四五"国家知识产权保护和运用规划》,大力推动专利产业化,加快创新成果向现实生产力转化,开展专利转化运用专项行动制定的方案。
④ 参见《中国依法严格保护外资企业知识产权》,载国家知识产权局官方网站 2024 年 9 月 6 日,https://www.cnipa.gov.cn/art/2024/9/6/art_3357_194679.html,2024 年 11 月 3 日最后访问。

正当性主要基于对国家利益和公共利益的保护。因为涉外经济领域呈现多样化,国家利益和公共利益的不同体现对合规具有不同的要求。如,在涉外数据规制领域,国家利益具体体现为数据主权的保护。"大数据和云计算作为网络技术尤其是它们的结合运用,使个人数据保护逐渐成为各国立法的一个焦点"[①],数据主权问题成为企业在不同法域开展经济活动时不可避免的挑战。涉外数据规制的法律规定与实施细则相结合,对数据流通提出了严格的规制要求。个人信息等数据出境合规,要求强制性适用数据出境安全评估。这是因为在当今经济全球化背景下,数据跨境流通与货物、服务、资金等要素流动深度关联,关系到国家经济发展整体状况和国家安全。涉外经济参与主体,例如,企业作为数据处理者要做好数据跨境流通合规,应当按照相关规定识别、申报重要数据。如果某些数据没有被相关部门、地区告知或者公开发布为重要数据,数据处理者就不需要将其作为重要数据申报数据出境安全评估。那么,确定被列为公开发布的重要数据的范围就非常重要。目前,我国采用数据分类分级规则,进一步明确了数据跨境流通合规的要求。全国网络安全标准化技术委员会于 2024 年 3 月 15 日发布,并于 2024 年 10 月 1 日实施的《数据安全技术 数据分类分级规则》,以推荐性国家标准的方式为数据分类分级提供了参考,采取正文加附录相结合的方式,其中正文规定级别确定规则,按照核心数据、重要数据和一般数据进行分类,附录 G 列举了重要数据识别应该考虑的因素。

三、涉外经济行政程序法保障

从国内角度来看,涉外经济行政程序法是主要存在于行政执法和行政救济过程中的程序规范。合规性视域下涉外经济行政程序法,是涉外经济行政主体与行政相对人之间"权力与权利"的关系保障。从国际角度来看,程序法主要存在于国际条约的执行机制,如 WTO 争端解决机制的程序,通过启动、调查、裁决和执行,旨在保障成员方能够公正、客观地解决贸易争端。国内角度能更直观地反映我国涉外经济法治的发展,故在此以国内角

---

① 王志安:《云计算和大数据时代的国家立法管辖权学——数据本地化与数据全球化的大对抗》,《交大法学》2019 年第 1 期,第 7 页。

度进行展开。

(一) 涉外经济行政执法程序的合规:裁量规制

裁量在涉外经济行政执法中广泛存在,"行政裁量不仅弥漫于行政法律规范之中,更遍布于行政权的实际运作过程"①,而且,"新兴的风险管制领域中的行政活动,具有高度的复杂性、情境依赖性和不确定性,难以通过立法机关的具体条件预设加以规范,甚至连作为行政裁量指导的立法目的,也因灵活性的需要呈现出模糊化、多元化的趋势"②。具体到涉外经济领域,经贸投资关系的发展变化,技术与金融的深度融合,知识产权的纷繁复杂,数据流通的日新月异,使得涉外经济高度复杂性和不确定性尤为突出,涉外经济领域的行政执法过程也是行政裁量的过程。"在现代法治国家,权力的行使与控制总是相伴而行"③,受规制的、合理的行政裁量才能优化执法,更好地面向未来。

涉外经济行政许可的裁量规制通过范围调整来实现。行政许可的设定体现了行政机关事前规制的权限范围,关涉行政许可行为带来的社会影响。涉外经济行政许可主要是从保障国家利益角度出发,进行许可事项权限范围的设定,也会根据涉外经济发展的情境进行相应的调整。如,针对外商投资项目,结合投资项目敏感度、投资额等因素区分核准和备案两种方式;取消直接投资外汇年检,采用境内直接投资、境外直接投资存量权益登记制度;取消境外再投资外汇备案。这些方式的变化是行政机关经过执法实践之后,反馈到许可裁量上的调整,行政机关最终确定何种事项需要进行行政许可,除了受到立法目的的影响外,还会参考行政许可的社会效果,增强对外商投资的吸引力,鼓励外国投资者依法在中国境内投资,进一步营造市场化、国际化、法治化的营商环境。

涉外经济行政处罚的裁量规制是利益平衡的结果。2024年8月,国家外汇管理局北京分局依据《中华人民共和国外汇管理条例》第四十八条④规

---

① 郑春燕:《现代行政中的裁量及其规制》,法律出版社2015年版,第43页。
② 同上书,第71页。
③ 沈福俊:《实践视角下的行政法治》,北京大学出版社2019年版,第77页。
④ 根据《中华人民共和国外汇管理条例》(2008年)第四十八条第五项规定,违反外汇登记管理规定的企业或个人,由外汇管理机关责令改正,给予警告,对机构可以处30万元以下的罚款,对个人可以处5万元以下的罚款。

定以及《国家外汇管理局关于进一步简化和改进直接投资外汇管理政策的通知》(汇发〔2015〕13号)第二条第三项对违法行为类型的规定,对国电科技环保集团有限责任公司、北京同写意创投投资管理中心等5家企业做出了行政处罚①,违法事实是违反外汇登记管理规定,未做存量权益外汇登记。在做出行政处罚决定时,行政机关"既要按照法定目的观考虑(法律目的,合理性),又要考虑案件的具体情况,从而找出适当的、合理的解决办法"。② 结合上述行政处罚案件来看,存量权益外汇登记的立法目的是基于存量权益外汇登记是国际收支统计的一部分,为确保外汇资金的安全和合规,从而采取的外汇资金监管方式。在确定处罚金额方面,相关法律依据给予行政机关裁量空间,"对机构可以处以30万元以下的罚款",综合权衡未进行存量权益外汇登记的数量、后果等因素,对上述5家企业确定处以金额4万元到7万元不等的行政处罚罚没金额。

(二) 涉外经济行政救济程序的合规:权利保障

涉外行政复议和行政诉讼是我国涉外经济行政法两类权利救济途径,相关涉外法律制度中对行政复议和行政诉讼进行了规定,③法律保障权利救济是这两类救济途径的共同指向,行政复议和行政诉讼程序以规范约束的方式为权利救济提供了保障。涉外经济行政权利救济程序的法律保障尤为重要,主要原因在于:

其一,涉外经济行政规制的特殊性。涉外经济复杂程度更高,风险因素更多,加之一些领域的专业性要求,法律救济的难度也随之提升。如,涉外金融衍生品交易领域,"世界各国普遍存在的专业人才缺乏,往往使衍生交

---

① 行政处罚决定文书号:京汇罚〔2024〕53号、51号、52号、54号。
② 〔德〕哈特穆特·毛雷尔:《行政法学总论》,高家伟译,法律出版社2000年版,第127页。
③ 如,《中华人民共和国外商投资法》(2019年)第二十六条第三款规定:"外商投资企业或者其投资者认为行政机关及其工作人员的行政行为侵犯其合法权益的,除依照前款规定通过外商投资企业投诉工作机制申请协调解决外,还可以依法申请行政复议、提起行政诉讼。"《外商投资项目核准和备案管理办法》(2014年)第十七条规定:"对予以核准的项目,项目核准机关出具书面核准文件,并抄送同级行业管理、城乡规划、国土资源、环境保护、节能审查等相关部门;对于不予核准的项目,应以书面说明理由,并告知项目申报单位享有依法申请行政复议或者提起行政诉讼的权利。"

易缺乏必要的规则约束和及时的法律救济"。① 涉外经济行政领域救济程序的完善也是应对新兴领域挑战的客观要求。

其二,行政复议是行政主体过程性的自我规制。行政主体通过不断完善行政复议程序,将来自法律法规的外在制约转化为自我规制。从程序价值的角度来看,重视程序、完善程序、运用程序,是以公开、公平、公正的行政过程对行政权力的运行进行的监督,程序在运作的过程中就已经体现了本身的价值。从程序效果的角度来看,行政复议实践是评价程序规则优劣的试金石。以我国《国家外汇管理局行政复议程序》为例。国家外汇管理局于 2024 年 4 月 26 日对其进行修订发布,进一步明确了国家外汇管理局及其分支机构行政复议工作的原则,外汇行政复议受案范围也由具体行政行为的限定调整表述为行政行为,进一步区分简易程序和普通程序,增加了听证程序、规范性文件附带审查的要求以及调解与和解机制等,这些行政复议程序规则的调整与细化,在程序法意义上完善了我国的外汇行政复议制度,更能适应外汇行政复议高度专业性的挑战。

其三,行政诉讼是司法机关对行政主体的外在规制。无救济即无权利,司法救济与权利保障之间的密切关联毋庸置疑。涉外经济行政诉讼具有一定的特殊性,法院受理、审理或执行的行政案件在案件当事人、标的物或者法律事实等方面具有一定的涉外因素,涉外经济行政诉讼司法水平关系到跨境经济合作的发展秩序和市场活力。随着涉外经济向纵深发展,涉外行政诉讼逐渐呈现类型化发展趋势。如,国际贸易行政诉讼是涉外行政诉讼的显要类型②,近年来涉外金融诉讼、涉外知识产权等诉讼类型的数量不断增加,司法部正在就涉外知识产权诉讼制定相关规定。③ 涉外经济行政诉讼也是践行涉外经济行政法基本原则的防线。如,北京金融法院自建院以来

---

① 参见徐冬根:《高风险金融交易法律规制研究》,上海交通大学出版社 2015 年版,第 31 页。
② 参见袁勇:《论国际贸易行政诉讼》,《法治论丛(上海政法学院学报)》2007 年第 3 期,第 89 页。
③ 司法部于 2024 年 7 月 29 日发布《〈国务院关于涉外知识产权纠纷处理的规定(公开征求意见稿)〉公开征求意见的通知》,征求意见时间为 2024 年 7 月 29 日至 2024 年 8 月 28 日,载中华人民共和国司法部网站,https://www.moj.gov.cn/pub/sfbgw/lfyjzj/lflfyjzj/202407/t20240729_503608.html,2024 年 11 月 6 日最后访问。

共受理涉外金融案件、涉港澳台案件705件,在审理涉外案件的过程中,法院坚持依法平等保护的原则,高度重视挖掘纠纷背后的组织结构、交易模式、产品架构等问题,公平合理解决跨境争议。① 上海金融法院也在2021年发布了《上海金融法院涉外、涉港澳台金融案件审判指南》与涉外、涉港澳台金融纠纷典型案例,指导司法审判实践,进一步加强涉外金融司法保障体系对行政权运行的外在规制。

第三节　系统性②视域下的制度构造:硬法与软法

近年来,我国越来越多地在世界舞台展示出在全球化进程中的智慧和贡献,积极参与全球治理,在涉外经济行政法领域不断取得新的成就。2023年是"一带一路"倡议提出10周年,"'一带一路'法律机制目前已经取得显著成绩,硬法和软法都发挥了积极作用"③。硬法形塑了涉外经济行政法的基

---

① 参见《北京金融法院:坚持依法平等保护原则审理涉外金融案件》,载人民网2024年10月21日,http://m.people.cn/n4/2024/1021/c30-21278957.html,2024年10月25日最后访问。
② 中文语境下,系统是由若干相互联系和相互作用的部分组成,在一定环境中具有特定功能的有机整体。就其本质来说,系统是"过程的复合体",具有整体性、层次性和相关性等特性。首先,整体性是系统最基本的特性。在一个系统中,系统整体的特性和功能在原则上不能归结为组成它的要素的特性和功能的总和,处于系统整体中的组成要素的特性和功能也异于它们在孤立状态时的特性和功能。其次,层次性指系统中的每一部分同样可以作为一个系统来研究,而整个系统同时又是更大系统的一个组成部分。最后,相关性指系统内各要素之间相互依存、相互制约的关系,它一方面表现为子系统同系统之间的关系,系统的存在和发展是子系统存在和发展的前提,因而各子系统本身的发展就要受到系统的制约;另一方面表现为系统内部子系统或要素之间的关系,某要素的变化会影响另一些要素的变化,而各个要素之间关系的状态对子系统和整个系统的发展,都可能产生截然不同的结果。参见陆雄文主编《管理学大辞典》,上海辞书出版社2013年版,第3页。英文语境下,系统表述为 systemic: affecting or connected with the whole of something, especially the human body or a society. See the Oxford Advanced Learner's Dictionary, https://www.oxfordlearnersdictionaries.com/definition/english/systemic?q=systemic,2024年10月5日最后访问。
③ 对外经济贸易大学涉外法治研究院、对外经济贸易大学法学院编:《中国涉外法治发展报告(2022)》,对外经济贸易大学出版社2023年版,第16页。

本格局,软法有效弥补了规制本土性所带来的时空局限,易于获得更加广泛的共识,在更好地协调经济全球化与规制本土性之间的矛盾方面发挥了积极作用。硬法和软法一体两翼,共同构筑我国参与全球治理的制度规范体系,并将进一步推进硬法与软法相协调的规范化进程。

一、系统性:涉外经济行政法制度构造的内在要求

涉外经济领域有其特殊性,客观上要求制度构造具有系统性,能够全面、有效地应对涉外经济领域日新月异的发展。借鉴系统法学所表现出来的鲜明特点,如从整体出发、注重综合、立体网络式的思维,从"实物"中心到"系统"中心的视域,注重动态平衡和互动适应,在"过去⇆现在⇆未来"的关系中更深刻地把握现在等等①,对于在系统性视域下考察涉外经济行政法制度构造大有裨益。

从静态角度看,涉外经济行政法要运用立体网络式思维进行"系统"中心的整体性制度构造,是硬法规范与软法规范②共同构成的系统。一方面,涉外经济行政法规制的范围跨越境内外,且主体构成多元化,国家、国际组织、个人及其他国际经济主体,如跨国公司等,多种因素多种变量叠加使涉外经济行政法更加复杂,对制度规范的完整性提出要求;另一方面,涉外经济行政法规制的领域广泛,经贸、投资、金融、知识产权以及数据规制各有特点,且受到新技术、新要素的影响比较大,时刻处于动态变化之中,对制度规范的稳定性具有一定的挑战。因而,单向度的硬法、软法难以全面应对,涉外经济行政法要求构造硬法与软法互补的系统性制度。

---

① 参见熊继宁:《系统法学导论》,知识产权出版社 2006 年版,第 21—23 页。
② 所谓软法规范,指的是那些不依靠国家强制力保证实施的法规范,它们由部分国家法规范与全部社会法规范共同构成。软法具有三种基本形态,分别是国家法中的柔性规范、政治组织创制的自律规范和社会共同体创制的自治性规范。参见罗豪才、宋功德《软法亦法:公共治理呼唤软法之治》,法律出版社 2009 年版,第 394、377 页。国家法中的柔性规范,又可以分为两类,第一类为法律、法规和规章中旨在描述法律事实或者具有宣示性、号召性、鼓励性、促进性、协商性、指导性的法规范,第二类为国家机关依法创制的诸如纲要、指南、标准、规划、裁量基准、办法等大量的规范性文件。参见罗豪才:《我的软法观》,《北京日报》2009 年 11 月 16 日,第 20 版。转引自沈岿:《自治、国家强制与软法——软法的形式和边界再探》,《法学家》2023 年第 4 期,第 30 页。

从动态角度看,涉外经济行政法要运用动态平衡和互动适应的思维进行制度构造。涉外经济行政法治是一个动态的过程,制度规范在生成和适用的动态反馈中达到平衡,并在其与涉外经济发展的环境互动中不断协调和适应。具体来说,其一,硬法和软法在渊源上具有一定的互补性。国际条约、国内法律法规等构成涉外经济行政中硬法的主要渊源,形塑了国际经济秩序的基本格局。国家法中的柔性规范、国际组织的决议、指导性文件、国际惯例、合作规范、合作备忘录等构成软法的主要渊源,拓展了国际经济秩序治理的弹性空间。涉外经济不同领域硬法规范的成熟程度不一,特别是在涉外金融、数据等领域,传统的硬法存在规则供应不足、力度不足的情形,且硬法缺乏及时回应的灵活性,软法的补充能够最大程度地提升针对涉外经济快速发展以及风险的应对能力。其二,硬法和软法在适用效果上具有一定的互补性。由于不同经济体对于硬法规范的接受程度不一,而软法以其柔性化的治理方式能够提供一定的缓冲空间,生成于国际法领域的软法在涉外经济治理中具有天然的优势。"软法是不具有任何约束力或者约束力比传统硬法要弱的准法律性文件"[①],与硬法治理制裁方式不同,软法在涉外经济行政规制中更强调提供方向和指导,强调多元经济主体之间的沟通协调与合作,进一步补强了适用硬法的效果。

在系统性视域下,协同硬法和软法两种治理思路的走向是系统性制度构造的重心所在,主要通过硬法和软法在治理理念和原则上的协同一致来达成目标,涉外经济行政法基本原则及涉外经济领域达成共识的理念是重要的黏合剂。如,平等保护原则、诚信原则、公平原则、广义的比例原则等。再如,涉外金融行政规制可以通过倡导绿色金融从而对涉外经济主体践行可持续发展理念进行积极的引导。

二、硬法形塑涉外经济行政法的基本格局

(一)涉外经济行政中硬法的强制性

有关涉外经济秩序的法律规定充分体现了硬法的强制性。规范涉外经

[①] Marci Hoffman, and Mary Rumsey. International and Foreign Legal Research: A Coursebook. Second Edition. Brill|Nijhoff, 2012:7.

济秩序是加强涉外法治建设的重要目标。当前,涉外经济秩序的挑战主要来自两个方面,需要充分释放硬法的强制性规范效能。

其一,涉外经济参与主体的行为需要硬法强制约束。国际经济秩序的建构离不开国内涉外经济秩序的硬法规制。如,《中华人民共和国对外贸易法》设置"对外贸易秩序"专章,也充分体现了对外贸易秩序的重要地位。《中华人民共和国对外贸易法》第二十八条第二款规定,进口货物侵犯知识产权,并危害对外贸易秩序的,国务院对外贸易主管部门可以采取在一定期限内禁止侵权人生产、销售的有关货物进口等措施。

其二,国际经济秩序的发展与重构需要硬法强制约束。当前世界处于百年未有之大变局的历史时期,国际社会期待推动国际经济秩序朝着更加公正合理的方向发展。一系列高水平经贸规则的产生,进一步强化了国际经济秩序的制度竞争。我国主动对标高水平经贸规则,适时对国内法律法规进行调整。如,2024 年 1 月 1 日起施行的《海南自由贸易港企业国有资产条例》对国有企业对标高水平国际经贸规则提出了明确的要求,包括对标国企非歧视待遇和商业考虑、透明度要求等,同时强调要遵守海南自由贸易港公平竞争秩序①,条例还强调在风险防控和责任追究两个阶段,通过事前和事后相结合的方式强化对国有企业境外经营行为的规范②,对国有企业管理者违反法律、法规和有关规定的行为所应该承担的法律责任做出规定③。该条

---

① 《海南自由贸易港企业国有资产条例》(2023 年)第六条规定:"履行出资人职责的机构应当健全完善国有企业信息公开制度,在官方网站等渠道公布并每年更新企业名单,依法向社会公布国有资产状况和国有资产监督管理工作情况,提高企业透明度,接受社会公众监督。"第七条规定:"国家出资企业应当遵守海南自由贸易港公平竞争秩序,建立以章程为核心,权责法定、权责透明、协调运转、有效制衡的法人治理机制,依照商业规则从事经营活动。"
② 《海南自由贸易港企业国有资产条例》(2023 年)第二十三条规定:"履行出资人职责的机构应当建立健全境外国有资产监督管理制度,规范国有企业境外经营行为,加强境外投资项目管理,实施企业境外重大投资项目后评价机制,强化风险防控和责任追究。"
③ 《海南自由贸易港企业国有资产条例》(2023 年)第二十四条规定:"履行出资人职责的机构应当建立健全国有企业违规投资责任追究制度。国有企业管理者违反法律、法规和有关规定,未履行或者未正确履行职责,在经营投资中造成国有资产损失或者其他严重后果的,经调查核实和责任认定,依法承担赔偿责任,对相关责任人依法采取组织处理、禁入限制、扣减或者追索薪酬、纪律处分、移送监察机关或者司法机关等处理方式追究责任。"

例施行后,《海南经济特区企业国有资产条例》同时废止。

(二)涉外经济行政中硬法的规范性

涉外经济行政中硬法对可持续发展的保障充分体现了规范性。环境保护是涉外经济合作中重要的价值参考,是公共利益的具体表现。环境污染、气候变化等问题对涉外经济合作带来了挑战,这些问题也是威胁全人类社会可持续发展的重要议题。如,《中华人民共和国对外贸易法》将环境保护纳入法律规范的重要内容,《中华人民共和国对外贸易法》(2022年)第十五条第二款规定,国家基于下列原因,可以限制或者禁止有关货物、技术的进口或者出口:为保护人的健康或者安全,保护动物、植物的生命或者健康,保护环境,需要限制或者禁止进口或者出口的。第二十五条第二款规定,国家基于下列原因,可以限制或者禁止有关的国际服务贸易:为保护人的健康或者安全,保护动物、植物的生命或者健康,保护环境,需要限制或者禁止的。上述两条法律规定在货物贸易、服务贸易领域均明确规定了基于环境保护的限制或禁止性处理方式。表面上看,环保导向的国际贸易一定程度上增加了国际贸易流通的成本,不同国家、地区对于环境保护的认识存在差异,国际上也不乏出现绿色贸易壁垒,但是,加强环境保护保障了国际贸易可持续发展的可能性,是面向未来的绿色贸易,需要通过硬法规范加强环境保护,依靠国家强制力保证法律实施。

(三)涉外经济行政中硬法的保障性

硬法在执法实践中的适用彰显了保障性。硬法为行政主体提供了执法依据,是一种规范的、获得授权的行为指令。一方面,硬法以明确性、规范性的表达方式创设了行政执法的边界,法无授权不可为;另一方面,面对不确定性法律问题,硬法也赋予行政执法一定的裁量空间。硬法为行政相对人提供了合规要求,并且通过"行为模式+行为结果"的结构安排,指明了违反相关指令的法律后果。

硬法在司法实践中的适用彰显了保障性,这也是硬法与软法相区别的显性之处,软法本身"一般不具有司法适用性"[①]。深圳市腾讯计算机系统有

---

① 参见罗豪才、毕洪海:《通过软法的治理》,《法学家》2006年第1期,第5页。

限公司(简称深圳腾讯)诉运城市阳光文化传媒有限公司(简称阳光传媒)、广州优视网络科技有限公司(简称优视公司)侵害作品信息网络传播权纠纷案,是我国近年来涉外知识产权典型案件之一。① 从涉案主体来说,本案尚不关联涉外因素。但是,在审理本案的过程中,法院首先依据法律规定认为《王者荣耀》游戏整体画面构成作品。进一步,对于具体作品类型认定时,判决书除了援引了我国《著作权法实施条例》第四条第十一款规定,认为《王者荣耀》游戏整体画面应构成类电作品,还援引了《保护文学和艺术作品伯尔尼公约》第二条第一项对于类电作品的描述,认为类电作品强调的是表现形式而非创作方法②,应将《王者荣耀》游戏的整体画面认定为类电作品。《保护文学和艺术作品伯尔尼公约》是著作权保护的国际公约,法院在本案裁判中援引该公约,缘于我国在 1992 年成为该公约的成员国。国际公约是我国重要的法律渊源之一,对我国具有法律效力,体现了硬法的保障性。

三、软法拓展涉外经济行政法的弹性空间

(一) 涉外经济行政中软法的灵活性

涉外经济行政中软法能够灵活适应技术发展带来的挑战。如,在涉外金融领域,互联网技术与金融的深度融合,为涉外金融交易提供了极大的便捷,人们在追求跨越时空约束,以实现即时性、瞬时性交易的同时,也减少了对传统法律规范的依赖。国际金融和银行业务的法律根基十分不发达,这

---

① 深圳腾讯在获得了腾讯成都公司出具的《〈王者荣耀〉游戏代理及维权授权书》之后,享有《王者荣耀》游戏在全球范围内的代理运营权以及相关著作权的使用许可,并有权单独以自己的名义进行维权。阳光传媒是西瓜视频的开发者及西瓜视频网站的运营者,自 2018 年起,西瓜视频通过与知名主播签订协议、成立视频游戏达人团等方式,招募了一大批专业的游戏直播团队,针对包括《王者荣耀》手游在内的众多热门游戏画面进行直播和视频制作,并在视频播放区域设置广告位。优视公司是西瓜视频的分发平台之一。2019 年,深圳腾讯向广州互联网法院提起诉讼,将阳光传媒、优视公司列为共同被告,请求法院判令二被告立即停止侵害《王者荣耀》信息网络传播权及不正当竞争的行为,赔礼道歉、消除影响,并赔偿经济损失 480 万元及合理开支 16 万元。2019 年 9 月 3 日,广州互联网法院作出民事判决,认定阳光传媒侵害了深圳腾讯对于《王者荣耀》游戏整体画面的信息网络传播权。参见吴汉东主编《中国涉外知识产权典型案例评述》,法律出版社 2023 年版,第 2 页。
② 参见吴汉东主编:《中国涉外知识产权典型案例评述》,法律出版社 2023 年版,第 8 页。

主要体现在一系列受推荐的"最佳实务"几乎没有展现出任何的形式性或明晰性。到目前为止,监管国际银行业务的巴塞尔国际清算银行和银行监管委员会等主要机构,对开放的、灵活的指导方针表现出明显的偏好。① 如,巴塞尔银行监管委员会(Basel Committee on Banking Supervision, BCBS)发布的《合规与银行内部合规部门》(Compliance and the Compliance Function in Banks)文件,当中对"合规义务"和"合规风险"采用广义界定的方式②,全面考虑了影响金融机构风险的各类因素,充分体现了金融监管安全性保障的价值导向,成为指导各国银行乃至金融机构合规风险管理的代表性软法规范文件。从这个角度来说,与其耗费巨大的时间成本追求制度规范的确定性和稳定性,国际经济参与主体倾向于选择适时且灵活的模式,这也不失为一种有效的方案。

(二) 涉外经济行政中软法的指引性

涉外经济行政中的软法为适应发展理念的变迁提供方向指引。如,涉外贸易行政规制领域,全球经济发展对于环境保护发展理念越来越重视的情况下,贸易多边及区域性的硬法框架和硬法规范在促进全球贸易自由化和环境保护二者的目标冲突之间作用乏力,软法起到了协调悖论的作用。

WTO规则体系是多边体制的代表性规范,但在环境保护问题的条款方面和实施过程并未尽如人意,而区域性贸易协定在弥补全球贸易规制下的环境保护规则的同时,又对多边体制带来挑战。"全球主要经济体选择在区

---

① 参见[加]大卫·戴岑豪斯编著:《重构法治——法秩序之局限》,程朝阳、李爱爽译,浙江大学出版社2020年版,第356—357页。
② 巴塞尔银行监管委员会发布的《合规与银行内部合规部门》(2005)指出:"合规风险是指银行因未能遵循法律、监管规定、规则、自律性组织制定的有关准则,以及适用于银行自身业务活动的行为准则(统称为'合规法律、规则和准则')而可能遭受法律制裁或监管处罚、重大财务损失或声誉损失的风险。合规法律、规则和准则不仅包括那些具有法律约束力的文件,还包括更广义的诚实守信和道德行为的准则。"参见巴塞尔银行监管委员会网,https://www.bis.org/publ/bcbs113.htm,2025年1月16日最后访问。巴塞尔银行监管委员会《合规与银行内部合规部门》,载北京华夏产业经济研究院网2022年2月28日,http://www.hieri.org.cn/article/1114,2025年1月16日最后访问。

域贸易协定中嵌入环境章节或条款,对环境与贸易议题进行更深层次的雕琢,制定了大量现有 WTO 规则之外的内容(即所谓 WTO-extra 规则),成为全球贸易规制下环境保护更行之有效的策略,却导致多边体制的进一步边缘化"①。于是,在解决全球贸易与环境保护之间的关系问题上,硬法治理模式因在规则创制、约束力、区域发展差距等诸多现实问题上越发显得乏力,软法规范则提供了更多的选择空间以及应对全球挑战的可能性。与全球贸易相关的环境保护软法主要包含以下三种形式。其一,有关全球环境保护的原则宣言。如,1972 年《斯德哥尔摩宣言》是全球环境保护软法性文件的代表,该宣言是联合国首次在国际层面上为处理人与生态的关系而制定的。其二,国际组织有关环境保护的方针、建议和决议。如,1992 年联合国环境发展会议在《里约宣言》和《21 世纪议程》中正式提出了环境与贸易的关系问题,该问题也逐步成为国际社会关注的焦点问题。其三,有关环境保护的行动计划。《人类环境宣言》《人类环境行动计划》《世界自然资源保护大纲》《世界自然大宪章》《内罗毕宣言》《关于森林问题的原则声明》等为环境保护提供了方向指引。

软法的指引性还体现在提供理念和方向指引使得经济领域跨境合作方式更加灵活。如,国际证监会组织(International Organization of Securities Commissions,IOSCO)在国际证券监管领域促进各国制度交流、监管合作等方面起到了积极的作用。在规则协调方面,国际证监会组织重在强调核心理念指引,而不苛求践行方式的一致,推动证券跨境监管形成共识。国际证监会组织发布过《外国发行人跨境发行和首次上市国际披露标准》(1998 年)和《上市机构定期披露原则》(2010 年),对于信息披露贯穿了"重要性"这一核心理念,跨境发行和上市的发行人应当真实、全面、准确地披露对投资者决策重要的信息。但是对于"重要性"的认定标准,各国法律的界定则存在差异,国际证监会组织并未对此进行严格的限定,而是列举了主要国家在这一问题上的做法,既是对各国做法多样性的包容,也为各国之间的制度互鉴提供了资源。在监管合作方面,国际证监会组织提出了四种跨境监管合

---

① 贺小勇、罗震:《WTO 环境与贸易议题的新进展及中国贡献》,《上海对外经贸大学学报》2024 年第 4 期,第 23 页。

作形式：临时性合作机制、根据信息备忘录进行的信息交换机制、监管机构学院机制、监管机构网络机制①。以信息备忘录进行的信息交换机制②为例，这种方式在跨境合作中广受青睐，参与签字的成员机构自愿遵守，不具有强制约束力，签字的成员机构进行充分的协调沟通，共同探讨挖掘双方合作的空间，是典型的软法实践。

（三）涉外经济行政中软法的开放性

软法的形成代表了各主体对于某一领域行为的共同预期，软法所具有的灵活性和开放性等特点与"一带一路"倡议所倡导的丝路精神相契合。"一带一路"建设过程中已经形成一定数量的软法，为"一带一路"建设软法治理提供了实践基础。③ 当前，"中国-东盟关系已成为亚太区域合作中最为成功和最具活力的典范，成为推动构建人类命运共同体的生动例证"④。中国与东盟在相互交往中也积累了区域治理模式的有益经验，"在法治'一带一路'视野下践行'软法-硬法'嵌合治理体系是中国与东盟面对过去、当下、未来，共同探索治理范式的核心面向与协同愿景，这一嵌合治理体系的基本性质可以概括为'外散内紧式开放性规范体系'"⑤，以丝路精神为内核的软法-硬法系统性制度构造，保障了区域合作向着深度和广度发展。

---

① See Principles Regarding Cross-Border Supervisory Cooperation(Final Report), IOSCO, May, 2010.
② 信息备忘录有双边信息备忘录和多边备忘录两种形式。多边谅解备忘录有比较广泛的影响力，是目前国际证券监管合作的一个重要的形式和渠道。但是，多边谅解备忘录没有取代目前各国签订的双边备忘录。对任何特定两个国家而言，它们可能既签订了双边的谅解备忘录，又同属于多边谅解备忘录的成员，双方都需要同时遵守双边和多边备忘录的规定，不一致的地方还需要进行协调。参见唐应茂：《国际金融法：跨境融资和法律规制》，北京大学出版社2015年版，第20页。
③ 参见刘晓红：《论"一带一路"建设中的软法治理》，《东方法学》2022年第5期，第100页。
④ 《习近平在第十七届中国-东盟博览会和中国-东盟商务与投资峰会开幕式上的致辞》，载中华人民共和国中央人民政府网站2020年11月27日，https://www.gov.cn/xinwen/2020-11/27/content_5565310.htm，2024年11月7日最后访问。
⑤ 参见李驰：《中国-东盟"软法-硬法"嵌合治理体系建构与前瞻——基于法治"一带一路"视野》，《广西社会科学》2022年第11期，第53页。

2015 年，我国发布了《推动共建丝绸之路经济带和 21 世纪海上丝绸之路的愿景与行动》（简称《愿景与行动》），这是关于"一带一路"倡议的一部基础性文件。其一，《愿景与行动》提供了软法生成的充分条件。文件指出，"共建'一带一路'的途径是以目标协调、政策沟通为主，不刻意追求一致性，可高度灵活，富有弹性，是多元开放的合作进程"①，协调沟通、灵活弹性、多元开放等都与软法高度契合，为"一带一路"倡议下软法的生成提供了充分条件。其二，《愿景与行动》关涉涉外经济规制的主要领域。文件指明了"一带一路"建设的合作重点，以"政策沟通、设施联通、贸易畅通、资金融通、民心相通"为主要内容，其中贸易畅通和资金融通是涉外经济重要的发展方向。

构建中国-东盟命运共同体的进程中，一系列宣言、文件、声明不断推进中国-东盟紧密合作、战略伙伴关系的发展，成果丰硕，积累了丰富的区域合作软法资源。如，《中国-东盟战略伙伴关系 2030 年愿景》是在 2018 年第 21 次中国-东盟领导人会议暨庆祝中国-东盟建立战略伙伴关系 15 周年纪念峰会上发表的文件，就中国-东盟总体关系、政治安全合作等达成诸多共识，其中经济合作是我国提出的"3＋X 合作框架"的三大支柱之一。② 2019 年，中国-东盟关于"一带一路"倡议与《东盟互联互通总体规划 2025》对接合作发布联合声明，2021 年发布《中国-东盟建立对话关系 30 周年纪念峰会联合声明》、《中国-东盟全面战略伙伴关系行动计划》（2022—2025）。2024 年 10 月 10 日，双方发布了《中国-东盟关于推动建立可持续和包容性的数字生态合作联合声明》，在当前数字技术与数字产业日益成为国际经贸合作重点的形势下，双方通过联合声明就加强跨机制的区域和全球合作，建立可持续和包

---

① 2015 年 3 月 28 日，我国发展改革委、外交部、商务部联合发布了《推动共建丝绸之路经济带和 21 世纪海上丝绸之路的愿景与行动》，其中"共创美好未来"部分提出了共建"一带一路"的途径。

② 《中国-东盟战略伙伴关系 2030 年愿景》（2018 年）第三条约定："加强能力建设，调动各方资源，开展支持东盟一体化和共同体建设的互利合作，提升中国-东盟战略伙伴关系，对接《东盟互联互通总体规划 2025》与中方'一带一路'倡议共同的重点领域，努力以互利共赢方式促进区域各互联互通战略的对接。东盟赞赏中方提出'3＋X 合作框架'，即以政治安全合作、经济合作、人文交流为三大支柱，以双方同意的合作领域为支撑。"

容性的数字生态系统表达了共同意愿。可以说,软法治理以其开放与包容在中国-东盟区域合作关系中起到了关键作用。

涉外经济行政中硬法和软法的协调统一,通过二者的相互影响及互补来实现。软法之所以产生,源于其内在价值的科学性和合理性。比如,环境保护之于全球贸易,国家安全之于国际金融,等等,这些内在要求在涉外经济领域能够被广泛地接受和认同。但是,要对这些内在要求达成多方一致、可操作性的硬法,其规则创制的成本较高,而软法从宏观维度上确立原则和方向,则能够起到有效的补充,既提高了国际经济治理的效率,又更易于在世界范围内推广。

综观之,在国际性视域下,涉外经济行政法形式规范和实质规范相统一,融贯高水平制度型开放与传承中华优秀传统法律文化之时代要求;在合规性视域下,涉外经济行政实体法与程序法兼备,彰显权利依据与程序保障之价值诉求;在系统性视域下,涉外经济行政硬法与软法相协调,发挥刚柔相济之互补优势。不同理论视域下的涉外经济行政法制度构造呈现出相互关联、有机统一的不同关系面向,以期回应我国制度型开放的实践需求,促进我国涉外经济行政法的制度完善。

第三章

涉外经济行政法的关系结构

在百年未有之大变局背景下,建构涉外法治体系,增强涉外法治国际影响力,成为中国在国际规则制定中提升话语权的一个关键抓手,涉外经济行政法无疑是其中的一个显要部分。这也使得作为行政主体规制市场主体、市场准入及其运行所依之法——内生于国内行政法的经济行政法,必须利用国际化标准和路径积极面对经济行政法治国际化的现实,顺应其要求,改革和完善中国自身的经济行政法治。[①] 然而当下,尽管涉外经济行政法作为一个交叉领域极为重要,在发展中却又因受国内法与国际法两个不同理论体系的过度约束,面临着研究分离、体系独立、实践薄弱等问题。究其根本,则需要以新的分析框架研究涉外经济行政法深层次的内部结构和内在关系。

关系结构视角为涉外经济行政法研究提供了内部性和综合性的分析框架,它既能关注到系统内部的静态结构特征,又能审视系统内部的动态关系变化。分析关系结构内部的各种横向行政权构造,理解"权力"与"权利"之间的互动以及梳理纵向法律关系的变迁与演变,对于涉外经济行政法的研究与发展具有独特意义。

---

① 参见朱淑娣等:《中国经济行政法治与国际化》,同济大学出版社2002年版,第6页。

第一节　涉外经济行政法关系结构的理论阐释

一、法律关系维度审视涉外经济行政法的理论必要

（一）有关涉外经济行政法律关系的研究现状

当前，在涉外经济行政法中有关"法律关系"的研究数量较少，主要受制于以下两个方面。

第一，法律关系理论在公法领域的研究较少。"法律关系"一词根源于罗马私法，法律关系理论由萨维尼提出，其目的在于推演应然的私法体系和"权利"本质。随后，苏联学者对此理论进行了发展，将仅用于私法领域的特殊法律关系理论上升为可用于所有部门法的普遍法律理论。[①] 已有研究指出"法律关系"这一概念不能扩展到公法领域，并尝试提出解决方法，例如在权利义务关系之外，增加了特权与无权利、权力与责任、豁免与无权力三对关系。[②] 由于这一概念脱胎于私法，故作为法律关系三要素之一的"权利-义务"，与行政法领域更常见的"权力-义务"的结构存在差异。比如，行政法律关系不具有民事法律关系的一致性，行政机关的职责并不当然对应于行政相对人的权利，行政法律关系中还存在一种"反射利益"。传统法理学所使用的"法律关系"概念只是对事实上存在的平等主体之间的社会关系所具有的法律特征的描述，是一种建立在客观社会关系基础上的法律规则所确认的社会关系，其存在形态属于一种静态的法律关系。[③] 在行政法研究中，以法律关系为视角展开的研究整体而言较少。

第二，行政行为理论仍是当前行政法理论的核心。由于国内行政法学

[①] 参见陈锐：《法律关系内容的重构：从线性结构到立体模型》，《法制与社会发展》2020年第2期，第88页。

[②] 参见[美]霍菲尔德：《基本法律概念》，张书友编译，中国法制出版社2009年版，第26页。

[③] 参见莫纪宏：《论涉外法治关系的法理结构及实践意义》，《山西师大学报（社会科学版）》2024年第3期，第4页。

发展深受大陆法系影响,自德国公法之父奥托·迈耶提出"行政行为"这一概念以来,"行政行为中心论"始终对国内行政法学研究产生着重大影响。行政行为理论强调行政行为的法律效力,认为行政行为是行政机关行使行政权力、产生法律效果的单方意思表示。这一理论在行政法的教科书和实践中占据着核心地位,它为行政法的体系化和规范化提供了基础。然而,随着社会的发展和行政实践的复杂化,行政行为理论也面临着诸多挑战和批评。例如,它可能无法充分解释和适应行政指导、行政合同等新型行政活动的法律性质。此外,行政行为理论在处理跨域行政问题时,也显示出一定的局限性。尽管已经显示出了一定的理论涵摄与实践运行困境,行政行为理论仍是当前行政法理论的核心和主干,这在一定程度上影响了法律关系理论在行政法中的生长,相应地,涉外经济行政法领域中也存在"法律关系"研究不足的问题。

(二) 全球化与数字化时代行政行为理论面临困境

在社会结构急速变迁、法规日趋烦琐的今日,行政法问题更加多元且复杂,加上全球化与数字化的推波助澜,各种学说、管制模式及思考角度推陈出新,行政行为论的功能与必要性受到质疑,[①]"法律关系中心论"愈发得到重视。在涉外经济行政法这一受全球化影响极为深刻的领域,"行政行为中心论"呈现着一定的理论乏力,从而使得以"法律关系"为核心建构涉外经济行政法并展开相应的理论研究具有高度必要性。

在全球化与数字化时代,行政行为理论主要面临着以下几个方面的理论困境。

第一,行政行为中心论无法从整体上保障权利。对于行政主体而言,其更加关注行政目的的实现,至于需要一个行政行为还是两个甚至多个行政行为才能达到行政目的,往往并不关心。正是因为"行政行为中心论"单方倾向于在具体行政行为中考察行政行为本身的合法性,使得行政行为的相对方首先能够得到司法程序的保护,从而导致利害关系方(第三人)获得法治国家权力保护的可能性降低。同时,一旦多方关系进入一个复杂的行政

[①] 参见李建良:《行政行为论与行政法律关系论的新思维》,《月旦法学杂志》2022年第329期,第6页。

决策,"行政行为中心论"则容易与立法、司法实践脱节,既无法在行政程序中对相关权利予以适时的保护,又无法在事后救济中赋予其"原告资格"或类似行政诉讼和行政复议救济资格。

第二,行政行为中心论无法回应监管领域的新问题和新现象。《中华人民共和国行政诉讼法》于2014年第一次修正后,将行政协议纳入行政诉讼受案范围。近十年来,随着具有中国特色的行政协议理论研究和实践的共同发展,传统"行政行为中心论"中权力的单方性理论受到了巨大冲击,如果不引入私法领域的"法律关系"理论则无法明确大量行政协议另一方当事人及受到行政协议影响的第三人之间的多方权利义务关系,亦无法在行政诉讼制度中明确行政诉讼的受案范围。

另外,对于特定或者不特定对象产生的行政指导行为的性质如何确定,行政权的柔性与刚性的"分界线"如何划分,是"行政行为中心论"束手无策的问题。"行政行为论的演进与开展,无可避免地将视域局限在行政方面,以致在观照行政法律关系所涉之权利与义务时,过于偏重行政机关的视角,难免忽略人民的主体地位与程序参与权利。而集中于行政一隅的行政行为论,欲从双方的法律关系拓展为三方或多方关系,除了需要翻转思维外,亦必须有感于社会环境与时代的变迁,开展与时俱进的行政行为态样与法律关系(例如数字时代的平台法律关系)"①。

第三,行政行为中心论难以适应行政法理论的未来发展。"行政法律关系并非静态的、僵化不变的权利义务的综合。时间性要素在法律关系学理中有着多重维度:首先,它意味着法律关系在其发展周期的各个阶段,从法律关系的准备到创建再到实施和嗣后发展,直至法律关系的最终完成以及伴随完成产生的附随效果都会在这一学理下获得观察;其次,现代复杂行政下,很多法律关系的期限可长达 20—30 年,在可预见的时间内,关系主体的法律地位都还有再调整和变动的可能。时间性要素的纳入也弥补了传统行为方式法教义学固化和静态的局限。"②行政行为中心论因体现多阶段行政

---

① 参见李建良:《行政行为论与行政法律关系论的新思维》,《月旦法学杂志》2022 年第 329 期,第 6 页。
② 赵宏:《法律关系在行政法上的功能定位与体系结构》,《环球法律评论》2024 年第 5 期,第 81—82 页。

行为中行政程序的阶段固化而显得过于僵化,比如在一些民事和行政法律关系出现交叉时,唯独行政法律关系受制于"行政行为中心论"而显得对未来的不可测性不留任何余地。

目前,国内多位学者已经意识到"行政行为中心论"的不足,我国行政法学界开始逐步引入德国行政法上的"行政法律关系"理论。① 虽然对于未来行政法学向何处去依然没有统一的"路线",但学界普遍对"行政法律关系中心论"表示了极大的兴趣。比如,赵宏教授认为:"法律关系学理揭示出行政法旧范畴中的'盲点',并对传统教义的内部缺陷予以填补和完善,行政法学也因此真正呈现主客观的双重面向。它与学科其他范畴的互动交流,使行政法总论中原本并不相连的单项教义和结构要素,借由法律关系而被统合入一个结构化整体,由此促进了学科体系的统一和行政法秩序的透明。"② 黄宇骁博士认为:"行政主体对社会进行各种各样行政管理的本质是其以仲裁者,媒介者的身份对利益与资源进行调整与分配。这种调整与分配的对象关系可能是个人与个人、个人与集体、个人与不特定公众、集体与不特定公众、集体与集体乃至不特定公众与不特定公众,但本质是横向关系。行政主体与私人(被管理方)之间形成的法律关系(传统行政法律关系、纵向关系)并不是问题的实质,仅仅是一种程序法关系,背后的实体法关系乃是私人公民间的法律关系。如此一来,基于新行政法律关系方案的行政法学将不再与民法学割裂开来。"③ 耿宝建、殷勤法官认为:"有关多阶段行政行为是否可诉的裁判不统一问题表明,随着现代行政功能和管理方式的变迁,行政链条日趋复杂,行政行为难以承担行政诉讼受案对象这一重任。应当将对权力的无漏洞监督转向对权利的无漏洞保护,将行政诉讼是否立案的标准聚焦于行政争议是否成立,更多关注对主观公权利是否具备与是否受到侵害的审查,并从有利于争议化解的角度确定被告,进而将行政受案与行政行为适

---

① 参见苏宇:《面向未来的学理革新:行政法律关系理论之省视与展望》,《行政法学研究》2019年第6期,第96—107页。
② 赵宏:《法律关系在行政法上的功能定位与体系结构》,《环球法律评论》2024年第5期,第72页。
③ 黄宇骁:《行政法学总论阿基米德支点的选择》,《法制与社会发展》2019年第6期,第151—152页。

度脱钩。"①

(三) 法律关系理论更适应涉外经济行政法的特征

之所以应当以"法律关系说"为中心审视涉外经济行政法,是基于涉外经济行政法的以下特征。

第一,涉外经济行政法中的行政活动具有新颖性。涉外经济行政法的主要内容包括外商投资法、涉外金融及外汇管理法、海关法、进出口检验检疫法、涉外税法、涉外知识产权法等,新近又出现了涉外数据法(包括数据出境审查)、人工智能研发与应用涉外相关管理规定等。这些领域在传统行政法范畴内尚且具有相当多的法律空白亟待填补,何况还叠加了更为复杂的涉外因素。行政活动乃由行政法律关系结构动态引动多个行政行为而产生影响。面对无法掌握的新型涉外行政任务,唯有借助法律关系揭示出其中的利益关系,然后按照法定方式将其导入行政程序,形成行政行为,才能完成行政活动,从而取得较好的行政效果,更好地把握涉外经济行政法中瞬息万变的行政趋势。

第二,涉外经济行政法中的利益关系具有复杂性。时至今日,已经不单单是法律关系中当事人身份国籍、行为的发生或实施以及后果所在地关联到"涉外"因素,这些只是静态的、形式上的表现,涉外还指向对主权利益可能产生的实际影响。这也就意味着,在涉外经济行政法领域,利益不仅仅局限于民事主体之间,还可能渗透到国家利益层面。

此外,"为回应行政权日益扩大的趋势而兴起的以善治为目标,以行政民主化为导向的公共治理模式,试图将行政权置于一个更大的社会权的评判范围中,这种以多元主义为基本理念、以社会权为基础、以公民参与为基本方式的治理模式,构成行政互动关系的基础,国家权力之间的内在制约模式受到社会权以及公民参与等外在制约模式的挑战。对此,国家权力与社会权的互动,必将推动行政法律关系模式的变迁。"②随着涉外经济行政法中

---

① 耿宝建、殷勤:《行政行为作为行政诉讼受案标准的困境与解决之道——以多阶段行政行为的可诉性判定为例》,参见沈岿主编:《行政法论丛(第 28 卷)》,法律出版社 2022 年版,第 55 页。
② 程关松、王国良:《对行政互动关系的法律回应》,《华东政法大学学报》2007 年第 3 期,第 26 页。

的行政规制样态更加多元、受案范围逐步扩大、权利保护方式和诉讼请求不断丰富,其中的利益关系必然愈发复杂,单纯的"行政行为理论"难以匹配新时代世界法律体系的高要求,也难以符合国际化视野下对行政处理能力的高要求。因此,只有引入"法律关系说",才能在起初利益分析上准确站位,在主权利益、公共利益、涉外行政相对人的单方利益中找到正确的利益主次关系和主导方向。

二、涉外经济行政法关系结构的形成过程与具体构成

(一) 涉外经济行政法关系结构的形成过程

"当代国际经济关系是在全球经济一体化日益加深的条件下越来越多样化、综合化的,以国际商业交易为基础的、受到各种国内经济法和国际经济条约调整和协调的国际经济关系。其中,横向的国际经济关系主要是私人(市场交易主体)间日趋复杂多样的国际商业交易或国际经济交往关系,纵向的国际经济关系主要是政府或单独关税区当局(市场管理主体)间对国际经济关系的管理和协调。这两方面关系纵横交叉,无法分割"[①]。商业互动本身就具有极强的活力,频繁的商贸活动会自发地形成新的贸易习惯或贸易规则,此种贸易习惯或贸易规则往往是先于政府规制的现象存在,国际私法、国际经济法等关注横向国际经济关系的部门法也由此应运而生。

然而,商业竞争,尤其是跨国商业竞争势必需要政府或者公权力不同程度地管理和协调。站在一国或一地区的视角看,运用区域内的公权力抵御和防范区域外公权力的不正当干预和侵犯以保护自身合法利益,具有天然的道义基础,是保障跨国商业竞争公平有序的重要手段。自此,由公权力的介入而产生的涉外经济行政法律关系成为国际经济关系中的一项重要关系,涉外经济行政法关系结构逐渐形成。

(二) 涉外经济行政法关系结构的具体构成

涉外经济行政法关系结构以要素为核心、以社会关系为内容。

[①] 张乃根主编:《新编国际经济法导论》,复旦大学出版社2002年版,第21页。

1. 以要素为核心的涉外经济行政法关系结构构成

应松年教授认为,涉外行政法的法律关系中涉外内容有三个方面:第一,行政法律关系的主体具有涉外性,这里的主体仅限行政相对人或第三人,主要包括外国的自然人、法人、非法人的组织和无国籍人;第二,行政法律关系的客体具有涉外性,即行政法律关系中行政权力和行政义务所指向的对象,主要包括物、行为和智力成果等具有涉外性;第三,行政法律关系的内容具有涉外性,主要是指行政法律关系主体的权利和义务。①

由此,涉外经济行政法关系结构由主体、客体和内容三个要素构成。在主体要素中,仍关注行政法上的行政主体、行政相对人、第三人,并且将内容要素融入其中,关涉三种主体之间的权力、权利、责任、义务及其关系。在客体要素上,仍以当前行政法上的行政行为为中心,同时也应关注更具有开放性的"行政法律关系"理论。

2. 以社会关系为内容的涉外经济行政法关系结构构成

传统法律关系理论提出,法律关系必须是以法律规范为基础形成的社会关系,也必须是法律主体之间的社会关系,还必须是以权利义务为内容的社会关系。② 基于此,涉外经济行政法的关系结构可以认为包含以下内容。

第一,涉外经济行政法关系是以涉外法律规范为基础形成的社会关系。法律规范是法律关系得以存在的前提,只有经法律规范调整的社会关系才能被称为法律关系。涉外经济行政法的关系结构所指的法律关系,仍然是行政主体行使行政权同国内企业或者其他经济组织、外国的企业和其他经济组织或者个人在涉外经济活动中所发生的经济管理关系、监督关系等。

第二,涉外经济行政法关系必须是涉外经济法律主体之间的社会关系。法律关系必须是法律意义上的主体之间的联系。换言之,参与涉外经济行政法中法律关系的主体必须有法律认可的主体地位,参与的主体可能会因为权利能力或行为能力的欠缺而不具有成为涉外经济行政法中法律关系的主体资格。

第三,涉外经济行政法关系是以权力(职权)、权利、义务为内容的社会

---

① 参见应松年主编:《涉外行政法》,中国政法大学出版社1993年版,第12—17页。
② 参见张文显主编:《法理学(第五版)》,高等教育出版社2018年版,第152—153页。

关系。涉外经济行政法的关系结构所关注的法律关系,不再是简单的"权利-义务"这一组线性的平面关系,而是将行政主体、行政相对人、第三人及其相应的权力、责任、权利、义务六个要素排列形成的一组立体关系,是由多个具体的法律关系复合而成的。

三、涉外经济行政法关系结构的特征

第一,涉外经济行政法关系结构具有发展性。法律关系的产生、变迁、消灭始终处于动态时空之中,权力、责任、权利、义务随时间变化而不停变化,无法用静态阶段划分而必须采用"动态法律关系结构理论"。时间上的可预期性,可以通过参与交涉、决定权预先分配等方式实现;空间上,基本权利防御、受益和客观价值功能会对行政产生公法上的请求权与保护义务,而行政活动的财政开支(预算关系)可能也会进入涉外行政法律关系的观测空间。① 例如,《中华人民共和国外商投资法》把外商投资者和外商投资纳入同一个法律规范集中管理,体现了我国市场监管模式的变化;从市场主体监管到市场行为监管,体现出中国市场监管理念的巨大变化。这些变化实际上是贯彻落实中国加入世界贸易组织议定书的承诺,重申中国全面对外开放的促进法。《中华人民共和国外商投资法》规定了国民待遇加负面清单制度,充分体现出中国在外商投资领域全面开放政策,这既是对《中华人民共和国中外合资经营企业法》《中华人民共和国外资企业法》《中华人民共和国中外合作经营企业法》的继承和发展,又能为我国现代化建设提供必要的法治保障。

第二,涉外经济行政法关系结构具有体系性。涉外经济行政法关系结构的外部体系建构,涉及行政主体与行政相对人、行政主体与第三人之间的双方关系,也涉及多方行政法律关系。具有涉外经济行政管理职能的横向与纵向行政主体、外商、涉外经济活动中的其他行政相对人,以不同形式参与涉外经济利益的分配与调节,且各种法律关系相互嵌入、耦合,表现为无数行政活动中的行政程序以及对应的行政救济。涉外经济行政法关系结构的内部体系建构则是以权利保障、行政权控制、公共利益保护的"三位一体"

---

① 参见王本存:《行政法律关系的功能与体系结构》,《现代法学》2020 年第 6 期,第 103 页。

为内核,通过给付行政向社会分配权利,通过羁束行政对社会分配进行调节,通过监督行政对分配主体进行约束,通过行政立法活动维护普遍意义上的公共利益。外部和内部体系的有机结合形成涉外行政法律关系稳固而灵活的体系化动态关系结构。一方面,这种关系结构可以有效地应对复杂的涉外经济活动,掌握涉外经济行政法关系结构特征,透过外部体系观察涉外经济行政法律关系的内部体系;另一方面,研究其内部体系则有助于更有效地认识涉外经济行政法律关系的外部体系,解决涉外经济行政法律关系出现的问题。

第三,涉外经济行政法关系结构具有复杂性。涉外经济行政法涉及领域包含国内经济行政管理对象的涉外性以及跨国经济行政合作。朱淑娣教授认为,涉外经济行政法的法律关系特殊之处体现在,该法的目的是细化实施有效的国际经济法,如 WTO 法,调整涉外经济行政关系,履行国际经济法的义务。由此,其法律渊源不仅包括国内法,还包括国外法,例如,我国已加入的国际经济条约的原则、国际经济组织通过法定方式的制约等。[①] 因此,涉外经济行政法律关系是较为丰富的,这就导致在识别上也具有一定的难度。

莫纪宏教授指出,现有研究大多仍采用传统法理学所使用的法律关系概念来分析国内法治和涉外法治关系中的各种法律问题,但这种逻辑结构将研究视野停留在"制定法律规则占优势的传统法理上",通过对比国内法治和涉外法治,提炼出涉外法治独有的两种法律价值,"一是不同法律规则博弈下进行规则价值优劣选择后形成的具体有效的规则;二是在复杂的社会关系结构中存在着大量的受到不同法律规则交叉管辖和指引的法律关系要素以及法律关系存在和运行规则"。[②] 针对这一问题,莫纪宏教授指出,涉外法治应当以"法治关系"取代"法律关系",应当把制定法律规则和法律秩序效果有机结合起来,综合性地判断一个主权国家的法治状态,并进一步提出,涉外法治关系体系的构成要素至少应当分为九个方面,包括法律规则要素、法律关系主体要素、法律关系客体要素、法律关系内容要素(主要是权利义务关系)、法律关系时空要素、法律关系手段要素、法律关系目的要素、法

[①] 参见朱淑娣主著:《国际经济行政法》,学林出版社 2008 年版,第 44 页。
[②] 参见莫纪宏:《论涉外法治关系的法理结构及实践意义》,《山西师大学报(社会科学版)》2024 年第 3 期,第 5 页。

律关系效力要素和法律关系秩序要素。① 基于构成要素的不同,在识别法律关系时,只要上述任一要素包含"涉外"因素,即可以认定该法律关系为涉外法治关系。尽管本章在涉外经济行政关系结构的探究上仍是以传统的"主体""客体""内容"三要素而展开,但上述关于"涉外法治"法律关系的论断,能够为如何进一步发掘与认识涉外经济行政法的关系结构提供新思路,同时,也足以显现出法律关系在增加"涉外"与"经济"这些限定条件后,涉外经济行政法关系结构所呈现出的复杂性。

第二节　涉外经济行政法的主体与内容

涉外经济行政法关系结构中的主体,是指法律关系中享有权利或履行义务的主体。这里的人既包括自然人也包括法人,还包括以非法人形式存在的、由自然人组成的某些群体。涉外经济行政法关系结构中的主体需要具有权利能力和行为能力,前者是由法律确认的其享有权利或承担义务的资格,是主体进入法律关系的前提条件;后者是指法律所承认的、可以以自己的名义通过自己的行为行使权利和履行义务的能力。

在以往的法律关系理论中,法律关系的内容要素指的是具体的权利和义务关系,此权利义务关系脱胎于罗马私法,往往是指经过实体法规范调整的关系。在涉外经济行政法这一适用范围超出本国的特殊部门法,且在有关实体法规范尚有不足的情况下,需要对法律关系理论中的"权利义务"进行发展,将其拆分为"行政主体的权力和责任"和"行政相对人的权利和义务"两个方面。本节除关注实体法上的权力责任、权利义务外,也将行政程序一并关涉。

一、涉外经济行政法的行政主体及其权责

按照行政法理论,行政主体是指能以自己的名义实施国家行政权,并对

---

① 参见莫纪宏:《论涉外法治关系的法理结构及实践意义》,《山西师大学报(社会科学版)》2024年第3期,第7—8页。

行为效果承担责任的组织。[①] 具体来讲,行政主体需要具备三大要素:一是必须享有独立的行政职权,二是能够对外以自己的名义作出行政行为,三是能够独立承担法律责任。行政主体的类型通常包括两类:第一类是国家行政机关,即职权行政主体;第二类是法律、法规和规章授权的组织,即授权行政主体。涉外经济行政法的行政主体同样可以按照这一逻辑进行划分。

(一)职权行政主体

职权行政主体可以分为五类,分别是人民政府、人民政府的组成部门、人民政府的直属机构、人民政府组成部门的所属机构以及人民政府的派出机关。

第一类职权行政主体为人民政府,即本级人民代表大会的执行机关。国务院是中央人民政府,地方政府分为省、市、县(区)和乡(镇)四级人民政府。《中华人民共和国宪法》(2018年修正)第八十九条第九项、第十二项规定:"国务院行使下列职权:……(九)管理对外事务,同外国缔结条约和协定……(十二)保护华侨的正当的权利和利益,保护归侨和侨眷的合法的权利和利益……"据此,《中华人民共和国宪法》明确国务院有管理对外事务的权力。此外,《中华人民共和国外商投资法》(2019年)第七条第二款规定县级以上地方人民政府对外商投资促进、保护和管理负有职权和责任。

第二类职权行政主体为人民政府的组成部门,即各级人民政府依法设置的行政机关,分别行使本行政区域内的各项行政管理事务的法定职权。例如,《中华人民共和国外商投资法》(2019年)第七条明确了国务院主管部门、投资主管部门以及其他有关部门分别按照职责分工,承担外商投资促进、保护和管理的相关工作。《中华人民共和国反洗钱法》(2006年)第二十八条规定:"国务院反洗钱行政主管部门根据国务院授权,代表中国政府与外国政府和有关国际组织开展反洗钱合作,依法与境外反洗钱机构交换与反洗钱有关的信息和资料。"此条款一方面含有"国际因素",即代表中国政府对外合作,另一方面也蕴含着在反洗钱领域对非本国国民的行政执法职权。

第三类职权行政主体为人民政府的直属机构,即人民政府根据工作需

[①] 参见罗豪才主编:《行政法学》,中国政法大学出版社1996年版,第66—68页。

要设置的主管专门行政事务的行政机关。例如《中华人民共和国海关法》（2021年）第三条明确，国务院设立海关总署，统一管理全国海关，并明确海关的隶属关系，不受行政区划的限制。《中华人民共和国期货和衍生品法》（2022年）第一百二十三条第一款规定："国务院期货监督管理机构可以和境外期货监督管理机构建立监督管理合作机制，或者加入国际组织，实施跨境监督管理。"该条款一方面明确规定国务院期货监督管理机构与外国的行政主体之间的跨国行政合作，另一方面也明确规定国务院期货监督管理机构可以加入国际组织开展国际性行政合作。

第四类职权行政主体为人民政府组成部门的所属机构，即人民政府针对专业性、专门性的行政事务而设置的，并隶属于本级政府组成部门的一种机关。例如，2018年出台的《国务院机构改革方案》明确组建国家移民局（副部级，隶属于公安部）承担出入境管理、签证管理等职责。

第五类职权行政主体为人民政府的派出机关，即行政公署、区公所和街道办事处，其分别是由不同级别的人民政府根据法定程序设置的派出机关。随着我国对外开放水平的不断加深，涉外事务已经深入基层工作，为对涉外人员服务窗口打通公共服务"最后一公里"提供保障，街道办事处也发挥着涉外经济行政管理上的职能。例如，上海长宁区虹桥街道办首创"单一窗口"，对符合条件的外国人可以实现一次性受理"工作许可"和"居留许可"等。

（二）授权行政主体

在我国，经法定授权的组织依法具有行政机关的法律地位，即可以以自己的名义行使法律、法规、规章授予的行政职权，并能够独立承担相应的法律责任。在涉外经济行政法中，被授权的组织大体可以分为以下四类。

第一类是行政机构。行政机构原本只是行政机关的内部组织，并无独立行政机关的法律地位，但是被授权的行政机构也具有相应的法定职权。最常见的是按照国务院规定设立的并向社会公告的税务机构，其职权源于《中华人民共和国税收征收管理法》（2015年）第十四条规定："本法所称税务机关是指各级税务局、税务分局、税务所和按照国务院规定设立的并向社会公告的税务机构。"该法第三十六条进一步规定："税务机关有权对企业或者外国企业在中国境内设立的从事生产、经营的机构、场所与其关联企业之间的业务往来，不按照独立企业之间的业务往来收取或者支付价款、费用；而减少应纳税的收入或所得额的，由税务机关进行合理调整。"

第二类是经法律授权承担公共管理职能的社会组织。这一类社会组织往往是非营利法人，如事业单位和社会团体，该类社会组织依照法定程序成立，具有特定的活动宗旨，经法律、法规、规章授权后，能够行使特定的职权。例如，《中国证券监督管理委员会行政许可实施程序规定》（2023年）第二条规定："本规定所称行政许可，是指中国证监会根据自然人、法人或者其他组织（以下称申请人）的申请，经依法审查，准予其从事证券期货市场特定活动的行为。"根据该规定，中国证监会有权对从事证券期货市场特定活动实施行政许可。根据《境外机构投资者境内证券期货投资资金管理规定》（2024年）第二条规定，境外机构投资者要在我国境内进行证券期货投资管理，必须先经过中国证监会的批准，方可成为合格投资者。再比如，涉外公证处是指经省厅批准开办涉外及涉台、港、澳公证业务的公证处，其主要职能是根据公证处的申请和工作需要依照有关规定审查批准公证处开展涉外公证业务，负责涉外公证员的资格审批、备案和执业注册，指定涉外公证处的业务管辖，对涉外公证处进行业务指导、管理、监督和协调。

第三类是经法律授权依法成立的独立承担民事责任的企业单位。经法律、法规、规章授权，这些特定领域的企业单位对部分涉外公共事务，如涉外的水、电、燃气供应等，具有一定的行政管理职权，且享有独立的法律地位。例如，中国水利水电建设股份有限公司作为中国规模最大的水利水电建设企业，具有国家施工总承包特级企业资质、对外工程承包经营权、进出口贸易权，在其进行涉外水利水电建设经营管理的过程中，与其他被管理主体之间也会产生相应的涉外经济行政法律关系。

第四类是基层群众性自治组织。村民委员会和居民委员会是法律规定的基层群众性自治组织，法律、法规、规章有时也会授权其行使特定事项的行政职权。随着城镇化的推进和对外开放水平的提升，村民委员会和居民委员会的功能也在与时俱进。比如，上海市长宁区的荣华居民区形成我国首个涉外居委会，其将工作经验总结为《荣华涉外社区工作法》，内容涵盖了契约管理、民主参与、协同共治等多个层面①,为涉外领域内行政指导等行政活动提供了新思路。

二、涉外经济行政法中的行政相对人及其权利义务

(一) 涉外经济行政法中行政相对人的类型

涉外经济行政法律关系中与行政主体相对应的另一主体是行政相对人。行政相对人是指参与行政法律关系,对行政主体享有权利或承担义务的公民、法人或其他组织。由此,行政相对人并不是单纯的行政行为的对象,而是行政法律关系中的一方主体。

从广义层面来看,行政法律关系中的行政相对人包括公民、法人或其他组织。如《中华人民共和国行政诉讼法》(2017年)第二条第一款规定:"公民、法人或者其他组织认为行政机关和行政机关工作人员的行政行为侵犯其合法权益,有权依照本法向人民法院提起诉讼。"涉外经济行政相对人同样涵盖公民、法人或其他组织。例如,《中华人民共和国对外贸易法》(2022年)第八条规定:"本法所称对外贸易经营者,是指依法办理工商登记或者其他执业手续,依照本法和其他有关法律、行政法规的规定从事对外贸易经营活动的法人、其他组织或者个人。"可见,经营者在进行对外贸易的过程中,需要接受国务院对外贸易主管部门及其他相关部门的管理,并承担法律责任,与其形成涉外贸易行政法律关系,是法律关系中的行政相对人。由此,公民(个人)、法人或其他组织毫无疑问都是涉外经济行政法律中的行政相对人。

需要进一步探究的是,公民、法人或其他组织这一广义概念在涉外经济行政这一狭义领域中的具体存在形态。《中华人民共和国外商投资法》(2019年)第二条用"外国投资者"这一概念指称外国的自然人、企业或其他组织。有学者认为,涉外经济行政法中的行政相对人是"国内企业或者其他经济组织、外国的企业和其他经济组织或者个人",因此又可以"涉外经济当事人"统称。② 基于此,既可以将涉外经济行政法律关系中的公民、法人或其

---

① 参见《上海长宁区虹桥街道荣华居委会的国际社区治理方法》,载搜狐网 2021 年 6 月 18 日,https://www.sohu.com/a/418309410_120798024,2021 年 6 月 18 日最后访问。
② 参见陈立虎:《涉外经济行政法论纲》,《金陵法律评论》2009 年第 2 期,第 67 页。

他组织统称为"涉外经济当事人",也可以根据领域的不同,具体指称其为"外国投资者""外商投资企业""外贸经营主体"等。此外,还可以从国内与国外两个维度,将其进行区分为两类:第一类为对前述涉外经济行政主体享有权利或承担义务的中国公民、国内企业和其他经济组织;第二类为对前述涉外经济行政主体享有权利或承担义务的外国公民、外国企业和其他经济组织。

另一个需要进一步探究的问题是,外国公司在我国境内设立的分支机构是否可以作为涉外经济行政法中的行政相对人。《中华人民共和国公司法》(2023年)第二百四十七条规定:"外国公司在中华人民共和国境内设立的分支机构不具有中国法人资格。外国公司对其分支机构在中华人民共和国境内进行经营活动承担民事责任。"如果严格按照法人理论,外国公司在我国境内设立的分支机构不具有独立的法人人格,有关责任由外国公司承担。《中华人民共和国市场主体登记管理条例》(2021年)第二条第五项明确规定,"外国公司分支机构"属于该条例所称的"市场主体"。按照该规定,外国公司分支机构可以作为行政相对人。《中华人民共和国税收征收管理法》(2015年)第三十六条规定:"企业或者外国企业在中国境内设立的从事生产、经营的机构、场所与其关联企业之间的业务往来,应当按照独立企业之间的业务往来收取或者支付价款、费用……"一定程度上,涉外经济行政管理包括了对外国分支机构的管理,而非仅限于外国公司,这也就意味着外国公司在我国境内设立的分支机构是实际上的行政相对人。因此,无论是我国公司的分支机构还是外国公司的分支机构,都属于涉外经济行政法中的行政相对人的范围。对此,可以将其解释为"其他涉外经济组织",使其纳入公民、法人或其他组织的行政相对人范围之中。

(二)涉外经济行政法中行政相对人的权利和义务

1. 涉外经济行政相对人的权利

权利是由法律直接规定,并为法律所保护而实现的,当权利人的权利不能实现时,权利人可以请求国家帮助实现该权利。[①] 具体来说,行政相对人的权利来源于法律、法规以及规章对特定人或特定范围之内的人作出的权

---

① 参见郑成良主编:《法理学》,清华大学出版社2008年版,第53页。

利性规定,若法律规范是基于保护公共利益而为行政机关规定应当作为或不作为的义务,则该类规范不能成为行政相对人主张权利的基础。有些法律规范可能同时兼顾上述两种利益,则该类规范也可以成为相对人主张权利的依据。[①] 行政法上的行政行为从"干预行政"发展到"给付行政",相对应地,行政相对人的权利就从消极权利扩张到积极权利。

具体来说,涉外经济行政法中行政相对人的权利包括以下内容。

第一,请求权。行政相对人可以请求行政主体作为或不作为,以满足其利益需求。例如,《境外机构投资者境内证券期货投资资金管理规定》(2024年)较为细致地规定了合格投资者在境内进行证券期货投资的登记管理等规定,明确合格投资者提出投资登记请求的权利。《中华人民共和国外商投资法》(2019年)第二十二条规定:"国家保护外国投资者和外商投资企业的知识产权,保护知识产权权利人和相关权利人的合法权益;对知识产权侵权行为,严格依法追究法律责任。"基于此,外国投资者和外商投资企业对于侵犯知识产权的行为,可以请求我国政府部门追究责任、予以利益保护。

第二,知情权。行政相对人有权依法了解行政主体在行政活动中形成的信息。《中华人民共和国外商投资法》(2019年)第十条第二款规定:"与外商投资有关的规范性文件、裁判文书等,应当依法及时公布。"该法第十一条规定:"国家建立健全外商投资服务体系,为外国投资者和外商投资企业提供法律法规、政策措施、投资项目信息等方面的咨询和服务。"该条款明确了外国投资者和外商投资企业享有法律法规、裁判文书、政策措施、投资项目信息等各类与外商投资服务相关信息的知情权。

第三,参与权。行政相对人有权依法参与行政管理活动,提出意见。例如,《中华人民共和国外商投资法》(2019年)第十五条规定:"国家保障外商投资企业依法平等参与标准制定工作,强化标准制定的信息公开和社会监督。"根据该规定,外商投资企业有权和内资企业一样平等地参与国家标准的制定,提出意见,维护自身权益。再比如,该法第十六条规定:"国家保障外商投资企业依法通过公平竞争参与政府采购活动。"这意味着外商投资企业有权通过公平竞争参与政府的采购活动,实现经济利益。

---

① 参见章剑生:《现代行政法总论》,法律出版社2019年版,第120页。

第四,陈述申辩权。行政相对人在行政机关作出与自身利益相关的,特别是不利的行为时,有权陈述自己的意见,进行说明和申辩,提交有关证据。《中华人民共和国行政处罚法》(2021年)第七条、第四十一条等多项条款明确规定,行政处罚作出前必须要保障相对人的陈述、申辩权;该法第八十四条明确规定,对外国人、无国籍人和外国组织作出行政处罚的,也应当适用该法。因此,涉外经济行政法中行政相对人当然地享有行政处罚作出前的陈述申辩权。此外,涉外经济行政相对人的陈述申辩权也在具体的涉外经济行政法规范中有所体现。如《关于对走私、违规企业给予警告或暂停、撤销对外贸易、国际货运代理经营许可行政处罚的规定》(2002年)第九条明确规定:"对外贸易经济合作部或其授权的地方外经贸主管部门在作出行政处罚前,应告知当事人,当事人有权进行陈述和申辩。对暂停或撤销对外贸易、国际货运代理经营许可的行政处罚,当事人有要求举行听证的权利;当事人要求听证的,对外贸易经济合作部或其授权的地方外经贸主管部门应组织听证。"

第五,受到平等对待的权利。行政相对人有权要求行政主体平等对待,不得偏私。例如,《中华人民共和国外商投资法》(2019年)第九条规定:"外商投资企业依法平等适用国家支持企业发展的各项政策。"此外应当注意的是,平等对待不是绝对平等,而是特定条件下的平等。如《中华人民共和国对外贸易法》(2022年)第六条规定:"中华人民共和国在对外贸易方面根据所缔结或者参加的国际条约、协定,给予其他缔约方、参加方最惠国待遇、国民待遇等待遇,或者根据互惠、对等原则给予对方最惠国待遇、国民待遇等待遇。"

第六,行政救济权。行政相对人认为行政主体实施的行政行为侵犯了自己的合法权益,有权获得行政救济。[①] 除行政复议、行政诉讼等救济途径外,涉外经济行政法中的行政相对人还有特殊的行政救济途径。如《中华人民共和国外商投资法》(2019年)第二十六条第一款规定:"国家建立外商投资企业投诉工作机制,及时处理外商投资企业或者其投资者反映的问题,协调完善相关政策措施。"根据该规定,外商投资企业或者其投资者可以通过

[①] 参见应松年主编:《行政法与行政诉讼法》,中国政法大学出版社2011年版,第96页。

该工作机制申请协调解决,维护其合法权益。2020年商务部颁布《外商投资企业投诉工作办法》,明确了该工作机制的受理范围、程序等细则,丰富了外商投资领域行政相对人的救济途径。

2. 涉外经济行政相对人的义务

行政相对人在行政法上的义务,从性质上可以解释为协助行政机关实现行政任务的一种负担。[1] 涉外经济行政法中行政相对人的义务主要有以下三类。

第一类为服从涉外行政管理的义务。首先,行政相对人必须遵守国家关于涉外经济活动的法律法规,按照规定履行其在涉外经济活动中的各项义务,包括但不限于税收、海关、外汇管理等方面的规定,确保其在涉外经济活动中的行为符合国家的政策导向和法律法规的要求,不得从事任何违法活动。其次,行政相对人必须执行行政主体作出的行政处理决定,不得无正当理由拒绝或拖延执行。最后,行政相对人应积极履行其在订立的行政合同中的义务,确保合同的正常履行和执行。

第二类为协助行政主体执行公务的义务。协助行政主体执行公务包括作为和不作为两个维度,行政相对人既要履行作为义务,积极配合、如实接受调查,也要履行不作为义务,对合法合理的涉外经济行政行为及其所产生的不利影响要服从,不得抵抗、阻挠管理活动的依法有序进行。例如,《中华人民共和国对外贸易法》(2022年)第三十八条规定:"有关单位和个人应当对对外贸易调查给予配合、协助。"这主要体现为一种作为义务。再比如,《中华人民共和国外资银行管理条例》(2019年)第五十三条规定:"外资银行应当接受银行业监督管理机构依法进行的监督检查,不得拒绝、阻碍。"这主要体现为一种不作为义务。《中华人民共和国海关法》(2021年)第十二条规定:"海关依法执行职务,有关单位和个人应当如实回答询问,并予以配合,任何单位和个人不得阻挠。"其中则既包含了作为义务也包含了不作为义务。

第三类为遵守法定程序要求的义务。在行政程序中,行政相对人必须遵循法定的程序要求,包括但不限于申请、审批、登记等环节。例如,在申请

---

[1] 参见章剑生:《现代行政法总论》,法律出版社2019年版,第121页。

对外贸易经营许可时,必须按照相关法律法规的规定提交完整的申请材料,并按照规定的程序进行。此外,行政相对人在行政程序中还应遵守时间限制,如在规定的时间内完成申报、审批等程序,确保行政程序的顺利进行。违反法定程序要求可能会导致行政行为的无效或被撤销,从而影响行政相对人的合法权益。因此,行政相对人应充分了解并严格遵守相关法律法规中关于程序的规定,以保障自身权益不受侵害。

三、涉外经济行政法中的第三人及其权利义务

(一)涉外经济行政法中第三人的类型

行政行为的效力不仅仅会指向其对象,往往还会影响到一些相关的人,这类人属于行政相对人中特殊的一类:因其不是行政行为直接指向的对象,但切实受到行政行为的影响,故而被称为利害关系人;因其是间接受到行政行为影响,故而有些学者也称之为间接相对人。[①] 理论上,学界通常将其定义为与行政行为有利害关系的公民、法人或其他组织。《中华人民共和国行政许可法》(2019年)第三十六条规定:"行政机关对行政许可申请进行审查时,发现行政许可事项直接关系他人重大利益的,应当告知该利害关系人。申请人、利害关系人有权进行陈述和申辩。行政机关应当听取申请人、利害关系人的意见。"确定利害关系人的难点在于如何识别其"利害关系"。

涉外经济行政法中第三人可能存在的类型或情形来源于行政法理论,从影响第三人合法权益的原因看,可以分为三种情形:第一种情形是因涉外经济行政作为而影响第三人的合法权益;第二种情形是因涉外经济行政不作为而影响第三人的合法权益;第三种情形是因变更、撤销已经生效的涉外经济行政行为而影响第三人的合法权益。从行政诉讼的角度看,前述三种类型的第三人均可归纳为与行政行为有利害关系的第三人。此外,还有与案件处理结果有利害关系的第三人。此等分类影响着行政决定作出前,行政主体有无义务通知第三人参与,以及后续第三人在诉讼程序中的

---

① 参见姜明安主编:《行政法与行政诉讼法》,北京大学出版社2024年版,第142—143页。

地位。

（二）涉外经济行政法中第三人的权利和义务

传统行政行为的突出特征，是作出行政行为的行政主体与行政相对人之间是直接的对应关系。随着现代行政管理实践的发展和变化，行政行为所产生的影响范围越来越大，往往超出直接相对人的范围而影响到其他人即第三人，乃至影响公共利益。因此，确定第三人的权利义务和确定相对人的权利义务具有一定相似性，同样具有重要价值。

1. 涉外经济行政法中第三人的权利

在涉外经济行政领域，第三人的权利主要包括以下三个方面。

第一，知情权。涉外经济行政法中的第三人有权知悉在影响其利益的行政活动中形成的信息。例如，《中华人民共和国金融稳定法（草案二次审议稿）》（2024年）第三十一条规定，国务院金融管理部门决定采取处置措施时，可以以公告形式保障第三人的知情权①。再比如，《中华人民共和国外商投资法》（2019年）第十条也明确规定，外商投资企业在中国境内进行投资活动时，相关行政主管部门应当依法公开相关信息，以确保第三人的知情权得到保障。此外，第三人的知情权还体现在对行政决策过程的了解上，如在环境影响评价过程中，第三人可以在公众参与环节对可能影响其利益的项目提出意见和建议。

第二，参与权。涉外经济行政法中的第三人有权参与影响其利益的涉外行政活动的行政程序。首先，对于可能对第三人产生重大影响的涉外经济行政决策，应当设立听证程序，允许第三人提出意见和证据，以确保其参与权得到实现。如在公共采购过程中，第三人可以对招标过程质疑，要求行政机关进行解释和澄清。其次，第三人在行政复议和行政诉讼中也享有相应的参与权，可以对涉外经济行政行为提出异议，并要求行政机关或法院重新审查相关行政决策。最后，涉外经济行政法中第三人与拟听证的事项有

---

① 《中华人民共和国金融稳定法（草案二次审议稿）》（2024年）第三十一条规定："国务院金融管理部门依照本法第三十条第一款第二项规定整体转移被处置金融机构业务、资产和负债的，根据应急处置以及保障债权人整体利益的需要，可以采取公告方式通知债权人以及其他利益主体。处置措施于公告载明的时间生效，被处置金融机构的业务资质、诉讼主体资格和诉讼地位依法由受让人承继。"

利害关系的,有权参与听证。例如,根据《中华人民共和国反垄断法》(2022年)以及《中华人民共和国行政处罚法》(2021年)有关听证的规定,当行政机关在处理涉及市场竞争的案件时,第三人可以要求参与听证会,以确保其合法权益不受侵害,这里的市场竞争自然包括国内外经济主体。在听证程序中,第三人有权提出证据、质证和辩论,以充分表达自己的观点和利益诉求。第三人还有权获得听证会的记录和相关文件,以便于其对行政决策的监督和从事后续的法律行为。

第三,救济权。涉外经济行政法中的第三人认为行政主体实施的违法行政行为或其实施的合法行政行为侵犯了自己的合法权益,有权获得救济。在外商投资领域,除可以提起行政复议、行政诉讼外,第三人也可以通过外商投资企业投诉工作机制维护自身的合法权益,这是一种专门的救济手段。在国际贸易争端中,第三人有权要求行政机关提供必要的信息和协助,以便其能够有效地参与争端解决过程。在涉及知识产权保护的案件中,第三人可以要求行政机关采取临时措施,防止知识产权被侵犯。在公共采购和招标投标活动中,第三人有权要求行政机关提供公平竞争的环境,并在发现不正当竞争行为时提出异议并要求权利救济。在金融稳定方面,《中华人民共和国金融稳定法(草案二次审议稿)》(2024 年)第三十三条[①]规定了被处置金融的债权人及其他利益主体,也就是第三人对金融风险处置所得的异议权与救济权。

2. 涉外经济行政法中第三人的义务

在涉外经济行政领域,第三人的义务主要包括以下三个方面。

第一,遵循法定程序。在参与行政诉讼、行政复议、听证的过程中,第三人应当提供真实、合法的证据材料,不得伪造、隐匿证据或者提供虚假陈述。同时,第三人应当遵守法庭纪律,尊重其他诉讼参与人的合法权益,不得进

---

① 《中华人民共和国金融稳定法(草案二次审议稿)》(2024 年)第三十三条规定:"被处置金融机构的债权人以及其他利益主体在金融风险处置中的所得应当不低于被处置金融机构直接破产清算时的所得。被处置金融机构的债权人以及其他利益主体认为其所得低于前款规定标准的,可以向国务院金融管理部门提出异议。国务院金融管理部门应当组织评估,经评估认为相关主体的所得低于前款规定标准的,应当安排处置资金对差额部分予以补偿。异议处理期间处置方案不停止执行。债权人以及其他利益主体对异议处理决定不服的,可以依法提起诉讼。"

行任何干扰诉讼正常进行的行为。此外,第三人还应按时参加诉讼活动,如无正当理由缺席,可能会承担不利的法律后果。

第二,协助调查。在相关调查或询问中,第三人有义务协助并提供相关信息。这包括在必要时出庭作证或提供相关证据,以协助法院或相关机构进行调查。第三人必须如实提供所掌握的信息,不得隐瞒、伪造或提供虚假证据,否则将面临法律的追究。

第三,履行判决、裁定或调解书。第三人必须在法律规定的期限内,依照判决、裁定或调解书的内容,完成相应的义务。如果第三人未能履行或拒绝履行,则法院有权采取强制措施,如罚款、拘留等,以确保裁决的执行。此外,第三人还应承担因不履行判决、裁定或调解书而产生的法律后果,包括但不限于赔偿损失、恢复原状等。

第三节 涉外经济行政法关系结构中的客体

一、涉外经济行政法中客体的理论阐述

法律关系客体作为法律关系中的一大要素,其演进过程不仅反映出社会发展带来的社会利益变动,也体现出国家对新生事物的态度,因此,法律关系客体的范围是法律关系客体研究中较为突出的主题。① 在我国,法律关系理论通常将法律关系客体分为五大类,即物、人身人格、智力成果、行为、信息等。② 有观点认为在任何法律关系中,法律关系的客体都是行为,物、智力成果等都只是不同法律关系中通过法律行为所指向的对象,因此应称之为法律关系的标的。③ 也有学者提出,法律关系的客体指法律关系的主体以权利义务为中介而影响、作用和指向的对象,是法律所确认和保护的利益,

---

① 参见王婧贤:《新中国法律关系理论的演进脉络与趋势》,《兰州学刊》2024 年第 3 期,第 58—70 页。
② 参见张文显主编:《法理学》,高等教育出版社 2018 年版,第 158—159 页。
③ 参见薛辉:《社会主义法律关系客体探微》,《法律科学(西北政法学院学报)》1995 年第 1 期,第 19—22 页。

即权利义务的客体。① 当然,随着时代发展,现有法律关系客体理论也在不断扩展,客体范围不断扩大。比如,有学者提出,应当将"生态环境"作为环境法律关系的客体。② 再比如,"国家行政权力可以成为行政法律关系的客体,具体表现形式为:国家行政权力可以成为权力配置法律关系的客体,可以作为内部行政法律关系的客体,可以作为授权、委托法律关系的客体等"。③

行政法律关系客体就是行政法律主体之间的权利、义务或者权力、责任所指向的对象。涉外经济行政法关系结构中的客体,主要体现为不同类型的涉外经济行政行为,比如涉外行政处罚、涉外行政许可等具体行政行为。"权力"也是涉外经济行政行为的客体之一,集中体现在该领域行政执法活动过程中的授权和委托行为。同时,法律关系客体理论上的物、智力成果、数据和信息也是重要客体。

因此,涉外经济行政法关系结构中的客体,总体上可以分为涉外经济行政行为和其他客体两大类。其中,涉外经济行政行为是主要的客体类型。

二、涉外经济行政行为:涉外经济行政法中的重要客体

(一)涉外经济行政行为的概念

行政行为历来是行政法的研究重心,涉外经济行政法是一种特殊的行政行为。关于行政行为,章剑生认为,行政行为是行政机关对外作出的行为的总称。④ 姜明安和皮纯协认为,行政行为是行政主体实施的产生行政法律效果的行为。⑤ 王连昌、马怀德认为,行政行为是享有行政职权的行政主体行使权力,对国家和社会公共事务进行管理和提供公共服务的行为。⑥ 罗豪

---

① 参见颜俊、姚建宗:《法律关系客体理论新探》,《当代法学》1993年第2期,第23—26页。
② 参见吕忠梅:《环境法典编纂方法论:可持续发展价值目标及其实现》,《政法论坛》2022年第2期,第18—31页。
③ 陈锐:《法律关系理论溯源与内容重塑》,《政法论丛》2020年第6期,第63页。
④ 参见章剑生:《现代行政法总论》,法律出版社2019年版,第128页。
⑤ 参见姜明安、皮纯协主编:《行政法学》,中共中央党校出版社2002年版,第63页。
⑥ 参见王连昌、马怀德主编:《行政法学》,中国政法大学出版社1997年版,第100—102页。

才认为,行政行为是指行政主体实施行政管理活动,行使行政职权过程中所做出的具有法律意义的行为。①

据此,可以认为,涉外经济行政行为是指行政主体在行使行政职权过程中,针对涉及外国因素的经济事务进行管理和服务,以及在国际经济交往中实施的具有法律意义的行为。这些行为可能包括但不限于：对外贸易管理、外资企业审批、国际经济合作项目监管、跨国经济纠纷的行政调解和裁决等。涉外经济行政行为不仅关系到国内经济秩序的维护,也影响到国家在国际经济关系中的地位和利益。

(二) 涉外经济行政行为的分类

行政行为的分类方式具有多样性。按照作用对象的不同,可以分为内部行政行为与外部行政行为；按照对象是否具有特定性,可以分为抽象行政行为与具体行政行为；按照受法律约束程度的不同,可以分为羁束行政行为与自由裁量行政行为；按照行政行为的机制不同,可以分为依职权的行政行为与依申请的行政行为；按照行政行为成立时参与意思表示的当事人人数,可以分为单方行政行为与双方行政行为；按照行政行为是否应当具备一定的法定形式,可以分为要式行政行为与非要式行政行为；按照是否以作为方式呈现,可以分为作为行政行为与不作为行政行为；按照行政权作用的表现方式和实施行政行为所形成的法律关系,可以分为行政立法行为、行政执法行为与行政司法行为；按照行政权直接来源的不同,可以分为自为的行为、授权的行为和委托的行为；等。其中,抽象行政行为与具体行政行为是较为主要的分类方式。

考虑到涉外经济行政法的发展较快,为了面对多样化行政行为的实际情况和发展趋势,给将来的新的行为预留可以进入司法救济与行政法体系的空间,可以将涉外经济行政行为按照行政决定和非行政决定行为进行分类,后者用以指称行政决定之外的其他全部行政行为。②

涉外经济行政决定是涉外经济行政机关依照法定职权对可确定的涉外经济行政相对人作出的,旨在形成个别性的权利和义务关系的单方行为。

---

① 参见罗豪才主编：《行政法学》,中国政法大学出版社1996年版,第124—127页。
② 参见章剑生：《现代行政法总论》,法律出版社2019年版,第183页。

涉外经济行政决定有六个构成要件：第一，必须由具有法定职权的行政机关或获得法律、法规、规章授权的组织作出；第二，作出主体必须具有外商投资管理、对外贸易管理、国际金融监管等法定职权；第三，必须有可确定或者是特定的对象；第四，具有意思表示内容；第五，属于单方行为；第六，能直接对外发生法律效果。① 例如，为实现涉外经济行政管理目的而做出的行政处罚、行政许可、行政强制措施等都是涉外经济行政决定。

非涉外经济行政决定行为是一个统称，用以指称行政决定之外的其他全部行政行为。这一概念范围具有开放性和包容性，能较好地为涉外经济行政法的发展预留空间。常见的非行政决定行为主要是涉外经济行政立法，也就是有涉外经济行政立法权的行政机关按照法定程序制定具有普遍约束力的行政法规、行政规章和其他规范性文件的行政行为。

（三）涉外经济行政行为的主要领域与主要类型

涉外经济行政行为关涉行为领域与行为类型两个方面。

涉外经济行政行为的行为领域通常涉及八个领域。第一，外商投资管理领域，涉及外商投资准入、审批、监管、优惠政策、投资保护等方面而产生的法律关系。第二，对外贸易管理领域，涉及进出口商品的管理、关税政策、贸易救济措施、出口管制、反倾销和反补贴措施等而产生的法律关系。第三，国际金融监管领域，涉及跨国银行、保险、证券等金融机构的设立、运营、监管以及外汇管理等。第四，国际税收领域，包括避免双重征税、国际税收协定、跨国公司的税务管理等。第五，国际经济合作领域，涉及国际经济组织、区域经济一体化、双边或多边经济合作协定等。第六，知识产权保护领域，在国际贸易和投资中，对知识产权的保护，如专利、商标、著作权等。第七，环境保护与可持续发展领域，在涉外经济活动中，对环境保护的要求和可持续发展的政策。第八，劳动与社会保障领域，涉及跨国公司员工的劳动权益保护、社会保障、劳动标准等。

较为常见的涉外经济行政行为的行为类型包括四种：第一，涉外经济行政强制。例如，《中华人民共和国反外国制裁法》（2021年）第六条规定的反外国金融制裁过程中的查封、冻结、扣押等行政许可；再例如，《涉外气象探

---

① 参见章剑生：《现代行政法总论》，法律出版社2019年版，第140—146页。

测和资料管理办法》(2022年)第六条规定的对涉外气象探测站(点)的设立,实行行政许可。第二,涉外经济行政处罚。例如,2014年商务部曾禁止马士基、地中海航运和达飞三家欧洲航运公司在欧洲组建紧密性合营企业,在认定相关服务市场和相关地域市场的基础上,认定其合营对欧亚航线集装箱班轮运输服务市场具有排除和限制竞争的影响,决定禁止本项经营者集中行为。① 第三,涉外经济行政指导。例如,《促进和规范数据跨境流动规定》(2024年)第十二条规定,各地网信部门应当加强对数据处理者数据出境活动的指导监督,健全完善数据出境安全评估制度,优化评估流程。第四,涉外经济行政评估。例如,《促进和规范数据跨境流动规定》(2024年)第七条规定,数据处理者向境外提供数据时应当履行申报数据出境安全评估义务。

需要特别说明的是,上述提及的《中华人民共和国反外国制裁法》所规定的反制措施,如不予签发签证、不准入境、查封、扣押、冻结等,是否属于行政法上的行政行为,尚有争议。因为《中华人民共和国反外国制裁法》所规定的情形,主要是针对他国对我国采取的遏制打压措施和危害国家安全的情形,该类措施具有"高度政治性",因此可能被理解为国家行为,不属于行政法的调整对象。但出于对实施该行为的行政机关进行法律监督,给被列入清单的个人或实体提供一定程序保障的考虑,再加上该款规定下的行为也可能是外国实体违反正常的市场交易原则的行为,因此,《中华人民共和国反外国制裁法》所规定的反制措施并非全都是国家行为,而是应当根据我国所实施的制裁与反制裁措施是否属于维护国家安全的措施,区分此类措施的性质,在此基础之上决定给予何种类型和程度的法律救济措施。②

三、涉外经济行政法中的其他客体

除涉外经济行政行为外,还有其他客体。比如涉外经济行政法中的物,

---

① 参见商务部公告2014年第46号《商务部关于禁止马士基、地中海航运、达飞设立网络中心经营者集中反垄断审查决定的公告》,载中华人民共和国商务部网站2014年6月17日,https://www.mofcom.gov.cn/zfxxgk/gkml/art/2014/art_923fbc42fa2a445a80bb1bd9c0961290.html,2024年10月14日最后访问。
② 参见廖诗评:《中国法域外适用法律体系视野下的行政执法》,《行政法学研究》2023年第2期,第66页。

即可以由主体支配的,以一定物理形态存在的物质客体。至于其具体形态,可以是天然物,例如土地、河流,也可以是人造物,例如船舶、飞机。根据是否易于移动,可以区分为动产和不动产。根据物是否可以流通以及流通的范围,可以区分为流通物、限制流通物、非流通物等。随着我国对外交往越来越频繁,涉外贸易、涉外金融等经济活动明显增多,涉外经济行政法中客体的范围也在扩张,以下就近年来受到高度关注的两个客体——智力成果和信息(数据)作简要介绍。

(一)涉外经济行政法中的智力成果

通常来说,智力成果是指人通过智力劳动创造出来的精神产品,其可以一定物作为载体而存在,但其价值并不在于物质载体本身,而是蕴含在该物质载体所包含的信息、知识、技术、符号等精神活动产物之中。比如,著作权、专利、商标等均属于典型的智力成果。

我国对外经贸活动发展快,但国内许多企业的产品出口海外后被控侵权,致使国内企业出口受阻或被迫支付高昂的许可费,造成较大经济损失。同时,外国企业出口产品到我国,为了更好地维护其经济利益,往往也寻求我国专利法等知识产权法上的保护。为应对上述困境,国务院于2024年7月29日发布《国务院关于涉外知识产权纠纷处理的规定(公开征求意见稿)》,该征求意见稿第二条规定:"国务院负责商标、专利、著作权等知识产权管理工作的部门(以下称知识产权管理部门)以及商务主管部门,加强对我国公民、组织处理涉外知识产权纠纷的指导和服务,国务院其他有关部门依照职责分工做好相关工作。"明确将商标、专利、著作权等作为涉外经济行政法的客体。

(二)涉外经济行政法中的信息(数据)

作为涉外经济行政法客体的信息,是指有价值的资讯。这里的价值指的是"关系范畴",反映了作为主体的人与作为客体的物之间的关系,强调该物对主体是有意义的,可以满足主体需要的功能和属性。[①] 其具有三个特性:第一,主观性,即反映了人与特定判断对象之间的关系;第二,有用性,即

---

① 参见张文显主编:《法理学》,高等教育出版社2018年版,第310页。

物对于主体具有的积极意义;第三,多样性,人对于不同的判断对象可能有不同价值判断,即使对相同对象也可能有不同价值判断。①

信息或数据已经成为涉外经济行政法中常见的客体。例如,《中华人民共和国政府信息公开条例》(2019年)的实施使得政府信息公开成为常态,"最初由国际法上要求的外资管理透明度深切地落实在国内行政法律制度之中,并增强了中国行政主体运用国际规则的能力",②而知情权法律关系指向的客体就是信息。③《中华人民共和国数据安全法》(2021年)、《促进和规范数据跨境流动规定》(2024年)等法律规范不仅明确了数据作为涉外经济行政法的客体,还对数据保护和数据流通等方面作了规定。

---

① 参见郑成良主编:《法理学》,清华大学出版社2008年版,第115页。
② 姚金菊:《藩篱的跨越:行政法的国际面向》,《经贸法律评论》2019年第4期,第102页。
③ 参见郑成良主编:《法理学》,清华大学出版社2008年版,第84页。

第四章

涉外经济行政法的利益平衡机制

涉外经济行政法作为行政法体系中的一个重要组成部分,其主要任务之一是实现利益平衡。其机制在于以本国政府作为关键的利益配置主体,在利益体系结构中,运用涉外经济法律规则调整涉外经济行政关系中的各层次各类型利益关系,从而确保行政行为的合法性与合理性,促进整体利益的协调与平衡。① 随着全球化的深入发展和国际经济交流的不断加强,国家在经济领域的行政行为面临着愈加复杂的利益冲突。这种冲突不仅涉及国家安全与经济自由之间的张力,还涵盖了国资与外资、公共利益与私人利益之间的动态平衡。因此,研究和构建有效的利益平衡机制,对于保障国家经济主权、维护市场公平、促进国际经济合作具有重要意义。②

本章主要阐释涉外经济行政法中的利益平衡机制,旨在通过系统的理论分析和实践探讨,揭示立法约束、执法监督、行政救济等机制在实现利益平衡中的具体作用,并重点分析行政机关如何在国际经济关系中合理行使权力,调整各类利益关系,确保国家利益和私人主体权益之间的平衡,从而为我国涉外经济行政法的理论与实践提供必要的学理支撑。

---

① 参见梁慧星:《经济行政法论》,中国社会科学院法学研究所民法、经济法研究室编《经济法理论学术论文集》,群众出版社1985年版,第312—333页。
② 涉外经济行政法的重要任务之一是利益平衡,其机制在于以中国(本国/本政府)作为关键的利益配置主体,在利益体系结构中,运用涉外经济法律规则调整涉外经济行政关系中的各层次各类型利益关系。参见朱淑娣主著:《国际经济行政法》,学林出版社2008年版,第180页。

第一节　涉外经济行政关系中的利益冲突

涉外经济行政法的研究中,理解利益冲突的主体及其互动关系是分析行政行为与市场主体之间冲突的基础。① 涉外经济行政关系中的利益冲突并非单纯的行政机关与行政相对人之间的对立,而是涉及多个主体之间的利益博弈,这些利益冲突主体包括外资企业、本土企业以及其他跨国经济主体。为了准确把握这一冲突的核心,需要明确各利益主体的法律地位和角色,并厘清横向结构与纵向结构间的基本逻辑。②

一、涉外经济行政关系中利益失衡的"纵横"格局

公权与私权的冲突是涉外经济行政法研究中的一个关键议题。然而,理解这一冲突的核心结构时,我们不能仅仅将其视作行政机关与外资企业之间的简单冲突,实际情况远比想象中复杂。③ 公权与私权的冲突在涉外经济行政关系中,表现为国家行政机关在行使公权力时,如何平衡国家经济利益与私人经济主体的合法利益。这个过程本质上是一个利益冲突的调解过程,而这种冲突不仅存在于纵向结构中,也同样体现在横向结构中,形成了复杂的博弈与调适机制。纵向冲突的发生往往是行政机关在行使公权力时,导致行政相对人利益失衡的结果。在涉外经济行政法中,行政机关作为国家公权的代表,其在制定和实施相关法律、政策时,往往会对私人经济主体,尤其是跨国企业和外资企业的市场自由和经营活动产生影响。这里的纵向冲突指的是行政机关作为公共权力的行使者与外资企业作为私人利益主体之间的冲突。④ 行政机关在行使其职能时,所做的每一项决定都可能直

---

① 参见程长明:《国家经济管理权是一种新型行政权》,《法商研究》1998年第3期,第84—85页。
② 参见张文显:《二十世纪西方法哲学思潮研究》,法律出版社2006年版,第169页。
③ 参见程信和:《经济法新论——改革开放中的若干经济法律问题》,中山大学出版社1993年版,第16页。
④ 参见胡建国:《WTO争端解决裁决的国内效力问题研究——以国家主权为视角》,《法学评论》2014年第6期,第150页。

接或间接地改变市场主体的经营环境,影响其决策自由。这种影响体现在多个方面,包括但不限于市场准入的审批、外资并购的审查、税收政策的制定,以及反垄断法律的适用等。①

具体而言,行政机关的这些行为往往出于保护国家经济安全、维护市场秩序或保障社会福利等公共利益的目的。然而,这些公共利益的保护往往以牺牲私人经济主体的自由为代价,在外资准入审查和跨国企业并购案中尤为明显。国家经济安全被视为不可妥协的核心利益,行政机关因此可能限制外资进入某些敏感行业,甚至出于政治和战略考虑,对外资企业实施更为严格的审查。这种行政干预无疑会导致外资企业在市场准入、资源分配、竞争环境等方面遭遇障碍,进而影响其自由竞争和经济活动。外资企业作为市场主体,其合法权益因此可能会受到不公平的对待,尤其是在与本土企业的竞争中,行政机关的干预往往加剧了这种利益的不平衡。然而,纵向冲突的复杂性并不仅仅停留在行政机关对外资企业的单一影响上。外资企业与政府之间的博弈不仅仅是某一方行使公权力与另一方受到限制的关系,它还涉及如何在全球经济竞争中处理国家主权和市场自由之间的张力。②行政机关在行使公权时,必须考虑到跨国经济主体在全球市场中的竞争优势,并确保国家利益在此背景下的最大化。这种竞争并非仅仅限于单个国家和外资企业之间的关系,而是与全球范围内其他国家和跨国企业的经济竞争有关。在这一点上,行政机关行使公权力的方式,无论是通过市场准入的审批还是通过并购审查,都需要在保护国家经济安全的同时,避免对外资企业的过度限制,从而造成不必要的经济损失和国际争端。③

与纵向冲突并行的是横向冲突。横向冲突源自不同市场主体之间的利益冲突,这些主体并非处于行政机关的直接控制之下,而是通过市场机制相互作用的独立经济主体。在涉外经济行政法的框架下,横向冲突往往表现

---

① 参见宋华琳:《跨国公司如何影响中国行政规制政策》,《行政法学研究》2016年第1期,第25页。
② 参见张萍:《从主权国家到民族国家——国际关系理论研究基点的再思考》,《国际政治研究》2024年第2期,第139页。
③ 参见王燕平:《联合国在发展国家主权原则上的贡献与局限》,《求索》2005年第11期,第65页。

为不同企业,尤其是跨国企业之间的竞争。行政机关虽然在一定程度上为市场行为设定了规则,但它并不直接控制市场主体的竞争行为。这类冲突通常表现为跨国企业与本土企业之间、不同跨国企业之间,或不同国家的经济主体之间在资源争夺、市场份额和竞争优势上的冲突。例如,在全球化的经济背景下,不同国家的跨国企业往往在国际市场上展开激烈竞争,它们通过技术创新、资本投资、市场拓展等手段争夺市场份额。在这一过程中,行政机关的角色是通过法律规范和政策指引来保证市场竞争的公平性,但这一过程也可能加剧横向冲突。当政府对某些领域进行政策保护,或对外资企业采取限制措施时,本土企业可能会借此机会占据市场优势,导致市场竞争的不均衡。[1] 此外,外资企业在与本土企业的竞争中,往往面临来自本国政府的不平等待遇,例如税收优惠、政府补贴等政策的差异,这使得外资企业的市场活动受到不公正的限制,进一步加剧了横向冲突。除此之外,横向冲突还可能表现为不同跨国公司之间的资源争夺。[2] 在全球供应链的背景下,跨国企业不仅仅要在某一市场中进行竞争,还要在全球范围内进行资源配置,这种资源配置涉及资金、技术、劳动力以及市场渠道等多个方面。政府的干预政策,尤其是在数据保护、知识产权保护、产业政策等方面的措施,往往使得跨国公司之间的竞争变得更加复杂。行政机关在确保国家经济利益不受损害的同时,也必须处理不同国家经济主体之间的竞争和资源配置不平衡的问题,这对政府的决策能力和市场规则的公正性提出了更高要求。[3]

因此,公权与私权的冲突,不是行政主体与行政相对人之间的简单对抗,而是一个复杂的利益平衡过程,涉及国家利益与市场自由之间的权衡。在这一过程中,行政机关的每一次决策都在公权与私权之间寻找平衡点,既

---

[1]《中华人民共和国对外关系法》(2023年)第十九条:"中华人民共和国维护以联合国为核心的国际体系,维护以国际法为基础的国际秩序,维护以联合国宪章宗旨和原则为基础的国际关系基本准则。中华人民共和国坚持共商共建共享的全球治理观,参与国际规则制定,推动国际关系民主化,推动经济全球化朝着开放、包容、普惠、平衡、共赢方向发展。"
[2] 参见张忠军:《WTO 与中国金融法制的完善》,《中国法学》2000年第3期,第20页。
[3] 参见朱玥:《投资协定"国家安全"条款的范式优化及其适用》,《政治与法律》2024年第8期,第164—176页。

要保障国家经济安全、维护社会秩序,又要保障外资企业和跨国公司等私人经济主体的合法权益。纵向与横向冲突的交织,使得这一平衡过程充满挑战。只有通过法治框架的完善、政策透明度的提高以及国际法与国内法的协调,才能在复杂的全球经济环境中实现有效的利益调节,确保国家和市场主体之间的和谐发展。[1]

二、国家安全与经济自由的张力

国家安全与经济自由之间的冲突根源深深植根于涉外经济行政法的基础逻辑中。在全球化日益加深的背景下,国家在面对跨国资本自由流动时必须兼顾本国的经济安全与经济利益的保护。国家安全不仅限于传统的军事与政治维度,它已扩展到包括经济、社会、技术等多个层面。因此,如何平衡国家安全与经济自由之间的关系,成为涉外经济行政法中的关键议题。在这一框架中,国资国企的角色尤为重要。国资国企不仅仅是市场上的经济主体,更是国家经济安全的重要支柱和实现工具。国资国企事实上涉及国家经济利益,因其在战略性产业和关键资源领域中发挥的作用,这些企业成为国家在国际竞争中捍卫经济利益的重要"盾"。国资国企肩负着保护国家经济自主权的使命,通过掌控核心领域的生产与分配,防范外部资本渗透所带来的潜在威胁。无论是在能源、通信还是基础设施建设等关键领域,国资国企的存在和运作有助于维护国家的长期经济安全,防止战略性资产和技术被外资控制。[2]

《中华人民共和国国家安全法》(2015年)进一步明确了经济安全作为国家安全的重要组成部分,要求在经济领域采取措施防范可能威胁国家安全的行为。该法为国资国企在保障国家安全中的角色提供了法律依据,使其在国家安全的框架内发挥对经济关键领域的掌控能力。《外商投资安全审查办法》(2020年)则具体规定了对外资进入涉及国家安全的行业和领域进行严格审查的程序,确保外资活动不危及国家核心利益。通过这些法律工具,国家能够在维护经济自由的同时,还能以合法和系统化的方式保护其经

---

[1] 参见郭雳:《国家金融安全视域下金融科技的风险应对与法治保障》,《现代法学》2024年第3期,第28页。
[2] 参见张倩雯:《国际投资中数据的性质判断及保护》,《法学》2024年第7期,第188页。

济安全。然而,国资国企不仅承担着防御的任务,还在国际市场上作为"矛"来积极争取国家的经济利益。它们通过海外投资、跨国并购和技术合作等手段,增强国家在全球市场的影响力和竞争力。中国的国有企业在"一带一路"倡议下,通过大型基础设施项目和海外资源开发,成功扩大了国际市场份额,推动了与其他国家的经济联系和战略合作。这种积极扩展使国资国企不仅成为推动国家经济利益的先锋,也在某种程度上使得它们成为国际竞争中的重要参与者和领军者。[1]

在国际竞争的背景下,国资国企有双重身份——既是国家利益的维护者,又是市场主体,从而引发了复杂的国际舆论和竞争态势。一方面,国资国企在全球市场中着力维护国家利益,因而常常被视为政府政策和战略的延伸。跨国企业及其他国家政府普遍担忧,国资国企可能通过政府支持获得不公平的竞争优势,如政策补贴、优先贷款和市场准入等。这种担忧使得国资国企在海外投资和并购中,特别是在涉及敏感行业和技术时,面临更严格的审查和阻碍。另一方面,作为市场主体,国资国企需要遵循国际市场规则,实现盈利目标和商业发展。这种双重身份使得它们在国际竞争中既要维护国家战略利益,又需平衡商业运作的灵活性和市场适应性。[2] 国资国企在涉外经济活动中的表现,不仅体现出国家经济战略的实施,还反映了其与跨国企业的互动与竞争。在国内市场上,国资国企享有的某些政策优势可能会被跨国企业视为市场壁垒或不公平竞争的表现,尤其是当国资国企参与涉及外资企业的竞争时,这种差异更加明显。例如,当涉及高科技领域的竞争时,国资国企凭借国家依法支持进行技术研发和市场扩张,而跨国企业则面临进入市场时的合法审查和技术限制,这使得竞争环境充满了复杂性和矛盾。

这种竞争与互动并不仅仅限于经济领域,还涉及法律和政策的应对。

---

[1] 《中华人民共和国外商投资法》(2019年)第四条:"国家对外商投资实行准入前国民待遇加负面清单管理制度。前款所称准入前国民待遇,是指在投资准入阶段给予外国投资者及其投资不低于本国投资者及其投资的待遇;所称负面清单,是指国家规定在特定领域对外商投资实施的准入特别管理措施。国家对负面清单之外的外商投资,给予国民待遇。负面清单由国务院发布或者批准发布。"

[2] 参见何志鹏:《〈外国国家豁免法〉的司法功能与话语功能》,《当代法学》2023年第6期,第27页。

为了平衡这种双重角色,涉外经济行政法需要提供一个既能维护国家利益又能保障公平市场竞争的框架。这意味着法律必须在两个层面发挥作用:一方面,保护国资国企在维护国家经济安全中发挥关键作用,使其在关键领域中保持对外部资本的防御能力;另一方面,确保国资国企在国际市场竞争中合法合规,以避免其被视为违反国际公平竞争原则的代表。通过合理设计法律和政策,明确国资国企在涉外经济活动中的角色与责任,国家可以减少国际社会对其竞争行为的质疑。涉外经济行政法在制定相关政策时,应强调国资国企在国际市场中的透明度和程序正义。《外商投资安全审查办法》(2020年)规定了涉及国家安全的外资活动审查程序,这一程序旨在通过客观和公正的方式确保外资不会威胁国家安全。同时,引入独立的外部监督机制、增加政策执行的公开度,能够提高国资国企的国际信誉和合法性。这种透明度不仅有助于缓解跨国企业和其他国家对国资国企的担忧,还可以促进公平竞争和跨国合作。此外,涉外经济行政法还应推动制定明确的法律规定,使得国资国企在参与国际竞争时能够在合法的范围内充分发挥其优势,保护国家经济利益的同时,避免因政策不透明或不公平竞争而引发的国际摩擦。①

国资国企在维护国家经济利益的过程中既是"盾",通过掌控和防御保障国家安全,避免外部力量的渗透和控制;也是"矛",在国际市场中积极推进国家经济发展和战略布局。涉外经济行政法需要通过透明政策的制定提供法治保障,通过协调这一双重角色,确保国资国企在国际竞争中不仅能保护国家利益,还能合规参与市场竞争,实现经济开放和国家安全之间的平衡。

三、效率与安全的权衡

效率与安全的权衡是涉外经济行政法中的一个重要且复杂的问题,尤其是如何在竞争秩序与安全保障的双重目标之间找到平衡点,是国家在制定和执行经济政策时面临的重大挑战。在经济全球化的背景下,国家既要保证经济运行的效率,推动经济增长与市场活力,也必须重视经济安全与社

---

① 参见杨力:《论外资立法的国内法国际化原则》,《政法论丛》2024年第4期,第102页。

会稳定。如何在这两个目标之间进行有效的平衡,既是理论上的难题,也是实践中的一个关键考验。①

对效率的追求体现在自由市场的理念之中。自由市场强调减少行政干预,以实现资源配置的最优化和经济活动活力的最大化。在全球化背景下,跨国企业和外资流动是提高经济效率、带动技术进步和促进国内市场竞争的重要力量。因此,国家对外资企业的准入、并购以及经营活动进行相对宽松的政策管理,有助于提升整体经济的运行效率和市场的开放度。通过减少不必要的行政审批程序,国家可以降低企业的市场准入成本,提高资源配置的效率,并激发市场活力。② 然而,单纯的效率追求在涉外经济中往往伴随着安全风险的加剧。特别是在涉及国家核心利益、战略性资源以及敏感行业时,过度的市场自由化可能导致外资对关键领域的控制,进而威胁国家的经济安全和社会稳定。国家安全不仅包括传统的政治和军事安全,还涉及经济安全、技术安全、文化安全等多个层面。对于一个主权国家而言,经济安全是确保国家在全球经济体系中拥有独立地位的基本前提,是维护国家核心利益的重要方面。因此,国家必须对外资企业的投资行为、并购计划以及数据跨境流动进行必要的审查和限制,以确保这些活动不会对国家安全造成负面影响。

为了在效率与安全之间取得平衡,国家采取了多种法律和政策手段,既保障经济活动的自由和活力,又维护国家的整体安全。《中华人民共和国国家安全法》(2015年)明确要求对涉及国家安全的经济活动进行严格审查,其中包括对外资并购、关键行业投资等行为的限制与监管。《外商投资安全审查办法》(2020年)则具体规定了在外资进入可能影响国家安全的行业时,必须进行审查的程序和标准。这些法律法规的存在,体现了国家在经济开放与安全保障之间寻找平衡的努力,既要开放市场吸引投资,又要保持对关键领域的有效控制。在具体的实施过程中,效率与安全的权衡往往体现在外资并购、市场准入以及产业政策的制定上。例如,在外资并购方面,跨国企

---

① 参见薛刚凌:《行政诉讼法修订基本问题之思考》,《中国法学》2014年第3期,第239页。
② 《中华人民共和国外商投资法》(2019年)第九条规定:"外商投资企业依法平等适用国家支持企业发展的各项政策。"

业通过并购国内企业的方式进入本国市场,虽然能够为本国带来资本、技术和管理经验,但如果并购涉及关键行业,如基础设施、能源、信息技术等领域,国家则必须进行严格的安全审查,以防止外资控制本国战略性资源和重要产业。通过这种审查,国家可以确保在引入外资、提升经济效率的同时,避免因外资的过度介入而导致经济安全受损。

此外,反垄断审查也是效率与安全权衡中的重要组成部分。反垄断政策的目的是维护市场竞争秩序,防止企业通过不正当的手段获取垄断地位,进而损害消费者利益和市场效率。在跨国企业的经营活动中,尤其是在涉及大规模并购或行业集中时,国家通过反垄断审查来防止市场垄断行为,以确保市场的开放性和竞争性。这种审查不仅是为了维护市场的效率,也是为了防止外资企业通过垄断对本国经济产生不利影响,从而保护国家经济安全。在数据安全和技术出口方面,国家同样需要在效率与安全之间进行权衡。随着数字经济的发展,数据已成为重要的生产要素,跨境数据流动对于跨国企业的经营和全球价值链的形成至关重要。然而,数据的跨境流动也涉及国家信息安全和个人隐私保护等问题。因此,国家在推动数据经济发展的同时,必须对数据跨境流动进行严格的监管,以防止敏感数据落入不法分子之手,或者被用作对国家不利的工具。例如,《中华人民共和国数据安全法》(2021年)和《中华人民共和国个人信息保护法》(2021年)就对数据的收集、存储和跨境传输进行了详细规定,确保数据的使用既能够提高经济效率,又不会对国家安全构成威胁。[①]

效率与安全的权衡是国家在经济管理中的一项长期而复杂的任务,需要通过完善的法律制度和有效的行政监管来实现。在这一过程中,国家必须充分认识到效率和安全并非绝对对立的关系,而是可以通过合理的政策设计和制度安排达到兼容和互补的目标。涉外经济行政法作为协调国家与市场、开放与安全之间关系的重要工具,必须在立法、执法和司法层面不断完善,通过科学的法律设计和透明的政策执行,实现经济效率与国家安全的

---

① 《中华人民共和国数据安全法》(2021年)第十一条规定:"国家积极开展数据安全治理、数据开发利用等领域的国际交流与合作,参与数据安全相关国际规则和标准的制定,促进数据跨境安全、自由流动。"

动态平衡。① 国家在追求经济效率的同时,必须保持对安全风险的高度警惕,这种双重目标的实现需要法治的保障和政策的灵活调整。通过不断优化安全审查制度、提高行政决策的透明度以及加强国际合作,国家能够在开放的经济体系中维护自身的核心利益,同时为跨国企业和外资提供稳定、公平的市场环境。只有这样,才能在全球化的激烈竞争中实现经济效率与国家安全的双赢,确保国家在国际经济体系中的独立性和竞争力。②

第二节 涉外经济行政关系中利益平衡的理论基础

涉外经济行政利益平衡的理论基础是涉外经济行政法的重要组成部分,它旨在规范行政机关的行为,确保各层次利益关系的合理调整。通过系统性剖析行政法中的利益平衡理论,全面理解这些原则在涉外经济事务中对行政行为的指导作用,确保公共利益与私人权益之间的协调有据可循。本节将详细阐述行政法中的利益平衡原则及其在涉外经济行政法中的具体适用,并分析其理论局限性,以期为涉外经济行政法的理论建设与实践提供更加稳固的学理支持。

一、行政法中的利益平衡原则

在行政法领域,利益平衡理论作为一项重要原则,其核心在于如何在公权力的行使与私人利益的保护之间取得合理的平衡。利益平衡理论的关键在于对不同主体之间的利益进行多维度调和,以实现利益关系的最大化公正。行政机关在履行职责时,需根据利益平衡原则合理行使权力,确保公共利益、国家利益和私人利益在动态关系中相对和谐地共存,实现对公私利益之间冲突的合理调和。在行政法中,公权力的行使旨在保护公共利益,但这一过程往往会对私人利益造成不同程度的影响。行政机关在行使权力时,

---

① 参见王利明:《论征收制度中的公共利益》,《政法论坛》2009年第2期,第26页。
② 参见蒋银华、陈湘林:《国家治理体系现代化视域下的政府责任论》,《学术研究》2022年第1期,第75页。

必须在保障公共利益的前提下,合理保护私人主体的合法权益,以避免行政权力的滥用。利益平衡要求行政机关尽可能地避免对私人利益的过度干涉,并在法律框架内进行审慎权衡,以确保行政行为的合法性和合理性。①

比例原则是利益平衡理论的核心组成部分之一,要求行政机关在实施具体行政措施时,手段与目的之间需保持合理的比例关系。这意味着在实现特定公共目的时,行政手段的选择必须与该目的相适应,不应对私人利益造成不必要的损害。例如,在外商投资审查过程中,尽管国家有义务保障国家安全,但采取的审查手段和审查力度应与实际风险相匹配,不能因过度的审查措施而限制外资企业的合法经营。比例原则的应用,使得行政机关能够在维护公共利益的同时,尽量减少对市场主体的负面影响,从而在维护国家安全与保障市场活力之间取得合理的平衡。程序公正与公众参与也是利益平衡理论的重要体现。行政决策过程的公开性和透明性对于实现利益平衡至关重要。在涉外经济行政事务中,行政机关应当确保程序的正当性与公开性,保障各方当事人,尤其是跨国企业的知情权与参与权。在行政程序中引入公众参与和听证机制,可以使行政机关更全面地掌握相关利益信息,从而在决策过程中有效地平衡各方利益,保证行政行为的合法性和公正性。

利益平衡理论在涉外经济行政法中的适用还体现在对国家整体利益与跨国企业合法权益的权衡上。在跨国投资和贸易领域,国家在制定相关政策时,必须确保对多方利益进行综合考虑。例如,在外商投资的安全审查中,国家对涉及国家安全的行业进行严格审查,以确保公共利益不受威胁。然而,这一过程中的利益平衡需要在保障国家安全和经济稳定的同时,尽量避免对外资企业的合法经营构成不合理的限制。这种利益的平衡不仅有助于维护国家的核心利益,还能增强市场对外资的吸引力,促进国内经济的开放与发展。② 跨境数据流动的管理也是利益平衡理论在涉外经济行政法中的重要适用场景。随着数字经济的快速发展,数据的跨境流动已成为国际贸易和投资的重要组成部分。跨境数据流动带来了国家数据安全的隐忧,特别是在涉及个人隐私和国家敏感信息的情况下,行政机关必须谨慎对待。

---

① 参见李健男:《论中国企业海外投资利益保护法治建设》,《法学评论》2024年第5期,第155页。
② 参见廖凡:《多边主义与国际法治》,《中国社会科学》2023年第8期,第68页。

利益平衡理论在这一场景中的应用,要求行政机关在制定数据管理政策时,既要保护国家的数据安全,又要确保跨国企业的数据流动需求不受到不合理的阻碍。通过《中华人民共和国数据安全法》和《中华人民共和国个人信息保护法》等法律手段,行政机关对数据跨境传输进行分级管理,从而在国家安全与数据流通之间取得平衡。这种利益平衡的实现,不仅有助于提升数字经济的活力,还能为涉外企业提供更为明确的合规指引。① 利益平衡理论还体现在对环境保护与经济发展的协调中。在涉外经济活动中,尤其是能源开发和矿产开采等大型项目中,国家需要对外资企业的活动进行严格监管,以确保生态环境的可持续性。在制定环境政策和对外资项目进行审批时,行政机关必须根据利益平衡理论,对环境保护与经济发展之间的关系进行审慎考量,既要避免对环境造成不可逆的破坏,又要确保外资企业在符合法律要求的前提下获得合理的经济回报。这种平衡的实现,使得国家在涉外经济活动中既能保持经济发展的动力,又能有效地履行生态环境保护的责任。②

行政法中的利益平衡理论在涉外经济行政法中的应用,体现了国家在经济全球化背景下对内外部经济主体利益的协调与保护。利益平衡理论不仅为行政机关提供了衡量不同利益的标准,也为涉外经济关系中利益的动态调节提供了重要的法律基础。通过对公私利益的调和、比例原则的严格适用以及程序公正与公众参与的保障,行政机关能够在涉外经济事务中更好地履行职责,确保各方利益在法律框架内得到公正对待,从而为构建公平、透明的涉外经济环境奠定基础。③ 行政法中的利益平衡理论不仅为行政机关提供了衡量不同利益的标准,也为涉外经济关系中利益的动态调节提供了重要的法律基础。

二、利益平衡理论在涉外经济行政关系中的实践运用

利益平衡理论在涉外经济行政关系中的具体适用场景非常值得深入探

---

① 参见梅傲:《数据跨境传输规则的新发展与中国因应》,《法商研究》2023 年第 4 期,第 65 页。
② 参见罗豪才等著:《行政平衡理论演讲录》,北京大学出版社 2011 年版,第 129 页。
③ 参见郑远民、唐海清:《WTO 体制下艾滋病药物强制许可的合法性探析——兼论我国艾滋病药物强制许可的启动》,《河北法学》2004 年第 5 期,第 36—38 页。

讨。涉外经济行政关系的特点在于其复杂的多方利益博弈,既涉及国家安全和公共利益的维护,也包括跨国企业的经济自由和合法权益。[1] 在这一背景下,利益平衡理论主要适用于以下几个场景。

一是外资市场准入的审查。在外资进入国内市场时,国家通常会对其进行严格审查,当涉及敏感行业时更是如此。利益平衡原则要求行政机关在作出审查决定时,既要考虑到外资可能对国家安全产生的潜在威胁,也要保障外资企业的合法投资权益,避免审查过于严苛而影响投资环境的开放性。例如,在能源、通信等关键领域,国家需要对外资准入进行审查,以防止外资对这些领域的控制所可能引发的国家安全问题。但同时,国家也应通过合理的法律程序,为外资企业提供明确的准入标准和公平的竞争环境,避免因为过度保护主义导致市场封闭,从而影响国家整体经济的活力。

二是跨境数据流动的管理。随着数字经济的发展,数据的跨境流动已成为国际贸易和投资的重要组成部分。然而,跨境数据流动也会带来国家数据安全的隐忧,特别是在涉及个人隐私、国家敏感信息的领域,行政机关必须谨慎对待。利益平衡原则在这一场景中的应用,要求行政机关在制定相关政策时,需充分考虑数据安全与经济效率之间的平衡。通过合理的监管措施,既能保障国家的数据安全,防止敏感数据的泄露和滥用,又能确保跨国企业的数据流动需求不受不合理的阻碍。[2] 如《中华人民共和国数据安全法》(2021年)和《中华人民共和国个人信息保护法》(2021年)规定了数据跨境传输的相关标准,行政机关通过这些法律手段,对数据的跨境传输进行分级管理,从而在国家安全和数据流通之间取得平衡。

三是反垄断和反不正当竞争的执法。在维护市场竞争秩序时,行政机关应在制止垄断行为和保护市场竞争的公平性之间寻找平衡点。特别是在跨国企业涉及大规模并购或行业集中时,利益平衡原则要求行政机关既要防止市场垄断行为,保护国内企业和消费者的合法权益,也要避免对企业正

---

[1] 参见彭岳:《数字丝绸之路跨国法律秩序的建构与完善》,《中国法学》2024年第3期,第137页。

[2] 参见陈靓:《法律域外适用制度:生成与实施逻辑》,《中国法律评论》2024年第2期,第119页。

常的经营活动进行过度干预。① 反垄断审查是保障市场竞争秩序的重要手段，行政机关通过审查和干预，防止企业通过不正当竞争手段获取垄断地位，进而损害市场的公平性和经济效率。在涉外经济背景下，反垄断的实施不仅涉及国内市场的竞争秩序，还涉及国际企业之间的竞争，这使得利益平衡的实现更加复杂，但也更加必要。此外，在环境保护与经济发展的平衡方面，利益平衡原则也具有重要的适用性。涉外经济活动常常涉及大规模的资源开发和环境利用，尤其是在外国企业参与的能源开发、矿产开采等项目中，国家既要鼓励经济发展，又必须防止环境的过度破坏。利益平衡原则要求行政机关在制定环境政策和对外资项目进行审查时，既要保障环境资源的可持续利用，防止生态环境受到不可逆的破坏，也要确保外资企业的投资权益不受不合理的约束。这种平衡的实现不仅有助于提高国家环境政策的合法性和科学性，也有助于提高国际投资者对我国环境治理能力的认可。

三、涉外经济行政关系中利益平衡理论的局限

在涉外经济行政中，利益平衡理论的适用面临诸多的现实挑战和局限，这些问题在实践中尤为突出。利益平衡的实现涉及多重利益主体之间的复杂博弈，包括国家利益、跨国企业利益以及公众利益。在实际操作中，行政机关面临的主要问题是如何在公共利益与私人利益之间找到合理的界限。在涉外经济行政中，这种博弈尤为复杂，因为国家整体利益（如国家安全、经济稳定等）与跨国企业的经济自由和投资合法权益之间存在天然的张力。然而，由于缺乏具体且明确的法律标准，行政机关在执法过程中常常需要进行广泛的自由裁量，这种自由裁量的空间可能导致不同决策之间的不一致性，从而影响行政行为的公正性和合法性。例如，在外资准入和外资并购的审查中，行政机关如何平衡开放市场与维护国家安全之间的关系，往往依赖于主观判断，这可能导致跨国企业在法律预期上存在不确定性，从而影响其投资决策。

利益平衡的实现高度依赖行政决策过程中的透明度和公众参与度，但

---

① 参见沈伟：《国际投资协定的结构性转向与中国进路》，《比较法研究》2024 年第 2 期，第 201 页。

在涉外经济行政中却受到多种因素的制约。涉外经济行政行为涉及国家安全、商业秘密和复杂的国际关系,这使得行政机关在决策时往往难以做到完全公开透明。缺乏透明度不仅使得行政相对人难以对行政行为进行有效监督,也降低了行政决策的公信力和合法性。例如,在跨国数据流动的政策制定中,数据安全的考量与跨国企业的数据自由流通之间存在矛盾,行政机关可能因涉及国家安全而限制信息公开,导致公众和利益相关方对行政决策缺乏理解和信任。① 这种信息不对称不仅影响了公众对政府决策的接受度,也在一定程度上限制了利益平衡理论的有效适用。

利益平衡理论的适用还受到国际经贸规则和双边、多边协议的影响。② 在全球化背景下,国家在制定和执行涉外经济政策时,必须符合国际经济组织的规则并履行国际协定的义务,这些国际规则有时与国内的利益平衡需求存在冲突。例如,国际投资协定通常要求成员国承诺开放市场,减少对外资的限制,这在一定程度上限制了国家对敏感行业实施严格监管的空间。③ 当国家试图在保护国内经济安全和履行国际承诺之间取得平衡时,往往面临巨大的压力。此外,国际投资仲裁机制的存在使得跨国企业在认为其合法权益受到侵害时可以寻求国际救济,这进一步增加了行政机关在制定和执行涉外经济政策时的复杂性和不确定性。

随着全球化和数字经济的快速发展,利益平衡理论在新兴领域的适用面临巨大挑战。数字经济的跨国性和数据的无边界特性使得国家在数据主权和数据跨境流动之间需要做出艰难的选择。在这种背景下,如何在促进数字经济发展的同时,保障国家数据安全成为新的利益平衡难题。例如,在跨境数据传输的管理中,国家既要确保数据安全、防止敏感信息外泄,又要避免对跨国企业的数据使用和传输设置过多限制,以免阻碍技术和经济的创新发展。这种平衡的实现需要更加细致和具体的法律规定,而现有法律在应对这些新挑战时仍存在不足。

---

① 参见张金平:《跨境数据转移的国际规制及中国法律的应对——兼评我国〈网络安全法〉上的跨境数据转移限制规则》,《政治与法律》2016 年第 12 期,第 142 页。
② 参见张倩雯:《国际投资中数据的性质判断及保护》,《法学》2024 年第 7 期,第 189 页。
③ 参见李雪平:《国际贸易法制的变迁原理及中国的政策选择》,《法学评论》2021 年第 2 期,第 161 页。

第三节　涉外经济行政关系中利益平衡的基本原则

涉外经济行政关系中利益平衡的实现需要依靠若干基本原则来指导行政机关的行为,确保在不同利益主体之间取得合理的平衡。涉外经济活动中,国家利益、公共安全与跨国企业的合法权益之间经常发生冲突,因此,需要明确的指导原则,以使行政机关在行使职能时能够合理、公正地处理这些冲突,从而实现利益的平衡。本节将探讨公私利益协调原则、国家经济安全原则以及平等互惠原则,这些原则对于行政机关在涉外经济行政中的行为具有重要的指导作用,[1]体现了在涉外经济活动中,行政机关应如何科学地实现利益平衡。这三个原则来源于国内行政法的基础理论并融入了涉外法治理念,确保对各方利益主体的适度保护与冲突调和。

一、公私利益协调原则

公私利益协调原则是行政法中的核心原则之一,其目标在于实现公权力与私人利益之间的合理平衡。在涉外经济行政中,公私利益的冲突尤为显著,国家在行使行政管理职能时,既需要保障公共利益,又必须尊重跨国企业等私人主体的合法权益。公私利益协调原则的应用对于涉外经济行政至关重要,尤其是在跨国投资、市场准入、数据跨境流动等复杂场景中,为行政机关的决策提供了重要的理论和实践指导。[2] 在涉外经济活动中,国家需要维护公共秩序和社会整体利益,这包括确保国家经济安全、市场稳定和环境保护等方面的公共利益。然而,在开放市场的背景下,跨国企业的合法权益和经济自由也需要得到保障。为了实现这一平衡,行政机关在行使公权力时必须遵循比例原则,确保行政措施的手段和目标之间保持合理关系,防止行政行为对私人利益造成不必要的干预。例如,在外资企业的市场准入

---

[1] 参见张耀元:《WTO 贸易政策审议机制的"软约束"及其强化路径》,《法学》2021 年第 9 期,第 180 页。
[2] 参见石雨阳:《论国际化营商环境建设的法治支撑》,《学术研究》2024 年第 9 期,第 70 页。

和经营监管中,行政机关应依法进行管理,既要防止外资对国家经济安全造成威胁,也应避免对外资企业正常经营活动的过度干涉。

公私利益的协调还体现在对多方利益的调解上。在涉外经济中,跨国企业、本国企业、公众利益和国家安全之间常常存在利益冲突。国家在制定政策和采取管理措施时,必须综合考虑各方利益,通过合理的行政手段协调冲突。① 例如,在外资并购的审查过程中,行政机关需要在防止外资对关键行业的过度控制和维护市场活力之间找到平衡点,确保既不危害国家安全,也能保障市场的开放性和竞争力。多元化的争议解决机制,如行政复议和行政诉讼,为解决这些利益冲突提供了有效的法律途径,保障了各方的合法权益。在跨境数据流动的管理中,公私利益的协调尤为重要。跨境数据的自由流动是现代数字经济的重要组成部分,但与此同时,国家数据安全与个人隐私的保护也是关键的公共利益。行政机关在制定数据管理政策时,必须在保障国家数据主权和安全的前提下,合理地满足跨国企业的数据流动需求。通过《中华人民共和国数据安全法》(2021年)和《中华人民共和国个人信息保护法》(2021年)的实施,行政机关能够在国家安全和经济效率之间取得平衡,既防止数据泄露带来的安全风险,又确保企业的数据自由流通不受不必要的行政限制。利益协调的实现,不仅有助于提升国内数字经济的活力,也为跨国企业提供了明确和稳定的合规指引。在环境保护领域,公私利益的协调具有至关重要的地位,尤其是在涉外经济行政的背景下,涉及外资企业的资源开发和产业投资时,往往需要权衡经济发展与生态环境保护之间的复杂关系。行政机关在审批和监管外资企业的环境影响评估过程中,必须依据公私利益协调原则,在促进经济增长和保护生态环境之间找到合理的平衡点。这种平衡不仅关乎国家的经济利益,也关系到公众的环境权利和社会福祉。例如,在矿产资源的开采项目中,国家通过制定严格的环保标准和审批程序,既防止环境破坏和资源浪费,同时又为外资企业创造一个合规且具吸引力的投资环境,保障其合法的经济活动。通过这种协调机制,可以实现经济效益和生态保护的双赢,确保生态系统的可持续性,体现

---

① 参见陈爱飞:《"数据控制者标准"取证模式及中国因应》,《法商研究》2024年第3期,第71页。

公私利益协调原则在环境保护中的关键作用。① 这一原则的贯彻,能够促使行政机关更加理性地行使其审批和监管职能,确保经济与环境的和谐共存,为我国涉外经济行政中的利益平衡提供强有力的支持。

此外,公私利益协调原则在保障跨国企业平等参与市场竞争方面也具有重要意义。在涉外经济活动中,跨国企业与本国企业之间不可避免地存在竞争关系。为了营造公平的市场环境,行政机关应当在政策制定和执法过程中保持中立,避免对任何一方产生偏袒。② 在实施外资管理政策时,应当确保外资企业与本国企业享有平等的法律地位和竞争机会。例如,在外商投资准入和市场监管方面,行政机关应当基于统一的标准进行审查和管理,避免因为企业的国别差异而对其采取不公平的待遇。通过平等的市场竞争环境,行政机关不仅能够维护市场的活力,还能够增强国际投资者对国内营商环境的信心。

公私利益协调原则还在应对国际经济摩擦中发挥着重要作用。随着全球化的发展,国家间的经济联系日益紧密,跨国企业在东道国的经营活动可能会引发本国与他国之间的利益冲突。行政机关在处理涉外经济摩擦时,需要运用公私利益协调原则,在维护本国经济主权和公共利益的同时,妥善处理跨国企业的合法权益,避免因不当行政措施所导致的国际争端。例如,在应对贸易保护主义措施时,国家应当通过透明、公正的行政程序,对本国企业和跨国企业一视同仁,确保各方利益在法律框架内得到合理的保护,从而减少国际经济摩擦,维护国家的对外开放形象。在促进可持续发展的背景下,公私利益协调原则的实施对于实现涉外经济的高质量发展具有积极意义。随着可持续发展理念深入人心,越来越多的跨国企业在投资和经营过程中开始注重环境、社会和治理因素(Environmental, Social and Governance, ESG)。行政机关在制定和实施涉外经济政策时,需要在促进

---

① 参见朱慈蕴:《论中国公司法本土化与国际化的融合——改革开放以来的历史沿革、最新发展与未来走向》,《东方法学》2020 年第 2 期,第 101 页。
② 如《外商投资安全审查办法》(2020 年)第三条规定:"国家建立外商投资安全审查工作机制(以下简称工作机制),负责组织、协调、指导外商投资安全审查工作。工作机制办公室设在国家发展改革委,由国家发展改革委、商务部牵头,承担外商投资安全审查的日常工作。"

经济增长、吸引外资的同时,保障公共利益不受损害。例如,在涉及大型基础设施建设项目时,行政机关需要综合考虑项目的环境影响、社会影响以及其对本国经济的促进作用,确保项目的实施符合可持续发展目标。这种多维度的利益平衡,有助于推动涉外经济从数量型增长向质量型增长转变,实现经济、社会与环境效益的协同发展。

在法律救济方面,公私利益协调原则同样具有重要的适用价值。在涉外经济行政中,跨国企业的合法权益可能会因为行政机关的行政行为受到不合理的限制或侵害,此时需要通过法律救济途径来实现对公私利益的再平衡。例如,跨国企业可以通过行政复议和行政诉讼程序,对行政机关的决定提出异议,寻求合法权益的法律保护。行政机关在处理这些法律救济请求时,必须遵循公私利益协调原则,既要维护国家和公共利益,也要保障跨国企业的正当权利不受不合理的侵害。[1] 这种通过法律救济实现利益再平衡的机制,有助于增强行政行为的合法性和透明度,提高涉外经济活动中的法治化水平。

公私利益协调原则在涉外经济行政中具有重要的指导意义,其目标在于通过合理的行政手段,实现公权力与私人利益之间的平衡。在跨国投资、市场准入、数据跨境流动、环境保护、国际经济摩擦以及法律救济等多种场景中,公私利益协调原则为行政机关提供了重要的决策依据和实践指导。[2] 通过这一原则的实施,行政机关能够在复杂的涉外经济环境中,更好地维护公共利益,保障私人主体的合法权益,为构建开放、公正、透明的涉外经济行政环境奠定坚实基础。公私利益协调原则的有效运用,不仅能够提升我国在国际经济事务中的法治水平,还能为吸引更多国际投资、推动经济高质量发展提供有力的保障。

二、国家经济安全原则

国家经济安全原则是涉外经济行政中的基石,其根本目的在于维护国

---

[1] 参见洪延青:《我国数据安全法的体系逻辑与实施优化》,《法学杂志》2023 年第 2 期,第 50 页。
[2] 参见陈姿含:《人工智能算法决策中的敏感个人信息保护》,《法律科学(西北政法大学学报)》2024 年第 6 期,第 73 页。

家的经济主权和安全,确保国家在面对外资和国际经济活动时,不因开放市场而失去对经济命脉的控制。随着全球化程度的加深,跨国资本流动的规模不断扩大,这使得国家经济安全面临前所未有的挑战。因此,国家在制定和实施涉外经济政策时,必须将经济安全置于首位,尤其是在涉及关键行业、战略资源和敏感技术领域时,这一原则尤为重要。国家经济安全原则强调,国家对重要经济部门必须保持必要的控制,以防止外资在这些领域的过度渗透,避免其对国家安全构成威胁。例如,在能源、通信和基础设施等涉及国家核心利益的领域,国家通过立法和政策手段对外资准入进行严格控制。《外商投资安全审查办法》(2020 年)等法律法规规定,国家在保障市场开放的同时,也为外资的进入设定了明确的边界,以防止因外资过度参与而对国家经济造成系统性风险。

在经济开放的背景下,国家经济安全原则还体现在对经济活动的监控和风险防范方面。虽然经济开放是推动国家经济增长的重要动力,但开放必须建立在经济安全得到有效保障的前提下。国家通过建立健全外资安全审查机制,对外资并购、数据跨境流动等可能影响国家经济安全的活动进行严格审查,以确保外资的进入不会对国家的关键利益产生不利影响。这一机制不仅可以防范外部风险,还可以为跨国企业提供一个明确、可预期的投资环境,从而在开放与安全之间找到适当的平衡。

国家经济安全原则还涉及对国资国企的特别保护。国资国企是国家经济安全的重要保障力量,尤其是在国际竞争日益激烈的背景下,国资国企既是维护国家经济稳定的"盾",也是参与全球经济竞争的"矛"。[①] 通过对国资国企的支持和保护,国家可以确保在面对外资竞争时,国内重要行业和资源不会被外资垄断,进而维护国家的经济主权。这一原则在国资国企参与国际竞争和国内关键行业保护中发挥着重要作用,确保国家在经济全球化中保持独立和主动权。

国家经济安全原则的贯彻需要多方面的措施来加以保障。在立法方面,国家需要建立健全一系列法律法规,以确保在面对外资进入时具备足够的法律依据和政策工具。诸如《中华人民共和国国家安全法》《外商投资安

[①] 参见马颜昕:《论公共数据的范围》,《行政法学研究》2024 年第 4 期,第 86 页。

全审查办法》等法律规定,为行政机关在涉外经济活动中的行为提供了明确的指导和法律支持。这些法律不仅定义了国家在维护经济安全方面的权利和义务,还规定了行政机关在审查外资进入时应当遵循的程序和标准。这些立法的存在,使得国家在对外开放和维护经济安全之间能够保持适当的平衡,从而保障国家的核心利益不受外部干扰。[1] 在行政执法方面,行政机关在具体操作中扮演着重要的角色。国家经济安全的保障需要行政机关在外资管理过程中保持高度的警惕性和专业性。行政机关通过安全审查、行业准入限制以及对敏感技术的管控等措施,确保外资在进入我国市场时不会对国家安全构成实质性的威胁。例如,在涉及敏感数据的跨境流动时,行政机关需要对外资企业的数据使用和传输进行严格审查,以防止国家敏感信息的泄露。这些审查措施的落实,既是对经济安全的有力保障,也是行政机关维护国家利益的一项重要职能。

此外,国家经济安全原则还强调风险预警和防控机制的建设。国家需要通过建立健全风险评估和预警体系,及时发现和防范外资对国家安全的潜在威胁。例如,国家可以通过监控跨国资本的流动、分析外资并购行为对国内行业的影响等手段,及时识别可能的风险,并采取相应的防范措施。[2] 这种预警机制的存在,可以在风险尚未形成之前就对其进行控制,从而最大限度地降低外资对国家经济安全的潜在威胁。国家经济安全原则还体现在对核心技术和关键基础设施的保护上。在经济全球化和科技迅速发展的背景下,核心技术的控制权与国家经济安全息息相关。国家必须对涉及核心技术的外资并购保持严格的审查态度,以防止关键技术落入外资企业之手,从而削弱国家在国际市场中的竞争力和自主发展能力。例如,对于涉及半导体、人工智能等前沿技术领域的外资并购案,行政机关应当进行严格的审查,确保这些技术不会因为资本的跨境流动而失去控制权。同时,对关键基础设施的保护也是国家经济安全的重要方面,如能源、通信等领域的基础设施,一旦失去控制权,就可能会对国家安全产生重大影响。因此,国家通过立法和行政手段,确保这些关键领域始终处于国家的控制之下。

---

[1] 参见杨力:《论外资立法的国内法国际化原则》,《政法论丛》2024 年第 4 期,第 102 页。
[2] 参见李晓珊:《数据访问限制行为的反垄断法规制》,《法学论坛》2024 年第 4 期,第 96 页。

国家经济安全原则的有效实施还需要国际合作的支持。随着经济全球化的发展，国家之间的经济联系愈发紧密，单纯依靠国内立法和行政手段已不足以完全保障国家经济安全。因此，国家应积极参与国际经济安全合作，通过签订双边或多边协议的方式，与其他国家共同应对外资带来的经济安全挑战。通过国际合作，国家能够更有效地保障本国的经济安全，同时也能够为跨国企业提供更加透明和可预见的投资环境。在司法方面，国家经济安全原则的落实也需要通过司法救济途径来保障。跨国企业在中国的经营过程中，如果涉及国家经济安全的事项，行政机关就可能会采取一系列限制性措施。为了保证这些措施的合法性和合理性，跨国企业有权通过司法程序对相关决定提出异议。司法机关在处理此类案件时，应当严格依据国家经济安全的法律法规，既要维护国家的核心利益，也要保障企业的合法权益不受不当限制。① 通过司法救济途径，国家经济安全原则能够得到更加全面的落实和保障，同时也为跨国企业提供了必要的法律救济渠道，增强其对中国市场的信任感。

国家经济安全原则的实施还面临一些挑战和局限性。首先，全球化背景下的经济安全问题愈发复杂，单靠国内的法律和政策难以全面应对跨国资本带来的各种挑战。例如，国际资本的流动往往伴随着复杂的股权结构和利益安排，给行政机关的审查带来了极大的难度。其次，国际投资规则的多样性和复杂性，也使得国家在维护经济安全时必须应对来自国际社会的压力。在开放与安全之间找到平衡点，需要国家在制定政策时充分考虑国际规则和多边合作的因素，避免因保护主义措施而引发国际争端。

同时，国家经济安全原则在实践中面临如何界定"国家安全"的问题。国家安全的内涵广泛，既包括传统意义上的军事安全，也包括经济安全、文化安全等多个方面。② 在涉外经济行政中，如何界定外资对国家经济安全的

---

① 参见［德］约瑟夫·派纳：《德国行政程序法之形成、现状与展望》，《环球法律评论》2014年第5期，第121页。
② 日本行政法学家盐野宏教授指出，尽管在正当程序的内容方面各个国家的具体背景有所不同，但是，其中具有共通性的原则通过判例，尤其是制定法而得到具体化。其中，告知和听证、文件查阅、理由明示以及处分基准的设定和公布普遍地构成了正当程序四原则。参见［日］盐野宏：《行政法》，杨建顺译，法律出版社1999年版，第193页。

具体威胁,以及如何评估外资并购对国家安全的影响,往往缺乏统一的标准。这种标准的不明确性,可能会导致行政机关在实施安全审查时的自由裁量权过大,从而引发外资企业对于我国投资环境的担忧。因此,如何在保障国家经济安全的前提下,进一步明确和细化安全审查标准,是未来需要解决的重要问题。

此外,国家经济安全原则的实施需要处理好与其他基本原则的关系。特别是在平等互惠和市场开放的背景下,如何在保障国家经济安全的同时,避免歧视性对待外资企业,是行政机关在实践中需要平衡的重要课题。① 例如,在执行外资安全审查时,行政机关既要保障国家经济安全,也要确保对外资企业的审查程序和标准具有透明性和一致性,以避免因过度保护主义而影响市场的开放性和竞争力。这种平衡的实现,有助于维护我国在国际投资中的良好形象,增强国际投资者的信心。

三、平等互惠原则

平等互惠原则是涉外经济行政中的核心原则之一,旨在通过国际合作和对等的法律保障,确保各方主体在国际经济活动中获得公平对待。该原则不仅反映了涉外法律中的基本精神,也为涉外经济关系的健康发展提供了重要的制度基础。在涉外经济行政中,国家应当在保障跨国企业合法权益的同时,确保本国企业在国际市场中享有平等的竞争机会。这一原则的贯彻对于建立开放、公平、可持续的国际经济秩序至关重要。平等互惠原则的应用首先体现在市场准入的对等性上。在开放市场的过程中,国家根据对等原则制定外资准入政策,以确保本国企业在他国市场中享有同等的准入机会。例如,当其他国家对中国企业开放某些行业时,中国也应对这些国家的企业在相应领域提供开放的市场准入条件。② 这种对等开放的方式不仅促进了跨国经济合作,也在一定程度上为本国企业创造了更加有利的国际竞争环境。对等开放不仅能够增强本国企业的国际竞争力,同时还吸引了更多的外资进入国内市场,推动了经济的进一步开放和发展。

---

① 参见刘权:《目的正当性与比例原则的重构》,《中国法学》2014 年第 4 期,第 137 页。
② 参见许军珂、温维刚:《论中国国际法治观的发展》,《地方立法研究》2021 年第 5 期,第 69 页。

平等互惠原则要求国家在法律保护方面对跨国企业和本国企业提供同等的待遇。这意味着在知识产权保护、税收政策、环境法规等方面，跨国企业应当享有与本国企业相同的法律地位和权利。例如，在知识产权保护方面，国家通过立法和执法为跨国企业与本国企业提供平等的法律保护，确保技术创新成果不受侵犯。在税收政策上，跨国企业与本国企业应当接受相同的税务管理，享受相同的优惠政策，以避免不公平的税务负担。这种平等的法律保护不仅增强了国际投资者对本国市场的信心，也提升了本国在国际社会中的法治形象与信誉度。环境保护是平等互惠原则的重要应用领域之一。在现代国际经济关系中，环境保护已成为各国普遍关注的问题。跨国企业和本国企业应当遵循相同的环保标准和政策要求，以避免因不公平的待遇而引发国际争端。例如，在化工企业的排放控制方面，无论是跨国企业还是本国企业，都必须符合国家规定的环保标准，确保生产经营活动对环境的影响控制在可接受的范围内。这种平等的环保要求不仅有助于增强企业的环境责任意识，也为全球环境治理做出了积极贡献。

平等互惠原则在国际争端解决中的应用同样具有重要意义。在跨国经济交往中，企业之间或企业与国家之间难免会发生争议。国家在处理这些争端时，应当秉持公平、公正的立场，在争端解决中，确保各方主体的权利得到平等保护。例如，在国际投资仲裁中，国家应当尊重国际规则，保障跨国企业依法享有的仲裁权利，同时当本国企业在他国的权益受到侵害时，也应积极为本国企业提供法律支持。通过这种方式，国家还可以有效维护本国企业的合法权益，促进国际经济关系的和谐发展。平等的争端解决机制对于保障国际经济交往中的各方利益，避免因争端导致的经济冲突和摩擦，具有十分重要的作用。

国际贸易规则的对等性是平等互惠原则在涉外经济行政中的又一重要体现。在全球化的背景下，国家间的贸易往来日益频繁，如何确保贸易规则的平等性与互惠性成为各国关注的焦点。国家应当根据国际贸易组织（WTO）等多边贸易协定的原则，确保本国的贸易政策与国际规则保持一致，避免采取单方面的保护主义措施。例如，国家在制定关税政策时，应遵循非歧视和互惠原则，确保不同国家的商品和服务在市场准入方面享有相同的待遇。这种平等的贸易政策既有助于扩大对外开放，也有助于提高国家在国际贸易体系中的地位和影响力。①

平等互惠原则的实施还涉及对外国投资的法律保障。在外资管理中,国家应确保外资企业与国内企业在法律地位和经营条件上享有平等的待遇。例如,在市场准入、投资保护、税收优惠等方面,国家应当以平等的标准对待外资企业与国内企业。这种平等的对待不仅可以增加外资的法律安全感,提升投资者对营商环境的信任度,还有助于为国内企业在其他国家争取到相应的平等待遇,从而促进双向投资的增长。平等互惠原则还体现在数据跨境流动的管理上。随着数字经济的发展,数据已成为一种重要的生产要素,其自由流动对于国际贸易和投资具有重要意义。然而,数据跨境流动也带来了数据主权和隐私保护的问题。在这方面,国家应在遵循国际标准的前提下,保障数据跨境流动的自由与安全。例如,在制定数据安全和隐私保护政策时,国家应确保跨国企业与本国企业在数据使用和传输上享有相同的法律保障,既要满足数据自由流动的需求,也要确保数据安全和个人隐私得到有效保护。这种平等的政策有助于消除跨国企业对数据管理政策的不确定性,促进国际数据流动和数字经济的发展。

在双边和多边合作中,平等互惠原则是促进国家间经济合作的重要基础。国家通过参与双边和多边经济合作机制,如区域全面经济伙伴关系协定、上海合作组织等,积极推动平等互惠的合作原则。这些合作机制为各国提供了在经济、贸易、投资等领域平等对话的平台,确保合作各方在市场准入、投资保护、技术交流等方面享有平等的权利和义务。例如,在区域全面经济伙伴关系协定框架下,成员国之间承诺开放市场、消除贸易壁垒,并根据平等互惠的原则为跨国企业提供透明和公平的投资环境。这些措施的实施,有助于深化区域经济一体化,促进各国经济的共同发展。平等互惠原则在国际劳工保护中的应用也是其重要的体现之一。在跨国企业的运营过程中,劳工权益的保护是国际社会普遍关注的问题。国家在制定劳工政策时,应确保跨国企业与本国企业在用工方面遵循相同的法律标准和履行相同的社会责任。例如,在最低工资标准、工作时间、职业安全健康等方面,跨国企

---

① 《中华人民共和国对外贸易法》(2022年)第六条规定:"中华人民共和国在对外贸易方面根据所缔结或者参加的国际条约、协定,给予其他缔约方、参加方最惠国待遇、国民待遇等待遇,或者根据互惠、对等原则给予对方最惠国待遇、国民待遇等待遇。"

业必须与本国企业一样,严格遵守国家的劳动法律法规。这种平等的劳工保护政策,有助于防止跨国企业通过压低劳工标准来获取不正当的竞争优势,从而促进劳工权益的全面保护和社会公平的实现。

平等互惠原则的有效实施还需要国际法的支持和国际争端解决机制的保障。在全球化的背景下,国家之间的经济联系日益紧密,如何在开放市场的同时保障各自的经济利益,成为各国面临的共同挑战。国家应积极参与国际规则的制定,推动国际条约的签署和实施,以确保本国法律体系与国际规则的有效衔接。例如,在知识产权保护、环境治理、劳工标准等领域,国家应积极参与国际谈判,与其他国家共同制定并遵守相关国际标准。这些国际规则的实施,有助于减少贸易和投资中的法律障碍,推动国际经济的稳定和可持续发展。在外交实践中,平等互惠原则也被广泛应用于经济外交活动中。国家通过经济外交,推动与其他国家建立基于平等互惠原则的经贸关系,以实现互利共赢。例如,在与其他国家进行自由贸易协定谈判时,国家始终坚持平等互惠的原则,确保协议的各方在市场准入、关税减免、投资保护等方面享有相同的权利和承担相应的义务。① 这种平等互惠的经济外交政策,有助于构建公平开放的国际经济体系,推动各国经济的共同发展。

平等互惠原则在涉外经济行政中具有重要的指导意义,其目标在于通过对等的法律保护和国际合作,确保跨国企业和本国企业在法律地位、市场准入、投资保护等方面获得平等的待遇。② 在市场准入、环境保护、国际争端解决、数据跨境流动、双边和多边合作等多种场景中,平等互惠原则为国家和行政机关的决策提供了重要的理论基础和实践指导。通过这一原则的有效实施,国家不仅能够在复杂的国际经济环境中更好地维护本国利益,还能为跨国企业提供稳定、公正的营商环境,促进国际经济关系的和谐发展。平等互惠原则的有效贯彻,不仅有助于提高我国在国际社会中的信誉和地位,也为推动全球经济的稳定增长和开放合作提供了坚实的保障。

---

① 参见陈伟光:《全球经济治理制度变迁的动力机制与策略选择》,《社会科学》2024年第8期,第136页。
② 参见周正祥:《TBT对我国出口影响的实证研究》,《中国软科学》2005年第4期,第77页。

第四节　涉外经济行政关系中利益平衡的实现机制

涉外经济行政关系中利益平衡的实现路径有立法约束、执法监督和行政救济等机制，旨在规范行政机关的行为，确保其在履行职能过程中合理平衡公共利益与私人权益，尤其是在跨国经济活动中实现利益的公平性和合理性。涉外经济行政法的规范对象是行政机关，而非行政相对人，其核心目标在于通过约束和指导行政机关的行为，防止行政权力的滥用，确保依法行政、公正行政，以实现利益平衡的要求。

一、立法约束

立法约束是涉外经济行政利益平衡的基石，其目的是通过明确行政机关的权力范围、行为标准以及行政程序，确保行政机关在涉外经济管理中保持权责明确、依法行政的状态。行政法的本质在于对行政机关进行规范，确保其行使权力时不会偏离公共利益的维护，亦不会对私人利益造成不当侵害。因此，立法的核心任务是通过限制和明确行政机关的行为边界，确立权力行使的合法性和比例原则，从而实现利益的平衡。

在涉外经济行政中，立法主要通过设定行政行为的标准和程序，约束行政机关在外资管理、跨境数据流动、国有资产参与国际竞争等方面的具体行为。如《中华人民共和国外商投资法》通过明确规定外资准入的条件、审批程序以及行政机关的审批权限，规范了行政机关在外资管理过程中的自由裁量，避免其滥用职权，确保行政行为的公开、公平与合理性。这种立法规范不仅保障了行政机关的行为符合国家利益的需要，同时也为私人主体提供了清晰的法律预期，使其能够在明确的法律框架内开展活动，从而促进利益平衡的实现。[1]

立法约束要求行政程序的规范化和透明度。通过程序性法律的完善，

---

[1] 参见沈伟:《国际投资协定的结构性转向与中国进路》，《比较法研究》2024 年第 2 期，第 194 页。

确保行政机关在做出涉外经济管理决策时必须遵循程序正当原则,保障行政相对人的程序参与权。诸如行政许可、听证、信息公开等程序性规范,不仅为行政相对人提供了表达意见的机会,还确保了行政行为的公正性和合法性。程序正当原则是约束行政权力的重要手段,程序上的规范要求行政机关必须在实现公共利益的过程中考虑私人主体的合法权益,从而更好地实现利益平衡。

立法的进一步完善还需要针对涉外经济中的新兴领域和复杂情境进行深入规定。例如,随着跨境数据流动日益成为国际经济活动的重要组成部分,如何通过立法来有效监管数据跨境传输,平衡数据安全与经济自由的关系,已成为行政立法需要应对的新课题。在这一过程中,行政机关应在严格遵守国际规则和国内法律的基础上,确保数据安全不被外资滥用,同时也应避免因过度监管而阻碍国际合作或降低数据流动的效率。这种平衡的实现需要通过详细且有针对性的立法规范来达成,从而确保行政机关在复杂情境中的行政行为具备合法性与合理性。[①]

二、执法监督

执法监督机制旨在对行政机关的行为进行全方位监督,以防止其滥用职权或不当行使职权,进而确保涉外经济行政中的利益平衡得以实现。[②] 执法监督的对象是行政机关,其重点在于建立科学的监督体系和有效的监督程序,通过多种监督形式确保行政行为符合法律和政策的规定,杜绝因行政行为不当所导致的利益失衡现象。

涉外经济行政中的执法监督包括内部监督、外部监督以及司法监督三种。第一,内部监督主要由行政机关内部的监察部门负责,确保各级行政机关在涉外经济管理中严格遵守法律规定。[③] 内部监督的有效性取决于行政机关内部是否具备严格的审查和纠正机制,例如监察部门是否能够独立行

---

① 参见杨泽伟:《全球治理区域转向视域下国际法发展的新趋势及中国因应》,《环球法律评论》2024 年第 4 期,第 194 页。
② 参见何志鹏:《涉外法治的国家范式与全球范式》,《法商研究》2024 年第 2 期,第 31 页。
③ 参见赵宏:《法律关系在行政法上的功能定位与体系结构》,《环球法律评论》2024 年第 5 期,第 77 页。

使监督职权,对行政人员的不当行为及时发现并纠正。内部监督不仅是防止滥用职权的重要手段,也是确保行政机关各层级都能依法履职的有效保障。第二,外部监督涉及立法机关、审计机关以及社会公众对行政机关的监督。立法机关通过质询、听证等方式对行政机关的行为进行监督,确保行政决策过程和结果符合立法精神和公共利益。① 此外,审计机关通过定期或专项审计对行政机关在外资管理、资金使用等方面的行为进行审查,以防止行政机关的违规行为对国家利益和公众利益造成损害。社会公众的监督是执法监督中的重要环节,公众举报和媒体监督可以在一定程度上防止行政机关的行为偏离法律规定,尤其是在信息公开和透明度方面,公众的参与和监督能够有效制衡行政权力。② 第三,司法监督作为执法监督的重要组成部分,通过法院对行政行为进行合法性审查。行政诉讼制度为行政相对人提供了救济途径,司法机关的独立审查可以纠正行政机关在执法过程中的违法行为,确保行政行为符合法律的要求。例如,跨国企业在面临不公平的行政处罚时,可以通过行政诉讼寻求司法保护,以此保障其合法权益不受不当行政行为的侵害。③ 司法审查不仅能对个案中的权益提供救济,同时还能对行政机关形成威慑,促使其依法行政。

有效的执法监督还需明确监督标准和程序。特别是在外资并购、跨境数据管理等敏感领域,行政机关的行为必须受到更为严格的审计和监督。通过设立详细的监督标准,明确监督程序,确保行政机关在行使职权时既不损害公共利益,也不侵犯私人主体的合法权益。④ 这种监督机制的完善,是实现涉外经济行政中各方利益平衡的关键。⑤

---

① 参见孙南翔:《法律域外适用体系建设中的管辖权:演化规则与关联结构》,《法学》2024年第1期,第186页。
② 参见翟羿:《人类命运共同体理念下"全球行政法"的证成、范畴、效力模式》,《政治与法律》2024年第3期,第19页。
③ 参见杨力:《论外商投资立法的竞争性牵引与治理》,《政法论丛》2021年第4期,第56页。
④ 参见沈伟:《中美贸易摩擦中的法律战——从不可靠实体清单制度到阻断办法》,《比较法研究》2021年第1期,第197页。
⑤ 参见邹开红:《诉讼监督工作研究》,《国家检察官学院学报》2009年第3期,第13页。

三、行政复议与司法救济

行政复议与司法救济机制旨在为因行政机关行为导致利益受损的主体提供合法的救济途径,以矫正不当行为,恢复各方主体的合法权益。行政复议和司法救济机制是实现利益平衡的重要保障,其作用在于通过对行政机关的行为进行合法性审查,确保在利益失衡发生时,受损方能够获得公正的补偿和救济。①

行政复议是利益失衡后的初步补救机制,其目的是为行政相对人提供一个快捷、有效的救济渠道,促使行政机关对其行为进行自我审查和纠正。在涉外经济行政中,行政复议的有效性尤为重要,因为跨国企业在面对行政机关的决定时,往往希望通过内部救济的途径快速解决争端,从而减少因利益冲突带来的不确定性。② 行政复议不仅有助于提高行政机关自我纠错的能力,还可以通过内部审查进一步规范行政行为,防止违法行为的再次发生。行政复议制度需要具备独立性和公正性,才能有效实现对行政行为的纠错功能。在涉外经济活动中,行政复议的成功与否直接关系到跨国企业对东道国法律体系的信任。③ 如在外资准入许可的过程中,如果行政机关的决定存在不公或不当,跨国企业就可以申请行政复议,这不仅能够为其争取合法权益,也可以通过这一过程促使行政机关反思其决策过程的合法性与合理性,推动行政决策的改进。

司法救济是救济机制的最后手段,旨在通过司法审查对行政机关的行为进行合法性与合理性审查。涉外经济活动中,跨国企业或其他行政相对人如果对行政机关的行为不服,则可以向法院提起诉讼,寻求独立公正的司法救济。法院通过对行政行为的审查,可以纠正行政机关的违法或不当行为,确保行政行为符合法律的规定,同时保护行政相对人的合法权益。④ 司

---

① See Dolzer, Rudolf. Bilateral Investment Treaties. ICSID, 1995.
② 参见宁红玲、魏丹:《论禁诉令在国际投资仲裁中的运用》,《国际法研究》2023 年第 4 期,第 131 页。
③ 参见林泰:《论国际行政法的规范构成》,《河北法学》2012 年第 5 期,第 103 页。
④ 参见吴沈括、肖冰:《国际争端解决机制的司法化困境及其改革进路》,《外交评论(外交学院学报)》2023 年第 5 期,第 136 页。

法救济的存在，不仅为受损的行政相对人提供了合法的权利保障，也对行政机关形成了强有力的约束，促使其在履职过程中严格依法行政。

除此之外，司法救济在涉外经济中的意义还在于其具有国际影响力。司法审查可以体现出国家对于外资的法律保护水平和对法治原则的尊重，这对吸引外资、提升国家国际形象具有重要意义。在全球化背景下，跨国企业在选择投资地时，通常会考虑当地的法律环境是否公平和可预见。完善的行政复议机制，包括建立公正的司法救济机制是跨国企业判断投资环境的重要依据。① 因此，行政诉讼不仅是对行政行为的纠错机制，也是一种提升国际竞争力的重要手段。这一机制的完善，不仅可以减少因行政权力的不当行使而造成的权益受损，还可以在利益失衡发生时提供合法、公正的补救途径，从而在整体上维护涉外经济行政中的利益平衡，促进跨国经济活动的健康发展。② 完善的行政复议与司法救济机制同时还是国家履行国际义务、实现国际投资保护的重要表现，能够有效增强跨国企业的投资信心，推动涉外经济的可持续发展。③

随着全球化的不断深化和国际经济形势的快速变化，涉外经济行政关系中的利益平衡机制也面临着新的挑战。本章通过对涉外经济行政法的利益平衡机制进行深入分析，揭示了利益平衡机制在涉外经济行政法实践中的复杂性和必要性，同时为未来涉外领域的法治建设指明道路。

---

① 参见顾全：《涉数据形态财产权益纠纷裁判方法论》，《东方法学》2024 年第 2 期，第 94 页。
② 参见刘金瑞：《迈向数据跨境流动的全球规制：基本关切与中国方案》，《行政法学研究》2022 年第 4 期，第 80 页。
③ 参见何志鹏：《国内法治与涉外法治的统筹与互动》，《行政法学研究》2022 年第 5 期，第 7 页。

第五章

涉外经济行政法学的研究范式

在人文社科领域,研究范式发挥着至关重要的作用,具有本体论、认识论、方法论的高度指导意义。涉外经济行政法学作为特定范畴的部门行政法学的分支,从属于一般行政法学的总体框架。因此,本章首先从人文社科研究中"范式"一词的词源入手,对中国改革开放以来一般行政法学的传统研究范式进行归纳,然后再分析涉外经济行政法学研究范式在行政法学普遍场域中的特殊性,最终归纳涉外经济行政法学的主要研究范式,为涉外经济行政法学作一种宏观框架的勾勒。

第一节 行政法学传统研究范式的划分

一、人文社科研究"范式"一词的起源与界定

"范式"一词已经被国内人文社科学界包括法学界广泛采用,迄今大部分相关文献实际上将"范式"等同于日常语言中的"模型""模式",尽管也带有相关性与合理性,但并未对该词的来龙去脉作深入考察。然而,这种词源考察十分重要,不宜忽略。

(一)"范式"一词的学术溯源:库恩经典理论

对于"范式"(paradigm)一词,科学哲学界一般公认,美国学者托马斯·库恩在其名著《科学革命的结构》中对"范式"进行了系统性阐述,此后,使该

词在自然科学界甚至人文社会科学界产生了巨大影响。自库恩以降,"范式"一词才得以真正在科学界广为流传。

在《科学革命的结构》中,库恩并未对"范式"直接进行定义,而是首先提出"科学共同体"和"常规科学"这两个概念。科学共同体是指以科学探索为职业的科学家团体;常规科学是指"坚实地建立在一种或多种过去科学成就基础上的研究,这些科学成就为某个科学共同体在一段时期内公认为是进一步实践的基础"。① 但是,在种种科学成就中,并非所有成就都能成为指导科学共同体"进一步实践的基础"。库恩接着指出,科学成就只有具备以下两个基本特征才能达到上述地位:一是它能够空前地吸引一批坚定拥护者,使他们脱离科学活动的其他竞争模式;二是它足以为重新组成的一批科学实践者(包括入门学生)无限地留下有待解决的种种问题。② 在库恩看来,诸如亚里士多德物理学、托勒密天文学、牛顿力学等就是科学史上具备这种特征和地位的"范式",相关定律、理论、应用和配套仪器一起为特定的连贯的科学研究传统提供模型。③ 范式的建立意味着某个科学共同体达成了一种共识性研究理念,是一门科学达到成熟的标志。

然而,在库恩看来,范式并不代表绝对真理,它在很大程度上只是一种人为建构起来的、关于如何看待实践现象的世界观,是一种人为的理论预设。尽管范式未必绝对正确,但范式对于科学研究的巨大推动作用却无法抹杀。因为范式为科学家提供了游戏规则,为他们认识世界、探索世界建构了强大的理论模型,从而为科学家认识杂乱无章的自然界现象提供了去粗取精的系统性归纳工具。理论要作为一种范式被接受,它当然必须优于它的竞争对手,但它不需要而且事实上也不可能解释它所面临的所有事实。④ 范式能够取得成功,很大程度上只是在开始时就有选择性的、不完备的、有可能成功的一些预示。那么,前述的"常规科学"就在于验证、实现这种预示,其方法是扩展范式所展示出来的那些特别有启发性的事实,增进这些事

---

① [美]托马斯·库恩著:《科学革命的结构》,金吾伦、胡新和译,北京大学出版社 2003 年版,第 9 页。
② 同上。
③ 同上。
④ 同上书,第 16 页。

实与范式预测之间的吻合程度,并且力图使范式本身更加明晰。所以,常规科学研究的本意并非开拓性的,而是服务于范式的自我完善,其目标在于澄清、证成范式所已经提供的那些现象与理论。①

因此,科学共同体取得一个范式,就是有了一个选择问题的标准。当范式被科学家们视为理所当然时,这些选择出来的问题就可以被认为是有解的问题。但如前所述,范式并不能够对所有问题都提供现成的解,它会给科学共同体不断留下待解的问题。库恩称这些问题为"谜",因此解答常规科学研究中的问题,从而实现范式的预期,即所谓"解谜"。② 然而,解谜活动会不断增加新的科学发现,其中有些发现会与原先范式的预期并不一致,即"反常"。当这些"反常"越来越多并且在技术层面上对原先范式产生动摇,即"危机",科学家们就有可能在危机中发展出新的范式,这就是库恩所说的"革命",革命的本质是世界观的改变。科学发现既是范式变化的原因,又是范式变化的结果,它对于新范式是建设性的,但对于旧范式却是破坏性的。③

在库恩的理论体系中,"范式"具有强烈的建构性色彩。他强调,范式常常并无对错之分,而只是看待世界的认识模式存在不同,这种认识模式是科学家们人为构建并用来解释实践现象的理论。他指出,尽管哥白尼天文学取代托勒密天文学是范式的革命,但对于一些天文现象,过去的托勒密天文学其实比哥白尼天文学解释得更完美。这就解释了为何新的范式出现时仍然有众多的旧范式追随者拒绝接受新范式。他指出,不同的范式之间具有"不可通约性",即各个范式自说自话指责其他范式的不当,这种不可通约性往往来自各个范式看待世界的认识模式不同,而并不存在截然的对错。例如,如果分别问物理学家与化学家,单个氦原子是不是分子,则他们会从各自的训练和研究实践来看待这个问题。尽管回答不同,但我们却不能说任何一方错了,因为他们各自的专业所关注的问题语境不同,术语体系自然也不同。④

库恩一再强调,尽管范式未必代表绝对真理,但却是一个学科领域得以

---

① 参见[美]托马斯·库恩著:《科学革命的结构》,金吾伦、胡新和译,北京大学出版社2003年版,第21—22页。
② 同上书,第33页。
③ 同上书,第61页。
④ 同上书,第47页。

开展常规科学研究并不断发展进步的前提。没有范式的指导,科学就无法进步。正如没有托勒密天文学指导下开展的大量观测活动,就不会催生哥白尼天文学;没有牛顿力学范式,就不会有物理学的巨大进步,更不会迎来相对论和量子物理革命一样。也正因为此,他的范式理论产生了巨大且广泛的影响,至今仍被奉为科学哲学中的经典理论,并从自然科学界扩散到人文社会科学界。简言之,库恩的"范式",在科学研究中既是科学家的一种精神定向工具,也是认识和理解世界的工具,[①]属于认知模式的范畴。

(二)对库恩范式理论应用于人文社科研究(行政法学研究)的质疑

库恩范式理论原本是针对自然科学研究的,但在问世后,对人文社科研究也产生了巨大影响。中国人文社科学者大量使用"范式"一词,这在行政法学界也十分常见。不过,行政法学者戚建刚质疑库恩范式理论应用于人文社科研究的可行性,其主要理由有二。第一,不能抹杀库恩范式理论适用的具体条件。将适用于自然科学的方法来分析作为社会科学的行政法学,主张"存在"(实然)与"当为"(应然)简单合一,是不可取的。自然科学的研究意义或目标是发现自然规律或秩序,实然与应然能够浑然一体,人们可以从应然命题推出实然命题,但行政法学研究不仅仅是发现行政法现象或事实,也不仅是寻找行政法现象间机械式的因果关系,其意义或目的更多是被人为设计的东西,实然与应然之间不可简单等同,存在一定程度的紧张关系。[②] 第二,库恩范式理论固然具有重大的学术价值,但也有明显的内在弱点。科学发展是连续性与间断性、继承性与批判性的统一,前后两种范式虽有质的差别,但新范式并不是对旧范式的简单否定,而是辩证扬弃。库恩"不可通约性"观点则要求不同的科学理论和方法之间,要么就是绝对同一,要么就是绝对不同,否认它们之间既有区别又有联系的关系,这显然值得推敲。[③]

总体来看,上述疑问确有其依据。不过,只有当行政法学者完全严格地

[①] 参见陈俊:《库恩范式的本质及认识论意蕴》,《自然辩证法研究》2007年第11期,第105—106页。
[②] 参见戚建刚:《对行政法发展的"范式转换论"之商榷》,《法律科学(西北政法学院学报)》2003年第6期,第12页。
[③] 同上文,第12—13页。

按照库恩所界定的含义来使用"范式"一词时，上述疑问才具有较好的针对性。但时至今日，行政法学界乃至整个法学界关于"范式"一词的使用含义已呈现多元化趋势，虽然人文社科学者们普遍注意到库恩范式理论的原初含义，但这并未在学术实践中影响他们对"范式"一词进行大量的借用与转化。因此，在行政法学研究语境下，仍需对"范式"一词作进一步界定。

（三）行政法学中"范式"含义的多样性与本章的界定

宋功德在库恩范式理论的基础上，立足于行政法学角度，对公法研究范式进行了新的界定。他认为，公法研究的范式主要由四种基本要素同时组成：一个被假定为有解的公法学难题、一群持有相同学术见解的公法学人、一套获得普遍认同的公法理论框架、若干得到广泛模仿的代表性范例。① 公法研究范式的确立过程通常是：首先，由特定公法学人针对特定公法问题提出某种公法理论主张；其次，其他公法学者接受和认同这种公法理论主张；最后，公法研究范式因成为公法学人共同体的行动实践而得以确立。② 公法研究范式的变迁主要表现为温和的修正与革命性转换两种基本类型。前者是由公法研究范式的天然惰性和公法实践活性之间的内在张力所造成的，后者则是由于旧范式无法合理解答的反常问题大量涌现，以致出现范式危机，无法通过自我修正的方式加以克服。③

上述观点实际是在库恩范式理论的基础上作了一定的调整。首先，通过对"范式"一词进行广泛界定，表明其将"库恩含义"作为"范式"的概念基础。其次，范式变迁不一定必然通过库恩所描述的新旧范式之间的革命性转换来完成，也可以表现为相对温和的范式自我修正。显然这种理解更容易获得中国行政法学者的认同。胡锦光、刘飞宇在论述行政法学研究范式时，就直接采纳了宋功德有关范式含义的论述。④

高家伟则认为，独特的研究范式是学术流派形成的核心标志，其关键不

---

① 参见宋功德：《公法研究范式的构造、确立及其变迁》，《法学论坛》2007年第4期，第30—33页。
② 同上文，第33页。
③ 同上文，第34—35页。
④ 参见胡锦光、刘飞宇：《行政法学研究范式和方法的探索》，《法学家》2008年第1期，第52页。

仅在于学说体系的构筑,更在于方法论的选择,学者选择了自己偏好的方法论即意味着确定了自己的学说体系,反映他研究风格的所谓研究范式也就随之形成,其所属学术流派也就随之确定。① 这是着眼于研究方法的视角。刘水林与吴锐认为,范式意指法律学者共同体从事法学研究所共同遵循的理论和方法,体现在由社会问题和主流社会观念所决定的法的价值目标、规范内容和实现方式三个方面,并认为行政法出现了范式革命,即价值目标从私益保护到公益保护,规范内容从防止行政权滥用到激励和约束行政权合理运用,实现方式从以事后对抗式司法救济为主到以事前协商合作式预防治理为主。② 这一观点似乎在逻辑上未清晰区分法学研究的特征与法律体系本身的特征,但从其内容阐述来看,其理解的"范式"应指行政法学研究的理论特征。曾赟认为,行政法范式是指不同的行政法律科学研究群体依据共同的理论背景、共同遵循的规则、共同的理念与共同的方法所传达出的行政法领域内普遍认同的概念及其特征变化。自近代以来,作为一门独立学科的行政法经历了由传统行政法范式向后现代行政法范式的流变。③ 这一观点包含的元素较多,显然也未清晰区分法学研究的特征与法律体系本身的特征,因此,其"范式"含义既指向行政法学研究所体现的理论和方法,也指向行政法律体系的特征。何海波承认范式概念存在种种争论,认为当学术共同体中一定数量的研究形成比较固定的"套路",即研究大体相同的问题领域、运用类似的方法和知识,就可以说有了一个研究范式;与此同时,他还指出范式并不同于学术研究中所持的立场和观点,也不同于必须普遍遵循的学术规范。④ 这是一种既着眼于问题意识又关注研究方法的视角,同时将具体学术观点排除在外。

---

① 参见高家伟:《论行政法学研究范式的转换》,载《中国行政法之回顾与展望——"中国行政法二十年"博鳌论坛暨中国法学会行政法学研究会 2005 年年会论文集》,第 395 页。
② 参见刘水林、吴锐:《论"规制行政法"的范式革命》,《法律科学(西北政法大学学报)》2016 年第 3 期,第 60 页。
③ 参见曾赟:《风险社会背景下行政法范式的流变:预防行政概念的提出》,《社会科学战线》2010 年第 7 期,第 178 页。
④ 参见何海波:《中国行政法学研究范式的变迁》,姜明安主编《行政法论丛(第 11 卷)》,法律出版社 2009 年版,第 498 页。

在当代人文社科学界,"范式"一词极为流行,以至于衍生出了大量其他含义,许多含义其实已经偏离了库恩的原意。① 上述例证表明,行政法学界确有学者对"范式"的使用比较接近"库恩含义",意指法学中的理论模式、分析框架等,属于研究者关于研究方式、研究理念的主观认识范畴,但也有若干学者对"范式"的使用带有各种衍生借用的色彩。不过,库恩本人并非"范式"的造词者,而只是人类学术史上该词的一个权威诠释者,因此各个学科对"范式"一词的借用并无不可。但在借用的时候,研究者应清楚当初在学术界影响最大的"库恩含义",并注意鉴别自己的用法与库恩的用法的异同,即是对学术严肃性的尊重。②

综合库恩范式理论以及中国行政法学界以上关于"范式"的种种观点,本章认为,"范式"一词既要保持一定的灵活性与开放度,以适应纷繁复杂的人文社科研究需要,同时又应保留其必要的核心内涵,以避免不严谨的随意使用。行政法学的研究范式,显然指向法学研究的特征,而非法律体系本身的特征。从本质上说,行政法学的研究范式意指行政法学研究所体现的理论和方法,具体而言,行政法学界中不同学者群体的问题意识、研究视角、基本方法乃至由此形成的学术流派等范畴,均在其列。涉外经济行政法学作为行政法学的一个分支,其研究范式的含义也与此等同。

二、中国行政法学迄今的主流研究范式

诚如何海波所言,对中国行政法学若干研究范式进行归纳,可能抓获中国当代行政法学研究的某些特征,但不能覆盖行政法学研究的全部工作。不同范式之间的边界可能是模糊的,既不存在时间上的截然区分,也难以对具体学者一一归类。③ 但是,在阐述涉外经济行政法学的研究范式之前,先对中国行政法学迄今的主流研究范式进行一定程度的梳理,仍然具有显著

---

① 参见杨斌:《库恩的"范式"概念及其借用中的误区》,《东北大学学报(社会科学版)》2010年第6期,第474—475页。
② 参见刘彬:《全球规则重构背景下中国自贸协定范式论纲——托马斯·库恩经典理论的视角借鉴》,刘志云主编《国际关系与国际法学刊》第7卷,厦门大学出版社2017年版,第106页。
③ 参见何海波:《中国行政法学研究范式的变迁》,姜明安主编《行政法论丛(第11卷)》,法律出版社2009年版,第510页。

的宏观统领价值,更有助于涉外经济行政法学研究范式的清晰化归类。鉴于当代中国行政法学界的关注问题、基础理论和研究方法已经呈现出多元化特点,明确范式的梳理思路就成为其中的关键。

胡建淼曾经对行政法学理论体系作出一种划分——制度行政法学与原理行政法学。他认为,各种行政法律规范本身所表明的各项要求及其所形成的系统为行政法律制度,而各种行政法律规范所体现的并用以指导行政法律实践的理性精神为行政法学原理。因此,以阐述制度为任务所构成的行政法学体系可称为"制度行政法学",而以揭示原理为任务所构成的行政法学体系则称"原理行政法学"。① 这种两分法为中国行政法学主流研究范式的梳理提供了有益参考,本章即借鉴这种思路,区分制度性范式划分法与原理性范式划分法。

(一) 制度性范式划分法

尽管如前所述,行政法学的研究范式意指行政法学研究所体现的理论和方法,而不是行政法律体系的特征,但是,行政法律体系在不同阶段的时代特征,必然在同时期行政法学的理论中反映出来,与后者相互促进、一体互动。相应的行政法学研究范式,主要表现为基础性质的理论,而非方法。

1. 管理论、控权论、平衡论、服务论

这种范式划分,其主线着眼于政府与个人的关系。其中,管理论认为行政法是国家管理法,控权论认为行政法是控制政府权力的法,平衡论认为行政法是平衡行政权与公民权的法,服务论认为行政法是政府对公民提供服务的法。② 管理论被认为是受到苏联法学理论影响、流行于我国改革开放前计划经济时代的一种理论,单纯基于行政权力本位,主张维护国家公共利益,重视行政命令与行政强制手段,强调公民之于政府的服从关系。③

控权论则是在改革开放时期,尤其是《中华人民共和国行政诉讼法》出台之后,随着我国行政法律体系的逐步完善,逐渐占据主导地位的一种理论,

---

① 参见胡建淼:《行政法学》,法律出版社1998年版,第44页。
② 参见周佑勇:《中国行政法学学术体系的构造》,《中国社会科学》2022年第5期,第108页。
③ 参见薛克鹏:《误读行政法及其对经济法的危害》,《现代法学》2009年第5期,第184页。

主张为了维护公民正当权利、防止公权力滥用,行政机关对行政相对方行使公权力的行为应纳入法治轨道,其行使应受程序规范的约束并接受司法审查。

在控权论的基础上,罗豪才等人于 1993 年提出的平衡论受到行政法学界的广泛关注,成为在我国影响较大的一种基础理论。该理论主张,行政机关与行政相对方的关系总体上应当平衡,包括行政机关权力与相对方权利的平衡、行政机关义务与相对方义务的平衡、行政机关自身权力与义务的平衡、相对方自身权利与义务的平衡,从而兼顾国家利益、公共利益与个人利益,使其尽量一致。① 平衡论认为,行政法在管理论或控权论下都处于不平衡的状态,管理论自不待言,控权论也过分强调行政程序、司法审查,不重视行政效率、积极行政与维护公共利益,同样不符合现代行政法制发展趋势。②

服务论是从执政党的政治宗旨角度阐明政府的职能定位。党的十九大报告提出了建设服务型政府的行政法治新理念,指出要强化公共服务的意识。③ 不过,服务与被服务是一种根本性的宏观视角,而从具体的微观视角来看,行政机关与行政相对方在现实中仍然存在着大量的管理与被管理的关系。

总体来看,在上述研究范式中,单纯的管理论已经过时,控权论在我国历史文化传统下更有利于促进依法治国,而平衡论在我国行政法学界的影响力当为最大。在控权论与平衡论的影响下,我国行政法学呈现出以行政行为形式为核心概念的特征,这符合世界范围内现代各国行政法制的体系化发展趋势。④ 晚近,服务论方兴未艾,法律关系论已然出现,引发了新的范式讨论。

2. 国家行政范式、公共行政范式

管理论、控权论、平衡论都基于国家行政的视角,而服务论则注入了更多的公共行政要素。随着中国改革开放和法治建设的全面深化与加速发展,国家行政范式与公共行政范式的划分得以产生。

---

① 参见胡建淼著:《行政法学》,法律出版社 1998 年版,第 38 页。
② 参见罗豪才、甘雯:《行政法的"平衡"及"平衡论"范畴》,《中国法学》1996 年第 4 期,第 54 页。
③ 参见关保英:《论新时代以来行政法精神的变迁(2012—2022 年)》,《行政法学研究》2024 年第 1 期,第 9 页。
④ 参见赵宏:《行政法学的体系化建构与均衡》,《法学家》2013 年第 5 期,第 53 页。

姜明安提出，中国行政法学正在发生"三个转换"：管理向治理转换、硬法之治向硬软法兼治转换、静态研究向动态研究转换。第一，管理向治理转换表明，参与主体与纠纷解决迈向多元化，手段方法除了保留必要的权力性和强制性外，具有更多的服务性和柔性。第二，硬法之治向硬软法兼治转换表明，行政惯例、社会自治规则、行政执法基准等软法法源在行政实践中发挥更大的作用。第三，静态研究向动态研究转换表明，对单一行政行为的静态研究不再是唯一的研究取向，以综合性的行政过程为中心的动态研究逐步兴旺，开始关注行政激励与保障效果、改进公共治理、向社会提供优质公共服务等问题。① 此观点的实质即在于指出国家行政范式向公共行政范式的转换趋势。

与此观点类似的是"规制行政法"命题的兴起。刘水林与吴锐认为，规制行政是特定法律授权设立专门的规制机关，针对特定领域中具有强社会公共性的私人行为的规制活动。相应地，规制行政法主要体现在：价值目标从私益保护转为公益保护；规范内容从防止行政权滥用转为激励和约束行政权合理运用；实现方式从以事后对抗式的司法救济为主转为以事前协商合作式的预防治理为主。② 朱新力、宋华琳认为，现代行政法学从以司法审查为中心转向以行政过程为中心，突破了以行政主体、行政程序、行政诉讼为标志的传统三环节，更注重研究行政机关在行政过程中为了更好地实现规制目标，如何运用成本收益分析和比较衡量等评估手段，进行组织架构、活动形式和规制程序的选择，并把握这三者之间的相互影响。于是，信息披露、私人规制、自我规制、经济诱因等非传统行政活动形式逐渐受到重视。③ 总体上，"规制行政法"命题虽仍强调规制机关的职权，但公共性与互动性更加突出，主体更为多元，手段更为柔性，呈现出更浓厚的以解决规制问题为中心的功能主义导向，具有国家行政范式与公共行政范式兼而有之的特点。

---

① 参见姜明安：《行政法学研究范式转换》，《人民日报》2015年9月7日，第13版。
② 参见刘水林、吴锐：《论"规制行政法"的范式革命》，《法律科学（西北政法大学学报）》2016年第3期，第60页。
③ 参见朱新力、宋华琳：《现代行政法学的建构与政府规制研究的兴起》，《法律科学（西北政法学院学报）》2005年第5期，第40—41页。

但是,戚建刚也质疑了这种范式转换论,理由主要有以下三点。第一,中国行政法要以政府主导转变为以规制问题为定向,以公共利益为主导,需要面对规制问题与公共利益的概念不确定性。第二,中国行政法以公共利益为主导,很容易倒退到过去计划经济时代的管理论。目前以权力分析视角为中心的检讨背景,是以我国长期以来的全能型政府管理模式为基础的,存在国情原因。第三,不宜仅以一些新趋势、新现象为由,就轻率断言发生了范式的"革命性"转换。对此,本章认为,上述第一点确有依据,但仅此尚不足以否定公共行政范式的生命力;第二点存在对公共行政范式的明显误解,因为改革开放新时代背景下新管理论认为"管理即服务";① 第三点是一种中肯的提醒,但公共行政范式的出现,并非意在完全取代国家行政范式,而是与后者互为补充,有相得益彰之效。

3. 干预行政、给付行政、预防行政

曾赟运用风险社会理论进行分析,认为行政法范式经历了由传统行政法向现代行政法,再向后现代行政法的流变,传统行政法是干预行政范式,现代行政法是给付行政范式,后现代行政法是预防行政范式。② 传统行政法范式的核心概念是干预行政,行政法的任务是保障公民享有的消极自由,对应"自由法治国"理念;现代行政法范式的核心概念是给付行政,行政法的任务并不囿于公民消极自由之保障,还要积极重塑社会,提供公共服务,满足社会公共利益的需要,实现社会公平、正义、和谐与保障社会安全,对应"社会法治国"理念;后现代行政法范式的核心概念是预防行政,政府在风险社会背景下试图通过对成本的理性计算来进行责任分摊和危害预防已不再可行,需要摆脱法律优先原则与法律保留原则的束缚,进行创造性的风险管理活动,对应"安全保障国"理念。③ 相比前述的公共行政范式,此处的观点显然更进一步,重在强调风险社会背景下预防行政的概念。诚然,干预行政、

---

① 参见朱维究、徐文星:《英国公法传统中的"功能主义学派"及其启示——兼论中国 21 世纪"统一公法学"的走向》,载中国法学会行政法学研究会编:《中国行政法之回顾与展望——"中国行政法二十年"博鳌论坛暨中国法学会行政法学研究会 2005 年年会论文集》,第 136 页。
② 参见曾赟:《风险社会背景下行政法范式的流变:预防行政概念的提出》,《社会科学战线》2010 年第 7 期,第 178 页。
③ 同上文,第 178—182 页。

给付行政、预防行政都是对行政法律制度的特征描述,但行政法学研究自然也可以在这三个概念的指导下展开,形成三种相应的研究范式。其中,预防行政概念尤其能做出独有的学术贡献。

(二) 原理性范式划分法

制度性范式划分法是从一定历史阶段的行政法律制度的实然特征与趋势中寻找相应的研究范式,再用提炼出的研究范式反哺行政法律制度,推动应然意义上的发展。相比之下,原理性范式划分法更侧重于从研究方法层面入手,选取对制度的观察视角,具有贯穿性特点。相应的行政法学研究范式,主要表现为基础性质的方法,而非理论。

1."三足鼎立"说

苏力于 2001 年提出了中国法学研究的三种学派——政法法学、诠释法学、社科法学。① 在法理学界,几乎与此同时,黄文艺也论述了法学研究的三种维度——人文维度、形式维度、实证维度(社会科学维度),并指出这三者各有其特定的研究视角、分析方法和研究特色,法学的发展进步有赖于多元研究维度的存在及互补。② 以上学派或维度分类,实际上就是研究范式的分类。

受此影响,何海波提出,中国行政法学存在一种"三足鼎立"的范式分类——政法法学、立法法学、社科法学。政法法学是改革开放后行政法学初创时期流行的一种范式,其特征是引述权威政治话语,为健全行政法制、建立行政法学而呼吁,并且又不限于学科初创时期,而是紧扣时政、与时俱进、延续至今。立法法学的特点是"无法立法,有法修法",一般即呼吁制定某个法律、讨论和研究立法相关问题、法律出台后进行注释、提出修改和完善的方案等,认为中国法律现代化必须见诸立法的进步,整个过程中也间杂着对外国法的相应介绍和比较。社科法学是在传统行政法学体系之外,注入经济学、社会学、政治学、哲学等其他人文社会学科的知识与方法,以此倡导行

---

① 参见苏力:《也许正在发生——中国当代法学发展的一个概览》,《比较法研究》2001 年第 3 期,第 3—7 页。
② 参见黄文艺:《法学是一门什么样的科学》,《法制与社会发展》2001 年第 3 期,第 37—40 页。

政法学研究的问题、方法、知识的多元化,从而丰富行政法学理论。① 何海波同时指出,之所以没有强调诠释法学,却突出了立法法学,并非表明中国行政法学研究不存在诠释法学,而是因为诠释法学并未主导过中国行政法学。②

另外,在中国行政法学界,诠释法学(或法教义学)有时也被称为规范主义,社科法学有时也被称为功能主义。③ 不过,功能主义可能兼有社科法学与法政策学的色彩。朱维究与徐文星即指出,英国行政法学的功能主义学派,系以社会实证主义、进化论、实用主义哲学为基础,正视政治、权力、公共权威等法外因素,不像规范主义者那样唯恐影响自给自足的法学体系,其目标在于促进对社会问题的研究,关注将政策转化为行动。④ 因此,规范主义与功能主义这种表述,并不能完美对应诠释法学(法教义学)与社科法学。

对于何海波的"三足鼎立"说,本章原则上持赞同立场。同时,本章对此学说提出三点新主张。第一,如将关注国家大政方针的政法法学改称法政策学,则更显学术化。第二,立法法学包含了呼吁立法与呼吁修法两个方面,事实上兼有法政策学与法教义学的双重色彩,略有学术幽默意味,本身并不能算是一种独立的研究范式。在民法、刑法等法律规范较为齐全、完备的领域,呼吁立法现象相对较少,而相关修法研究又更多属于法教义学范式,所以在这些领域很难认为立法法学构成一种独立范式。虽然,鉴于行政法,特别是涉外经济行政法在我国的规范不齐全、不完备特点,各种立法呼声在此领域确实较高,但是,法政策学范式本身已经包含了关注立法品质的功能。⑤ 因此,使用法政策学这一范式表述,已经足以涵盖关注政策导向的

---

① 参见何海波:《中国行政法学研究范式的变迁》,姜明安主编:《行政法论丛(第 11 卷)》,法律出版社 2009 年版,第 498—505 页。
② 同上书,第 498 页。
③ 参见中外法学编辑部:《中国行政法学发展评价(2012—2013):基于期刊论文的分析》,《中外法学》2015 年第 6 期,第 1405 页。
④ 参见朱维究、徐文星:《英国公法传统中的"功能主义学派"及其启示——兼论中国 21 世纪"统一公法学"的走向》,载《中国行政法之回顾与展望——"中国行政法二十年"博鳌论坛暨中国法学会行政法学研究会 2005 年年会论文集》,第 131—132 页。
⑤ 参见鲁鹏宇:《法政策学初探——以行政法为参照系》,《法商研究》2012 年第 4 期,第 111 页。

政法法学与关注立法工作的立法法学。第三,诠释法学事实上归属于法教义学的一部分,但法教义学除了研究法律解释之外,还研究法律发现、法律推理、法律适用等环节,故范畴大于诠释法学。综上,修正后的法学研究范式的"三足鼎立"说可表述为:法政策学、法教义学、社科法学。后文即按照此"三足鼎立"说,对涉外经济行政法学研究范式进行分别阐述。

对国家政策导向、政策的社会反应、立法如何合理体现政策的关注,是中国行政法学界的治学传统,因此法政策学范式必定长盛不衰。当前,如何在法教义学的严谨与社科法学的开放之间保持合理的张力,既避免知识与方法的停滞,又避免研究格局的混乱,有待中国行政法学共同体的特别注意。①

2. "一个基本点＋三个提升面"说

朱新力提出,现代行政活动方式的理论构造应当包括一个基点(传统行政行为形式理论)加三个理论提升(规制工具理论、行政过程论和行政法律关系论的塑造),可简称为"一个基本点＋三个提升面"说,即行政行为形式理论＋规制工具理论、行政过程论、行政法律关系论。

自德国行政法之父奥托·迈耶以降,依赖于以行政处分概念为核心的行政行为形式理论,在法教义学框架下逐渐建构出一整套技术化的行政法学体系。由于近代民族国家的行政事务还不是十分冗杂,所以这种看重概念与法理的逻辑推演的行政法学在当时意义重大。然而,随着现代国家行政任务急剧膨胀,在许多行政领域,传统的行政手段已经无法奏效。特别是在环境保护、社会福利、职业卫生等众多新兴规制领域,传统行政行为形式理论所提供的有限行为形式已经不敷使用,面临束手无策的危机。在资源分配、利益调整方面,行政组织不能再仅仅消极维持秩序,还需要频繁扮演积极的功能角色,从事形成性、预防性、给付性的活动。②

于是,有限制的行政行为形式选择自由理论逐渐得到接受,行政行为的偶然性、协商性、不可预测性有所强化,而且复杂的行政实践使得许多非正式的行为形式很难被恰当地类型化。这就充分暴露出类型化行为形式理论

---

① 参见包万超:《面向社会科学的行政法学》,《中国法学》2010年第6期,第60页。
② 参见朱新力、唐明良:《现代行政活动方式的开发性研究》,《中国法学》2007年第2期,第41—42页。

的局限。规制实践关注各种行政手段的效果、效率、弹性、可接受性,主要解决的是规制手段与行政任务目标之间是否匹配的问题,而以行政行为形式论为核心的传统行政法学存在忽视规制实践面向的明显弱点。①

由此,未来对传统行政行为形式理论的提升应包括三方面。第一,用规制工具理论弥补行为形式理论对行政实体运作与政策面的关注的先天不足。第二,用行政过程论纠正行政行为形式理论的片段式考察所导致的对整个行政过程的忽略。第三,用行政法律关系论挽救行政行为形式理论仅仅关注行政主体与行政相对人双向法律关系的缺陷,扩展至行政主体与社会公共利益之间法律关系的整体考察。②

以上观点体现了原理性意义上关于一般行政法学的一种最为完善的范式划分法,相比原"三足鼎立"说,"一个基本点＋三个提升面"说更能清晰显示出相关范式的学理内涵。本章认为,对于一般行政法学而言,这的确是最完善的原理性范式划分法,对于涉外经济行政法当然同样适用。不过,涉外经济行政法具有不同于其他部门行政法的独有特点,如采用"一个基本点＋三个提升面"说对涉外经济行政法学的研究范式展开阐述,则较为繁复,且不易体现涉外经济行政法的自身特点。修正后的"三足鼎立"说用于描述涉外经济行政法学的研究范式,则更为简练清晰,更贴近涉外经济行政法的现实特征。

三、评析:包容开放与中国贡献

本节对中国行政法学迄今的主流研究范式进行了梳理,区分出若干不同的范式划分法。但应看到,以上不同范式彼此间存在一定的重叠。例如,在制度性范式划分法中,服务论与公共行政范式之间,控权论、平衡论与国家行政范式之间,公共行政范式与给付行政、预防行政之间,就存在不同程度的重叠。在原理性范式划分法中,法教义学与行政行为形式理论、行政法律关系论之间,法政策学与行政行为形式理论、规制工具理论、行政过程论之间,社科法学与规制工具理论、行政过程论之间,也存在着明显的相互交

---

① 参见朱新力、唐明良:《现代行政活动方式的开发性研究》,《中国法学》2007 年第 2 期,第 43 页。
② 同上文,第 44 页。

叉情况。对此,宜持包容开放的态度对待各种不同范式,倡导学科交叉研究,而不宜在范式之间进行泾渭分明的条块分割,实行闭关自守的学科"山头主义"。如此,才符合新文科发展趋势。①

各国行政法学历来带有鲜明的国家性。当代中国国情中又存在前现代、工业化、信息化、后现代等多种复杂因素的共时性,西方国家在诸如干预行政、给付行政、预防行政抑或秩序行政、福利行政、保障行政等前后相继的历史阶段中所经历的不同的实践问题,已成为当代中国在同生共存的空间中一并面临的问题。② 中国已进入坚持全面依法治国的新时代,在转型期拥有行政实践与行政法学的巨大创新潜力,因此行政法学界不宜对任一域外理论范式一味盲从,而应倡导研究范式的非唯一性、各种研究范式之间的正当竞争性,③解释中国行政实践新现象,回应中国行政实践新问题,为世界范围内行政法学理论建构作出中国学派的应有贡献。

第二节 涉外经济行政法学研究范式的特殊性

涉外经济行政法学是经济行政法学的一个分支,而经济行政法学的性质属于部门行政法学,与行政法学一般理论是行政法学分论(或称各论)与总论的关系。因此,前文所述中国行政法学的主流研究范式,对于涉外经济行政法学同样适用。但是,涉外经济行政法学在拥有中国行政法学研究范式的普遍性的同时,又具有自身的特殊性,即学科交叉特征。这种交叉性既体现于"经济",又体现于"涉外"。由于它是"经济"的,因此与经济法学存在交叉;由于它是"涉外"的,因此与国际法学,特别是国际经济法学存

---

① 关于新文科建设的主要特点,参见王铭玉、张涛:《高校"新文科"建设:概念与行动》,《中国社会科学报》2019年3月21日,第4版。
② 参见李洪雷:《中国行政法(学)的发展趋势——兼评"新行政法"的兴起》,《行政法学研究》2014年第1期,第126页;朱芒:《中国行政法学的体系化困境及其突破方向》,《清华法学》2015年第1期,第17页。
③ 参见朱维究、徐文星:《英国公法传统中的"功能主义学派"及其启示——兼论中国21世纪"统一公法学"的走向》,载《中国行政法之回顾与展望——"中国行政法二十年"博鳌论坛暨中国法学会行政法学研究会2005年年会论文集》,第135页。

在交叉。

一、涉外经济行政法学与经济法学的交叉性质

朱淑娣认为,涉外经济行政法学属于国际经济行政法学的组成部分。国际经济行政法是调整跨国经济行政关系的国际、国内公法规范的总和,是政府经济规制法的国际协调,其内容包括国家间关于经济行政管理规制的国际公法法律规范(如国际公约、条约、协定以及属于公法性质的各种国际惯例),以及各国国内的涉外经济行政法。① 涉外经济行政法是指"有权行政机关为了调整涉及其他国际经济法主体所肯定的,具有其法律意义因素的经济关系,依据国内法律或有效的国际经济法而制定的行政法规范",它是行政法的一种,具有行政法的属性。② 国家行政机关根据这些行政法规范而作出的行政行为,即国家涉外经济行政行为,包括国家涉外经济行政立法、国家涉外经济行政许可、国家涉外经济行政给付③、国家涉外经济行政处罚、国家涉外经济行政裁决,以及其他国家涉外经济行政行为,例如行政调查、行政确认、行政征收、行政指导以及行政契约等。④

国际经济行政法致力于实现政府经济规制法的国际协调,围绕五个维度展开。五大维度分别为全球化与金融规制法、全球化与贸易规制法、全球化与投资规制法、全球化与知识产权规制法、全球化与数据规制法等。⑤ 相应地,一国的涉外经济行政法也围绕着贸易、投资、金融、税收、知识产权以及数据等跨境经济活动相关领域而展开。因此,涉外经济行政法是经济行政法的组成部分,这就涉及与经济法学的交叉。

---

① 参见朱淑娣主著:《国际经济行政法》,学林出版社 2008 年版,第 3 页。
② 同上书,第 44 页。
③ 引用文献中此处原文为"补贴",但根据对行政行为形式的一般分类,显然用上位概念"给付"为好。
④ 参见朱淑娣、蒋梦娴:《成长中的国际经济法新分支——国际经济行政法理论界定》,《江西社会科学》2010 年第 3 期,第 16 页。
⑤ 参见《国际经济行政法与制度型开放研究中的关系范畴》,"道器兼修"微信公众号, https://mp.weixin.qq.com/s/od5ddrBvXR3XgbxI7JvA1w,2024 年 10 月 22 日最后访问。

经济法学界与行政法学界长期存在学科范围和地位的争论[①],而经济行政领域因为更加关注实体问题的规制面向、政策面向,更易引发这种讨论。行政法学者很早就认为,经济行政法是调整国家经济管理机关在实施经济管理活动中所发生的各种社会关系的法律规范的总称,国家经济管理机关在实施经济管理活动中,与一定的经济组织或公民之间所发生的各种社会关系,在理论上被称为经济行政管理关系。经济行政法是行政法的一个分支部门,而且是最大的分支部门。[②] 但经济法学者有一种代表性观点认为,经济法是调控法、实体法,行政法是控权法、程序法,二者不宜混淆。[③] 持有这种观点的人对行政法的理解(仅限于旨在遏制行政权力滥用、以行政行为为中心的行政程序、司法审查与救济)似乎过窄,与当代行政法的发展趋势明显不相符合。经济法学者还有一种观点认为,中国的经济行政法是指,在社会主义市场经济实行之前普遍存在、以国家全权干预和计划组织为基本理念与特征的经济法律规范的总称,[④]这种观点实际上认为经济行政法就是过去旧的管理论下的一般行政法的一部分,这种理解与今日行政法学者所理解的经济行政法显然不能等同。

对此,本章提出以下三点主张。第一,行政法完全可以关注实体政策面向,调整一定范围内的社会公共利益。现实中相当一部分部门行政法的生命力正在于此,其功能随着行政权扩张和行政任务多元化而逐渐受到关注,是行政事实描述与政策论辩的主要载体,不但像一般行政法那样要做"合法

---

① 参见王克稳:《行政法学视野中的"经济法"——经济行政法之论》,《中国法学》1999年第4期,第65—73页;李克歆:《质疑"经济行政法"的回归》,《社会科学家》2006年第6期,第69—98页;薛克鹏:《误读行政法及其对经济法的危害》,《现代法学》2009年第5期,第182—187页;薛克鹏:《经济行政法理论探源——经济法语境下的经济行政法》,《当代法学》2013年第5期,第123—130页;郑毅:《经济行政法的外部理论谱系》,《国家检察官学院学报》2014年第4期,第93—102页。
② 王克稳:《经济行政法论》,《法律科学(西北政法学院学报)》1994年第1期,第43—44页。
③ 参见薛克鹏:《误读行政法及其对经济法的危害》,《现代法学》2009年第5期,第183—186页。
④ 参见冯辉:《中国经济行政法的语境透视与变异解读》,《甘肃政法学院学报》2008年第6期,第147页。

性"分析,更要做比"合理性"要求更高的"最佳性"分析。① 第二,在涉及社会公共利益时,行政法(以及一部分部门行政法)关注的是行政主体与社会公共利益之间的法律关系,行政主体的法律责任属其探究范围,而经济法关注的则是经营者与社会公共利益之间的法律关系,旨在探究经营者的法律责任,而行政主体的法律责任并不是经济法的探究对象。第三,在我国法学教育体系中,涉外经济法如《中华人民共和国对外贸易法》《中华人民共和国外商投资法》等,尽管属于经济法学科体系,但出于教学便利,一般不是经济法课程的讲授对象,而这些法律又包含了涉外经济行政规范。综上,对于涉外经济行政法学这一分支,确有独立关注之必要。

在行政法学界,王克稳对涉外经济行政法的界定至今仍然适切,规范和调整涉外经济管理关系及涉外经济管理活动的各种法律规范的总和即为涉外经济行政法,内容涉及外贸管理、外资管理、外汇管理等领域,其显著特征就在于它所调整的经济管理关系中含有涉外因素,因此它是经济行政法中比较特殊的一部分。② 这就超越了涉外经济行政法学与经济法学的交叉,还涉及涉外经济行政法学与国际法学的交叉。

二、涉外经济行政法学与国际法学的交叉性质

涉外经济行政法学中的"涉外",表明其关注对象属于涉外法治范畴。"涉外"通常指"具有外国因素的现象或行为"。③ 习近平法治思想强调,要坚持统筹推进国内法治和涉外法治,协调推进国内治理和国际治理;要加快涉外法治工作战略布局,更好维护国家主权、安全、发展利益;要推动全球治理变革,推动构建人类命运共同体。④ 百年未有之大变局下,中国面临的涉外

---

① 参见朱新力、唐明良:《行政法总论与各论的"分"与"合"》,《当代法学》2011年第1期,第50页。
② 参见王克稳:《经济行政法论》,《法律科学(西北政法学院学报)》1994年第1期,第49页。
③ 马忠法:《百年变局下涉外法治中"涉外"的法理解读》,《政法论丛》2023年第1期,第97页。
④ 参见《习近平在中央全面依法治国工作会议上强调 坚定不移走中国特色社会主义法治道路 为全面建设社会主义现代化国家提供有力法治保障》,载《人民日报》2020年11月18日第1版。

法律挑战越来越多,越来越复杂。习近平法治思想这一重要内容的适时提出,是涉外法治工作地位提升的根本标志。

需要指出,目前存在三个概念有待辨析:国内法治、涉外法治、国际法治。对此,黄惠康认为:国内法治和涉外法治是国内法治的两个方面,而国内法治和国际法治是全球法治的两个方面,都不可或缺;涉外法治在国内法治和国际法治之间发挥着桥梁纽带、互动融通的作用。① 这一解读的第一句话包含了两个"国内法治",似乎稍显费解,但深入考察不难发现,前一个只是狭义的,后一个则是广义的,即在狭义"国内法治"基础上又包含了"涉外法治"。"涉外法治"是指由中国国内法所管辖,但所管辖的法律关系具有涉外因素的法治范畴。至于"国际法治",则是指由国际法(条约、习惯国际法等)所调整的法治范畴。本章认为,对"涉外法治"与"国际法治"的这个界定在学理意义上是比较准确的。不过,学界有观点认为,2017年《关于发展涉外法律服务业的意见》表明为中国企业和公民"走出去"提供法律服务也属于涉外法治的事务范畴。② 此观点亦有一定依据。但定位于本书的研究角度,本章对于"涉外法治"仍采取以黄惠康观点为基础的界定方式。就我国而言,法治包括国内法治和涉外法治;就世界而言,法治则包括国内法治和国际法治。③

因此,涉外法治本身立基于国内法,但它拥有不同于一般国内法的特殊性,在国内法治和国际法治之间发挥桥梁纽带的互动融通作用。④ 韩秀丽认为,这就要求基于交叉属性完善涉外法治,既要在完善国内法治时回应国际法治的要求,又要在推进国际法治时贡献国内法治的智慧。⑤ 涉外经济行政法显然具备这种非常典型的属性。就前一方面而言,中国在2001年加入世

---

① 参见黄惠康:《习近平关于国际法治系列重要论述的核心要义》,《武大国际法评论》2021年第1期,第29页。
② 参见马忠法:《百年变局下涉外法治中"涉外"的法理解读》,《政法论丛》2023年第1期,第101—102页。
③ 参见黄进:《论统筹推进国内法治和涉外法治》,《中国社会科学》2022年第12期,第92—93页。
④ 参见黄进:《坚持统筹推进国内法治和涉外法治》,载《光明日报》2020年12月9日第11版。
⑤ 参见韩秀丽:《涉外法治:属性解读与完善进路》,《厦门大学学报(哲学社会科学版)》2023年第3期,第134页。

贸组织前后,为了履行世贸组织义务要求,在外贸、投资、金融、知识产权等一系列领域进行了规模空前的国内法律法规"立改废"工作;近十年来,中国在外资准入监管领域推行"准入前国民待遇+负面清单"模式,一定程度上正是为了回应中美、中欧之间双边投资条约谈判的需要;中国在各地广泛建立自由贸易试验区,其目标之一在于"先行先试",即测试对于高标准国际经贸规则的适应性,特别是适应近年来争取加入《全面与进步跨太平洋伙伴关系协定》与《数字经济伙伴关系协定》的需要,以求在规则、规制、管理、标准等方面"与国际接轨",从传统的流动型开放走向新时代高水平的制度型开放。就后一方面而言,近年来在世贸组织《贸易便利化协定》《投资便利化协定》谈判的过程中,中国积极推动将国内自由贸易试验区、自由贸易港的"电子通关""互联网+""单一窗口""一站式办理""人员入境便利"等营商环境创新经验引入谈判,取得了良好的反响。中国在外资领域推行"准入前国民待遇+负面清单"模式,对于《区域全面经济伙伴关系协定》投资章最终采纳该模式以及该协定最终谈判成功,发挥了必要的影响力。

  涉外经济行政法的这种桥梁纽带作用,理应助力国内法治、涉外法治、国际法治这三者之间尽可能实现同频共振。由此,需关注以下两点。

  第一,应认真研究国内法与国际法的关系问题,特别是国际条约在国内法上的地位问题。条约与国内法的关系在国际法经典著作中历来是必备内容,"一元论""二元论"构成了中心话语,其基本观点为中国国际法学界所熟知。[①] 但是,"一元论""二元论"已被证明只是学说层面的理想化模型,与各国条约履行实践并不精确吻合。各国的条约履行方式,与"一元论""二元论"的纯理论划分并无多大联系。[②] 与此同时,体现中国本土精神的"协调论",在中国国际法学界却长期处于被忽略、埋藏的状态。[③]

[①] See J. G. Starke, Monism and Dualism in the theory of International Law, British Year Book of International Law, Vol. 17, 1936, pp. 66–81.
[②] 参见[意]安东尼奥·卡赛斯:《国际法》,蔡从燕等译,法律出版社2009年版,第314页。
[③] "协调论"是统称,具体分为"法律规范协调论"与"利益协调论"。"法律规范协调论"由法理学者提出,参见李龙、汪习根:《国际法与国内法关系的法理学思考》,《现代法学》2001年第1期,第14—17页;"利益协调论"系中国国际法学者万鄂湘等人提出,参见万鄂湘主编:《国际法与国内法关系研究:以国际法在国内的适用为视角》,北京大学出版社2011年版,第46—58页。

传统的"一元论""二元论"之弊,一是其"要么统一,要么对立"的观念不符合国内法与国际法的辩证关系,二是其静态化立场无法全面地反映动态化现实。晚近"协调论"的生命力,恰恰在于克服了上述两大弊端,承认国内法与国际法这两大体系对立统一的辩证性,同时指出体系间协调方式的复杂性、多样性、动态性。"协调论"摆脱了体系间总体关系的宏大叙事,坚持具体问题具体分析,契合现代法理学日益认同的沟通与商谈的发展趋势。"协调论"倡导国际合作,反对主权虚无观,坚持主权国家在协调过程中的枢纽地位,这符合国际社会在相当长时期内的根本特征。总之,"协调论"基于其认识论上的先进性,为条约与国内法的关系处理提供了有力的理论基础,成为中国学者的重要理论贡献。遗憾的是,"协调论"在提出之后,较长时期内并未在应用层面引起国内重视。相反,国内不少国际法文献在探讨条约与国内法关系时,一方面对"一元论""二元论"早已公认的局限性不断重复批评,另一方面又继续在"一元论""二元论"的话语框架下延续"或此或彼"的两极化叙事。这种状况不尽符合科学立场,也与建设哲学社会科学中国学派的新时代导向之间存在一定的落差。

第二,如何落实"统筹"精神,至关重要。蔡从燕提出,"统筹推进国内法治和涉外法治"中的"统筹"表明,应同时追求建设中国图景中的法治中国与世界图景中的法治中国,实现对内事务与对外事务的全面依法治理,平衡维护国家主权、安全与发展利益之间的需求,兼顾中国国家利益与国际社会利益。具体而言,统筹推进国内法治和涉外法治,涉及在制度、行为主体、机制、场所等方面进行恰当的建构、动员与选择。① 制度方面,需要进一步完善国内涉外法治规则;行为主体方面,需要立法机关、行政机关、司法机关协同发力,还应重视跨国企业等私主体的作用;机制方面,在处理涉外事务、审理涉外案件、进行对外经贸谈判时,国家各部委之间应增强机制协同能力,发挥执政党的集中统筹优势;场所方面,应充分利用现有的国内开放平台与开放城市,充分利用位于其他国家的现有国际组织平台,并积极推动建立位于

---

① 参见蔡从燕:《统筹推进国内法治和涉外法治中的"统筹"问题》,《武大国际法评论》2022年第4期,第1页。

中国的新的国际组织平台。①

以上观点代表了近年来中国国际法学界关于"统筹"的最精当分析。具体到涉外经济行政法,在制度方面需要根据《全面与进步跨太平洋伙伴关系协定》等高标准经贸规则,继续完善国内涉外经济行政法律法规;在行为主体方面,需要优化外经贸主管机关与其他部门之间的协作关系,优化外经贸主管机关与外贸外资从业者之间的双线关系,加强服务型行政与事中事后监管;在机制方面,需要强化国内自由贸易试验区与对外自由贸易协定的"双自联动",加强公众参与机制建设;在场所方面,对内需要充分利用自由贸易试验区以及上海等相关中心城市,加强外商投资企业投诉工作部门的建设,修订《中华人民共和国仲裁法》,使国内仲裁机构能够受理国内行政机关与外国私人投资者之间的国际投资仲裁,对外继续充分利用世贸组织、世界知识产权组织、二十国集团领导人峰会、大金砖合作领导人峰会等平台。

综上,涉外经济行政法学与一般行政法学在研究重点上存在明显区别,由此,涉外经济行政法学的研究范式也就具有了自身特殊性。这种特殊性主要体现于它与经济法学、国际法学的交叉性,较之一般行政法学,更具有新文科建设的前沿性、综合性色彩。

第三节 涉外经济行政法学主要研究范式的划分

本节将根据前文提及的修正后的"三足鼎立"说,系统阐述涉外经济行政法学的主要研究范式。这种范式划分法最能直观体现我国涉外经济行政法学的研究风貌。

一、法政策学

(一)法政策学概论

按照行政法学者的界定,法政策学是研究法与公共政策相互关系的学

---

① 参见蔡从燕:《统筹推进国内法治和涉外法治中的"统筹"问题》,《武大国际法评论》2022年第4期,第12—16页。

问,但它始终坚持以法律思维为基础,在不断批判和反思政策思维的基础上,实现法学与公共政策学的有机整合,根本目的是通过观察、分析与反思从公共政策到法的转变过程,为良好的法律制度设计提供规律、准则与思考方法。在基础概念层面,法政策学的支柱概念包括政策目标(立法目标)、政策工具(行政手段)、规制模式(组合手法)与评价基准等。在具体事项分析层面,法政策学采用过程分析模型,对立法所涉价值、事实和规范三要素进行循环往复的观察与论证。① 本章所指的法政策学含义虽然也承认上述观点,但比上述观点要更广一些,还涵盖了自苏力以降的政法法学范畴。如前所述,法政策学范式同时涵盖了何海波所说的关注政策导向的政法法学与关注立法工作的立法法学。因此,下文也按照这两个方面加以展开。

(二)与国家政策需求直接相关的法政策学

法律属于国家上层建筑范畴,故各部门法学者均有必要开展法政策学研究,不过各国的法政策学研究主要还是集中于行政法领域。这是因为在当代各国,行政权空前扩张,行政机关已经成为公共政策的主要来源,行政法也成为最重要的公共政策载体。② 该观点本身无疑是正确的,但其单纯立足于国内法学者角度,完全忽略了国际法学(含国际经济法学)。事实上,由于主权国家及其他国际行为主体之间关系的高度复杂性,国际法学显然也高度关注国家的外交政策导向,作为国际法学研究方向之一的国际经济法学,则主要关注国家对外经贸政策导向。因此,国际法学(含国际经济法学)理应也是法政策学研究的最重要领域之一,涉外经济行政法学由于其涉及国际法学(含国际经济法学)的交叉性,必然受到直接影响。有国际经济法学者认为,国际经济法因其政治底色和话语要素而具有重要性,关系到中国在世界经济秩序中的主动权与话语权。③ 这个论断同样适用于涉外经济行政法。

在我国,党和国家的顶层文件是执政党治国政策、方略方针的最具权威

---

① 参见鲁鹏宇:《法政策学初探——以行政法为参照系》,《法商研究》2012年第4期,第111、114页。
② 同上文,第111页。
③ 参见赵骏:《体用兼具:国际经济法的重要性释义》,《清华法学》2018年第1期,第51页。

性的标志,为涉外经济行政法学的法政策学研究提供了最为直接的政策思想资源。例如,2022年党的二十大报告在第四部分指出:"推进高水平对外开放。……稳步扩大规则、规制、管理、标准等制度型开放。……合理缩减外资准入负面清单,依法保护外商投资权益,营造市场化、法治化、国际化一流营商环境。推动共建'一带一路'高质量发展。……加快建设海南自由贸易港,实施自由贸易试验区提升战略,扩大面向全球的高标准自由贸易区网络。"在第十四部分指出:"中国……反对保护主义,反对'筑墙设垒'、'脱钩断链',反对单边制裁、极限施压。"①以上论述从对内、对外两个方面,指明了中国打造更高水平开放型经济新体制的总体政策立场,以及与国际经贸合作直接相关的对外关系政策主张。

2021年全国人民代表大会通过的《中华人民共和国国民经济和社会发展第十四个五年规划和2035年远景目标纲要》指出:"实施自由贸易区提升战略,构建面向全球的高标准自由贸易区网络。优化自由贸易区布局,推动区域全面经济伙伴关系协定实施,加快中日韩自由贸易协定谈判进程,稳步推进亚太自贸区建设。提升自由贸易区建设水平,积极考虑加入全面与进步跨太平洋伙伴关系协定,推动商签更多高标准自由贸易协定和区域贸易协定。"②这些论述所围绕的自由贸易区提升战略,是我国在涉外贸易规制领域有代表性的政策导向之一。

2024年党的二十届三中全会通过的《中共中央关于进一步全面深化改革、推进中国式现代化的决定》(以下简称《决定》)在第二部分指出:"建立高效的知识产权综合管理体制。完善市场信息披露制度,构建商业秘密保护制度。……完善惩罚性赔偿制度。加强产权执法司法保护,防止和纠正利用行政、刑事手段干预经济纠纷,……"《决定》又在第三部分指出:"健全平台经济常态化监管制度。建设和运营国家数据基础设施,促进数据共享。加快建立数据产权归属认定、市场交易、权益分配、利益保护制度,提升数据

---

① 习近平:《高举中国特色社会主义伟大旗帜 为全面建设社会主义现代化国家而团结奋斗——在中国共产党第二十次全国代表大会上的报告》,人民出版社2022年版,第32—33、61—62页。
② 《中华人民共和国国民经济和社会发展第十四个五年规划和2035年远景目标纲要》,2021年3月11日十三届全国人大四次会议通过。

安全治理监管能力,建立高效便利安全的数据跨境流动机制。"《决定》在第五部分指出:"支持符合条件的外资机构参与金融业务试点。稳慎拓展金融市场互联互通,优化合格境外投资者制度。推进自主可控的跨境支付体系建设,强化开放条件下金融安全机制。"① 以上分别体现了我国在涉外知识产权规制、涉外数据规制、涉外金融规制等领域的基本政策导向。

值得特别强调的是,涉外法治事实上已经承载着中国作为发展中大国,反对西方霸权主义扩张其国内法域外效力、滥用"长臂管辖"与单边制裁而进行的对外法治斗争的政策考量。② 涉外经济行政法作为涉外法治的重要组成部分,其发展也必然具有这种对外关系面的考量。近年来,中国在这方面的立法力度明显强化,表现在 2020 年先后通过了《不可靠实体清单规定》《中华人民共和国出口管制法》,2021 年先后通过了《阻断外国法律与措施不当域外适用办法》《中华人民共和国反外国制裁法》,2023 年通过了《中华人民共和国对外关系法》,2024 年通过了《中华人民共和国两用物项出口管制条例》。这些法律、行政法规、部门规章都直接或间接发展了我国涉外经济行政法,是新时代中国在百年未有之大变局下,对外部复杂环境的有力回应。

在特殊历史时期,国家为维护主权利益,对涉外法治产生政策立场的自我主张,显然有其必然性。在国际法学界,阿尔瓦雷斯提出了"国家的回归"命题,大体指主权国家的行动自主性强化,与以往不断通过条约让渡主权的趋势形成一种反差。③ 许多国家倾向于寻求对更少的事项承担义务、承担更少与更具柔性的义务、更灵活的义务履行方式,以及更有效的风险防范机制。④ 这些动态虽然远不能说明国际法律秩序已被根本颠覆或不受认同,但确实表明了全球治理的阶段性动荡,国内法对国际法的制约显著增强。蔡

---

① 《中共中央关于进一步全面深化改革、推进中国式现代化的决定》,人民出版社 2024 年版,第 10—12、21 页。

② 参见马忠法:《百年变局下涉外法治中"涉外"的法理解读》,《政法论丛》2023 年第 1 期,第 97 页。

③ See Jose. E. Alvarez, "The Return of the State", Minnesota Journal of International Law, Vol.20, Issue 2, 2011, pp.262-264.

④ 参见蔡从燕:《国家的"离开""回归"与国际法的未来》,《国际法研究》2018 年第 4 期,第 11 页。

蔡从燕指出,鉴于国内法治和涉外法治所处的社会环境不同,国外多数学者认为涉外法治并不当然要遵循与国内法治相同的标准,即不是必须采取正常化逻辑,而是可以遵循例外主义逻辑,中国亦然。① 该观点的思想渊源可追溯至英国近代启蒙思想家洛克提出的"对外权"思想。② 国际法学界此种观点与行政法学界之间达成无形的呼应。行政法学界认为,我国行政法学的总论体系已经初步形成,行政法学今后发展的关键在于能否实现本土化,这在相当程度上有赖于面向具体领域的部门行政法。③ 目前,涉外经济行政法就属于这种面向具体领域的部门行政法的范畴,担负着新时代中国在涉外经贸管理领域提出本土化政策主张的任务。

但需进一步指出,对新时代中国在涉外经贸管理领域政策主张的理解,不应仅囿于维护自身个性化利益,还应着眼于推进国际社会的公共利益。何志鹏认为,涉外法治可分为"国家范式"与"全球范式",前者指立足自身,维护国家主权、安全与发展利益,维护我国公民和法人的海外利益,提升国家法治形象;后者指展现我国积极参与全球治理的责任感,意味着积极规划、改善国际法治,为世界和平与发展贡献力量,积极推动构建人类命运共同体。④ 党的二十大报告在第十四部分指出:"中国愿加大对全球发展合作的资源投入,致力于缩小南北差距,坚定支持和帮助广大发展中国家加快发展。……中国积极参与全球治理体系改革和建设,践行共商共建共享的全球治理观,坚持真正的多边主义,推进国际关系民主化,推动全球治理朝着更加公正合理的方向发展。……推动世界贸易组织、亚太经合组织等多边机制更好发挥作用,扩大金砖国家、上海合作组织等合作机制影响力,增强新兴市场国家和发展中国家在全球事务中的代表性和发言权。"⑤以上论述

---

① 参见蔡从燕:《统筹推进国内法治和涉外法治中的"统筹"问题》,《武大国际法评论》2022年第4期,第17—18页。
② 参见[英]洛克著:《政府论(下篇):论政府的真正起源、范围和目的》,叶启芳、瞿菊农译,商务印书馆1964年版,第92—93页。
③ 参见《面向具体领域的行政法》,《华东政法大学学报》2014年第1期,第3页。
④ 参见何志鹏:《涉外法治的国家范式与全球范式》,《法商研究》2024年第2期,第23页。
⑤ 习近平:《高举中国特色社会主义伟大旗帜　为全面建设社会主义现代化国家而团结奋斗——在中国共产党第二十次全国代表大会上的报告》,人民出版社2022年版,第62页。

展现了中国参与全球经济治理的清晰思路,表明中国是发展中大国,固然要首先维护自身国家利益;同时,中国又是负责任的大国,由此更要推进人类命运共同体的建构。涉外经济行政法既要考虑维护我国经济主权利益,如针对外国货物进行必要的反倾销、反补贴调查;又要积极打造开放型经济新体制,如设立、完善各种贸易便利化、投资便利化机制等。这两个方面并举,才构成我国涉外经济行政法完整的政策主张来源。这也反映出涉外经济行政法学研究范式不同于一般行政法学研究范式的特殊性,即此处的政策并非国内社会治理中各个领域的一般性政策,而是与我国涉外经济交往直接相关的政策,尽管两者之间也可能发生耦合。

(三)与国家立法需求直接相关的法政策学

法政策学研究范式还存在另一方面,即对关注立法工作的立法法学的涵盖。按照行政法学者的观点,法政策学可被称为"实质意义上的立法学"(区别于程序、形式意义上的立法学)。它需要综合观察法律、政策与社会现实的交互性关系,需要广泛借鉴和援用经济学、政治学、社会学以及政策科学等相关学科的理论与方法,立足于法律思维进行创造性的加工与改造,以确保立法内容的正当性。① 简言之,法政策学不但关注政策,更关注如何将适当的政策合理转化为法。这在涉外经济行政法中同样体现得十分明显。何志鹏认为,涉外法治的工作体系首先体现在国家跨境法律制度的完善,只有充实法律工具箱,才能依法进行国际维权,并进一步参与国际法治合作与制度竞争。②

2001年11月,在中国加入世贸组织后,国务院随即公布了《中华人民共和国反倾销条例》《中华人民共和国反补贴条例》《中华人民共和国保障措施条例》,这便是在国内立法层面上对世贸组织义务的有效落实。"入世"20余年来,中国涉外经贸法律法规体系不断完善,知识产权领域的立法修法即为典型。在2020年11月中央全面依法治国工作会议将习近平法治思想明确为全面依法治国的指导思想后,中国法学会会长王晨指出,涉外法治工作

---

① 参见鲁鹏宇:《法政策学初探——以行政法为参照系》,《法商研究》2012年第4期,第113—114页。
② 参见何志鹏:《涉外法治的系统思维》,《武汉大学学报(哲学社会科学版)》2024年第4期,第14页。

要补短板、强弱项,加强涉外法治相关的法律储备。① 2021年中共中央印发的《法治中国建设规划(2020—2025年)》指出,在涉外法治方面,为了适应高水平对外开放工作需要,中国要完善涉外法律和规则体系,特别要补齐短板。"补齐短板"四字,言简意赅。前文提及,中国自2020年以来先后通过的《不可靠实体清单规定》《中华人民共和国出口管制法》《阻断外国法律与措施不当域外适用办法》《中华人民共和国反外国制裁法》《中华人民共和国对外关系法》《中华人民共和国两用物项出口管制条例》等法律法规,正是在涉外经济行政立法上落实了"补齐短板"的要求,有效解决了我国在涉外法治工作中部分经济反制与规制行动所一度面临的国内法依据不明确的问题,为完善涉外经济行政法治建设打下了更全面、更牢固的规范基础。

也要看到,2020年以来通过的上述法律法规,目前虽可谓初具规模,但在规则完善度和体系化程度上尚需进一步提升。② 关于法的体系化工作,行政法学界近年来由于受到《中华人民共和国民法典》出台的促动,关于行政法成典乃至部门行政法学成典的讨论开始成为热点。关保英指出,行政法总则成典在行政法学界已达成基本共识,但部门行政法成典则相对有限,究竟哪些领域的部门行政法可以成典或可以率先成典,学界的认识还是模糊、不确定的。目前来看,教育法、环境法、体育法、应急管理法、公共卫生法、食品药品安全法等部门行政法存在着成典的可能性。③ 但是,涉外经济行政法因横跨涉外贸易、投资、金融、知识产权、数据等多个领域,具有体系庞大的特点,显然不存在成典的可能。不过,2020年以来通过的与涉外经济法治建设相关的一系列法律、法规、规章,却完全有可能以《中华人民共和国对外关系法》为中心,逐渐发展成为相对独立的涉外经济管制法分支。相应的涉外

---

① 参见金歆:《以习近平法治思想为指导 推进涉外法治人才培养》,载《人民日报》2020年11月27日第4版。
② 体系化概念最初起源于民法、行政法等部门法场域。行政法学者指出,在法律系统中,如果概念含义清楚,规则逻辑一致,相互关系融洽,则这一系统就会稳定、良好地运转,并发挥指导实践的功能。反之,如果法律系统中概念含义模糊,规则相互冲突,结构逻辑不严,则这个系统就难以发挥稳定的法律秩序的功能。参见赵宏:《行政法学的体系化建构与均衡》,《法学家》2013年第5期,第53页。
③ 参见关保英:《论行政法典总则与部门行政法及其成典的关系》,《中州学刊》2022年第1期,第55—57页。

经济管制法学,固然应当体现一般行政法学的基本原理,但毫无疑问更必须与我国对外关系法学的特殊原理紧密结合在一起。这就印证了部分行政法学者的观点,即部门行政法与行政法之间不完全是分论与总则的关系。部门行政法与部门行政管理之间的密切关系,以及部门行政法学以问题为核心的研究特点,很可能会催生出边缘性、多学科交融的崭新学科。①

综上,基于涉外经济行政法的涉外性,法政策学范式既涵盖国家政策导向,又涵盖相应的立法工作,故必将成为中国涉外经济行政法学最重要的研究范式之一。它的优势或长处已经毋庸赘言。不过,这一范式也有潜在的不足或风险,在学术实践中可能导致部分学者过分强调政策性意向,满足于表面上似乎符合政策命题的"听觉正义",而忽视实质性的法律技术化论证,忽视对经济学、社会学、管理学、政策科学等相关社会学科的学习与关注,进而走向一种浅层次的"口号法学"。法政策学关注政策转化为立法的过程,应当重视对各种社科知识与方法的运用,由此,法教义学、社科法学这两种研究范式的重要性就得以彰显。

二、法教义学

(一)法教义学概论

法教义学是法学界显要范式,主要流行于民法、刑法、宪法等领域,至今已有众多探讨文献。学界普遍认为,"法教义学"一词起源于德国的治学传统,德语词源为 Rechtsdogmatik,英语则为 legal dogmatics 或 legal doctrine,中文法学界译为"法释义学""法律释义学""法教义学""法律教义学"等,以"法教义学"一词最为通行。② 法教义学的含义有一定分歧,即便在德国也存在多种理解。但一般而言,法教义学以现行实在法秩序为前提,以法律规范为中心,遵循逻辑与体系的要求,以原则、规则、概念等要素制定、编纂与发展法律规范,通过适当的解释规则运用和阐释法律规范。③ 雷磊指

---

① 参见余凌云:《部门行政法的发展与建构——以警察(行政)法学为个案的分析》,《法学家》2006 年第 5 期,第 138 页。
② 参见白斌:《论法教义学:源流、特征及其功能》,《环球法律评论》2010 年第 3 期,第 6 页。
③ 同上文,第 8 页;许德风:《法教义学的应用》,《中外法学》2013 年第 5 期,第 938 页。

出,法教义学秉持"双重规范性"立场,即"对于规范的规范性立场"。也就是说,首先,法教义学强调认真对待法律规范,法律工作系以法律规范为中心。其次,法教义学秉持规范性(应然性)立场,[①]旨在为法律实践提供正确标准,即在特定的情形中,人们在现行法律框架之下应该如何行动。[②] 法教义学的功能在于,通过对概念、原则、制度等法律素材进行体系性整理,使法律规范体系化,减少法律适用负担,存储法律解释可能,使法律理性化且更容易被学习。[③] 显然,法教义学是法学研究者、法律从业者最为亲近、最为熟悉的一种范式,同时也最能体现法学的专业气质。

关于法教义学,有几点认识需要澄清。

第一,过去有看法认为,法教义学既然以现行实在法为基本信仰前提,那么它的重点就是关注司法过程,旨在为司法中的法律问题提供解答,而立法活动则是政治过程,法教义学在其中最多只发挥辅助功能。[④] 但事实上,法教义学同样关注立法过程,它能够直接或间接地为立法提供支持,对立法进行批判,从而影响立法的内容,提升立法的科学化。因此,法教义学既具有对现行实在法体系的稳定化与整合功能,也具有对实在法体系的革新功能。[⑤]

第二,法教义学将实在法律规范奉为研究中心,重视分析法律规范本身的含义,容易使人联想起历史上西方法学流派中分析实证法学与法社会学、自然法学的对立,从而误解为法教义学排斥法社会学所重视的经验知识与自然法学所重视的价值判断。事实上,法教义学固然以法律规范作为依据、框架与基础,但并不反对,甚至必然接纳经验知识与价值判断。[⑥] 今天的法

[①] 这里的"规范性",英文为 normative,意指"应然""该如何做",虽然在法理学界使用极为广泛,但极易与"法律规范"中的"规范"(norm)相混淆。对此,读者须注意鉴别。
[②] 参见雷磊:《什么是我们所认同的法教义学》,载《光明日报》2014 年 8 月 13 日,第 16 版。
[③] 参见卜元石:《法教义学的显性化与作为方法的法教义学》,《南大法学》2020 年第 1 期,第 51 页。
[④] 参见张翔:《立法中的宪法教义学——兼论与社科法学的沟通》,《中国法律评论》2021 年第 4 期,第 96 页。
[⑤] 参见雷磊:《法教义学能为立法贡献什么?》,《现代法学》2018 年第 2 期,第 25 页。
[⑥] 参见雷磊:《法教义学的基本立场》,《中外法学》2015 年第 1 期,第 198 页。

教义学早已承认,法律规范时常出现空缺、矛盾、言不及义、言过其义等缺陷,运用经验知识与价值判断来弥补这些缺陷,不仅需要而且必要。所以,法教义学并非不关注经验知识与价值判断,而是致力于将它们"教义化"和"类型化",以便省却今后裁判时的论证负担。①

第三,法教义学集中于法律规范层面的分析论证,容易使人将其等同于法解释学。事实上,法律解释只是法教义学的一个组成部分,完整意义上的法教义学应包括法律发现、法律解释、法律推理、法律适用等多个范畴,体现了法律职业者对法律方法的应用。② 法律发现、法律解释、法律推理、法律适用这几个范畴互有交叉,但仍有一定的区别。此外,雷磊指出,法律解释只是法教义学的第一步骤,第二步骤则是概念构造与事实归入,即将法律规范回溯到更为抽象的概念与制度上,将特定事实归入既有的法学范畴下,第三步骤则是体系化,包括外在的概念-规则层面的体系化与内在的价值-原则层面的体系化。③ 对体系化这一概念的强调,体现了自萨维尼、迈耶以来,欧洲大陆法系对民法、行政法持续的体系化整合理想与相应的学术努力。④

(二)法教义学范式在我国涉外经济行政法研究中的运用状况

部分学者认为,在中国,自觉的法教义学反思只是正在发生,距离概念清晰、逻辑谨严、体系完整的目标还甚为遥远,其与法律实践也未形成良好的互动。⑤ 当下,法教义学主要在民法、刑法等部门法学中较为流行,而在其他部门法学中则未必尽然。例如,有经济法学者认为,与民法、刑法等传统部门法学相比,经济法学研究并无对于体系化的法教义学之明确提倡,只是偶尔论及法律解释方法对于未来经济法学发展的重要意义。⑥ 在行政法学

---

① 参见雷磊:《什么是我们所认同的法教义学》,载《光明日报》2014年8月13日,第16版。
② 参见王方玉:《论法教义学在法律方法中的应用》,《中国政法大学学报》2020年第2期,第143页。
③ 参见雷磊:《法教义学的方法》,《中国法律评论》2022年第5期,第77页。
④ 参见杨代雄:《萨维尼法学方法论中的体系化方法》,《法制与社会发展》2006年第6期,第21—30页;赵宏:《行政法学的体系化建构与均衡》,《法学家》2013年第5期,第34—54页。
⑤ 参见张翔:《形式法治与法教义学》,《法学研究》2012年第6期,第9页。
⑥ 参见张继恒:《法教义学的勃兴对经济法意味着什么》,《现代法学》2016年第1期,第185页。

界,于立深曾经指出,中国行政法学虽经几十年的发展,但仍旧缺乏形式与逻辑分析,仍未脱离与政治伦理相混淆的情形,这对正处于转型时期的行政法变革相当不利。① 这虽然是十余年前的判断,但仍表明,法教义学在行政法学界尚不够发达,相比法政策学而言,尚未在一般行政法学研究中取得主导性地位。

但是,涉外经济行政法却在一定程度上成为例外,特别是在涉外贸易、投资、金融、知识产权、数据这几个细分领域中,制度阐释性文献已经相当丰富。在涉外贸易领域,学者们集中探讨了反倾销、反补贴调查中大量实体与程序性问题,②我国产业补贴措施的世贸组织法合规性问题,③以及贸易便利化问题。④ 在涉外投资领域,学者们持续关注东道国与外国私人投资者之间的投资争端,包括我国各地各级政府与外国投资者的投资争端。⑤ 特别是《外商投资法》问世以来,关于我国外商投资行政管理制度的研究掀起了一波热潮,相关文献较为丰富,涉及企业形式、知识产权保护、税收管理、投资争端预防等多个方面。⑥ 在涉外(跨境)金融领域,监管沙盒等金融科技监管命题得到了高度关注。⑦ 在涉外数据领域,数据跨境流动管理机制已经成为

---

① 参见于立深:《概念法学和政府管制背景下的新行政法》,《法学家》2009 年第 3 期,第 66 页。
② 参见傅东辉:《论贸易救济——WTO 反倾销反补贴规则研究》,中国法制出版社 2015 年版;单一:《规则与博弈——补贴与反补贴法律制度与实务》,北京大学出版社 2021 年版。
③ 参见张军旗:《WTO 补贴规则与我国产业补贴政策的变革》,上海财经大学出版社 2021 年版。
④ 参见刘瑛、黎萌:《〈贸易便利化协定〉视角下中国海关行政裁定制度研究》,《国际贸易》2018 年第 2 期,第 60—66 页。
⑤ 参见单文华、王承杰主编:《中国国际投资仲裁常设论坛年度报告(2019—2020)》,法律出版社 2020 年版。
⑥ 参见孔庆江:《〈中华人民共和国外商投资法〉与相关法律的衔接与协调》,《上海对外经贸大学学报》2019 年第 3 期,第 5—13 页;崔晓静、陈镜先:《〈外商投资法〉中的税收法律问题研究》,《中国法律评论》2020 年第 3 期,第 197—206 页;陶立峰:《投资争端预防机制的国际经验及启示——兼评〈外商投资法〉投诉机制的完善》,《武大国际法评论》2019 年第 6 期,第 88—98 页。
⑦ 参见廖凡:《金融科技背景下监管沙盒的理论与实践评析》,《厦门大学学报(哲学社会科学版)》2019 年第 2 期,第 12—19 页。

学界热点。① 其中,有一部分文献涉及与金融、医疗等领域的交叉,带有部门行政法学的色彩。② 在涉外知识产权领域,行政法相关问题主要集中在知识产权确权纠纷,知识产权法学者构成了这方面的主要研究群体。此外特别值得注意的是,在具有横跨性的涉外经济行政法治领域,经济制裁相关问题构成了近年来的学界关注热点。③

上述研究印证了行政法学者针对部门行政法的若干论断。关保英认为,我国传统部门行政法强调行政法的部门性、管理性与行政本位性等,但在新的历史条件下,部门行政法应当趋于体系化、给付化、技术化、民间化和商谈化。④ 具体到涉外经济行政法中,政府向本国企业提供财政补贴,向外贸企业提供贸易便利化措施,向外商投资企业提供投诉处理等争端预防机制,这些公共服务便构成行政给付;金融监管、知识产权确权、数据跨境流动管理等行政工作,明显具有高度技术化特点;涉外经贸工作中的行业自律,便是民间化的鲜明体现;反倾销、反补贴调查中的价格承诺机制、外商投资企业的投诉处理机制,则体现了东道国政府与相关企业之间的商谈。这些涉外经济行政活动与过程,机制精微、丝丝入扣,值得进行深入的制度分析。正如宋华琳所言,部门行政法有助于分析行政法上的利益关系构造,推进行政组织法的建构以及新型行政活动形式的规范化。⑤ 可以认为,涉外经济行政法在上述诸方面,已经走在了我国部门行政法发展的前沿,为当代法教义学范式提供了生动的范例、肥沃的素材土壤。

---

① 参见谭观福:《数字贸易中跨境数据流动的国际法规制》,《比较法研究》2022年第3期,第169—185页;洪延青:《数据跨境流动的规则碎片化及中国应对》,《行政法学研究》2022年第4期,第61—72页;金晶:《欧盟的规则,全球的标准?数据跨境流动监管的"逐顶竞争"》,《中外法学》2023年第1期,第46—65页。
② 参见彭德雷、张子琳:《数字时代金融数据跨境流动的风险与规制研究》,《国际商务研究》2022年第1期,第14—25页;何晶晶、张心宇:《中国健康医疗数据跨境流动规制探析》,《国际法研究》2022年第6期,第62—74页。
③ 参见杜涛:《国际经济制裁法律问题研究》,法律出版社2023年版;沈伟:《金融制裁与反制裁中的国家能力建设》,《财经法学》2024年第5期,第109—131页。
④ 参见关保英:《部门行政法在新时代的变迁研究》,《社会科学战线》2019年第4期,第186页。
⑤ 参见宋华琳:《部门行政法与行政法总论的改革——以药品行政领域为例证》,《当代法学》2010年第2期,第55页。

（三）法教义学范式在我国涉外经济行政法研究中的短板

虽有上述成就，我国涉外经济行政法的教义学研究仍然存在明显短板。

第一，目前涉外经济行政法研究工作中，国际法学科中的国际经济法学者占据了压倒性的比例，而行政法学界对此关注较少。但是，国际经济法学者的研究往往只有单纯政策层面的介绍与跟踪、单纯制度层面的描述与分析，而缺少一般法学理论框架或模型的抽象工作。用前述法理学者的观点审视，这显然不能算是完整意义上的法教义学，因为法教义学一定是一种以概念和命题的提炼与以体系化为核心特征的工作，因此具有很高程度的抽象性。① 这就导致相关研究偏于局部、微观的技术性分析，并不能促进关保英所说的当代部门行政法应呈现出来的体系化。宋华琳在肯定部门行政法作用的同时又指出，部门行政法学研究应有助于建立介于行政法总论与部门行政法之间的、具有"中度抽象水准"的理论学说。② 但国际经济法学者在涉外经济行政法的研究上，总体上显然缺乏这种问题意识，导致其研究很少注重从一般行政法理论中吸收营养。③ 从本质上来说，在熟悉制度细节的国际经济法学者与长于抽象理论的行政法学者之间，尚缺少有效的沟通与对话。

第二，目前我国涉外经济行政法学文献中，有相当大一部分其实是研究"反向"的涉外经济行政法，也就是说，其研究对象实为外国政府对我国行政相对人（或直接相关主体）采取的行政行为，如反倾销、反补贴、经济制裁、出口管制等。④ 研究"正向"涉外经济行政法的文献，即以我国政府对外国行政

---

① 参见泮伟江：《中国本土化法教义学理论发展的反思与展望》，《法商研究》2018 年第 6 期，第 34 页。
② 参见宋华琳：《部门行政法与行政法总论的改革——以药品行政领域为例证》，《当代法学》2010 年第 2 期，第 55 页。
③ 应指出，目前仍有少数国际经济法学者在少量领域中有少量研究涉及一般行政法理论。典型例证是，蔡从燕与李尊然在研究东道国政府对外商投资企业的间接征收问题时，充分注意到了美国行政法上的财产征收理论。参见蔡从燕、李尊然：《国际投资法上的间接征收问题》，法律出版社 2015 年版，第 57—101 页。
④ 例见朱淑娣主编：《涉华国际贸易行政诉讼案例精析》，格致出版社、上海人民出版社 2021 年版。该书精心选取了 15 个美国对华商品反倾销、反补贴案件，研究这些案件的起因、调查及审理过程、法律争议点，具有相比同类成果的技术性、涉外案例研究的细节性、中西法律思维的对比性、主要制度问题的覆盖全面性，展现了法教义学的探微风格，为中国企业出口提供了精到的启示。

相对人(或直接相关主体)采取的行政行为为研究对象的,在反倾销、反补贴、经济制裁、出口管制这些主题上则相对较少。这种研究国外多、研究国内少的状况,可能相当程度上受制于我国在这些方面的案例披露情况。此外,经济制裁、数据跨境流动等方面也明显缺少案例,国际经济法学者对此往往偏向于从制度建构角度展开论述。制度建构属于立法范畴,固然也属于法教义学的一部分,但不可否认,司法案例才是法教义学的核心领地。涉外经济行政法"正向"案例的短缺状况,呼应了法理学者所论及的我国法教义学"无米之炊"说。① 除了技术性原因外,百年未有之大变局下我国在涉外经济行政方面强调维护国家秘密,同时重视争端预防与调解的政策导向,可能也是一个制约因素。这就需要跳出单纯法教义学的视野,运用法政策学、社科法学等其他范式,审视中国涉外经济行政法的整体框架。

三、社科法学

(一) 社科法学概论

由于近二十多年来与法教义学的竞争,社科法学已成为我国法理学界的热点话题,同样深刻影响了我国行政法学的发展走向。大体上,社科法学指结合经济学、政治学、社会学、人类学等其他社会科学的知识与方法,用以进行因果关系阐释与意义阐释,研究法律相关问题的一种研究范式。当然,"社科法学"这个称谓未必严谨,在我国法理学界更多是出于研究便利的需要而使用。

从知识来源看,社科法学所指向的"社会科学"这个范畴显然非常庞大,包含了众多一级学科。因此,与法教义学明显不同,社科法学没有统一的立场、问题与方法。② 尽管从学术史来看,法律经济学、法律社会学、法律人类学是三种比较流行的社科法学进路,法律经济学甚至在美国占据显著的主导地位,但实际上,社科法学从理论上讲可以借鉴一切其他社会科学的知识与方法,例如还有政治学、管理学、政策科学等。鲁鹏宇在论述法政策学在

---

① 参见泮伟江:《中国本土化法教义学理论发展的反思与展望》,《法商研究》2018 年第 6 期,第 28 页。
② 参见谢海定:《法学研究进路的分化与合作——基于社科法学与法教义学的考察》,《法商研究》2014 年第 5 期,第 89 页。

行政法研究中的运用时即指出,法政策研究需要广泛借鉴经济学、政治学、社会学、政策科学等相关学科的理论与方法,以确保立法者趋向于提出合理的政策目标并选择恰当的政策手段。① 在这个意义上,社科法学实际上与法政策学有着天然的紧密联系。包万超以微观经济学为例,列举了四种新兴理论——公共选择理论、博弈理论、机制设计理论、制度变迁理论,指出这些理论树立了一种以人的理性选择为分析中心的制度学说,而不是从制度的文本结构与逻辑关系去研究制度本身。② 宋功德运用制度经济学的交易费用概念,紧扣"制度结构均衡"的主线,对经济行政法的制度结构进行了非常深入的研究。③ 这些成果都表明,社科法学在行政法研究中具有重大价值。

从内在理念看,社科法学的最大特点是问题导向和语境导向。首先,问题导向表现在,社科法学并不追求概念化与体系化,也从不将现有法条奉为圭臬,它是从问题出发,而不是从法条出发,侧重从经验性角度关注法律问题的外部社会后果,并对相关后果进行因果关系的解释,④最终得出一定的启示结论。而且,社科法学关注的问题并非单纯源于理论思辨,而是更多来自广泛的法律实践,尤其是来自法律与现实之间的反差所引发的紧张关系。⑤ 对于现实生活中真实存在的需求与困惑,社科法学先是追问"为什么",然后再讨论"怎么办"。⑥ 它的讨论方式是因果阐释与意义阐释,即揭示社会现象发生的原因、解释行动的文化意义。⑦ 其次,语境导向表现在,社科法学认为法律问题的讨论必须嵌入具体的社会经济文化传统中才有意义,⑧知识的科学性指向的是特定语境下的可接受性。⑨ 由此,相比法教义学高度

---

① 参见鲁鹏宇:《法政策学初探——以行政法为参照系》,《法商研究》2012年第4期,第114页。
② 参见包万超:《面向社会科学的行政法学》,《中国法学》2010年第6期,第56页。
③ 参见宋功德:《论经济行政法的制度结构——交易费用的视角》,北京大学出版社2003年版。
④ 参见侯猛:《社科法学的传统与挑战》,《法商研究》2014年第5期,第76页。
⑤ 参见王启梁:《中国需要社科法学吗》,载《光明日报》2014年8月13日,第16版。
⑥ 参见陈柏峰:《社科法学及其功用》,《法商研究》2014年第5期,第68页。
⑦ 同上文,第69页。
⑧ 参见侯猛:《社科法学的传统与挑战》,《法商研究》2014年第5期,第77页。
⑨ 参见谢海定:《法学研究进路的分化与合作——基于社科法学与法教义学的考察》,《法商研究》2014年第5期,第92页。

崇尚法理逻辑的"普世价值"而轻视"地方性知识",社科法学基于文化相对论相信法律是一种"地方性知识",这就使它能够不受西方母体来源的限制,进而直面中国语境下的独特问题。①

关于社科法学,同样有几点常见的误解需要澄清。

第一,社科法学可能被误解为仅与立法有关,而与司法无关。实际在这一点上,社科法学与法教义学一样,既与立法有关,也与司法有关。诚然,法政策学在关注立法科学性时,必然要运用社科知识与方法。社科法学由此需要解决未能进入司法实践的问题,即从立法层面作出回应。② 但在司法层面,社科法学相比法教义学的优势,主要在于指引疑难案件的解决。③ 也就是说,对于那种在法条解释上存在多种选择、裁决结果面临重大社会反响的案件,裁判者现实中往往需要遵循社科法学进路,从预想后果出发进行法条的选择与解释。

第二,社科法学可能被误解为不重视法律规范。侯猛指出,社科法学其实与法教义学一样,都是以法律文本为基础的。但是,社科法学通过分析法条在社会生活中的作用,提出立法和政策建议。因此,社科法学也重视法条,只是不会奉其为圭臬。④ 尤陈俊指出,即便在法社会学的阵营中,对待法律规范的态度也各有差别,例如美国法社会学家菲利普·塞尔兹尼克领衔的伯克利学派就相当重视对法律规范本身的研究。⑤

第三,社科法学可能被误解为混淆实然与应然,或用实然直接代替应然。长期以来,社科法学被认为不像法教义学那样强调从法条内在视角出发应当如何做,而是秉持其他社会科学中的经验实证方法对社会现象进行外在视角的观察。于是,社科法学必然面临着经典的"休谟问题":从实然能

---

① 参见李晟:《实践视角下的社科法学:以法教义学为对照》,《法商研究》2014年第5期,第81—82页。
② 参见陈柏峰:《社科法学及其功用》,《法商研究》2014年第5期,第71页。
③ 对此,苏力有非常全面和深入的论述。但须注意,苏力对"疑难案件"与"难办案件"作了区分。参见苏力:《是非与曲直——个案中的法理》,北京大学出版社2019年版,第308—337页。
④ 参见侯猛:《社科法学的传统与挑战》,《法商研究》2014年第5期,第76页。
⑤ 尤陈俊:《不在场的在场:社科法学和法教义学之争的背后》,载《光明日报》2014年8月13日,第16版。

否推出应然,从事实命题能否推导出价值命题?① 对此,有社科法学学者作出了辩护:法教义学基于其形式化与非语境的局限,其应然立场面临诸多困境。社科法学立足于因果解释角度,融入价值判断,借助问题和对问题的成功解决跨越从"是"到"应当"的鸿沟,能够较好应对不确定性下的各种问题。② 这表明社科法学与法教义学各具相对优势,存在合作空间。

(二)社科法学范式在我国涉外经济行政法研究中的必要性

在新时代中国致力于打造更高水平开放型经济新体制,外部又处于百年未有之大变局的背景下,我国涉外经济行政法亟待在各种价值判断之间均衡发展。在我国涉外经济行政法研究中积极运用社科法学范式,具有突出的必要性。

第一,社科法学范式正视新时代中国涉外经济行政中的政治考量。与法教义学不同,社科法学在研究法律问题时倾向于直面政治、外交等法律外部因素。由于涉外经济行政法学与国际法学的交叉性质,社科法学范式不但应包括经济学、社会学、人类学等传统进路,更应高度重视习近平新时代中国特色社会主义思想和现代国际关系理论等政治学理论。

例如,在制裁与反制裁的涉外经济法治较量中,我国与西方国家彼此对于对方制裁后果的承受能力就成为行动决策时非常重要的考量因素。对此,国际关系学者罗伯特·基欧汉与约瑟夫·奈在其"复合相互依赖"理论中提出的一对概念——敏感性与脆弱性,就成为非常有价值的分析工具。敏感性主要是指一国的变化导致另一国家在现有政策框架内发生有代价变化的速度,侧重于国家在试图改变局面而作出变化之前受外部强加影响的程度。典型例证是二十世纪70年代阿拉伯国家运用"石油武器"时,美国与日本都发生了油价上涨情况,表明它们都存在这方面的敏感性,但美国由于其进口石油占总需求量的比例相对较低,故油价上涨的敏感性小于日本。脆弱性可以定义为国家因外部事件强加的代价而遭受损失的程度,以及对于损失的承受能力,相当程度上取决于国家获得替代选择的相对能

---

① 参见[英]休谟:《人性论》(下册),关文运译,商务印书馆1980年版,第501—506页。
② 参见吴义龙:《社科法学如何处理规范性问题? 兼与雷磊教授商榷》,《中外法学》2022年第6期,第1579页。

力及其付出的代价。典型例证是20世纪60年代末布雷顿森林货币体系发生危机，英国、美国都面临外国投机商与央行争相抛售英镑与美元的情况，但美国可以凭借国力选择在可承受的代价内改变货币体系规则，因此它的脆弱性小于英国。①《中华人民共和国反外国制裁法》（2021年）对于针对外国歧视性限制措施采取反制措施的情况，基本都采用了"有权""可以"等酌定性质的措辞。由此，社科法学的分析可以在其中发挥巨大作用，有助于跳出单纯的法教义学框架，站在更宏观的国际关系高度上妥善处理问题，实现趋利避害。

因此，社科法学范式大方接纳政治因素的存在。社科法学对政治的找回，预示着政法法学的重新复归。② 这在国际形势复杂严峻的百年未有之大变局下十分必要。

第二，社科法学范式适应转型期中国涉外经济行政的治理需要。中国已经进入全面建成社会主义现代化强国的新阶段，对外作为发展中大国正在打造更高水平开放型经济新体制，致力于构建人类命运共同体。值此转型之际，中国改革开放事业中存在大量法律与公共政策相互交织的领域，政府事前的规制与治理相比法院事后的司法救济，往往发挥着更加突出的作用。有法理学者认为，社科法学更偏向于治理理念，因为社科法学往往会注意到政法实践中适应中国具体语境的技术运作。在这些情境中，国家权力并不以某种特定结构清晰地展现出来，而是多元地弥散到社会之中，多重权力形式相互合作，共同对社会形成技术化的治理。这种治理进路指导下的实践，突出表现在金融法、竞争法、环境法、知识产权法、国际经济法等新兴领域，通过灵活变动的政策规章而非长期稳定的法典来回应社会需求。③ 可以看出，这些新兴领域正代表着涉外经济行政法学的研究视界。侯猛亦持类似观点，认为法教义学存在的前提，是要有一个相对稳定的法律秩序。处

---

① 参见[美]罗伯特·基欧汉、约瑟夫·奈：《权力与相互依赖》，门洪华译，北京大学出版社2012年版，第12—13页。
② 参见邵六益：《社科法学的知识反思——以研究方法为核心》，《法商研究》2015年第2期，第111页。
③ 参见李晟：《实践视角下的社科法学：以法教义学为对照》，《法商研究》2014年第5期，第82—83页。

于转型过程的当代中国,法律秩序固然正在建立但尚未建立完毕。社科法学可以解释法律与社会之间的张力,考察变动的法律秩序,从而发现中国法治建设所面临的具体问题。①

社科法学高度重视语境化的"地方性知识",重视中国问题意识,契合中国当前的现实需求。新时代中国的国际角色正在发生显著的变迁,中国已经成为全球第二大经济体,也是货物贸易进出口第一大国、海外投资与引进外资的双向大国,海外贸易与投资利益越来越突出。然而,中国依然是一个国情复杂的发展中国家,农业基础薄弱,环境灾害多发,技术水平总体还不高,相对处于国际产业链的中低端,导致中国的国家身份呈现出复杂多元、难以简单定位的特征,从而在贸易开放与贸易保护、投资母国与投资东道国、知识产权保护与知识产权限制等一系列重大的二元关系问题上,出现了规则的两难抉择处境。例如,在国际投资规则中关于外资待遇、外资保护、东道国与私人投资者争端解决机制的利弊等问题上,中国都呈现出双重身份和利益二元的特征。② 因此,总体来看,目前法教义学的优势更多体现于民商法、刑法等较为稳定的传统法律部门之中,而在涉外经济行政法的众多分支领域中,公共行政方兴未艾,社科法学必有用武之地。

第三,社科法学范式有助于涉外经济行政中技术性问题的解决。涉外经济行政过程中有一些复杂的技术性问题,已经不能简单地与法律问题相分离,而是密切交织在一起。例如,我国《阻断外国法律与措施不当域外适用办法》(2021年)虽然设置了对外国经济制裁的阻断机制及相应的行政处罚措施,但企业在现实中往往面临两难处境,欧盟过去的阻断立法实践就证明了这一点。③ 在2020年伊朗梅利银行诉德国电信公司案中,德国电信公司若服从美国的制裁措施,则将违反欧盟阻断立法,面临欧盟处罚;但若服从欧盟阻断立法,又将面临美国的严厉制裁,进而造成巨大的经济损失。在阻断立法实践中,何时应允许、何时不允许本方企业获得不遵守相关阻断禁

---

① 参见侯猛:《社科法学的传统与挑战》,《法商研究》2014年第5期,第78页。
② 参见刘彬:《新时代中国自由贸易协定法律范式研究》,北京大学出版社2020年版,第13页。
③ 参见沈伟、吴楚天:《利器还是钝器? 欧盟〈阻断条例〉的实施困境和借鉴》,《德国研究》2023年第4期,第53页。

令的豁免地位,完全是一个行政决定的过程,①可能产生行政许可、行政命令、行政处罚等多种后果。此类决定显然不是单纯的法律问题,但仍应遵循依法行政、合理行政、信赖保护、正当程序、比例原则等行政法一般法理,因而属于"与法律相关"的社科法学问题。

对于上述两难处境,侯猛的论述可谓精辟,他认为社科法学批判主客二分、法律与社会二分的对立观念,强调"视域融合",即通过研究者、他者与共同面对的世界这样一种三角关系获得法律经验事实的知识。② 也就是说,在这类情况下,不能一味坚守法教义学居高临下的僵化立场,而应站在当事方的角度,设身处地展开全方位考量。此种考量虽基于个案而作出,每次决定结果可能各不相同,但通过大量的此种实践,可望从中总结出一定的决策规律。这又呼应了侯猛关于社科法学中"延伸个案"方法的论述。他认为对待法律个案,不仅需要对法律文本的理解,还要将个案放在特定的整体社会情境中加以考察,通过个案研究中的实证调查,挑战既定的、普适的宏大理论,而且,如能在个案基础上提炼出某些微观或中观的理论,这些理论将会对中国社会中的法律问题更具解释力。③

此外,在外资管理领域,我国"扩大鼓励外商投资产业目录,合理缩减外资准入负面清单"。④ 显然,如何"扩大"与如何"合理缩减"这类问题,都不是单纯的法律问题,而是"与法律相关"的社科法学问题。再比如,我国还要推出全国统一的跨境服务贸易负面清单,该清单如何具体设计,亦属相同性质的问题。

(三)当前我国涉外经济行政法研究的社科法学"贫困"现象

社科法学所代表的跨学科研究范式在世界各国法学界已十分流行。苏力

---

① 参见《阻断外国法律与措施不当域外适用办法》(2021 年)第八条规定:"中国公民、法人或者其他组织可以向国务院商务主管部门申请豁免遵守禁令。申请豁免遵守禁令的,申请人应当向国务院商务主管部门提交书面申请,书面申请应当包括申请豁免的理由以及申请豁免的范围等内容。国务院商务主管部门应当自受理申请之日起 30 日内作出是否批准的决定;情况紧急时应当及时作出决定。"
② 参见侯猛:《社科法学的研究格局:从分立走向整合》,《法学》2017 年第 2 期,第 80 页。
③ 参见侯猛:《社科法学的跨界格局与实证前景》,《法学》2013 年第 4 期,第 33 页。
④ 《中共中央关于进一步全面深化改革 推进中国式现代化的决定》,人民出版社 2024 年版,第 26 页。

早已指出,纯粹的法教义学分析在美国法学界已较为罕见,法学学者们大量借鉴其他学科的知识和方法来研究社会法律问题。① 在与涉外经济行政法紧密相关的国际法领域,国际关系理论与国际法的交叉研究早已被承认为西方国际法研究的主要范式之一。② 事实上,许多学科的知识和理念在本质上是相通的,只是表面上存在学科门类的区分而已,③故应破除门户壁垒的观念。

但是,当前我国涉外经济行政法研究中,社科法学范式的运用明显不足,处于一种"贫困"状态。这种现象的直接成因,在于从事涉外经济行政法研究的群体主要来自国际经济法而非行政法学者,而国际经济法学者的研究风格历来存在重政策跟踪与制度分析而轻理论建构的倾向,社科法学在其中几乎没有立足之地。在一定程度上,这表明功能性与技术性知识优势在相关研究中起到了主导与决定性作用,而国际经济法学者在涉外经济法律研究中拥有这种优势,正如知识产权法学者在涉外知识产权行政领域、金融法学者在涉外金融行政领域所拥有的优势一样。但应看到,由于传统治学观念和知识结构的排斥,法学其他二级学科中已经展开了轰轰烈烈的法教义学与社科法学之争,但这一争论在中国国际法学界尚未出现。社科法学在法学家族中已经成为显学,但国际法学科尚未融入这一趋势。这似乎与强调学科交叉的新文科建设导向不相一致,对与之直接相关的涉外经济行政法研究也会造成消极影响,值得引起学界关注。

四、评析:范式的萃取与整合

本章通过对涉外贸易、投资、金融、知识产权、数据等几个典型领域的梳理,归纳并论述了中国涉外经济行政法学在理论上应当成立的法政策学、法教义学、社科法学三种研究范式,且这三种范式各有其存在理由、知识贡献及独到优势。从繁荣学术与服务国家的基本立场出发,这三种范式都应被

---

① 苏力:《研究真实世界中的法律》,载[美]埃里克森《无需法律的秩序——邻人如何解决纠纷》,苏力译,中国政法大学出版社 2003 年版,译者序第 17—18 页。
② See Steven R. Ratner and Anne-Marie Slaughter, "Appraising the Methods of International Law: A Prospectus for Readers", American Journal of International Law, Vol.93, Issue 2, 1999, p.294.
③ 参见刘彬:《广义的国际法跨学科研究之倡导——兼论国际法学科的自主性问题》,《武大国际法评论》2012 年第 1 期,第 27 页。

鼓励,在学术实践中充分发展、合理竞争,并在必要时携手合作。法理学者对此有精到比喻,在面对未知的知识时,不同研究范式其实都只是摸到了"大象"的一部分"肢体",不同范式之间的知识竞争有利于通过相互批评而使各自都摸到其他部分的"肢体",并意识到自己摸到的只是一部分"肢体"。① 这有利于通过相互砥砺以明确各自的研究预设、方法论准则及其运用限度,进而也有利于相互合作。②

最后,需要指出以下三点:

第一,根据修正后的"三足鼎立"说作出的法政策学、法教义学、社科法学三种范式的归纳,只是众多范式划分结果中的一种,无意也不可能排斥其他范式划分结果。不过,制度性范式划分与原理性范式划分,可能是内在思路较为清晰的一种分类标准。

第二,中国涉外经济行政法研究应发展出自己的特色,避免与国际法(含国际经济法)研究之间产生过多的重复。诚然,谁拥有功能性、技术性知识优势,谁就会在相关研究中占据主导地位,但这并不等于理论升华可有可无。鉴于目前中国国际法研究存在方法缺陷,涉外经济行政法研究欲发展自身特色,可从两个方面入手:一是从一般行政法学理论中汲取营养,为涉外经济行政实践注入更多的行政法教义学理论;二是大力加强社科法学范式的运用,为涉外经济行政实践添加更多的"新行政法"色彩。

第三,在新时代"统筹"理念下,涉外经济行政法学三种研究范式固然需要整合,但法教义学仍然是法律人的安身立命之本。不少学者认为,社科法学与法教义学的合作仍需以法教义学为中心。③ 同时,基于涉外经济行政法学的"涉外性"特征,法政策学范式在其中必将占据非常重要的席位。但无论是法政策学还是社科法学,都需要通过法教义学的运作,使其经验素材被吸收并最终转化为法律体系与法学知识的组成部分。

---

① 参见谢海定:《法学研究进路的分化与合作——基于社科法学与法教义学的考察》,《法商研究》2014年第5期,第93—94页。
② 同上文,第94页。
③ 例见宋旭光:《面对社科法学挑战的法教义学——西方经验与中国问题》,《环球法律评论》2015年第6期,第116页;苏永钦:《法学为体,社科为用——大陆法系国家需要的社科法学》,《中国法律评论》2021年第4期,第83页。

第六章

宪法视阈下的涉外经济行政法

本书在第一章已经阐明涉外经济行政法的基本轮廓,它以规范和控制涉外经济行政权为核心要义,并呈现出三大特征,即域内外双重效力结合、授权与控权并行、"矛"与"盾"并举。本章由此进一步引出以下问题:这样一种规范形态,其背后的宪法根源、基础是什么?

宪法是治国安邦的总章程,是治国理政的根本法律依据,是我国政治和社会生活的最高法律规范。① 在依宪治国受到高度重视的今天,涉外经济行政法的理论与实践都需要以坚实的宪法基础作为其逻辑前提。把握住涉外经济行政法的宪法基础,我们就能"知其何所来",即明确涉外经济行政法的制度缘起与规范起点;同时,我们也能"知其何所去",即理解涉外经济行政法在整个中国特色社会主义法律体系中的目标、功能与发展方向。可以说,涉外经济行政法理论与实践都离不开坚实的宪法基础。

然而,什么是涉外经济行政法的宪法基础?仅凭孤立地考察宪法条文,我们可能很难找到答案;"涉外""经济""行政"这三个关键词与宪法之间的关系,更非无条件兼容。事实上,在不同历史时期、不同国别背景之下,不同宪法对待"涉外""经济""行政"的态度可谓见仁见智,这也必然会影响到其"具体化"之后的制度安排。因此,要讨论涉外经济行政法之宪法基础,就必须进入到我国现行宪法的理念深处,考察其作为"根本法"所做的决断。本

---

① 参见习近平:《谱写新时代中国宪法实践新篇章——纪念现行宪法公布施行40周年》,载《人民日报》2022年12月20日,第01版。

章认为,现行宪法之所以能够支持涉外经济行政法,在于它作出了三个根本决断:第一,"经济宪法"是社会主义市场经济的根本法;第二,"行政宪法"是控权与授权并行的行政权形态;第三,"涉外宪法"体现对外开放与维护主权相统一。以下,我们将从这三个维度出发,考察三者的生成与发展如何为我国涉外经济行政法奠定了基础。

第一节 "经济宪法":社会主义市场经济的根本法

要讨论涉外经济行政法的宪法基础,我们首先需要回答一个前置性问题,即宪法是否必然为涉外经济行政法奠定基础?对此,不可作简单轻率的回答。在人类宪法观念发展与演进的历史进程中,许多宪法类型未必能与涉外经济行政法彼此兼容。比如,古典的西方自由主义宪法可能既不涉外,也不支持经济入宪,更对行政持高度怀疑。我国现行宪法之所以能为涉外经济行政法提供有力的支持,其中首要的支点,就在于它对我国经济问题作出了一个根本决断,即"国家实行社会主义市场经济"。[①]

经济宪法作为社会主义市场经济的根本法,承接着人类宪法观念史上两条重要的脉络:其一是"根本法"观念的演进;其二是从"政治根本法"到"经济根本法"的发展。前者塑造了"宪法是根本法"这一核心内涵,后者将"经济"结构性地纳入宪法的根本关切。两者相结合,共同为涉外经济行政法奠定了经济维度上的宪法基础。

一、作为宪法核心内涵的"根本法"

"宪法"一词可以从很多角度去理解。但要把握它的核心内涵,"根本法"是一个绕不开的关键词。如今,人们往往把"宪法是根本法"当作一种耳熟能详且不言自明的公理,以至于时常可能忘却它的真意。那么,究竟什么

[①] 《中华人民共和国宪法》(2018年修正)第十五条第一款规定:"国家实行社会主义市场经济。"

是"根本法"？宪法为什么是"根本法"？① 对于涉外经济行政法而言，追问上述问题，并不是在纯理论层面的玄思。它关系到"涉外经济行政"这个问题是否足够"根本"，是否需要上升到"根本法"层面进行讨论。进一步说，如果它无关"根本"，只是一个细枝末节的"普通"问题，我们就只需要在一般的法律层面对它展开讨论。对于一个国家、一个民族共同体而言，将什么样的问题视为"根本"并将之法律化，在不同的国别背景与不同的历史时期中都会存在显著差异。因此，只有首先理解现行宪法在什么意义上是"根本法"，才能进一步理解它为涉外经济行政法所奠定的宪法基础。

在西方宪法诞生的早期，有关"何为根本"的思考主要集中在限制专制权力的问题上。人们将统治者与臣民关系问题视为一种超越实证法的"根本法"问题，它既非实证意义上的"法律"问题，也缺乏最高法典的效力保障。这一研究传统起源于 16 世纪法国胡格诺派对绝对王权的抵御。① 胡格诺派认为，统治者倘若违反其与臣民间的契约，就等于违反"根本法"，意味着暴政的开始。在这里，"根本法"是指一种超越且高于实证法的政治契约，在理念上以反对绝对王权为核心，在内容上也接近于宪制意义上的古代宪法，即政治体的构成性规则。随着法国的这一观念在欧洲大陆的传播，一种限制绝对权力的"根本法"观念广为流传，为后来欧洲大陆立宪主义的产生提供了思想基础。在英国，"根本法"概念更多依托于普通法的长期实践，被视为一种高于成文法的古老实践与理性，用于反对君主绝对的、专断的权力。② 随着 18 世纪美国革命的开展与成文宪法的颁布，"根本法"一词实现成文化，而且美国制宪者将根本法视为主权者通过高级立法程序所制定的、具有最高法律效力的成文宪法，"宪法"与"根本法"彻底合二为一。以此为标志，一

---

① 近年来，"宪法何以为根本法"问题日益引起了宪法学界的重视。相关讨论，参见路平新：《论宪法与部门法关系背后的三种"宪法"：以宪法本体论问题为线索》，《中外法学》2023 年第 5 期，第 1345—1363 页；陈明辉：《宪法何以成为根本法？——根本法概念的观念史变迁》，《清华法学》2024 年第 5 期，第 58—75 页；程雪阳：《"宪法是国家的根本法"的规范内涵及其立法落实》，《法学评论》2023 年第 4 期，第 17—28 页；程迈：《作为确权根本法的中国宪法》，《国家检察官学院学报》2024 年第 2 期，第 102—122 页。

① 参见陈明辉：《宪法何以成为根本法？——根本法概念的观念史变迁》，《清华法学》2024 年第 5 期，第 60 页。

② 同上文，第 62—63 页。

方面,根本法的内容逐渐清晰,以个人权利以及为保障权利而存在的国家权力配置为核心内容;另一方面,根本法借助制定成文宪法所需通过的高级立法程序,确立了根本法的最高法效力。① 自此以后,"根本法"逐渐成为现代意义上各国宪法的核心内涵,即在消极意义层面,宪法约束着包括立法权在内的所有权力。下位法不得违反、抵触根本法,成为"消极宪法"的题中之义。

在社会主义国家的宪法中,"根本法"的逻辑也得到了体现。我国宪法序言中即以"根本法"表述自身:"本宪法以法律的形式确认了中国各族人民奋斗的成果,规定了国家的根本制度和根本任务,是国家的根本法,具有最高的法律效力。"但在这里值得注意的是,与资本主义宪法不同,社会主义宪法不仅是消极意义上的"限权根本法",同时也是积极意义上的"授权根本法"。② 在积极意义层面,宪法是社会主义国家的纲领,是实现国家目标的蓝图,更是一种持续实施、引领未来的规范。③ 它不仅要求下位法不抵触、不违反,更通过自身最高法的规范力量,要求下位法进一步发展、发扬光大。④ 在我国,这种积极的宪法逻辑产生了独特的"母法"观念,即以宪法为诸法之母,其他法律都被视为宪法具体化的延伸。总之,社会主义宪法在继承、吸收了传统"根本法"观念之后,为其增加了"积极(授权)根本法"的维度。

对于涉外经济行政法而言,"宪法是根本法"这个看似简单的命题,还有着不可忽视的理论意义,它不仅能为我们研究宪法与涉外经济行政法关系奠定观念前提,还能提供基本的思路与方法论指导。一方面,它提醒我们有必要区分"根本"与"非根本"的法律问题。在涉外经济行政领域,并不是所有法律问题都有必要、有资格被上升为"宪法问题",一些琐碎的、细枝末节的问题,完全可以被安置在普通法律层面去讨论。宪法作为根本法,其内在逻辑决定了"根本"的内容范围必然是有限度的。倘若一切都是"根本"问

---

① 参见陈明辉:《宪法何以成为根本法?——根本法概念的观念史变迁》,《清华法学》2024年第5期,第73页。
② 参见程迈:《作为确权根本法的中国宪法》,《国家检察官学院学报》2024年第2期,第102页。
③ 参见路平新:《论宪法与部门法关系背后的三种"宪法":以宪法本体论问题为线索》,《中外法学》2023年第5期,第1353—1356页。
④ 参见谢觉哉:《谢觉哉日记(下卷)》,人民出版社1984年版,第1085—1086页。

题,那么"根本"与"普通"的界限将荡然无存,而"宪法是根本法"这个命题将变得没有意义。尤其在合宪性审查制度已然走向制度化实践的今天,什么是"宪法问题",决定了哪些问题可以进入全国人大常委会的工作视野。只有将涉外经济行政领域中真正关涉"根本"的部分问题提炼出来,宪法才能真正地在制度上为涉外经济行政法提供助力。另一方面,我们要重视"消极(限权)根本法"与"积极(授权)根本法"并行的双重视角,既要确保涉外经济行政法不能抵触宪法对一些根本问题的决断,也要重视涉外经济行政法与宪法之间的积极实施关系。这种"双重根本法"的逻辑,对于理解经济宪法的生成演变以及我国的社会主义市场经济都有着关键意义。

二、从"政治根本法"到"经济根本法"的发展

如前所述,在现代宪法产生过程中,"根本法"理念发挥了重要影响。然而在早期阶段,传统宪法仅限于"政治根本法",即它只负责约束、限制一国国内绝对、专断的政治权力。至于经济政策等问题,原则上不被认为是一个宪法问题,这也在很大程度上限制了宪法有关"何为根本"的视野。

美国宪法作为典型的早期宪法,深刻体现了传统"政治根本法"的制度逻辑,它高扬政治限权,反对介入经济。尽管美国宪法同样规定了国会有权"管理同外国的、各州之间的和同各印第安部落的贸易",但该条款毋宁说是在界定国会的立法权限,而不是具体地为某种经济政策提供指引。相反,这种立法权的行使,必须始终受到公民自由权的严格限制。当美国进入"进步时代"乃至新政时期之后,种种社会问题频发,亟需国家对社会经济领域进行规制。但在很长一段时间内,许多经济立法都面临着合宪性争议。在1935 年谢克特家禽公司诉合众国案[①]以及 1936 年合众国诉巴特勒案[②]中,《美国农业调整法》和《国家工业复兴法》就相继被最高法院裁定违宪。因为从传统宪法观念看来,政治国家与市民社会之间存在着泾渭分明的界限。宪法只需要保障国家根本的政治秩序,控制好"必要的恶",至于市民社会则被视为一种生成的"自发秩序",无须国家的干预调整。在这种观念下,对于

---

① A. L. A. Schechter Poultry Corp. v. United States, 295 U.S. 495(1935).
② United States v. Butler, 297 U.S.1(1936).

国家介入本应由"看不见的手"所支配的经济领域,"政治根本法"保持着高度警觉。

要改变这种观念,首先有必要打破关于"政治根本法"的迷思。因为"政治根本法"在隐性的意义上,也同样构成一种"经济根本法",因为它的诸多制度安排都会对经济运行产生深远的影响。有研究指出,市场与经济并非纯粹的"自主秩序",该秩序的形成有赖于其背后的制度基础。比如,正是因为有了私有制、契约自由、良好的竞争,乃至人身自由、经济自由、迁徙自由等权利的法治保障,现代工业革命才能发生,具有规模的市场才能形成。① 这一过程有赖于国家权力通过建立起维护自由、维护市场的规范框架,通过法律确认经济活动的游戏规则,从而推动经济秩序健康发展。可见,市场经济的发展并非只靠"看不见的手",更需要依靠法律建立起维护市场的基本框架秩序。消极意义上的"经济宪法",正是这种框架秩序的核心。

随着时代的变化,隐性、消极的经济宪法逐渐开始走向积极、显性。因为在工业革命后,人类社会的政治生活和经济生活不断融合,人们开始意识到,纯粹放任自由的自发秩序正在野蛮生长,而且很可能走向自由的反面,加上垄断等"私权力"的产生,更可能走向对弱者的压迫,进而威胁到宪法所欲保护的种种根本价值。② 在市场失灵的影响下,种种社会不公问题开始大规模出现,消极意义上的经济宪法已然难以为继。在新的时代背景下,人们开始要求主动、积极地为经济立宪,将国家经济生活逐步纳入"根本法"的规范视野,由宪法对共同体的经济秩序做出总体规定。1918年,《苏俄宪法》开了先河,在其第一篇《被剥削劳动人民权利宣言》中规定了废除土地私有制等一系列激进的经济秩序安排。无独有偶,在社会主义思潮的影响下,德国1919年的《魏玛宪法》也在公民基本权利与义务部分,用15个条文的篇幅对"经济生活"问题作了专门规定。二战后,德国《基本法》也同样对职业自由保障、财产权保障等经济问题作出了宪法层面的安排,排除了极权主义下的计划经济,而社会国原则排除了自由放任的市场经济。在此基础上,德国宪

---

① 参见路平新:《数字时代的"数字人权"之辩》,《陕西师范大学学报(哲学社会科学版)》2024年第1期,第153—155页。
② 参见张翔:《市场经济与共同富裕的互诠——"经济宪法"的视角》,《交大法学》2022年第6期,第28页。

法法院提出了发展"社会市场经济"的主张,这是一种将市场自由与社会平衡相结合的经济秩序。

总之,随着人类宪法观念的演进,宪法作为"根本法"的内涵有了进一步的拓展。它从单一的"政治根本法"发展出"经济根本法",也从最初的隐性、消极逐步走向了显性、积极。更重要的是,它从原本对经济的自由放任,走向接受和容纳国家有限干预,并将其法治化。[①] 理解"经济宪法"逻辑的发展演变,对进一步理解我国自身的"经济宪法"不无裨益。

三、中国"经济宪法"的根本决断:"社会主义市场经济"

那么在"根本法"的意义上,什么是我国的"经济宪法"? 如果将目光转向《中华人民共和国宪法》序言的国家目标段落及第十一条和第十五条的规定,则条文中反复出现的"社会主义市场经济"足以概括我国宪法对经济秩序的根本决断。

我国的经济宪法建立起了一种结合市场自由与社会平衡的制度安排。在社会主义的观念脉络中,经济基础决定上层建筑。因此,宪法将经济问题视为"根本法"所关切的首要问题,并不存在观念上的障碍。但在较长一段时间内,"顶层设计"被错误地等同于僵化的计划经济。1982 年以后的历次修宪表明,我国正是在反思计划经济的基础上,逐步打破旧有的僵化经济体制,同时高度吸收、借鉴各国的"经济宪法"经验,最终采取了"社会主义"加"市场经济"的模式作为宪法的经济制度安排。[②] 一方面,"市场经济"的维度要求通过宪法和法律保障自由。它主张维护市场秩序,反对经济强权、经济特权的出现,要求平等对待经济过程中的所有参与者,这样才能制度化地保障社会经济不断健康地发展。为落实这一目标,就需要保护公民的财产权、保护职业自由、保护市场主体经营自主权等宪法制度的辅助。[③] 另一方面,"社会主义"的维度则要求国家在经济领域追求平等,通过法律维护社会平衡,尤其是对社会中的弱者进行扶助。在数字信息革命的背景下,由于数字

---

① 参见张翔:《市场经济与共同富裕的互诠——"经济宪法"的视角》,《交大法学》2022 年第 6 期,第 29 页。
② 同上文,第 31 页。
③ 同上文,第 32—35 页。

弱势群体的大量出现，更需要国家对这种新出现的弱势群体进行保护。①"社会主义"与"市场经济"的结合，进一步要求经济秩序符合宪法框架性的安排，要求国家必须保障充分活跃的市场经济，以实现经济的繁荣与国力的发展，而这种发展本身，也服务于使人民过上平等和幸福的生活这一目标。此外，"共同富裕"在"保卫自由"和"要求平等"这两个维度上，补强了社会主义市场经济的内涵。②

从上面的分析中可以看到，作为我国"经济宪法"的核心，"社会主义市场经济"兼具积极宪法与消极宪法双重面向：它一方面吸收了传统消极宪法的优势，为市场经济提供了自由的制度框架，另一方面也拥有着社会主义积极宪法的经济观。积极与消极兼备的"社会主义市场经济"，是涉外经济行政法最为重要的宪法基础之一。从规范要求上来说，这一基础原则上要求国家保障市场的自由竞争，尤其是不得以非公平的形式对待包括外国主体在内的各市场主体。从1988年《中华人民共和国宪法》修正写入"私营经济"，到1999年《中华人民共和国宪法》修正写入"非公有制经济，是社会主义市场经济的重要组成部分"，再到2004年《中华人民共和国宪法》修正决定"鼓励、支持和引导非公有制经济的发展，并对非公有制经济依法实行监督和管理"，几次宪法的修改都体现了这样一种趋势，即确保普通的市场主体获得与公有制主体平等竞争的市场地位。再加上宪法保障经营自主权、保障私有财产权等相关规定，共同构成了维护市场经济的规范基础。对于包括外国主体在内的市场主体，这些宪法规范同样应当发挥保护作用；同时，基于我国宪法的社会主义特质，当外国企业可能影响社会平等或公正的社会秩序时，国家应当主动介入、干预，对弱者实施积极的保护。随着数字时代的来临，许多大型数字企业获得了跨国界、跨领域的巨大影响力。此时，基于"社会主义"的根本规范要求，对于外国企业展开相应的行政规制也就具备了宪法正当性。

"经济宪法"是"经济行政法"的宪法基础。这个结论不仅在国内维度上

---

① 参见王也：《数字鸿沟与数字弱势群体的国家保护》，《比较法研究》2023年第5期，第121页。
② 参见张翔：《市场经济与共同富裕的互诠——"经济宪法"的视角》，《交大法学》2022年第6期，第36页。

成立,对于涉外经济行政法也同样适用。在我国,"社会主义市场经济"是涉外经济行政法在"经济"维度上的根本遵循,也是其具体化的根本依据。在我国合宪性审查实践方兴未艾的背景下,"社会主义市场经济"更是一个"涉宪性问题"的判断标准。2020年,全国人大常委会法工委首次将"合宪性、涉宪性问题"单列,作为合宪性审查的重要对象。① 在未来的审查工作中,对于涉外经济行政领域中有关社会主义市场经济的问题,就有必要专门提交全国人大常委会,对其进行充分的判断。其中值得重点关注的是,涉外经济行政法的具体制度安排一方面不能抵触或违反宪法中"社会主义市场经济"这一基本的经济框架秩序,应当促进一种公平竞争的市场秩序,更有必要将这种市场秩序与开放的全球市场相融合,反对单边主义与贸易保护主义,服务于我国经济高水平的对外开放。另一方面,基于社会主义的宪法原则考量,在涉及市场失灵、社会平等、保护经济弱者等问题上,政府也应当及时介入。因为在经济全球化时代,经济问题可能产生跨国界的风险影响,市场缺陷可能会在域外主体的影响下成倍放大,这不仅会在一般意义上威胁公共利益,更有可能影响到许多宪法价值。在这样的背景下,行政规制就有了合宪性的理由。

第二节 "行政宪法":授权与控权并行的权力模式

前文指出,涉外经济行政法具有"授权"与"控权"相结合的基本特征。面对新形势下的国际环境复杂多变,为了维护我国的国家主权、国家安全与发展利益,这样一种行政权的安排,无疑具有高度现实合理性。

然而,一旦进入到规范论证层面,仅仅诉诸现实合理性仍是不够的。行政权的运作一旦缺乏宪法支持,很容易脱离法治的预设轨道,在特定管制领域内沦为不受控制的"自我授权"。倘若进一步深入到宪法的观念源头,我们还会发现如何保持"控权"与"授权"的平衡,是一个更为复杂的问题。为

---

① 参见《全国人民代表大会常务委员会法制工作委员会关于2020年备案审查工作情况的报告》,《全国人民代表大会常务委员会公报》2021年第2号。

了在"行政"的维度上牢固地奠定涉外经济行政法的宪法基础,我们有必要结合宪法观念史的发展演进,厘清"行政"的角色定位,进而明确我国"行政宪法"的规范要求。

一、"行政宪法"的历史生成

怎样的宪法观念能够支持起"授权与控权并行"的要求?这里有必要引入"行政宪法"(administrative constitution)这一概念。① 这一概念由美国学者杰里·马肖(Jerry Mashaw)创立,用以探索在美国如何建立一种既能建构有效政府,同时又能约束有限政府的行政权模式。然而,这个概念同样有着超越国别的普遍意义,因为"建构有效政府"与"约束有限政府"正是"授权"与"控权"的根本体现。

在马肖看来,"行政宪法"问题时常容易被人遗忘。比如在制定美国宪法时,宪法文本中根本没有行政机关意义上的"行政"(administration),而只有指向总统权力的"执行"(executive)。这两种权力,有着截然不同的差别。② 美国最初为何没有在宪法中对"行政"作出规定?其中很重要的原因便是受控权论理念的影响,以及对专制的惧怕。比如阿历克西·德·托克维尔(Alexis de Tocqueville)曾在《论美国的民主》中写道:"幸而(当时的)美国没有'中央行政'(centralized administration)。倘若有朝一日这种权力形态出现于美国,将会产生一场'噩梦',导致美国陷入难以忍受的专制。"③可见,在19世纪古典自由主义观念的影响下,人们不愿意去接受一种强大的、拥有宽泛授权的行政权形态,"行政宪法"被忽视、被遗忘也就不足为奇了。

在美国建国后长达百年的时间里,"行政宪法"只能以一种隐性的、非正

---

① 在我国学界,这一概念也被译为"行政宪制"。参见[美]杰里·马肖:《创设行政宪制:被遗忘的美国行政法百年史(1787—1887)》,宋华琳、张力译,中国政法大学出版社2016年版,第12页。
② Mark R. Rutgers, Administration and the Separation of Powers in a Cross-Atlantic Perspective, Administrative Theory & Praxis, Jun., 2000, Vol.22, pp.298-300.
③ Alexis de Tocqueville, Democracy in America, The University of Chicago Press, 2000, p.277. 中译本参见[法]托克维尔:《论美国的民主》,董果良译,商务印书馆1988年版,第301页。

式的方式，零散地存在于内部行政法等领域。① 然而，伴随着第二次工业革命后种种社会问题的出现，传统保守的旧宪法观念显然已经无法适应社会对"有效政府"的需求。在此背景下，具有德国学术背景的古德诺（Frank Goodnow）、威尔逊（Woodrow Wilson）等人开始主张引入"官僚制"（bureaucracy）这种具有德国色彩的权力形态，并将之法律化。他们认为，在社会急剧发展变迁后，传统权力分立的宪法模式已经难以应对实践："由于权力分散，所以没有力量；由于权威太多，所以行动不够敏捷；由于程序繁多，所以运转不灵；由于职责不清、领导不力，所以效率不高。"② 这些"进步时代"学者试图借鉴欧洲大陆法，通过对"政治/行政"区分的理论建构，在宪法中形塑一种能够有效运作的"第四权"。它深刻地改变了宪法的原有格局，从而塑造了一种以限权与授权的双重平衡为核心的"行政宪法"。

美国"行政宪法"的建构，受到行政基本法典③以及司法解释等多方面的影响与塑造。为了保障行政机关既"有限"又"有效"，它必须允许代表专业知识的行政机关获得相对于其他主体的独立性，允许行政机关决定事实④进行授权立法⑤，制定正式、非正式的行政规章⑥，解释法律⑦，解释规章⑧，甚至在一定条件下实质性地"解释宪法"。⑨ 这种对原有宪制结构的深刻变革，

---

① 参见［美］杰里·马肖：《创设行政宪制：被遗忘的美国行政法百年史（1787—1887）》，宋华琳、张力译，中国政法大学出版社 2016 年版，第 15 页。
② 参见［美］威尔逊等：《国会政体：美国政治研究》，熊希龄、吕本德译，商务印书馆 1986 年版，第 176 页。
③ 如 1946 年《行政程序法》。
④ See Crowell v. Benson, 285 U.S.22(1932)
⑤ 自 1935 年后，只要立法授权具备"可理解的原则"，最高法院就从未禁止"授权立法"。See A. L. A. Schechter Poultry Corp. v. United States, 295 U. S. 495(1935)
⑥ 根据 1946 年《联邦行政程序法》第 4 条，行政机关可未经通告-评论程序制定"解释性规则"（interpretative rules），使得行政机关能够以"解释"法律或规章的名义制定非正式规则。
⑦ See Chevron U.S.A., Inc. v. NRDC, 467 U.S.837(1984)
⑧ See Auer v. Robbins, 519 U.S. 452(1997)
⑨ See Sophia Z. Lee, Race, Sex, and Rulemaking: Administrative Constitutionalism and the Workplace, 1960 to the Present, *Virginia Law Review*, Vol. 96, Issue 4 (June 2010), pp.799-886.

堪称一场"不流血的宪法革命"。① 在这场革命中,围绕"有限"与"有效"的行政权架构,宪法中的一系列要素得到了新的"配比"。这些要素包括但不限于权力的平衡、基本权利保障、正当程序、问责制、代表性、专业知识等等。②

概而言之,在"有限政府"与"有效政府"双重需求的驱动下,一种能够适应行政国家趋势的"行政宪法"必然会在历史中生成,并且突破原有的宪法观念束缚,重新定位行政权的宪法角色,从而塑造出一种新形态的宪法秩序。

二、中国"行政宪法"的基本形态

在我国,"行政宪法"同样是现行宪法重要的组成部分。与美国不同的是,我国并无自由主义传统理念对"行政"的排斥与否定;然而,我国宪法却存在另一种阻却"行政宪法"产生、发展的传统理念,即"议行合一"的传统。现行宪法在逐渐突破这一传统的同时,又发展出了我国自身"行政宪法"的基本形态。

在我国宪法学上,有一种很经典的观点认为,"议行合一"是解释我国社会主义宪法权力架构的核心理论。③ 所谓"议"是指"立法","行"是指"行政"。马克思根据他对巴黎公社实践的观察,最早提出了"议行合一"的命题;俄国十月革命后,列宁在"反官僚"的意义上继承了这一命题。新中国成立后,我国也将此种权力配置原则奉为圭臬。关于"议行合一"最著名的论断,莫过于1949年董必武对《中央人民政府组织法》(草案)的总纲部分的说明:"我们的制度是议行合一的,是一切权力集中于人民代表大会的政府。"④

---

① See Gary Lawson, The Rise and Rise of the Administrative State, *Harvard Law Review*, Vol.107, Issue 6(April 1994), pp.1231-1232; Andrew P. Napolitano, The Constitution in Exile: How the Federal Government Has Seized Power by Rewriting the Supreme Law of the Land. Thomas Nelson, 2007.
② See Cass R. Sunstein, Adrian Vermeule, Law and Leviathan: Redeeming the Administrative State, Belknap Press 2020, pp.10-13.
③ 参见许崇德主编:《中国宪法》,中国人民大学出版社2010年版,第37页。
④ 参见董必武:《关于草拟中华人民共和国中央人民政府组织法的经过及其基本内容的报告》《论加强人民代表会议的工作》,载董必武:《董必武政治法律文集》,法律出版社1986年版,第73、181页。

很明显,"议行合一"是一种革命色彩强烈且具有"反官僚"色彩的权力配置原则,它尤其反对"官僚"(行政机关)获得独立的"议事权",体现出一种无产阶级自我管理的高度民主理想。然而,在我国宪法发展历程中,"议行合一"其实恰恰是被逐渐扬弃的。1949年颁布的《共同纲领》和《中央人民政府组织法》基于"议行合一"原则,创立了一个近乎全能的、集"议、行、军、检、法"于一体的中央人民政府;但到了五四宪法时期,"议"与"行"已经开始走向分离。此时的人民政府已经不再是"权力机关",而是回归到"执行机关";与此相对应,人民代表大会则以"权力机关"的定位,垄断了"唯一的"立法权;当然,在地方层面,还残留着"以行代议"意义上"议行不分"的尾巴。1975年宪法创造的"革命委员会"则标志着地方层面"议、行、司法合一"逻辑的登峰造极,也制造了诸多权力失控的严重问题。建立在反思历史背景下的现行宪法,与其不假思索地说它继承了"议行合一"的传统,似乎更应该说它的价值取向是"合理分工"。它在职权、组织、人员这三个不同的维度上,都采取了"议行分离"而非"合一"的立场。①

随着"议行合一"的逐渐淡出,"行政宪法"的逻辑不断得到强化。它同样以建设"有效政府"作为首要考量。在八二宪法以前,行政机关主要由传统革命人员主导,他们在意识形态与组织上是可靠的,但缺乏专业技能与现代知识,很难适应改革开放与现代化对"有效政府"的迫切需求。在此背景下,邓小平在《党和国家领导制度的改革》中,首先肯定德才兼备的标准,同时补充了三项标准,即干部队伍要年轻化、知识化、专业化。在此基础上,邓小平明确提出,要"真正建立从国务院到地方各级政府从上到下的强有力的工作系统"。② 八二宪法有关"行政"部分的设计,正是以这样一种"有效政府"的理念为蓝图的。它规定了各级行政机关的基本架构,赋予国务院以18项行政职权,尤其是正式规定了国务院可以根据宪法、法律,制定行政法规,各部委可以制定部门规章的权力。在改革开放初期的各个管理领域中,国务院和各部委进行了大量的经济立法与行政立法。我国外贸事业正是在此背景下逐渐兴起的。

---

① 参见钱坤、张翔:《从议行合一到合理分工:我国国家权力配置原则的历史解释》,《国家检察官学院学报》2018年第1期,第25页。
② 参见《邓小平文选》(第二卷),人民出版社1994年版,第326、339页。

这里值得注意的一个具有普遍意义的现象是，"行政宪法"不只存在于宪法本身，也可能以各种宪法相关法作为其制度载体。由于美国宪法对"行政"规定的疏漏，美国《行政程序法》成为构建"有限、有效行政"的主要规范载体；相比之下，我国八二宪法对行政权规定之详远超美国，但对于行政权的很多问题，宪法并没有完备的规定。比如，对于行政权的组织样态、行为样态、救济样态，现行宪法都罕有涉及；我国"理性官僚制"的形成，系以1993年《国家公务员暂行条例》、2006年《中华人民共和国公务员法》的相继实施为标志，从而建立起了一种以专业分工为基础，强调职责法定和非人格化的政府模式。除了"有效政府"外，"有限政府"的建设，更有赖于行政基本法律的制度建构，尤其是以《中华人民共和国行政许可法》《中华人民共和国行政处罚法》《中华人民共和国行政强制法》为代表的"行政三法"，对行政权的运行模式与权力边界进行了整体性的、有宪法意义的重构。[①] 行政救济问题也同样如此，现行宪法第41条仅对控告"国家工作人员"（而非"国家机关"）做了原则性的规定，真正建立起行政司法审查的是1989年《中华人民共和国行政诉讼法》。可以认为，以上这些"实质宪法"同样是我国"行政宪法"不可或缺的重要组成部分。

总体而言，我国"行政宪法"在行政权的定位理念上，突破了"议行合一"的传统束缚。它内在地要求建构起一种专业而有效的行政体制，从而服务于我国的经济发展与建设需求。在制度载体上，"行政宪法"不仅指向宪法本身，也同样指向一系列重要立法，尤其在限权维度上，这些立法有着重要的宪制性意义。

三、"行政宪法"对涉外经济行政法的启示与要求

从"行政宪法"的视角出发，可以得出如下结论：在"行政"维度上，涉外经济行政法有着坚实的宪法基础，因为它符合"行政宪法"对于行政的功能定位要求，其"限权与授权并行"的基本特征，正是对应着"有限政府"与"有效政府"的双重宪制需求。

---

① 参见陈端洪：《论宪法作为国家的根本法与高级法》，《中外法学》2008年第4期，第501页。

面对日益复杂的国际经济形势,无论是为了防范外部风险还是维护内部利益,都需要一个获得充分授权的"有效政府"才可能应对。如前所述,在对待"授权"的基本态度上,我国"行政宪法"不仅没有观念层面的障碍,反而要求行政权以建设"有效政府"为目标,以强大的行政力量为基础,促进宪法目标的实现。我国宪法的一个显著特征,就是在宪法中包含和罗列了大量关于国家目标的纲领性内容。① 比如,我国宪法序言中就规定了要"坚持互利共赢开放战略,发展同各国的外交关系和经济、文化交流,推动构建人类命运共同体",这个目标的落实,不仅需要立法机关通过立法对行政机关的具体目标与实现手段加以明确,也同样需要行政机关发挥充分的能动性,确保目标有效地实现。数字时代对行政机关的有效性提出了进一步的要求。对此,《中华人民共和国数据安全法》《中华人民共和国个人信息保护法》等都对行政机关的规制职能给予了充分的授权。这些法律既是授权,也是对行政机关职责的要求。在涉外经济行政中,有权的行政机关应当充分运用授权来积极履行职责,如此才能实现"行政宪法"对于行政权的基本期待。

同时,我国"行政宪法"不仅包括了成文宪法,也包括了若干具有宪制意义的行政基本法,在限权问题上,它们共同划出了涉外经济行政法权不得逾越的边界。具体而言,行政机关不得在缺乏法律依据的情况下,侵犯宪法对于经营自主、私有财产权等市场经济要素的保障。同时,以《中华人民共和国行政许可法》《中华人民共和国行政处罚法》《中华人民共和国行政强制法》为代表的行政基本法也是"行政宪法"的重要组成部分。这些行政基本立法,为行政机关介入、干预市场提供了基本的规范框架,也为其权力的运行划出了边界。要建立起一个开放、自由、有活力的市场,这种制度框架是必不可少的。在此意义上,它们不仅是涉外经济行政的"一般法",更是涉外经济行政的"基本法",其中对限权问题所做的限制性规定,对开放的社会主义市场经济十分关键,因此必须得到涉外经济行政机关的严格遵循。

---

① 参见张翔、段沁:《中国部门宪法的展开——以环境宪法和经济宪法为例》,《人权法学》2022年第3期,第51页。

第三节 "涉外宪法"：对外开放与维护主权的统一

前文分别从"经济宪法"和"行政宪法"的角度，回答了涉外经济行政法在这两个维度上的宪法基础问题。对于"涉外"的维度，我们尚未展开讨论。事实上，从比较宪法的视角来看，外国宪法很少具有"涉外"的元素，而中国宪法则在序言、总纲、公民基本权利、国家机构等不同部分，都有"涉外"规范的存在。可以认为，"涉外"是一种极具中国特色的规范表述，甚至可以说是一种真正的"宪法学自主知识"。在"涉外"的背后，是我国人民在历史探索过程中所引发的两种宪法观念的交织互动，即"维护主权"与"对外开放"。

一、"涉外"的宪法根源："生存的根本法"

与"经济"和"行政"相同，在讨论"涉外"的宪法基础时，前文反复论及的"根本法"问题同样有着重要的指引作用。"涉外经济"之所以能够进入我国宪法视阈，是因为中国宪法是一种"生存的根本法"。

前文指出，从"根本法"的底层逻辑出发，各国关于"何为根本"的理解并不相同。在中国，要回答这个问题，不妨回到宪法文本本身。按照宪法序言的内容，宪法之所以"根本"，是源于它"确认了中国各族人民奋斗的成果"，即从1840年到辛亥革命，再到新中国成立等一系列革命成果，序言用了很大的篇幅来描述这段历史，这是一段"救亡图存"的奋斗历史。诚如陈端洪教授所言，中国的根本法是一种"生存的法"（law of survival）。它并不能等同于德沃金所述的美国宪法，美国宪法以"自由的法"（law of freedom）为核心。[①] 也就是说，"生存"对于中华民族整体而言，有着"根本的"重要性。从宪法序言可见，"救亡图存"构成了我国立宪最初的目的，"存"是整体的生存，民族的生存。进言之，在具体的历史进程中，它进一步表现为对"富强"的追求。"富"与"强"需要解决两个问题，"一个是主权独立，一个是贫困"[②]。

[①] 参见陈端洪：《论宪法作为国家的根本法与高级法》，《中外法学》2008年第4期，第494页。
[②] 同上文，第499页。

可以说，相比于西方宪法以保障独立自主的个体为前提、为"根本"而言，我国的宪法明显有着更为深刻的忧患意识，将中华民族的生存与发展视为"根本"。

早在新中国成立以前，"涉外"，尤其是"涉外经济"问题就已经成为了一个攸关中国人民生存的重要问题，这也必然在法律上有所反映。鸦片战争后，中国逐渐沦为半殖民地半封建社会，西方列强通过强迫我国签订一系列不平等条约侵犯我国涉外经济的自主权，比如《南京条约》的签订使得清政府丧失了涉外贸易的关税支配权。因此，在中华民国初年，涉外经济的自立自强成为各界，尤其是民族资产阶级所关注的问题。当时广为流传的一个口号是"实业救国"，为实现这一目标，北洋政府也试图通过《商会法》等立法，发展实业，壮大国力。但在内忧外患的背景下，由于缺乏"上层建筑"的支持，这些普通立法并未发挥太多的实际作用。南京国民政府取代北洋政府后，也先后颁布了一些涉外经济的立法与规范性文件。较有影响者如《建设大纲草案》《实业四年计划》等，它们规定了当时具有贸易保护主义色彩的涉外经济基本方略。此外，南京国民政府还以原始成员身份于1947年签署了《关税和贸易总协定》，为日后中国正式加入WTO奠定了一定的法律基础。总体而言，民国时期的中国在"涉外经济"领域展开了一定的法律探索。但由于缺乏宪法的"顶层设计"，在主权不彰、国家的统一与稳定无法得到保障的时代大背景下，"涉外经济"也很难真正拥有自身的空间。等到1946年《中华民国宪法》通过之时，其中虽然规定了"国民生产事业及对外贸易，应受国家之奖励、指导及保护"（第一百四十五条）与"国家对于侨居国外之国民，应扶助并保护其经济事业之发展"（第一百五十一条），但此时，国民政府本身已进入风雨飘摇的阶段。"涉外"要真正实现宪法化、获得"生存的根本法"为其提供的保障，都只能有待于新中国的成立。

二、新中国成立早期的涉外宪法探索

在新中国成立后，"涉外"问题同样被视为最重要的、最具有根本性的问题之一。据考证，"涉外"这个概念最早在官方文件中正式出现，是在1951年《中央人民政府和西藏地方政府关于和平解放西藏办法的协议》有关"中央人民政府统一处理西藏地区的一切涉外事宜"的规定中。① 如果不拘泥于词语的表达,那么可以发现,"涉外"的实质内容早已深刻地影响着我国的宪法制定。

在我国制定《共同纲领》时,一个重要的观念影响源头就是 1949 年 3 月召开的中共七届二中全会。彼时针对国民党的军事斗争已经基本胜利,接下来需要考虑新中国成立后的各项基本方略。在全会报告中,涉外经济就被视为整个经济工作的重要组成部分,报告指出,"人民共和国的国民经济的恢复和发展,没有对外贸易的统制政策是不可能的"②。涉外经济之所以重要,是因为它关系到如何将中国由落后的农业国变成先进的工业国。为实现这一目标,报告指出,"必须尽可能地首先同社会主义国家和人民民主国家做生意,同时也要同资本主义国家做生意"③。报告甚至将涉外经济提到了与国内经济政策相同的政治高度,指出"对内的节制资本和对外的统制贸易,是这个国家在经济斗争中的两个基本政策。谁要是忽视或轻视了这一点,谁就将要犯绝大的错误"。④ 这些理念对同年 9 月通过的《共同纲领》产生了很大影响。《共同纲领》第五十七条规定:"中华人民共和国可在平等和互利的基础上,与各外国的政府和人民恢复并发展通商贸易关系。"第五十八条规定:"中华人民共和国中央人民政府应尽力保护国外华侨的正当权益。"第五十九条规定:"中华人民共和国人民政府保护守法的外国侨民。"此外,第三十七条还专门针对商业问题进行了规定:"关于商业:保护一切合法的公私贸易。实行对外贸易的管制,并采用保护贸易政策。"这些规范,共同构成了我国临时宪法对处理涉外经济行政问题的初步构想。在临时宪法的构想中,涉外经济有着与对内经济政策等量齐观的重要性,与"对内的节制资本"一样共同服务于国家经济的根本需求。

然而,一个值得深思的现象是,《共同纲领》有关涉外经济的初步规定,

---

① 《中央人民政府和西藏地方政府关于和平解放西藏办法的协议》第十四条规定:"中央人民政府统一处理西藏地区的一切涉外事宜,并在平等、互利和互相尊重领土主权的基础上,与邻邦和平相处,建立和发展公平的通商贸易关系。"
② 《毛泽东选集》(第四卷),人民出版社 1991 年版,第 1433 页。
③ 同上书,第 1435 页。
④ 同上书,第 1433 页。

并未得到后来五四、七五、七八宪法的进一步确认。如果要解释这一现象，一个重要的原因就是国际环境的变化，迫使当时的我国被动地逐步走向封闭，国家对于维护主权的政治考量，远远压倒了涉外经济的经济考量。

五四宪法的制定发生在冷战开始的背景下。随着西方资本主义国家与社会主义国家的关系日渐紧张，美国开始对社会主义阵营采取"遏制政策"。1950年，在朝鲜战争爆发后，中国也开始成为被封锁、被遏制的对象，从而迫使中国的涉外政策迅速走向了对苏联的"一边倒"，我国涉外经济领域也受到了影响。1950年，中国签订了《中苏友好同盟互助条约》和《中苏贸易协定》。随着苏联大规模援建的开始，我国涉外经济主要发生在与社会主义国家的互动中，战略物资主要由苏联等国家进口，重要物资首先向苏联和东欧各社会主义国家出口。因此，在五四宪法的文本中，并没有出现"与外国恢复、发展通商贸易关系"之类的表述，而是仅在序言提出继续贯彻"根据平等、互利、互相尊重主权和领土完整的原则同任何国家建立和发展外交关系的政策"，并在第四十九条规定了国务院行使"管理对外贸易和国内贸易"的职权，在第九十八条规定"中华人民共和国人民政府保护守法的外国侨民"。在实践中，由于中国仅与部分社会主义国家之间有着国家层面的贸易往来，这些宪法条款也很难对我国涉外经济工作发挥进一步的影响。

七五宪法中基本没有"涉外"内容，仅在序言部分宣示了和平共处五项原则等基本外交政策；七八宪法也与此基本类似。探究其背后的原因，可以发现，自20世纪60年代初中苏关系交恶后，中国被迫自力更生。在这样的背景下，官方对于"涉外"，尤其是外国资本、外国企业等问题，基本持否定、排斥态度，[1]并不足为奇。

纵观新中国成立后，中国在宪法领域对涉外经济问题的早期探索，可以发现，涉外经济能否具备宪法基础，在很大程度上取决于它与近代以来民族的生存和发展这一根本任务之间的关系。在特定的历史背景下，这种特征就更加明显。

---

[1] 参见武市红、高屹：《邓小平与共和国重大历史事件》，http://cpc.people.com.cn/n1/2017/1227/c69113-29732256.html，2024年10月1日最后访问。

三、现行宪法的决断:"对外开放与维护主权相统一"

1978年党的十一届三中全会的召开,标志着以经济建设为中心和改革开放的基本国策得到确立。"社会主义现代化建设"取代了"无产阶级专政下的继续革命",成为我国的根本任务。这一根本任务的改变,自然而然地会引起宪法观念的改变,领导层开始意识到"开放带来进步,封闭必然落后"。想要建设国家,就必须坚持对外开放,要"打开国门搞建设,实现了从封闭半封闭到全方位开放的伟大历史转折"。① 当这样一种观念得到了宪法的确认,并且在最高法的效力下被要求实施时,涉外经济行政法的"具体化"也就有了根本的依据,并且随着我国对外开放的广度和深度不断拓展,涉外经济行政也不断得到根本法的规范、引领、推动和保障。反过来说,这也使得涉外经济行政法成为实现宪法开放目标的法治工具,为确保我国实现全方位、多层次、宽领域的全面开放格局提供了制度支持。

总体而言,在我国"涉外宪法"的发展历程中,"对外开放"与"维护主权"彼此交织,呈现出在宪法与宪法性法律之间的交替演进。

在八二宪法制定之前,"涉外宪法"就已经开始了新的探索。当时,"对外开放"逐渐在领导层中形成共识,即独立自主不是闭关自守,自力更生不意味着盲目排外。在社会主义现代化建设的背景下,有必要借鉴和学习国外先进的经验。党的十一届三中全会明确提出,要"在自力更生的基础上积极发展同世界各国平等互利的经济合作"。② 为落实全会精神,1979年《中外合资经营企业法》第一条和第二条突破性地规定,允许举办合营企业,并承诺中国政府将"依法保护外国合营者按照经中国政府批准的协议、合同、章程在合营企业的投资、应分得的利润和其他合法权益。"国家对合营企业不实行国有化和征收",只有"在特殊情况下,根据社会公共利益的需要,对

---

① 参见习近平:《共建创新包容的开放型世界经济——在首届中国国际进口博览会开幕式上的主旨演讲》,载新华网2018年11月5日,http://www.xinhuanet.com/politics/2018-11/05/c_1123664692.htm,2025年1月20日最后访问。
② 参见《中国共产党第十一届中央委员会第三次全体会议公报》,1978年12月22日通过。

合营企业可以依照法律程序实行征收,并给予相应的补偿"。① 这部里程碑式的立法是我国涉外经济立法的起点,对此后宪法制定以及相关立法的开展都产生了重要的影响。

20 世纪 80 年代初,"对外开放"进一步成为官方的正式表述,并逐渐进入宪法。1980 年,邓小平提出要"继续在独立自主、自力更生的前提下,执行一系列已定的对外开放的经济政策"②,1982 年,党的十二大正式提出实行对外开放,按照平等互利的原则扩大对外经济技术交流,是我国坚定不移的战略方针。宪法序言直接吸纳了上述观点,表示"中国的前途是同世界的前途紧密地联系在一起的";国家的根本任务之一,是要"发展同各国的外交关系和经济、文化的交流"。③ 在具体内容上,宪法也进一步明确了"对外开放"的基本方略。八二宪法第 18 条承接《中外合资经营企业法》,进一步规定"中华人民共和国允许外国的企业和其他经济组织或者个人依照中华人民共和国法律的规定在中国投资,同中国的企业或者其他经济组织进行各种形式的经济合作"。这一规定被视为整个涉外经济行政法在宪法层面的起点。因为八二宪法的起草方略是,只有经过政策试验阶段后形成定论的内容,方才能被写入宪法。④ 因此,将"允许外资"写入宪法,意味着确定了我国涉外经济的基本政策是开放的,且这一政策不仅是法律层面的探索,更是得到了根本法的正式确认和保障。针对外国人地位问题,八二宪法第三十二条也进行了拓展规定。原五四、七五、七八宪法中只有关于"外国人居留权"的规定,但八二宪法起草者认为,"居留权"一词翻译有误,实际上是"受庇护权"。⑤

---

① 《中华人民共和国中外合资经营企业法》(1979 年)第二条第三款规定:"国家对合营企业不实行国有化和征收;在特殊情况下,根据社会公共利益的需要,对合营企业可以依照法律程序实行征收,并给予相应的补偿。"
② 参见邓小平:《贯彻调整方针,保证安定团结》,载《邓小平文选》(第二卷),人民出版社 1994 年版,第 363 页。
③ 《中华人民共和国宪法》(1982 年)在序言中规定:"中国的前途是同世界的前途紧密地联系在一起的。中国坚持独立自主的对外政策,坚持互相尊重主权和领土完整、互不侵犯、互不干涉内政、平等互利、和平共处的五项原则,发展同各国的外交关系和经济、文化的交流……"
④ 参见肖蔚云:《我国现行宪法的诞生》,北京大学出版社 1986 年版,第 19 页。
⑤ 同上书,第 52—53 页。

同时，在新的形势下，对于外国人保护规定应更为全面，因此，八二宪法第三十二条形成了二款的结构，在第2款"受庇护权"之前增加了一般性的规定："中华人民共和国保护在中国境内的外国人的合法权利和利益，在中国境内的外国人必须遵守中华人民共和国的法律。"如果对这里的"人"作进一步解释，那么其中既包括自然人，也包括法人。这意味着在"遵守中国法律"的前提下，"合法权利和利益受保护"是宪法所确立的法律原则。对于涉外经济活动的开展、涉外领域的法律制定，这一原则起着基石般的作用。

1993年，宪法修正案进一步明确了"对外开放"的涉外方略，在序言部分明确将"坚持改革开放"宣布为"国家根本任务"，这是我国宪法第一次明确表述"开放"。1993年修正案明确将之提升到了"国家根本任务"的高度，回应了此前党的十四大所提出的"对外开放的地域要扩大，形成多层次、多渠道、全方位开放的格局"观点，①在宪法层面明确了"对外开放"是必须长期坚持的基本国策。以此为基点，我国对外开放进入了快速发展的新时期。此后，我国不仅开放了诸多经济领域，鼓励将外资"引进来"；同时，也开始鼓励国内资本对外投资，利用国外市场与资源，让我国资本"走出去"。2001年我国正式加入世界贸易组织，这也标志着宪法所确立的"对外开放"步入了高速发展的新阶段。

如前所言，我国宪法的发展离不开部分具有宪制意义的宪法性法律。这一结论，在"涉外"维度上同样成立。"对外开放"不能仅停留在空泛的政策宣示，还需要更为具体的法律制度加以保障。1989年《中华人民共和国行政诉讼法》、1991年《中华人民共和国民事诉讼法》等为涉外经济行政提供了基本的救济制度；2010年《中华人民共和国涉外民事关系法律适用法》为明确涉外民事关系的法律适用、合理解决涉外民事争议提供了基本的法律依据；"外资三法"（1979年《中华人民共和国中外合资经营企业法》、1986年《中华人民共和国外资企业法》、1988年《中华人民共和国中外合作经营企业法》）以及1991年《中华人民共和国外商投资企业和外国企业所得税法》、1994年《中华人民共和国对外贸易法》等为鼓励、保护外商投资提供了法律

---

① 参见江泽民：《加快改革开放和现代化建设步伐　夺取有中国特色社会主义事业的更大胜利——在中国共产党第十四次全国代表大会上的报告》，载《江泽民文选》（第一卷），人民出版社2006年版，第230页。

制度的框架。从 1985 年《中华人民共和国涉外经济合同法》到 1999 年《中华人民共和国合同法》再到 2020 年《中华人民共和国民法典》出台,确立了在包括涉外经济在内的经济领域,所有的经济活动以"意思自治"为基本原则,这一原则是市场经济得以存在的基础,也划出了政府在原则上不应干预的界限。如确需政府干预的,也要有正当的理由与明确的法律依据。比如,为了保障涉外经贸满足公共卫生、公共利益的需求,我国先后制定了《中华人民共和国国境卫生检疫法》(1986 年)、《中华人民共和国海关法》(1987 年)、《中华人民共和国进出口商品检验法》(1989 年)、《中华人民共和国进出境动植物检疫法》(1991 年)等;为了维护涉外市场的公平竞争,我国先后制定了《中华人民共和国商标法》(1982 年)、《中华人民共和国专利法》(1984 年)、《中华人民共和国著作权法》(1990 年)、《中华人民共和国反不正当竞争法》(1993 年)、《中华人民共和国公司法》(1993 年)、《中华人民共和国合伙企业法》(1997 年)、《中华人民共和国反垄断法》(2007 年)等。从这些立法中可以看出,即使在宪法文本不做变动的情况下,它所确立的"对外开放"方略仍然能在宪法的具体化过程中不断推进,为后续的宪法发展奠定进一步的基础。

2018 年宪法修正案进一步发展了"对外开放"的涉外宪法观。此次宪法修改延续了党的十八届五中全会精神,在序言中明确要"贯彻新发展理念""坚持互利共赢开放战略""推动构建人类命运共同体"。按照十八届五中全会布局,"新发展理念"包括了"创新、协调、绿色、开放、共享"的"五位一体"。[①]其中,"开放"是重要环节。一方面,2018 年宪法修正案要求提高对外开放的质量和发展的内外联动性,主动参与、推动引领经济全球化进程,发展更高层次的开放型经济,以扩大开放带动创新、推动改革、促进发展;另一方面,2018 年宪法修正案也在序言中加入"坚持和平发展道路,坚持互利共赢开放战略"和"推动构建人类命运共同体",作为我国对外的基本立场、基本方略。在世界百年未有之大变局下,"和平发展"与"互利共赢开放战略"的入宪,反映了我国对待涉外经济的基本立场,即中国的发展是为了建设世界和平,促

---

① 参见《中国共产党第十八届中央委员会第五次全体会议公报》,2015 年 10 月 29 日中国共产党第十八届中央委员会第五次全体会议通过。

进全球发展。因此在经济层面,我国反对单边主义、保护主义,反对损人利己的零和博弈思维;同时,将"推动构建人类命运共同体"写入宪法,体现了中国自身涉外经济的发展是与世界经济的发展紧密连接、命运与共的。总而言之,它为我国进一步积极参与全球经济治理提供了宪法依据。

自2018年宪法修改后,国家立法工作也有了新的指引。2019年《中华人民共和国外商投资法》正式审议通过,为进一步扩大对外开放、促进外商投资、保护外商投资合法权益、规范外商投资管理、推动形成全面开放新格局、促进社会主义市场经济健康发展提供了系统的法治保障。2023年《中华人民共和国对外关系法》的通过,为涉外法治提供了系统、全面的基础性保障。该法以宪法为依据,集中阐述了中国对外大政方针、原则立场和制度体系,是宪法直接的具体化,具有基础性、指导性作用。其中与涉外经济行政有关的部分包括:第二条明确国家"发展同各国的外交关系和经济、文化等各领域的交流与合作,发展同联合国等国际组织的关系",应适用本法;在第二十六条明确要"坚持推进高水平对外开放,发展对外贸易,积极促进和依法保护外商投资,鼓励开展对外投资等对外经济合作,推动共建'一带一路'高质量发展,维护多边贸易体制,反对单边主义和保护主义,推动建设开放型世界经济";第三十条第二款明确规定:"国家缔结或者参加的条约和协定不得同宪法相抵触",将以条约、协定为代表的国际法渊源也纳入以宪法为核心的中国特色社会主义法律体系;第三十三条第一款规定了国家有权采取反制和限制措施。

对比新中国成立初期的探索与八二宪法发展至今的历程可知,"对外开放"无损于"维护主权",两者相辅相成、相互促进、高度统一。宪法涉外规定的演进,解放和发展了我国的社会生产力,使我国的宪制体制在诸多维度上充满了生机和活力。因此,它可以被视为我国宪法上的一个"根本决断",其内涵由宪法文本本身所确立,受到历次宪法修正案的强化,不断得到立法的充实。对于涉外经济行政法而言,"对外开放与维护主权相统一"构成了它在"涉外"维度上的宪法基础,是其根本遵循。

综上所述,现行宪法在"涉外""经济""行政"三个彼此关联的维度上,为涉外经济行政法的存在和发展提供了根本依据。作为国家的根本法,宪法阐明了国家的根本任务,明确了我国的发展道路,也为一切部门法设定了目标，划定了其不得逾越的界限。对于涉外经济行政法而言，它所服务的根本性宪法目标与路径，就是要坚持在"经济"上维护社会主义市场经济、"行政"上确保控权与授权的并行、"涉外"中确保对外开放与维护主权相统一。现行宪法所做的这三个决断，是其顺应时代潮流、契合人民意愿的历史性决断。在世界格局发生深刻改变的今天，各国的竞争，从根本上说是一种各国制度的竞争，甚至可以说是宪制性的竞争。在此意义上，有必要高度重视宪法所作的三个决断，始终坚持以宪法为统领，确保我国"涉外""经济""行政"领域的各项制度符合宪法并不断完善。

第七章

对外关系法视阈下的涉外经济行政法

现当代,随着公共事务的日益繁多且复杂,行政权力在国家治理中的地位与日俱增,以至于有人使用"行政国"或"规制国"来描述行政权的持续扩张现象,行政法治也被认为是建设法治或捍卫"法治国"的核心环节。① 改革开放后,我国重新启动法治化进程,其核心环节之一即行政法治。有学者认为,我国行政法学研究在改革开放后得以"重启与新生"。② 整体来说,我国行政法研究似乎侧重在"改革"而非"开放"语境下进行。其重要证据是,虽然在中国谈判恢复《关税及贸易总协定》创始缔约方身份及在加入《WTO协定》背景下,有行政学者认为要重视涉外行政法研究,③但我国的主流行政法教材均未专门讨论涉外行政法。④ 其结果是,我国行政法研究忽视了涉外行政中的某些特殊问题;⑤更重要的是,忽视了行政法一般理论能否以及如何适用于涉外行政领域的问题。应当提及的是,我国对外开放尤其针对的是

---

① See Cass R. Sunstein, After the Rights Revolution-Reconceiving the Regulatory State, Harvard University Press, 1990, pp.5-60.
② 参见王贵松:《中国行政法学说史》,中国人民大学出版社2023年版,第89页。
③ 参见方世荣:《论坚持对外开放与健全涉外行政法》,《中国法学》1988年第4期,第47—54页;应松年、蔺耀昌:《中国入世与涉外行政法》,《江苏社会科学》2004年第6期,第39—40页。
④ 参见余凌云:《行政法讲义》(第四版),清华大学出版社2024年版;周佑勇:《行政法原论》(第四版),北京大学出版社2024年版。
⑤ 比如,有学者讨论了《行政诉讼法》中鲜有被关注的对等原则问题,参见杨金晶:《涉外行政诉讼中被忽视的对等原则——兼论我国行政诉讼法对等原则条款被虚置问题的解决》,《政治与法律》2019年第4期,第141—152页。

经济事务,因此涉外行政法很大程度上可被称为"涉外经济行政法"。

近年来,在推进全面依法治国,提高中国在国际法律事务中的话语权与影响力,以及应对大国竞争,维护国家主权、安全与发展利益背景下,我国大力加强对外关系领域法律的制定与修改。这些法律中的相当部分,比如《中华人民共和国对外关系法》(2023年)、《中华人民共和国反外国制裁法》(2021年)、《阻断外国法律与措施不当域外适用办法》(2021年)、《不可靠实体清单规定》(2020年),很大程度上或者本质上属于行政法。这些法律包含许多有别于传统行政法的立法目的与规范安排,因而可谓是一种新型行政法。此类新型行政法受到国际法学者的高度关注,并且构成一个独立的研究领域,即"对外关系法"的重要组成部分。① 然而,此类新型行政法仍然鲜有受到行政法学者的重视。在笔者看来,对外关系法的兴起是我国涉外经济行政法对于一般意义上的行政法的新发展。

本章首先侧重从行政法角度讨论对外关系法的发展,揭示行政法的对外关系维度;其次,讨论近年来我国对外关系法的发展,展现我国在对外关系领域行政实践的新发展;最后,在此基础上,讨论对外关系法如何影响涉外经济行政法。

第一节 行政机关与对外关系法

一、行政机关与对外关系法治

任何主权国家都不是"孤岛",都要开展对外关系。20世纪以来,国家间的关系更加密切,开展对外关系对于一国开展国际合作、增进国家利益以及解决国际分歧的重要性与日俱增。诚然,国家各种权力机构都可能参与对外关系,但行政机关在对外关系中居于主导地位是各国实践的共同特征,其

---

① 参见刘仁山:《中国对外关系法是中国法律体系的重要组成部分》,《法制与社会发展》2009年第6期,第151—153页;刘仁山:《论作为"依法治国"之"法"的中国对外关系法》,《法商研究》2016年第3期,第131—142页;蔡从燕:《中国对外关系法:一项新议程》,《中国法律评论》2022年第1期,第24—40页。

他国家权力机关参与对外关系进程根本上是由行政机关导致的。比如,行政机构缔结条约,然后由立法机关批准或者由法院适用。

虽然行政机关采取的对外关系行动本质上属于行政行为,但长期以来其并未像一般的行政行为那样受到约束,这是各国的普遍实践。17世纪英国政治学家和法学家约翰·洛克(John Locke)深刻揭示了行政机关的对外关系行动为何不适用纯粹国内事务应当适用的法治原则。洛克认为,国家间处于自然状态,缺乏有效的国际法规范国家间关系。在此情况下,以国家名义开展的对外关系应当由常设行政部门的人员凭其"深谋远虑",为举国之"公共福利"实施。因此,立法机关和司法机关不应当介入对外关系进程,换言之,不应当进行立法和司法审查,对外关系权力被洛克认为是一种专属于行政机关的"对外权"。[1] 洛克的主张对各国的对外关系实践产生了广泛影响。[2] 诚然,随着20世纪以来国际法的不断发展以及国内法治化水平的不断提高,洛克这一主张的说服力有所下降。实践表明,行政机关的对外关系行动在很多情形下受到立法和司法机关的审查。比如,一些国家的立法机关寻求在批准条约之前就监督行政机关的条约谈判进程。从1997年起,英国议会要求行政部门必须就每个拟加入或接受的条约提交备忘录,解释英国在特定条约中的主要利益。2002年,美国通过的《两党贸易促进授权法》(The Bipartisan Trade Promotion Authority Act of 2002)第2102条明确规定了美国在WTO及其他多边贸易协定等17个领域的谈判目标,并要求行政部门与国会进行密切磋商。2014年,欧盟理事会发布《〈跨大西洋伙伴关系协定〉(TTIP)谈判指令》[Directives for the Negotiations for the Transatlantic Trade and Investment Partnership (TTIP) between the EU and the US],规定了欧盟在服务贸易等诸领域的谈判目标。尽管如此,一般意义上的行政法仍然往往不适用于行政机关在对外关系领域实施的行为。比如,虽然法院逐步介入对外关系领域,但对于行政部门的对外关系决策长期奉行"遵从"的司法政策,即适用较为宽泛的司法审查标准,或者不进行司

---

[1] 参见洛克:《政府论》(下篇),叶启芳、瞿菊农译,商务印书馆1964年版,第91—93页。
[2] See Campbell McLachlan, Foreign Relations Law, Cambridge University Press, 2014, p.39.

法审查。总之,对外关系被认为是一国法治的"例外主义"。①

二、对外关系法的发展

虽然各国行政机关都采取广泛的对外关系行动,但围绕是否以及如何通过法治手段规范行政机关的对外关系行为的争论最早出现在美国这一对外关系法律体系最为复杂的国家。一战期间,时任美国总统托马斯·伍德罗·威尔逊(Thomas Woodrow Wilson)试图打破传统的孤立主义对外关系政策,主导战后国际秩序安排,包括《凡尔赛条约》(Treaty of Versailles)谈判以及设立国际联盟。由于特别的三权分立机制,威尔逊的新外交政策在美国引发了争议,一些人担心行政机关可能采取违反宪法的对外关系行动。比如,早在1917年就有学者认为,美国对外关系应该同时受到国际法和宪法的规范。② 1921年,著名国际法学者昆西·怀特(Quincy Wright)在《美国政治学评论》发表《对外关系的控制》,并于次年出版专著《美国对外关系的控制》。③ 由于美国国会拒绝批准加入《国际联盟盟约》(Covenant of the League of Nations),美国对外政策回归孤立主义,针对对外关系领域的行政行为的法治控制问题不再成为一个重要议题。然而,随着美国在二战后成为超级大国并主导国际秩序,包括主导联合国的成立并担任联合国安理会常任理事国,美国行政机关的对外关系行动日益活跃,如何规范行政机关的对外关系行动成为美国法学研究和法律实践中日益重要的议题,并由此催生了被称为"对外关系法"的独立研究领域。其中的标志性事件是,1956年美国法学会(American Law Institute,ALI)把对外关系法确立为新的工作议程,即启动《美国对外关系法重述》(Restatement of Foreign Relations of the United States)工作,这一工作于1965年完成。由于当时美国法学会针

---

① See Curtis A. Bradley, Foreign Relations Law and the Purposed Shift Away from the "Exceptionalism", Harvard Law Review Forum, Vol. 128, 2015, pp. 294 – 304.
② See Denys P. Myers, The Control of Foreign Relations, American Political Science Review, Vol. 11, 1917;参见赵辉兵:《进步主义运动与美国规制国家的源与兴》,上海三联书店2024年版。
③ See Quincy Wright, The Control of Foreign Relations, American Political Science Review, Vol. 15, 1921; Quincy Wright, The Control of American Foreign Relations, Macmillan 1922.

对其他议题已经完成第二次的重述工作,为了在体例上与既有重述保持一致,首次针对对外关系法的重述被命名为"《美国对外关系法重述》(第二次)"[Restatement (Second) of Foreign Relations Law of the United States]。1978年和2011年,美国法学会两次决定进行修改既有的重述。1987年,《美国对外关系法重述》(第三次)[Restatement (Third) of Foreign Relations Law of the United States]最终完成。2018年,《美国对外关系法重述》(第四次)[Restatement (Fourth) of Foreign Relations Law of the United States]完成管辖权、条约及国家豁免等三部分的修改工作。2023年,美国法学会决定就其他问题开展编纂工作。

从事实方面看,"对外关系法"代表了在各国法律秩序中客观存在的一个特殊规范体系与实践过程,但在相当长的时期内,几乎只有美国学者普遍地使用"对外关系法"(foreign relations law)这一概念,并把它作为独立的研究领域。尽管如此,随着国内与国际事务互动的深化与日俱增、国际法律体系的不断扩大以及各国法治化水平的普遍提高,对外关系法无论从理论研究还是从法律实践方面在越来越多的国家都获得更多的重视。

当然,除了中国于2023年制定了综合性的《中华人民共和国对外关系法》之外,世界上其他国家尚未制定类似的法律,①而《美国对外关系法重述》也并未涵盖美国对外法律实践的全部内容,并且其也并非立法机关制定的法律。因此,我们还无法从法典化的角度比较考察对外关系法的内容。然而,从美国、英国、加拿大、澳大利亚与新西兰等国家的实践看,②针对对外关

---

① 2020年,澳大利亚制定了《2020年对外关系法》,但该法只是规范澳大利亚地方政府的对外关系行为,并非综合性的对外关系法律。关于该法的评论,参见韩永红、王振杰:《对外关系法立法实践考察——基于中国与澳大利亚对外关系法的比较》,《国际法研究》2024年第2期,第52—66页。
② See Louis Henkin, Constitutionalism, Democracy, and Foreign Affairs, Columbia University Press, 1990; Louis Henkin Foreign Affairs and the United Stations Constitution, Clarendon Press, 1996; Thomas M. Franck, Michael J. Glennon, Sean D. Murphy, and Edward T. Swaine eds., U.S. Foreign Relations Law, 4th edition, WEST, 2009; Curitis a. Bradley and Jack L. Goldsmith, Foreign Relations Law: Cases and Materials, 6th, Aspen Publishers, 2017; F. A. Mann, Foreign Affairs in English Courts, Calrendon Press, 1986; Campbell McLachlan, Foreign Relations Law, Cambridge University Press, 2014.

系法的基本含义达成共识是可能的,即对外关系法大致是指有关一国在国内层面上与其他国家或国际组织间进行互动的法律制度与机制,比如一国开展对外关系的权力分配与行使、国际法的国内实施以及国内法的域外适用等。对外关系法与人们通常所说的国内法与国际法都有所不同。一方面,对外关系法在国内场域运行,因而本质上属于国内法或国内法律过程。然而,一般意义上的国内法并不涉及与其他国际公共权威的互动。与此不同,对外关系法涉及与其他国际公共权威的互动,尤其可能影响其他国家行使主权。因而,对外关系法与一般意义上的国内法在法律基础与价值等方面均有所不同。比如,同样在一国法院对政府提起指控,如果私人对本国政府提起求偿,则法院适用国内行政法,据此确定私人与政府间的公私关系;如果私人对外国政府提起求偿,则适用该国的外国国家豁免法与关于国家豁免的国际法,法院同时确定私人与外国政府间的公私关系和所在国政府与外国政府间的主权关系。另一方面,对外关系法与一般意义上的国际法也有所不同。国际法原则上规定主权国家在国际层面上的权利义务关系,但不规定它们如何在国内层面实施,①而后者对于国际法的有效性无疑至关重要。

第二节 中国对外关系法的原理与实践

一、中国对外关系法:新背景与重要性

近年来,我国高度重视对外关系法律工作,而且加快对外关系立法有着深刻的新时代背景,对外关系法对中国具有特殊的重要性。

中国对外关系法的新时代背景包括两个方面,即国际背景和国内背景。从国际背景看,首先,当前世界处于百年未有之大变局之际,一些传统大国,尤其是美国处理国际关系的方式发生了重大变化,直言之,国际法的作用受到削弱,而国内法的作用则趋于增强。这些变化不仅影响了这些国家的对外

---

① 参见《维也纳条约法公约》(1969)第二十六条。第二十六条规定:"凡有效之条约对其各当事国有拘束力,必须由各该国善意履行。"

关系法,①也影响着中国的对外关系法。晚近,尤其是从2008年金融危机以来,国际实力格局发生重大变迁,其中突出地表现为中国的国家实力迅速增长,而在冷战结束后成为唯一超级大国的美国的国家实力明显下降。其结果是,中美两国对于国际秩序的影响力呈现中"升"美"降"的态势。美国日益无法按照其所惬意的方式推动国际法的造法与适用,从而塑造最大限度地符合美国利益的法律秩序。在此情况下,近年来美国的对外——尤其是对中国——法律政策发生了三个重大变化:第一,美国对于国际法采取工具性色彩更加明显的做法,这表现为美国更加无视国际法;第二,鉴于利用国际法约束甚至遏制中国的有效性逐步下降,美国日益倾向于通过国内法处理对华关系,值得注意的是,西方另一些国家也日益倾向于强化国内法在处理对华关系中的作用;第三,在全球化背景下,跨国公司等非国家行为主体的行为既是国际法律秩序的重要组成部分,也是影响国际法律秩序变迁的重要动力,从而深刻地影响国家间关系。② 近年来,美国日益强化把跨国公司等私人的行为纳入国家间关系的轨道,这是当前美国对外关系法日益突出的一个特点。美国——以及其他一些西方国家——对外关系法律政策的上述变化,日益强化国内法在对外关系领域的作用,对于中国的国家主权、安全与发展利益构成现实的重大威胁,也增加了中国利用国际法解决国家间分歧的难度,促使也迫使中国更多地运用国内法处理对外关系。其次,整体而言,国际法——无论是在制度、组织,还是约束力方面——尤其是在联合国成立后已经取得重大发展。从对外关系法的影响方面看,晚近国际法的三个重要发展具有重要意义:第一,随着议题不断增加、内容日益复杂,以及约束力趋于强化,国际法对于各国的主权权威构成了强大的制约;第二,国际法日益涉及私人的利益,从而导致私人更多地介入一国的对外关系过

---

① 阿比比(Abebe)考察了两极时代与单极时代美国法院与行政部门在对外关系领域的关系。他发现,在美苏两强争斗期间,美国法院更多地遵从行政部门的政策。他预测,如果美国作为唯一超级大国的状况持续下去,那么美国法院将减少对行政部门的遵从。Daniel Abebe, Great Power Politics and the Structure of Foreign Relations Law, Chicago Journal of International Law, Vol.10:125, 2009, pp.125-126.
② 关于公私关系变迁与国际法发展的详细讨论,参见蔡从燕:《公私关系的认识论重建与国际法的发展》,《中国法学》2015年第1期,第189—205页。

程;第三,国际法日益包含着国内实施要求。① 最后,由于全球化进程日益深化、科学技术不断进步等原因,跨国活动的主体更加多元,跨国活动的内容日益复杂,现行国际法无法全面、有效地规范这些新发展。比如,在网络空间国际治理方面,目前还缺乏足够、有效的国际法规则。② 在这种情况下,利用国内法规范这些新发展是把这些新主体、新活动纳入法治化轨道的客观需要。当然,这些国内法也可能是造成国家间分歧与冲突的新的渊源。

从国内背景方面看,由于对外关系法本质上属于国内法,对外关系法治自然就构成一国法治化进程中不可分割的组成部分,而且是衡量一国法治化水平的重要标准。全球化导致国内事务与对外事务的界限趋于模糊,对外关系法治化对于整体意义上的国内法治进程也日益重要。进入21世纪第二个十年,中国更加重视法治化进程的整体性。2014年10月23日中国共产党第十八届中央委员会第四次全体会议通过的《中共中央关于全面推进依法治国若干重大问题的决定》(以下简称《全面依法治国决定》),是中国共产党历史上第一份以"依法治国"为主题的决议,具有重大而深远的意义。《全面依法治国决定》高度重视涉外事务的法治化进程,明确地把对外关系法治化纳入中国法治化的整体进程。③ 在《全面依法治国决定》通过后,中国明显加快了对外关系法律体系的建设。

基于上述背景,对外关系法对新时代的中国而言具有重要意义。首先,强化对外关系法有助于中国促进全面依法治国,促进民主政治。④ 虽然对外关系法治有别于一般意义上的国内法治,但强化对外关系法使得政府各部门可以也必须更好地依法开展对外关系,包括明确不同部门之间的关系、发

---

① 参见蔡从燕:《中国崛起、对外关系法与法院的功能再造》,《武汉大学学报(哲学社会科学版)》2018年第5期,第131—132页。
② 中国认为"网络空间缺乏普遍有效规范各方行为的规则"。参见中国外交部和国家互联网信息办公室《网络空间国际合作战略》(2017年3月1日),第一、三章,https://www.xinhuanet.com/politics/2017-03/01/c_1120552767.htm,2025年1月18日最后访问。
③ 参见《全面依法治国决定》第七部分之(七):加强涉外法律工作。
④ 参见刘仁山:《论作为"依法治国"之"法"的中国对外关系法》,《法商研究》2016年第3期,第137—138页;Yifeng Chen, To Domesticate the International: The Ideology of Foreign Relations Law, Chinese Journal of Comparative Law, Vol.10, 2021, p.202.

挥不同部门的作用、善意履行中国承担的国际法义务,以及评估对外关系行动的效果。与此同时,公众能够通过法律化的途径参与对外关系进程,①从而增强对中国对外关系的信任。不仅如此,中国强化对外关系法也有助于在国际社会中树立法治国家的形象,减少一些国家对于中国迅速崛起产生的疑虑。② 其次,在国际关系格局与全球治理处于大变革的当下,日益丰富的对外关系法还有助于提高中国参与制定与完善国际规则的能力,也有助于增强相关"中国方案"的说服力。③ 当前,美国等一些国家出于遏制中国的考虑,利用国际法自身存在的不足,甚至根本无视国际法,频频根据国内法对中国实体或个人采取制裁或其他遏制措施,对外关系法对于维护中国的主权、安全和发展利益尤其具有重要的意义。再次,中国对外关系法有助于推进多边合作机制建设与维护国际和平,以及促进更加公正合理的国际秩序的构建。④ 应当承认,作为一国在以主权国家为基础的国际社会中处理对外关系的重要工具,对外关系法客观上具有内向性特征,即存在着把本国利益超越于他国乃至国际共同利益的倾向。对于拥有强大国家实力而使得其对外关系法更能够切实发挥作用的大国来说,更具有把这种倾向实在化为行动的动力。美国频频利用《1974 年贸易法》(Trade Act of 1974)第 301 节("301 条款")的历史表明,大国会利用甚至滥用国内法违反国际法以及普遍遵守的国际关系准则,破坏国际秩序。⑤ 从这个意义上说,日益强大的中国的对外关系法对于国际社会的重要性是不言而喻的。一方面,其他国家担心中国利用对外关系法,以一种违反国际法以及普遍遵守的国际关系准则

---

① 提高外交透明度,支持公众参与中国外交,包括征求公众对中国外交工作的意见,是近年来中国外交的重要进展。See Congyan Cai and Yifei Wang, Transparency and Transparency-related Litigation in Chinese Foreign Affairs, Chinese Journal of Comparative Law, Vol. 9, 2021, pp. 424 – 446.
② 参见蔡从燕:《中国崛起、对外关系法与法院的功能再造》,《武汉大学学报(哲学社会科学版)》,2018 年第 5 期,第 135 页。
③ 同上文,第 134 页。
④ 参见刘仁山:《论作为"依法治国"之"法"的中国对外关系法》,《法商研究》2016 年第 3 期,第 138 页。
⑤ 国务院新闻办:《关于中美经贸摩擦的事实与中方立场》(2018 年 9 月),第三、四部分,https://www.gov.cn/guowuyuan/2018-09/24/content_5324957.htm#1,2025 年 1 月 18 日最后访问。

的方式追求国家利益,从而损害国际法治;另一方面,中国对外关系法也可能为国际社会遏制一些发达国家,尤其是美国的单边主义做法带来新的希望。历史经验表明,美国根据"301条款"发动的贸易制裁几乎无往而不利,迫使各国接受美国提出的主张。然而,从2018年开始,美国针对中国发动的贸易摩擦虽然是国际贸易史上空前的,但都遭到了中国的有力反制。这表明,日益强大的中国经由对外关系法可以有力地遏制美国的单边主义做法,维护国际秩序。因此,有一点是肯定的,即各国,尤其是大国将必须正视中国国内法在对外关系中的作用,以及对于国际秩序的影响。

二、中国对外关系立法的新发展

近年来,我国明显加强了对外关系立法,对外关系法律体系日益完备。不难发现,行政机关在这些立法中扮演着关键性角色。以下略举数端。

2013年7月,商务部发布《执行世界贸易组织贸易救济争端裁决暂行规则》。据此,在WTO争端解决机构裁决要求我国反倾销、反补贴或者保障措施与WTO规则相一致时,商务部可以"依法建议或者决定"修改、取消反倾销、反补贴或保障措施或采取其他适当措施;在建议或决定做出之前,商务部"可以对有关案件进行再调查。决定进行再调查的,应当发布公告或者以其他方式通知案件利害关系方";在得出再调查结果前,商务部"应当将所依据的基本事实披露给利害关系方,并给予合理时间提出评论意见"。[①] 这表明,商务部既重视履行国际义务,也重视维护私人利益。

2016年2月,全国人大常委会通过了《中华人民共和国深海海底区域资源勘探开发法》。该法为我国私人在"中华人民共和国和其他国家管辖范围以外的海床、洋底及其底土"从事资源开发或相关活动提供了法律依据,也为我国未来参与海底资源的国际立法积累了国家实践经验。

---

① 参见《执行世界贸易组织贸易救济争端裁决暂行规则》(2013年)第二、三、五条。第二条规定:"世界贸易组织争端解决机构作出裁决,要求我国反倾销、反补贴或者保障措施与世界贸易组织协定相一致的,商务部可以依法建议或者决定修改、取消反倾销、反补贴或保障措施,或者决定采取其他适当措施。"第三条规定:"在作出本规则第二条的建议或者决定之前,商务部可以对有关案件进行再调查。决定进行再调查的,应当发布公告或者以其他方式通知案件利害关系方。"第五条规定:"在得出再调查结果之前,商务部应当将所依据的基本事实披露给利害关系方,并给予合理时间提出评论意见。"

2016年,特朗普当选美国总统后,美国对华政策发生重大变化。美国开始全面打压中国,企图阻止中国的和平发展,其措施包括发起国际贸易历史上最大规模的贸易摩擦。为了维护国家主权、安全与发展利益,中国在积极运用国际法,利用WTO争端解决机构等国际机制主张、维护国家利益的同时,加快对外关系立法。

2017年3月,国务院法制办发布了《中华人民共和国缔结条约程序法实施条例(征求意见稿)》,旨在对1990年通过的《缔结条约程序法》做出重要补充。2022年10月,国务院通过了《缔结条约管理办法》。《缔结条约管理办法》针对条约谈判体制、程序、批准、评估等方面做了细致规定,极大地提高了我国条约实践的法治化水平。

2020年9月,商务部发布《不可靠实体清单规定》。根据《不可靠实体清单规定》,如果外国实体在国际经贸活动中危害中国国家主权、安全和发展利益,违反正常的市场交易原则,中断与中国企业、其他组织或者个人的正常交易,或者对中国企业、其他组织或者个人采取歧视性措施,严重损害中国企业、其他组织或者个人的合法权益,那么根据《不可靠实体清单规定》成立的不可靠实体清单工作机制在综合考虑其造成的危害程度等因素的情况下,可以将其认定为不可靠实体,并据此采取包括限制或者禁止其从事与中国有关的进出口活动在内的相关措施。2024年,商务部发布三份公告,将多家美国公司列入不可靠实体清单或根据《不可靠实体清单规定》启动调查。比如,2024年9月24日,不可靠实体清单工作机制发布公告,决定针对美国PVH集团涉嫌违反正常的市场交易原则,中断与相关中国企业、其他组织或个人的正常交易、采取歧视性措施等问题开展调查。

2021年1月,商务部发布《阻断外国法律与措施不当域外适用办法》。《阻断外国法律与措施不当域外适用办法》旨在处理外国法律与措施的域外适用违反国际法和国际关系基本准则,不当禁止或者限制中国公民、法人或者其他组织与第三国(地区)及其公民、法人或者其他组织进行正常的经贸及相关活动的情形。根据《阻断外国法律与措施不当域外适用办法》第四条的规定,我国成立了以商务部牵头的工作机制,负责外国法律与措施不当域外适用的应对工作。根据《阻断外国法律与措施不当域外适用办法》第五条的规定,中国公民、法人或者其他组织遇到外国法律与措施禁止或者限制其与第三国(地区)及其公民、法人或者其他组织正常的经贸及相关活动情形的,应当在30日内向国务院商务主管部门如实报告有关情况。根据《阻断外国法律与措施不当域外适用办法》第六条的规定,工作机制综合考虑相关外国法律与措施的域外适用是否违反国际法和国际关系基本准则,对中国国家主权、安全、发展利益可能产生的影响,以及对中国公民、法人或者其他组织合法权益可能产生的影响等因素,认定其是否构成不当域外适用。根据《阻断外国法律与措施不当域外适用办法》第七条的规定,工作机制经评估,确认有关外国法律与措施存在不当域外适用情形的,可以决定由国务院商务主管部门发布不得承认、不得执行、不得遵守有关外国法律与措施的禁令。不过,工作机制可以根据实际情况,决定中止或者撤销禁令。同时,根据《阻断外国法律与措施不当域外适用办法》第八条的规定,中国公民、法人或者其他组织可以向国务院商务主管部门申请豁免遵守禁令。

2021年6月,全国人大常委会通过《中华人民共和国反外国制裁法》。近年来,一些国家违反国际法和国际关系基本准则,以各种借口或者依据其本国法律对我国进行遏制、打压,对我国公民、组织采取歧视性限制措施,干涉我国内政,《中华人民共和国反外国制裁法》为我国采取相应反制措施提供了权威的法律依据。根据《中华人民共和国反外国制裁法》第四条的规定,国务院有关部门可以决定将直接或者间接参与制定、决定、实施《中华人民共和国反外国制裁法》第三条规定的歧视性限制措施的个人、组织列入反制清单。根据《中华人民共和国反外国制裁法》第六条的规定,国务院相关部门可以对被列入反制清单的个人或组织采取包括查封、扣押、冻结在我国境内的动产、不动产和其他各类财产,以及禁止或者限制我国境内的组织、个人与其进行有关交易、合作等在内的反制措施。根据《中华人民共和国反外国制裁法》第十三条的规定,除根据该法规定采取反制措施外,对于危害我国主权、安全、发展利益的行为,我国其他的相关法律、行政法规、部门规章也可以规定采取其他必要的反制措施。不过,根据《中华人民共和国反外国制裁法》第八条的规定,发现采取反制措施所依据的情形发生变化的,国务院有关部门可以暂停、变更或者取消有关反制措施。根据《中华人民共和国反外国制裁法》第十四条的规定,任何组织和个人不执行、不配合实施反制措施的,依法追究法律责任。值得注意的是,根据《中华人民共和国反外国制裁法》第七条的规定,国务院有关部门依据《中华人民共和国反外国制裁法》作出的反制决定为最终决定。

三、中国《对外关系法》:宗旨与功能

在近年来的对外关系立法中,《中华人民共和国对外关系法》无疑最受关注,为行政机关处理对外关系提供了基本指南。2021年10月,中央外事工作委员会办公室牵头会同外交部等部门成立对外关系法立法工作领导小组和工作专班,开展研究《对外关系法》起草工作。2022年12月30日,全国人大常委会发布《中华人民共和国对外关系法(草案)》,征求社会公众意见。2023年6月28日,第十四届全国人大常委会第三次会议表决通过《中华人民共和国对外关系法》,该法自2023年7月1日起施行。《中华人民共和国对外关系法》是新中国成立以来第一部集中阐述我国对外工作大政方针、原则立场和制度体系,对我国发展对外关系作出总体规定的基础性法律。制定《中华人民共和国对外关系法》是深入贯彻习近平新时代中国特色社会主义思想,特别是习近平外交思想和习近平法治思想,全面落实党的二十大精神,推进国家治理体系与治理能力现代化,坚持全面依法治国,坚持统筹推进国内法治与涉外法治,加快形成系统完备的涉外法律体系,提高对外工作法治化水平的重要成果,也是加快涉外法治工作整体布局,增强涉外立法系统性、协同性的重大举措,还是我国阐述国际秩序观念与国际法律政策的重大行动。《中华人民共和国对外关系法》的颁布是我国全面依法治国,尤其是涉外法治体系建设的重要里程碑,为中国开展特色大国外交提供了有力的法治保障。①

《中华人民共和国对外关系法》没有界定作为该法调整对象的"对外关系"的含义。一些学者认为,涉外民商事法律关系也应该是对外关系法的调整对象。比如,有学者认为,对外关系法"既包括规范中国对外关系的相关国内法,也包括与中国对外交流相关的应予遵守的国际法规则。在国际法

---

① 参见武增:《关于〈中华人民共和国对外关系法〉(草案)的说明》,载中国人大网2022年10月27日,http://www.npc.gov.cn/npc/c30834/202306/6aa6c46e80574fc88e3821a9e47eb646.shtml,2025年1月18日最后访问;王毅:《贯彻对外关系法,为新时代中国特色大国外交提供坚强法治保障》,载《人民日报》2023年6月29日,第6版。

规则部分,不仅包括适用于我国与其他国家或国际组织之间的政治、经济等关系的国际公法规则和国际经济法规则,还包括规范与我国有关的对外民商事关系的国际私法规则"①。在《中华人民共和国对外关系法》颁布后,有学者针对《中华人民共和国对外关系法》的调整对象问题开展了专项研究。比如,有学者基于中国对外交流的实际情况,《中华人民共和国宪法》规定以及"对外关系"在实践中往往以一种广义的方式加以理解,尤其结合"一带一路"倡议实践情况,认为《中华人民共和国对外关系法》的调整对象不限于中国政府与其他国家及国际组织间的关系,也包括中国政府与其他国家的私人间的关系以及中外私人间的关系。② 笔者认为,中国立法机关诚然可以自由确定"对外关系"的含义,并在此基础上确定对外关系法的调整对象。然而,对外关系法终究是"对外"领域中的法律实践,因而我们不得不考虑其他国家对于对外关系法的理解。

从比较法的角度看,对外关系法普遍被认为与一般的国内法不同,它具有较强的政治性,遵循国家利益或整体主义而非私人权利或个体主义的法律逻辑,这是对外关系法被认为构成国内法实践的"例外"情形的主要原因。事实上,特定事项被不恰当地纳入对外关系法的调整范围并遵循对外关系法的法律逻辑,可能妨碍或破坏正常的国际交流与合作。并且,特定事项被不恰当地纳入对外关系法的调整范围但并未遵循对外关系法的法律逻辑,会使得对外关系法内在地存在两种不同的法律逻辑,这对于国际交流与合作即便无害,也并无益处。③ 基于这些基本考虑,笔者认为不宜把涉外民商事法律关系作为对外关系法的调整对象,原因是,国家实施的对外关系行为与私人实施的涉外民商事法律行为蕴含的法律逻辑显然有别。④

---

① 刘仁山:《论作为"依法治国"之"法"的中国对外关系法》,《法商研究》2016 年第 3 期,第 135 页。类似的观点,参见韩永红:《中国对外关系法论纲——以统筹推进国内法治和涉外法治为视角》,《政治与法律》2021 年第 10 期,第 82 页。
② 参见张乃根:《论"一带一路"视域下〈对外关系法〉的调整对象》,《国际法研究》2023 年第 4 期,第 21、31—35 页。
③ 参见蔡从燕:《中国对外关系法:一项新议程》,《中国法律评论》2022 年第 1 期,第 30 页。
④ 同上。

从对外关系法理论与实践角度看,笔者没有发现涉外民商事法律关系被作为对外关系法的调整对象,此类法律关系从理论上说通常被认为属于国际私法问题,从法律实践上看已经有相应的冲突法律——比如《中华人民共和国涉外民事关系法律适用法》——加以调整。在笔者看来,认为涉外民商事法律关系可以构成《中华人民共和国对外关系法》的调整对象的原因是,把涉外法治实践等同于对外关系法实践。当然,对外关系法的调整对象并不是固定不变的。[1] 以涉外民商事法律关系为例,虽然笔者认为不宜把涉外民商事法律关系纳入对外关系法的调整范围,但这不意味着此类法律关系在任何情况下都不可能成为对外关系法的调整对象。例如,2020年商务部发布的《不可靠实体清单规定》规定,如果外国企业、其他实体和个人在国际经贸活动中"违反正常的市场交易原则,中断与中国企业、其他组织或者个人的正常交易,或者对中国企业、其他组织或者个人采取歧视性措施,严重损害中国企业、其他组织或者个人合法权益",则可能被中国政府认定为"不可靠实体",[2]并据此采取相应的措施。[3] 这是因为,一些外国实体实施诸如中断与中国企业的正常交易等行为实际上构成了相关国家对华政策行动的组成部分,相关外国实体与中国实体间的商业活动已经超越了人们通

---

[1] 参见蔡从燕:《中国对外关系法:一项新议程》,《中国法律评论》2022年第1期,第29—30页。

[2] 参见《不可靠实体清单规定》第二、七条。第二条规定:"国家建立不可靠实体清单制度,对外国实体在国际经贸及相关活动中的下列行为采取相应措施:(一)危害中国国家主权、安全、发展利益;(二)违反正常的市场交易原则,中断与中国企业、其他组织或者个人的正常交易,或者对中国企业、其他组织或者个人采取歧视性措施,严重损害中国企业、其他组织或者个人合法权益。本规定所称外国实体,包括外国企业、其他组织或者个人。"第七条规定:"工作机制根据调查结果,综合考虑以下因素,作出是否将有关外国实体列入不可靠实体清单的决定,并予以公告:(一)对中国国家主权、安全、发展利益的危害程度;(二)对中国企业、其他组织或者个人合法权益的损害程度;(三)是否符合国际通行经贸规则;(四)其他应当考虑的因素。"

[3] 《不可靠实体清单规定》第十条规定:"对列入不可靠实体清单的外国实体,工作机制根据实际情况,可以决定采取下列一项或者多项措施(以下称处理措施),并予以公告:(一)限制或者禁止其从事与中国有关的进出口活动;(二)限制或者禁止其在中国境内投资;(三)限制或者禁止其相关人员、交通运输工具等入境;(四)限制或者取消其相关人员在中国境内工作许可、停留或者居留资格;(五)根据情节轻重给予相应数额的罚款;(六)其他必要的措施。前款规定的处理措施,由有关部门按照职责分工依法实施,其他有关单位和个人应当配合实施。"

常理解的涉外民商事法律关系,从而应当适用《不可靠实体清单规定》,而不仅仅是《中华人民共和国合同法》和《中华人民共和国涉外民事关系法律适用法》。在这种情况下,涉外民商事法律关系成为《中华人民共和国对外关系法》的调整对象。

就《中华人民共和国对外关系法》的目的与宗旨而言,近年来美西方国家不断打压中国是制定《中华人民共和国对外关系法》的重要背景。因此,维护国家主权、安全与发展利益是《中华人民共和国对外关系法》的重要目的与宗旨。[①] 从历史来看,对外关系法与大国竞争之间存在密切关系,大国竞争尤其影响着美国对外关系法实践。[②] 事实上,随着我国发展进入战略机遇和风险挑战并存、不确定难料因素增多的时期,斗争在近年来我国开展的包括制定《中华人民共和国对外关系法》在内的一系列涉外法治实践中日益受到重视。但需要注意的是,合作仍然是我国涉外法治实践的基本目的,斗争只是我国维护国家主权、安全与发展,推动建立更加公正合理的国际秩序的手段。[③] 特别要指出,且不论美西方国家对华既有打压也有合作,与美西方国家间的关系也绝非中国对外关系的全部。因此,不宜过多地以与美西方国家的关系理解《中华人民共和国对外关系法》的立法背景以及由此决定的目的与宗旨。

从《中华人民共和国对外关系法》的立法背景与意义角度来看,立法机关以及权威人士对于《中华人民共和国对外关系法》的目的与宗旨已经做了权威解释。这些目的与宗旨可以归纳如下:第一,落实中国新的法治思想,明确并完善对外关系的领导体制与工作机制;第二,以一种更加权威的方式——法律方式——阐述中国的对外关系政策,比如,继续推进对外开放、追求国际合作共赢、推动建立更加公正合理的国际秩序;第三,统筹国

[①] 参见武增:《关于〈中华人民共和国对外关系法〉(草案)的说明》,载中国人大网 2022 年 10 月 27 日, http://www.npc.gov.cn/npc/c30834/202306/6aa6c46e80574fc88e3821a9e47eb646.shtml, 2025 年 1 月 18 日最后访问;王毅:《贯彻对外关系法,为新时代中国特色大国外交提供坚强法治保障》,载《人民日报》2023 年 6 月 29 日,第 6 版。

[②] See Daniel Abebe, Great Power Politics and the Structure of Foreign Relations Law, Chicago Journal of International Law, Vol.10, 2009 - 2010, pp.127 - 140.

[③] 参见何志鹏:《国内法治与涉外法治的统筹与互动》,《行政法学研究》2022 年第 5 期,第 10 页。

内法治与涉外法治;第四,提高中国对外关系法治化水平。① 从更一般的意义上说,这是中国推进国家治理体系与治理能力现代化这一系统工程的组成部分。② 事实上,《中华人民共和国对外关系法》没有直接纳入诸如中国国内法域外适用或者采取制裁之类具有较强"斗争"色彩的表述,这也是笔者一直以来极力主张的。总之,《中华人民共和国对外关系法》的内容清晰地表明,《中华人民共和国对外关系法》不仅是为了更好地维护国家主权、安全与发展利益,也是——或者更是——为了促进中国对外关系活动法治化,以及寻求国际合作共赢,推动构建可持续的更加公正合理的国际秩序。

就《中华人民共和国对外关系法》的作用而言,笔者注意到一些学者认为,该法的多数条款只是政策性宣示或原则性规定,对于个人来说缺乏可适用性,因而在实践中发挥的作用有限。诚然,个人能够据以主张权利,进而诉诸法院是衡量许多国内法——比如民事法律——有效性的重要标准。然而,对于另一些法律——比如政府组织法——来说,其实际作用并非以是否向个人赋予权利为衡量标准。《中华人民共和国对外关系法》具有重要的宣示性功能,比如以一种更加权威的方式阐述中国的对外关系政策主张。不仅如此,从具体法律实践角度看,《中华人民共和国对外关系法》也可以发挥切实的重要作用。这些作用至少体现在:第一,《中华人民共和国对外关系法》为对外关系领域的立法提供了指南与框架,促使中国在对外关系领域制定更多的专项法律或者推动现行法律修改以纳入相关的对外关系条款,有助于增强对外关系领域的立法与其他国内法的协调性;第二,《中华人民共和国对外关系法》有助于我国行政与司法机关更加积极而恰当地适用相关对外关系法律;第三,《中华人民共和国对外关系法》促使我国更加积极、恰当地开展国际法实践,包括缔结条约、履行国际义务等;第

---

① 参见武增:《关于〈中华人民共和国对外关系法〉(草案)的说明》,载中国人大网 2022 年 10 月 27 日,http://www.npc.gov.cn/npc/c30834/202306/6aa6c46e80574fc88e3821a9e47eb646.shtml,2025 年 1 月 18 日最后访问;王毅:《贯彻对外关系法,为新时代中国特色大国外交提供坚强法治保障》,载《人民日报》2023 年 6 月 29 日,第 6 版。
② 参见蔡从燕:《中国对外关系法:一项新议程》,《中国法律评论》2022 年第 1 期,第 34 页。

四,《中华人民共和国对外关系法》完善了对外关系工作的领导体制与工作机制。

从《中华人民共和国对外关系法》的内容看,有学者认为,《中华人民共和国对外关系法》第四章(对外关系的制度)和第五章(发展对外关系的保障)构筑起支撑对外关系法律体系的八大"制度性支柱"或"八柱",即条约的缔结与适用制度、中国法域外适用制度、反制和限制措施制度、联合国安理会制裁决议的执行制度、国家豁免制度、国家海外利益保护制度、对外法治交流合作制度、发展对外关系的保障制度。① 尽管如此,《中华人民共和国对外关系法》在处理对外关系领域的一些重要问题上仍存在空白。比如,《中华人民共和国对外关系法》没有处理中国如何履行国际争端解决机构——比如国际投资仲裁庭——针对中国做出的判决或裁决。换言之,《中华人民共和国对外关系法》从内容上说是不完备的。不过,黄进教授认为,对外关系法是"领域法",因而《中华人民共和国对外关系法》"很难形成法典";在对外关系目前基本实现有法可依的情况下,《中华人民共和国对外关系法》"仅需宏观地规定基本原则、基本理念以及基本制度,有机地整合与统领(既有)立法即可"。② 笔者赞同黄进教授的主张。《中华人民共和国对外关系法》从内容上看确实是不完备的,但过分强调这种不完备性既不必要也不恰当。首先,制定《中华人民共和国对外关系法》是一项开创性的立法行动。中国立法机关缺乏充分的可资借鉴的比较法经验。同时,《中华人民共和国对外关系法》从立法工作启动到颁布仅仅经历了两年半时间。在这种背景下,立法的不完备性是不可避免的。其次,某些对外关系极为复杂或者当前处于重要的变动期,《中华人民共和国对外关系法》对此类问题做出规定并不明智。事实上,包括美国在内的拥有更加丰富的对外关系法律实践经验的国家也并没有在立法中对所有的对外关系问题都做出规定。总之,我们不宜纯粹地从逻辑的角度衡量《中华人民共和国对外关系法》的完备性。事实

---

① 参见黄惠康:《中国对外关系立法的里程碑——论中国首部〈对外关系法〉应运而生的时代背景、重大意义、系统集成和守正创新》,《武大国际法评论》2023 年第 4 期,第 17—19 页。
② 黄进:《论〈对外关系法〉在中国涉外法治体系中的地位》,《国际法研究》2023 年第 4 期,第 12 页。

上,在制定《中华人民共和国对外关系法》的过程中,"问题导向"是立法机关遵循的一个基本原则。① 这意味着那些对于中国来说具有更重要、更迫切,或者在实践中已经积累较为成熟的经验或较少引发争议的问题是立法机关优先考虑的,而完备性本身并非立法者追求的目标。基于上述考虑,这一"问题导向"的做法是恰当的。当然,"问题导向"原则实际上表明,立法机关未来有可能,也有必要修改《中华人民共和国对外关系法》,针对那些在现行《中华人民共和国对外关系法》未获处理的问题做出规定,以增强《中华人民共和国对外关系法》的完备性。②

《中华人民共和国对外关系法》确立了具有中国特色的对外关系体制。这一特色首先体现在《中华人民共和国对外关系法》第五条规定了作为执政党的中国共产党在对外关系中的政治领导地位。③ 与第五条的政治表征不同,④第九条的规定具有切实的实践功能。⑤ 该条不仅为中央外事工作领导机构参与对外关系提供了明确的法律依据,更重要的是,它有助于确保对外关系工作的战略性、协调性与有效性。随着对外关系日益复杂,越来越多的行为主体参与对外关系过程,许多国家在发展对外关系方面面临体制上的挑战,比如,不同政府部门对于特定对外关系问题的关切甚至利益不同,从而导致部门间相互掣肘;又如,政党斗争使得政党利益凌驾于对外关系中体现的国家利益。其结果是,一国针对特定对外关系问题往往议而不决,或者新政府随意推翻前政府的对外关系决策,从而损害了一国对外关系行动的有效性,甚至削弱了一国对外关系决策的可信

---

① 参见武增:《关于〈中华人民共和国对外关系法〉(草案)的说明》(2022 年 10 月 27 日),载中国人大网 2022 年 10 月 27 日,http://www.npc.gov.cn/npc/c30834/202306/6aa6c46e80574fc88e3821a9e47eb646.shtml,2025 年 1 月 18 日最后访问。
② 参见黄进:《论〈对外关系法〉在中国涉外法治体系中的地位》,《国际法研究》2023 年第 4 期,第 12 页。
③ 《中华人民共和国对外关系法》(2023 年)第五条规定:"中华人民共和国对外工作坚持中国共产党的集中统一领导。"
④ 也可参见《中华人民共和国宪法》序言、第一条第二款。
⑤ 《中华人民共和国对外关系法》(2023 年)第九条规定:"中央外事工作领导机构负责对外工作的决策和议事协调,研究制定、指导实施国家对外战略和有关重大方针政策,负责对外工作的顶层设计、统筹协调、整体推进、督促落实。"

度。① 《中华人民共和国对外关系法》第五条和第九条有效地把中国作为社会主义国家所具有的制度优越性具体地转化为对外关系的体制优越。此外，根据《中华人民共和国对外关系法》第十六条的规定，省、自治区和直辖市根据中央授权在特定范围内开展对外交流合作。这一规定对于我国进行对外关系整体布局，通过发挥特定地区的优势甚至为特定地区创造优势，更有针对性地开展对外关系具有重要意义，对于特定地区经由参与对外关系工作推动地方发展也具有重要意义。

第三节 对外关系法与中国涉外经济行政法的发展

一、对外关系法影响中国涉外经济行政法的原因

从上文的讨论可以发现，行政机关根据诸如《中华人民共和国反外国制裁法》等对外关系法律，有权针对国内外个人或组织采取措施。从性质上说，这些措施属于具体行政行为。因此，对外关系法从某种意义上可以说就是行政法。然而，对外关系法的基本属性，即直接或间接调整国家间关系，使其在法律目的和宗旨等方面有别于一般意义上的行政法。比如，与一般意义上的行政法高度重视保护行政相对人的权利不同，对外关系法往往更侧重维护整体的国家利益。在当前大国竞争背景下，对外关系法更加要重视维护整体的国家利益。在 2020 年 11 月召开的中央全面依法治国工作会议上，习近平总书记指出，我国要强化法治思维，运用法治方式，有效应对挑战、防范风险，综合利用立法、执法、司法等手段开展斗争，坚决维护国家主权、尊严和核心利益。②

---

① 参见蔡从燕：《从"四个理解"探索〈对外关系法〉的意义》，载中国社会科学网 2023 年 11 月 17 日，https://cssn.cn/gjgc/mhgj/202311/t20231117_5697249.shtml，2025 年 1 月 18 日最后访问。
② 《习近平在中央全面依法治国工作会议上发表重要讲话》，载中国政府网 2020 年 11 月 17 日，https://www.gov.cn/xinwen/2020-11/17/content_5562085.htm?ivk_sa=1024320u&wd=&eqid=8299a62f0007a7d8000000046478b76f，2025 年 1 月 18 日最后访问。

二、对外关系法影响中国涉外经济行政法的表现

近年来我国对外关系法的兴起是我国推进全面依法治国,建设社会主义法治国家的组成部分。正是由于这个原因,我国针对如何开展对外关系制定了一系列法律、行政法规和部门规章,其中贯彻了一般意义上的行政法的基本要求。比如,《执行世界贸易组织贸易救济争端裁决暂行规则》(2013年)规定,商务部对相关案件进行再调查时,应当"发布公告或者以其他方式通知案件利害关系方";在得出再调查结果前,"应当将所依据的基本事实披露给利害关系方,并给予合理时间提出评论意见"。① 尽管如此,对外关系法也在一定程度上修正了我国涉外经济行政法的实践,在此举两例予以说明。

第一,关于救济。较之一般意义上的行政法,中外经济活动主体在对外关系法项下可能获得较低的救济权。例如,根据《中华人民共和国反外国制裁法》(2021年)第七条的规定,国务院有关部门依据该法作出的反制决定为最终决定。换言之,中外个人或组织无法根据《中华人民共和国行政复议法》《中华人民共和国行政处罚法》《中华人民共和国行政诉讼法》等法律寻求行政或司法救济。

第二,关于自由裁量。较之一般意义上的行政法,行政机关根据相关对外关系法律采取行政措施时拥有更大的自由裁量权。例如,中外经济活动主体在对外关系法项下可能获得较低的救济权。比如,根据《阻断外国法律与措施不当域外适用办法》(2021年)第八条的规定,在行政机关针对有关外国法律与措施存在不当域外适用情形发布禁令,即禁止中外个人或组织执行或遵守有关外国法律与措施后,中国公民、法人或者其他组织可以向商务部申请豁免遵守禁令。然而,第八条没有规定商务部考虑是否给予豁免所需要的因素。类似地,根据《不可靠实体清单规定》(2020年)第七条的规定,

---

① 参见《执行世界贸易组织贸易救济争端裁决暂行规则》(2013年)第二、三、五条。第二条规定:"世界贸易组织争端解决机构作出裁决,要求我国反倾销、反补贴或者保障措施与世界贸易组织协定相一致的,商务部可以依法建议或者决定修改、取消反倾销、反补贴或保障措施,或者决定采取其他适当措施。"第三条规定:"在作出本规则第二条的建议或者决定之前,商务部可以对有关案件进行再调查。决定进行再调查的,应当发布公告或者以其他方式通知案件利害关系方。"第五条规定:"在得出再调查结果之前,商务部应当将所依据的基本事实披露给利害关系方,并给予合理时间提出评论意见。"

不可靠实体清单工作机制在决定是否将有关外国实体列入不可靠实体清单时拥有很大的自由裁量权。

改革开放以来,我国行政法律体系日益完善,行政法治化水平持续提高。整体来说,人们所理解的行政法治化主要指向的是行政机关针对纯粹或人们通常所理解的国内事务所采取的行政行为。诚然,早在20世纪80年代,一些行政法学者注意到在对外经济开放背景下行政机构所采取的行政行为有其特殊性,但涉外行政法作为独立议题并未受到行政法学者的普遍关注。这一状况并不当然意味着行政法学者的疏漏,而是因为这个时期行政机关在涉外经济领域所采取的行为的性质使然。直言之,这一时期的涉外经济行政法与一般意义上的行政法在调整对象和所涉法益等方面没有明显的差别,因而没有把涉外行政法作为单独议题的迫切必要性。然而,进入21世纪第二个十年以来,随着我国确立了推进全面依法治国、建设社会主义法治国家的战略,行政法治化领域不断扩大;特别是,随着大国竞争日益激烈——其中经济竞争是基础和核心内容,涉外行政法的调整对象和所涉法益发生了重大变化。为此,我国加快对外关系立法,逐步形成了以《中华人民共和国对外关系法》为基础的对外法律体系。在这一日益扩大的法律体系中,行政机关发挥着至关重要的作用,因此对外关系法在很大程度上可称为对外关系行政法。与一般意义上的行政法以及以往的多数涉外行政法实践不同,近年来对外关系法实践直接或间接指向的是国家间关系。因此,在遵循行政法治化基本趋势的同时,行政机关在对外关系法中承担着更大的维护国家主权、安全与发展利益的使命,因而拥有更大的自由裁量权,是对一般意义上的行政法或以往涉外经济行政法的重要发展。

第八章

国际公法视阈下的涉外经济行政法

当今世界正经历百年未有之大变局,对现行国际法与国际法治提出了前所未有的挑战。在此情境下,坚持统筹与协调思维是回应百年未有之变局与复兴使命、推动全球治理体系变革的必然要求。习近平总书记指出,"我们观察和规划改革发展,必须统筹考虑和综合运用国际国内两个市场、国际国内两种资源、国际国内两类规则"。① 二战后逐渐建立和发展起来的现代国际法与国际法治从总体上讲是进步的,对协助社会制度、文化背景、法律体系殊异的世界各国建立一个相对稳定、相互理解的国际交往秩序,促进战后世界和平及安全、国际合作与发展、人权尊重和保障,发挥了不可替代的作用。② 国际法与国内法相互补充、相互影响,二者一直处在互动之中,国际法治和国内法治的良性互动与衔接是统筹涉外规则治理的应有之义,国家在国际和国内两个层面遵行法治也已经成为当代国际秩序下绝大多数国家的共识。③ 规则治理需要广阔视野、良法善治,在国际公法的视阈下审视研究国内法,特别是涉外经济行政法,在国际体系和国际秩序深度调整,规则对抗逐步取代武力对抗,国际经济环境急剧紧张的当下,对推动中国统

---

① 参见习近平:《中国必须有自己特色的大国外交》,载《习近平著作选读》第一卷,人民出版社 2023 年版,第 317—321 页。
② 参见黄进:《百年大变局下的国际法与国际法治》,《交大法学》2023 年第 1 期,第 6 页。
③ 参见宋阳、顾思存:《迈向多元共治:现代国际法治理体系的构建逻辑》,《河南师范大学学报(哲学社会科学版)》2024 年第 4 期,第 50 页;赵骏、肖羽沁:《新时代国际法与国内法的关系形态——以统筹与协调思维的法治运用为视角》,《浙江大学学报(人文社会科学版)》2022 年第 11 期,第 6 页。

筹协调推进涉外法治,改革优化涉外经济行政治理规范,有效维护中国的涉外经济权益和公正合理的国际经济秩序,具有相当重要的意义。

本章主要阐释国际公法与涉外经济行政法的体系关系,解析各层级国际公法与中国涉外经济行政法的相互影响及其范例,并对国际公法与中国涉外经济行政法交互产生的法律影响进行论述,为本书涉外经济行政法体系的逻辑建构提供基于国际公法视阈的理论支撑。

第一节 国际公法与涉外经济行政法的关系

一、国际公法视阈下涉外经济行政法的概念群

(一) 国际公法

国际公法,一般也称国际法,是指调整国际法主体之间(主权国家之间,以及其他具有国际人格的实体之间)的关系,有法律拘束力的法律原则、规则和制度的总体。[①] 法律渊源是指法律原则、规则和制度存在之处,即法的表现形式。国际公法的法律渊源即指具有法律拘束力的普遍适用的国际法主体间规则的表现形式。国际公法的渊源包括国际条约、国际习惯、一般法律原则,以及作为确定法律原则之辅助资料的司法判例和权威公法学家学说等。

国际公法源自国家意志之合意,基于"有约必守"的法律原则,国家有义务将其缔结或接纳的国际公法纳入其法律规范体系并践行。正因如此,国际公法作为有效的国家规范的一部分,可以被视为国内法的法律渊源,而国际公法中以公权力调整国际经济关系的国际经济公法规范是涉外经济行政法的法律渊源,主要包括调整国际经济行政关系的国际条约(以对当事方有效为前提)、[②]有约束力的经济行政领域的国际习惯和在涉外经济行政法中

[①] 参见王铁崖:《国际法》,法律出版社 1995 年版,第 2 页。
[②] "在我国,涉外经济行政法的渊源有法律(全国人大及其常委会制定的法律)、行政法规(国务院制定)、部委规章(商务部、海关、国家质检总局、中央银行、国家工商总局、国家税务总局等部委制定)、地方性法规和国际条约(双边条约和多边条约)。"参见陈立虎:《涉外经济行政法论纲》,《金陵法律评论》2009 年第 2 期,第 71 页。

有体现的一般法律原则。

(二) 国际经济法

国际经济法是调整超越一国国境的经济交往的法律规范,广泛地说,它是规范国家政府、国际组织、法人团体和个人相互之间具有跨境/涉外因素的经济关系的法律原则、规则和制度的总称,是一个涉及国际法与国内法、公法与私法、国际商法与各国涉外经济法等多种法律规范的边缘性综合体。国际经济法主要包括三个层次的法律规范,第一层为国家政府间缔结的调整政府间和政府与私人(包括法人和其他团体)间经济关系的条约和协定,第二层为国家政府通过的涉外经济法律与规定,第三层为在国际经济交易中被普遍接受的对当事各方具有约束力的国际性或区域性习惯和惯例。[1] 涉外经济行政法作为国家制定的经济法律,是国际经济法三层次法律规范的重要组成部分。

(三) 涉外行政法

传统行政法理论认为,行政法是一国主权的具体体现,是政府权力与权威的效力疆界——其通常被限定在民族国家框架内,只调整国内关系并根据属地管辖原则实施。按此论断,一国行政法调整者一般限于本国私人、本国政府以及进入本国境内从事活动的外国私人,因此涉外行政法最初被界定为"调整我国涉外行政管理活动中所发生的国家行政机关同外国公民、外国经济组织和其他国外团体等外方当事人之间关系的各种法律规范的总称"。[2] 但在经济全球化和行政法治国际化的今天,在一国之内考察行政法的观点也应随之改变。[3] 随着新时代国际局势大变革下我国对外开放交往的持续深化和行政责任事项和领域的扩延,行政法在世界范围内以主动管辖(包括属地管辖、属人管辖、属事管辖、保护管辖、普遍管辖等形式)维护国家利益的作用愈发突出,"涉外"一词在行政法下的法律内涵亦得到丰富和展现,而不局限于行政法律关系主体的涉外属性。因此,行政法中的涉外要

---

[1] 参见王铁崖:《国际法》,法律出版社 1995 年版,第 354 页。
[2] 方世荣:《论坚持对外改革开放与健全涉外行政法》,《中国法学》1988 年第 4 期,第 49 页。
[3] 参见朱淑娣主著:《国际经济行政法》,学林出版社 2008 年版,第 84 页。

素现指"国际法主体内涉及其他国际法主体肯定的具有其法律意义的要素",①意即行政法律关系涉及为非本国的国际法下其他法律权威(如外国政府、国际组织等)所承认而具有相应域外法律意义或地位的要素,包括"法律关系主体为域外法厘定之组织或个人""法律关系客体位于域外""法律事实发生在为域外法肯定而受其管辖之领域"三种情形。综上所述,涉外行政法是本国调整含有其他国际法主体肯定的具有其治下法律意义的要素的行政关系的各类法律规范的总和。

涉外行政法以"受其他国际法主体肯定而具有其法律意义"作为涉外行政法律关系的判断标准,是因为本国行政法判断域外事务的法律性质或地位需要参考域外法的厘定而不能专断。例如,一外国商事主体是不是某外国法下的合格法人而有资格享受我国给予外国法人的贸易政策待遇?又如,我国企业在外国受到的某种不公平对待是不是政府行为而使我国可以依法实施对等原则?"涉外"之"外"所代表的是平行于本国的另一权威之法律承认来源,其作用类似于法庭中的"专家证人",辅助本国行政机关对涉外法律关系进行认定。这也从侧面反映了为域外法所肯定的涉外法律要素实际非由单一国内法调整,而附有域外法律权威之审视与利益,本国行政法对涉外行政法律关系的调整很可能会对域外国际法主体的法律利益产生实质影响,甚至因负面影响引起外国的行政反制。正因如此,行政法特化"涉外"规范的实质是对不同法域行政法效力相互溢出及其潜在冲突的承认,以及在保持国家主权独立、平等的基础上调和冲突,优化行政法实施效果,加强国际行政协作的尝试。

法律利益经法律承认而确立。② 受有域外法律利益的涉外法律要素于本国行政法调整领域内必然产生其行政法下的待遇问题,国家对涉外法律关系的行政对待亦构成国际法上主权平等原则、对等原则等之实践——行政法律关系中的涉外法律要素因牵涉为域外国际法主体所赋予的法律利益

---

① 袁勇、朱淑娣:《涉外经济行政立法新论》,《兰州学刊》2005年第3期,第183页。
② "法律意义上的利益,是在经过主体博弈、利益权量、利益平衡和利益取舍之后而得到法律承认并公之于众。"参见翟虎祥:《法哲学视角下利益在法律制度中的地位与作用》,载微信公众号"青年法学与政策研究"2020年6月2日,2025年1月12日最后访问。

而受当事国审慎对待，进而使该法律关系基于国际制定法和善意之国际交往秩序而具备受一国涉外行政法合理承认、公平对待、礼让等之基础，这种行政立法默契或说习惯乃基于对域外国际法主体法律权利/利益的尊重和互谅，并逐渐为国际法所提倡和固定下来。例如，广为接受的《维也纳外交关系公约》(Vienna Convention on Diplomatic Relations)所确立的外交特权与豁免规则，即要求接受国为派遣国的外事活动提供在其管辖领域内的行政优待。[1] 具体到涉外经济行政法层面，以世界贸易组织法(The Law of The World Trade Organization)为代表的国际经济行政法已经成为世界各国涉外经济行政法的示范法和现代国际经贸活动的"守门员"，国际经济组织成员国均有义务履行其就外国来源经济活动作出的待遇承诺，例如非歧视原则下的最惠国待遇和国民待遇、互惠原则、禁止非关税壁垒措施等，这些经济行政规则都要求东道国给予和保障外国民商事主体在东道国从事经济活动时以公平合理的行政待遇，亦是涉外行政法对域外法律权利/利益承认、尊重、互谅、协调的基础功能之具象。综上，涉外经济行政法当属涉外行政法体系的一个重要分支。

以上讨论是基于涉外行政法体系的建构价值视角，以及与法律功能主义的分野。而在体系论视角下，涉外行政法可以被概分为涉外公安行政法，涉外经济行政法，涉外民政行政法，涉外文化、教育、科技、卫生行政法，涉外旅游行政法，以及涉外行政诉讼等。[2]

（四）国际经济行政法

国际经济行政法是政府规制市场经济的国际协调法，其内涵跨越国际法与国内法，是国际经济法项下具有行政规制性质的法律规范的集合，包括国家间关于经济行政规制的国际公法法律规则以及各国国内的涉外经济行政法规则。前者包括调整国际（跨国）经济关系的国际条约、协定以及属于公法性质的各种国际惯例等，如1995年在《关税及贸易总协定》(General

---

[1] 包括但不尽于《维也纳外交关系公约》第3—47条所列外交使馆和人员享有的各类特权与豁免权，例如《维也纳外交关系公约》第22条第2款："接受国负有特殊责任，采取一切适当步骤保护使馆馆舍免受侵入或损害，并防止一切扰乱使馆安宁或有损使馆尊严之情事。"第28条："使馆办理公务所收之规费及手续费免征一切捐税。"

[2] 参见应松年主编：《涉外行政法》，中国政法大学出版社1993年版，第44—45页。

Agreement on Tariffs and Trade，GATT）基础上诞生的全球性经济组织——WTO 项下之各种经济行政规则；后者包括调整跨越国境的经济关系的经济行政法的涉外部分，如关税、进出口货物管理、外汇管理、外资管理等涉外经济行政法律规范，①譬如《对外贸易法》《反倾销条例》、商务部《对外贸易壁垒调查规则》等。国际经济行政法是调整跨国经济行政关系的国际、国内公法规范的总和，②是本国经济领域行政法溢出主权疆界影响域外法律利益而需相互协调、谋求共益的机制产物，国际公法中有关经济行政规制的公法规则和各国涉外经济行政法属于国际经济行政法下相互独立的组成部分。

（五）涉外经济行政法

作为公法与私法互动、国内法和国际法交融的产物，涉外经济行政法是调整涉外经济行政关系的法律规范和原则的总和，其中"涉外"是指法律关系三要素视域下，经济行政关系的主体包括外籍公民和法人，或客体包括域外法管辖的物或行为，或内容包括形成经济行政关系的事实存在跨国因素等。当经济行政关系的一部、几部或全部是其他国际法主体肯定的具有其法律意义的要素时，此类关系就成为涉外经济行政关系。在此基础上，涉外经济行政法是指本国政府为了调整涉及其他国际法主体所肯定的、具有其法律意义因素的经济关系，依据国内法律或有效的国际经济法而制定的行政法规范，"是国内法体系的组成部分"。③

涉外经济行政法兼具行政法与经济法之特征，是国家公权规制经济私权的媒介，是政府调整涉外经济领域活动的重要依据，也是私主体涉外经济活动权益的重要保障。涉外经济行政法广泛地吸纳和反映了有效的国际公法规则和本国的行政法规范，这些法律渊源共同赋予了涉外经济行政法延展于境内外的法律效力。涉外经济行政法主要包括涉外贸易行政规制法、涉外投资行政规制法、涉外金融行政规制法、涉外知识产权行政规制法、涉外数据行政规制法，以及涉外经济行政争议解决法等。

---

① 参见朱淑娣、蒋梦娴：《成长中的国际经济法新分支——国际经济行政法理论界定》，《江西社会科学》2010 年第 3 期，第 17 页。
② 参见朱淑娣主著：《国际经济行政法》，学林出版社 2008 年版，第 63 页。
③ 陈立虎：《涉外经济行政法论纲》，《金陵法律评论》2009 年第 2 期，第 74 页。

二、国际公法与涉外经济行政法的互动关系

国际公法与涉外经济行政法的互动是国际法与国内法互动大背景下的一个缩影。在全球化和区域一体化的进程中,各国的法律之间以及国内法与国际法之间是相互渗透和相互影响的,①国际法与国内法关系的二元论奠定了国际法与国内法发生互动的客观基础,而国际法和国内法的互动在为主权国家更好地谋求本国利益上达成了潜在的默契:独立的国内法体系难以解决复杂的国际交往问题,国际法和国内法的互动成为在时代发展中协调国际交往的必然需求,各国国内法体系中趋同的基本准则使它们在某些方面实现融合,一般性的国际法律由此实现。②

在国际公法的视野下,国际法是以国家为单位的国际社会的法律规范,国内法调整国家内部各主体之间的关系,国家以其域内外双向之行政权威,当然地成为国内法和国际法的互动媒介。在经济全球化时代,国家会为了提升国内治理水平、经济竞争力或投资吸引力而主动引进或被动接受国际规则,也可能为了增强行为的正当性而借助国际规则。③ 基于在国际社会博弈中最大化维护主权国家现实利益的考虑,国际法与国内法在所调整之关系上的区隔正逐渐模糊,国际法主动或被动地穿过主权的边界,逐渐对原先仅由国内法调整的对象产生现实效力,国内法亦通过自我修正以契合并落实维护本国利益的国际法,涉外经济行政法作为我国国内法的重要部门,亦如是。

国际法在形成和发展过程中,亦受到国内法的影响。国内法可能促进

---

① 参见王德志:《论宪法与国际法的互动》,《中国法学》2019 年第 1 期,第 122 页。
② "首先,国际法与国内法互动的理论基础是关于二者间关系的二元论。二元论认为国内法与国际法各成体系,二者关系密切但互不相属。国际法与国内法区隔的首要原因在于二者规范的社会关系存在差异,国际法规范的是国家与国家之间的社会关系,国内法则调整国内个体与个体、个体与国家之间的关系。有学者修正传统二元论,在区分国内法与国际法的基础上强调二者间的互动关系。总之,国际法与国内法的二元地位是二者发生互动的客观基础,但也考验二者平衡,尤其是国内法规制空间与国际义务内容之间的平衡。"参见沈伟、苏可桢:《变局之下国际法与国内法互动的转向》,《探索与争鸣》2024 年第 4 期,第 97 页。
③ 参见陈琪、管传靖、金峰:《规则流动与国际经济治理——统筹国际国内规则的理论阐释》,《当代亚太》2016 年第 5 期,第 18 页。

或制约国际法的发展,国际法发展需要兼顾国内法的利益取向,新生之国际公共治理利益会促使国际法主体推动国际法的革新。在经济全球化与逆全球化浪潮对抗互侵以及国家保护主义思潮大盛的背景下,国内法对国际法的影响与日俱增,主要表现为主权国家的国内法外溢和国际法化。① 该过程受国家本位主义推动,意在通过输出本国规则至国际领域,推动国际法契合本国在国际体系中的利益。各国法律及其背后的利益需求交汇、博弈、磨合后的平衡即催生了新的国际法规则。在国际经济行政法领域,国际经济行政法的发展折射出涉外经济行政法进入国际法规制领域并对空白之处进行填补的功能。国际经济行政法的诞生源于因各国割裂的国内法规制体系而导致的跨国法律规制"责任赤字",监管缺位引发的治理风险使得国际社会亟须一套标准统一的相互协调的普遍适用的国际经济行政规范。国际经济行政法吸纳了为多数国际经济社会参与者认可的行政法规范、原则和理念,确保基于该体系的行为和责任最大限度兼具透明度、参与度、合理性和可行性之行政法范式,一国之涉外经济行政法由此对国际法产生影响。

  承上所言,有学者将国际法与国内法的关系总结为倒逼、配合、锁定、模范、替代、补偿六类关系形态,②即体系论视角下国际法与国内法基于其势力和价值的互相强制与互为模范;协调论视域下国际法与国内法因外在压力推动的法治变革与体系利益驱动的主动配合;功能论层次上两法基于治理功能需要的相互替代和相互补充。总而言之,国际法与国内法的互动是二元论下两个差异性的法律规范对相同事项管辖的染指和竞争。随着国际交往的日益频繁,国内法和国际法管辖的事项不再天然隔离,而是交集逐渐扩大。国际经济公法基于国家意志协调国家间经济关系,涉外经济行政法则表达主权者于涉及涉外因素的经济行政关系之立场,二者关系基于体系推动、规范协调、功能需要等多重动因而开展互动。二者间互动的最终目的不

---

① "国内法外溢"指"国家在制定国际规则的博弈中基于国内需求和既有规则谈判,将国内运转良好的规则通过多边渠道'输出'为国际规则";"国内法国际法化"指"在特定法域通行的法律制度因影响与作用日益广泛而最终为全球所接受并流行的过程"。参见沈伟、苏可桢:《变局之下国际法与国内法互动的转向》,《探索与争鸣》2024年第4期,第98—99页。

② 参见赵骏、肖羽沁:《新时代国际法与国内法的关系形态——以统筹与协调思维的法治运用为视角》,《浙江大学学报(人文社会科学版)》2022年第11期,第5页。

是一方剥夺另一方的效力,而是为了厘清法律规则的相互边界,协调于一事项最佳之有效规则,在互动博弈中达成国家主权利益与国际社会共同利益的微妙平衡。

三、国际公法与涉外经济行政法的协调关系

(一) 国际公法与涉外经济行政法相互协调的基本动因

国际公法与涉外经济行政法的互动是经济行政领域的国际法与国内法基于多重原因相互影响的反映,而二者的相互协调则是源于国际公法与涉外经济行政法对一个公平、合理、统一的国际经济行政规则体系的共同追求。国家制定法对本国管辖范围内事项的权威来源于国家主权,主权的概念产生于16世纪中叶,法国学者让·博丹(Jean Bodin)在其《论共和国》一书中指出,主权是一国的最高权力,不受任何限制,只受神法、自然法以及万国公法的约束。[①] 我国国际法学家周鲠生认为,主权是国家具有的独立自主地处理自己的对内和对外事务的最高权力。[②] 国家主权包括两个方面的权力,即国家对内的最高权和对外的独立权,前者指主权国家在国内完全按照自己的意志处理国内管辖的事务,后者指国家在国际关系上是最高的权威,在国家之上再没有超国家的权威,国家在行使国家权力时完全自主,不受任何外来的干涉。

国家主权原则已经成为国际社会公认、最基本、最重要的一项国际法原则,但另一方面,国家主权原则也有其界限。一国在行使其主权时应当尊重国际法基本原则,不得损害他国主权和合理利益。主权间的边界划定和善意共处之需要促进了国际法的形成,国际法则反向约束参与国的国内法以克制主权,协调域内外规则。就当前的国际法体系而言,以《联合国宪章》为核心的国际法体系最大限度地汇集了世界各国的规则共识。这种共识既有助于弥合国家间的利益分歧,建立一种稳定的、互认的交往规范,又回避了一些因国家之间法律制度差异、程序不透明等制度隔阂导致的抵触、不公正

---

① 转引自马忠法、孙玉山:《国际法视野下的主权与人权》,载微信公众号"复旦国际法理论与知识产权"2021年10月11日,https://mp.weixin.qq.com/s/FD-SNrkPpCFuGGlDC8ENNQ,2025年1月12日最后访问。
② 同上。

待遇、失信与拖延,从而符合国家交往中最大程度地避免零和博弈与无意损害,追求利益最大公约数的国家立场。这种多边法律制度的协调促进了新的国际法的产生,而参与各国在博弈后形成的最终合意无疑也成为各国基于"有约必守"原则,应当自我调适以遵从的共同准则。

就经济领域国际公法与国家涉外经济行政法的相互协调而言,国际经济公法是一个涵盖广泛的法律领域,它包括了所有调整国家之间以及国家与国际组织之间在经济活动中权利义务关系的法律规范。这个领域的法律规范不仅包括传统的国际贸易法、国际投资法和国际货币金融法,还包括了诸如国际税法、国际知识产权法和国际数据法等新兴领域。涉外经济行政法则是调整所有上述涉及域外要素的经济行政关系的国内法律规范。二者相互协调的正向动因主要是随着全球化的加深,各国间的经济联系日益紧密,需要一套法律规则来规范国际贸易、投资、货币金融等领域的相互关系,以促进国际经济合作,维护公平竞争和经济秩序,同时保护各国的经济利益和国际社会的共同利益;负向动因则是逆全球化风险下国家保护主义盛行,部分国家大肆宣扬"基于规则的国际秩序"(Rules-Based International Order,RBIO),但其所谓"规则"并未明确具体内涵,"更重要地,近年来一些国家的法律实践表明,这些国家经由主张 RBIO 所追求的很大程度上是一种国内法凌驾于国际法、区域国际法凌驾于普遍国际法以及将国际法泛政治化的规则观。这显然损害了国际法在国际秩序中的作用"。① 例如,在国际经济行政领域,美国就曾在 WTO 规则框架内承诺其《1974 年贸易法》"301 条款"的调查结果不得作为单边制裁的依据。然而,特朗普政府不仅公然无视 WTO 规则,更是背弃其前任政府作出的承诺,依据"301 条款"这一臭名昭著的、违反多边贸易体制基本精神的单边主义措施,对中国数千亿美元的产品加征关税。2020 年 9 月 15 日,WTO 专家组作出裁决,认定美国加征关税"显而易见地"违反了 WTO 的最惠国待遇原则和关税约束原则。

虽然国家参与国际交往以其本国利益为出发点,但其行为不应有损既定之国际法和公平正义的国际秩序。建立普遍性的国际规则也应当保障世

---

① 蔡从燕:《论"以国际法为基础的国际秩序"》,《中国社会科学》2023 年第 1 期,第 28—29 页。

界各国的普遍性参与和同意,而不应诉诸单边主义与霸权主义下的国内法扩张。这种试图以少部分国家的国内规则代替以《联合国宪章》为核心的普遍国际法塑造的国际秩序的国际强权政治逻辑不具有正当性与应然性,国际秩序应当回归以公正之国际法为交往基础和准则之正轨。在各国涉外经济行政法争相施力于国际经济秩序的情况下,虽然主权决策是一个天然黑箱,但"国际法被视为国际关系的语言"。因为国际法超越了政治、意识形态和文化分歧,提供了制定共同规范和标准的途径。国际法已不仅是一套国际规则,更是一种"沟通语言"。[①] 在"群雄逐鹿"后国际社会对于该领域的利益纠葛与规则共识逐渐明晰,一套相对稳定、明确、公平的新国际经济公法可以协调各国间的法律利益冲突,消解因国内法外溢碰撞导致的跨国经济活动面临的规则波动或法律冲突(Legal Conflict)[②],维护国际经济公法协调国家间经济活动关系的秩序价值。

综上所述,正因为国际经济活动对公平、透明、高效、开放的现代化行政之要求,一套共同认可的国际法应当被提出以明确跨国经济活动者在东道国的权利义务,以及该国行政机关对其权益的保障。在此基础上,国际公法承载了缔约国的共同同意,并受共同之履行与监督,成为各国利益协调平衡的介质。跨国经济活动者既可以凭此开展经济活动,也可以据此在东道国和母国寻求行政救济,各国之涉外经济行政法也因共同利益的提出而自我协调,形成符合该国际经济公法的新规范,促进国内法与国际法指向一致。

(二) 国际公法与涉外经济行政法相互协调的实践

国际法效力的根据应在于国家本身,即在于国家的意志,国际法原则、规则和制度是适应促进国家之间的正常交往以及更进一步的合作关系的需要而产生的。[③] 在这个意义上,国际公法本身即协调法,是代表国家意志的各国国内法外溢互动而协调承认的产物,国际经济关系作为支撑国家经济基础的重要因素,其行政协调受到国家政府之格外重视,甚至可以说在现代经济社会几乎所有国际经济关系的运行都离不开政府行政行为的促进,国际

---

① 参见张力文:《将国际法作为国际关系的语言——国际法教学与研究的战略视角》,《国际法研究》2024年第4期,第9页。
② 这里的法律冲突是指遵守一国法律即必然违反另一国法律的情形。
③ 参见王铁崖主编:《国际法》,法律出版社1995年版,第7页。

经济行政法律协调体系亦因此在国际法体系占有相当之分量,覆盖了诸如贸易、金融、投资、知识产权、数据、争议解决等传统和新兴重要经济领域。

1. 国际贸易行政法律协调体系

国际贸易行政法律协调体系是指在国际贸易领域内,通过各种国际条约、协定、规则以及国内法律法规等,对国际贸易活动中的行政关系进行规范与协调的一整套法律体系。该法律体系旨在促进国际贸易的自由化和便利化,同时确保贸易活动的公平性和合法性,从而有效解决贸易争端,维护国家利益和市场秩序。

目前该体系的核心是依据《马拉喀什建立世界贸易组织协定》(Marrakesh Agreement Establishing the World Trade Organization,WTO Agreement)建立的WTO法律体系。WTO成立于1995年1月1日,其前身是1947年缔结的《关税及贸易总协定》。WTO贸易法律体系涵盖了WTO的基本法、货物贸易法律制度、服务贸易法律制度、与贸易有关的知识产权法律制度、贸易政策审议机制的法律制度等,覆盖从关税和非关税壁垒、知识产权、服务贸易到农业等多个领域,关键法规包括《世界贸易组织协定》(The World Trade Organization Agreement)及其附件《关税及贸易总协定》、《与贸易有关的知识产权协议》(Agreement on Trade-Related Aspects of Intellectual Property Rights,TRIPS)、《关于服务贸易的总协定》(The General Agreement on Trade in Services,GATS)以及《农业协议》(Agreement on Agriculture)、贸易政策审查机制(Trade Policy Review Mechanism,TPRM)等。首先,这些法律法规旨在推动各成员方的产品、服务及知识产权在各成员中享受无条件、多边、永久和稳定的最惠国待遇以及国民待遇。其次,这些法律法规扩大了货物、服务的市场准入程度,即具体要求降低关税和规范非关税措施,逐步扩大服务贸易市场开放。最后,这些法律法规要求按争端解决机制与其他成员方公正地解决贸易摩擦,禁止单边报复。这些法律法规增加了贸易政策、法规的透明度等,并且对组织成员方的贸易行政法律合规度提出了明确要求。

2. 国际金融行政法律协调体系

国际金融行政法律协调体系是一个复杂的全球性架构,其旨在通过一系列规则、政策、机制和组织机构来调节各国货币在国际支付、结算、汇兑与转移等方面的行政监管。该体系的目的是维护国际金融市场的稳定,促进经济合作,以及协调各国在金融领域的法律与政策。其主要组成部分包括:

第一,国际金融组织的法律制度,即根据《国际货币基金组织协定》(Agreement of the International Monetary Fund)和《国际复兴开发银行协定》(Articles of Agreement of the International Bank for Reconstruction and Development)等文件建立和运作的国际货币基金组织(IMF)和世界银行等国际金融组织的所有相关规则,其宗旨是促进国际贸易的扩大与均衡发展,稳定货币汇率,避免竞争性的货币贬值,协助成员国建立多边支付体系,以及向成员国提供长期贷款和技术援助,以促进其经济发展和社会进步等。

第二,国际金融监管的法律制度,其涉及金融市场的监管、风险控制和防范金融犯罪等方面,例如《巴塞尔银行业监管委员会资本协议》(Basel Accord)和《金融行动特别工作组(FATF)反洗钱国际标准》(International Standards on Combating Money Laundering and the Financing of Terrorism & Proliferation:The FATF Recommendations)等。

第三,国际金融合作的法律规定,涉及促进各国之间的金融合作,规范金融交流、投资合作和金融信息共享等方面,如国际清算银行支付与市场基础设施委员会(The Bank for International Settlements' Committee on Payments and Market Infrastructures,CPMI)工作机制、全球税收透明度与信息交换论坛(Global Forum on Tax Transparency and Information Exchange)+经济合作与发展组织(OECD)《税收信息交换协议范本》(Model Tax Information Exchange Agreement)的国际税收合作机制等。

第四,国际货币法律制度,主要包括国际货币基金组织与《国际货币基金组织协定》(Agreement of the International Monetary Fund)、国际收支及其调节机制、汇率制度的安排、国际储备资产的选择与确定等的行政安排。

3. 国际投资行政法律协调体系

国际投资行政法律协调体系,是指为了促进和规范跨国投资活动,保护投资者合法权益,以及解决投资争端而形成的一系列国际和国内行政性法律规定和政策措施的总和。这个体系包括国际投资协定、多边投资规则、各国的外资法律、政策和行政措施等,其中有代表性的国际规则有《解决国家与他国国民间投资争端公约》(Convention on the Settlement of Investment Disputes Between States and Nationals of Other States)、《多边投资担保机构公约》(Convention Establishing the Multilateral Investment Guarantee Agency，MIGA)、各类双边投资协定(BITs)、多边投资协定，以及自由贸易协定中的投资章节(Comprehensive Economic and Trade Agreement，CETA；Trans-Pacific Partnership Agreement，TPP、Transatlantic Trade and Investment Partnership，TTIP;等)等国际投资协定。这些协定为跨国投资提供了法律框架和保护机制，主要包括：第一，国际投资争端解决机制，如《解决国家与他国国民间投资争端公约》下的国际投资争端解决中心(The International Center for Settlement of Investment Disputes，ICSID)、《多边投资担保机构公约》(Convention Establishing the Multilateral Investment Guarantee Agency)以及WTO的争端解决机制，均为解决投资争端提供了平台与路径。第二，影响投资法律关系的国际组织决议和原则，例如联合国大会通过的有关国际投资的决议，如《各国经济权利和义务宪章》(Charter of Economic Rights and Duties of States)等，和部分国际投资惯例，亦属于国际投资行政法律协调体系。

4. 国际知识产权行政法律协调体系

国际知识产权行政法律协调体系，是指旨在通过国际合作和统一标准来保护和促进知识产权在全球范围内得到公正、有效的保护和利用的一系列国际和国内行政性法律规定和政策措施的总和。目前，以WTO的《与贸易有关的知识产权协议》和世界知识产权组织(the World Intellectual Property Organization，WIPO)管理下的知识产权国际条约体系为核心构建起来的知识产权国际规则体系仍然是实现全球贸易自由化和推动知识产权保护一体化最重要的工具，其在协调发展中国家与发达国家分歧、统一知识产权保护水平方面发挥了重要作用，广大发展中国家已经在历史实践中逐步适应了这一体系。① 我国已加入了大部分有关知识产权的国际多边条约，包括核心公约《建立世界知识产权组织公约》(Convention Establishing the

---

① 参见马一德：《全球治理大局下的知识产权强国建设》，《知识产权》2021年第10期，第52页。

World Intellectual Property Organization,以下简称"WIPO 公约")与《与贸易有关的知识产权协议》。WIPO 宣布其管理着 27 个有关知识产权的国际公约,除 WIPO 公约之外,这些公约按其作用又分为三类:第一类是关于各类知识产权具体保护标准的条约,共 15 个;第二类是关于知识产权国际注册管理的条约,共 7 个;第三类是关于对发明专利、商标、工业品外观设计予以分类的条约,共 4 个。其中较为核心的第一类条约有《保护工业产权巴黎公约》(Paris Convention for the Protection of Industrial Property)、《保护文学和艺术作品伯尔尼公约》(Berne Convention for the Protection of Literary and Artistic Works)、《(产地标记)马德里协定》(Madrid Agreement for the Repression of False or Deceptive Indication of Source on Goods)、《罗马公约》(Rome Convention for the Protection of Performers, Producers of Phonograms and Broadcasting Organizations)、《关于集成电路知识产权的华盛顿条约》(Treaty on Intellectual Property in Respect of Integrated Circuits 未生效,但《与贸易有关的知识产权协议》规定其成员必须遵守该条约的第 2 条至第 7 条、第 12 条以及第 16 条中的部分规定)、《视听表演北京条约》(Beijing Treaty on Audiovisual Performances)、《马拉喀什条约》(Marrakesh Treaty)等。第二类条约有《(商标)马德里协定》(Madrid Agreement Concerning the International Registration of Marks)、《(外观设计)海牙协定》(The Hague Agreement Concerning the International Deposit of Industrial Designs)、原产地里斯本体系——《保护原产地名称及其国际注册里斯本协定》(Lisbon Agreement for the Protection of Appellations of Origin and their International Registration)等。除 WIPO 体系之外,TRIPS 协定是关贸总协定乌拉圭回合中达成的涉及世界贸易的 28 项单独协议中有关知识产权保护的重要协议之一,是将知识产权保护纳入 WTO 体制的法律根据。

5. 国际数据行政法律协调体系

国际数据行政法律协调体系是一个旨在平衡各国数据跨境流动价值需求与监管规则差异的复杂行政规则框架,该框架包括双边、多边数据治理规则和各国的跨境数据行政监管法律。目前的国际性数据流通规则主要是一些小范围、区域性的数据协定,例如美国主导的《美国-墨西哥-加拿大协定》

（United States-Mexico-Canada Agreement，USMCA）、欧盟制定的《通用数据保护条例》（General Data Protection Regulation，GDPR），在国际层面没有一个多边的国际协定能够协调监管数据跨境流动，世界各国都在积极寻找数据跨境流动领域新的监管协调方式，中国正积极参与相关国际规则的建设。在多边条约中，2021年中国正式申请加入《全面与进步跨太平洋伙伴关系协定》和《数字经济伙伴关系协定》两个高水平数字贸易协定，并积极参与WTO电子商务诸边谈判，主动对接《区域全面经济伙伴关系协定》中的数据规则；①同时中国也同步推进与外国签订数据跨境流动合作的谅解备忘录等规则文件，畅通国家数字政策对话协商机制，并在2020年9月提出《全球数据安全倡议》，既为全球数据安全治理提供解决方案，也为全球数据跨境流动监管提供安全的环境基础。但基于当前各国对其数据安全和利用偏向保守主义，建立一个多边的具有普适性的国际数据行政法律协调体系依然任重而道远。

6. 国际经济行政争议解决法律协调体系

国际经济行政争议解决法律协调体系，是指在国际经济活动中为解决不同国家或地区间的政府与私人因经济行政行为产生的争议而设立的一系列规则和程序。基于法律主权原则，对于行政争议案件，各国法律会要求优先适用本国的争议解决机制进行处理，但为了维护争议解决机制的公平性、透明度和公信力，特别是针对复杂的国家间经济政策的争议，许多国际经济条约要求将争议移交给独立公正的第三方机制进行评议，本国的经济行政争议解决机制会作出让渡。大部分国际行政争议解决机制不是独立的法律系统，而是包含在国际条约中的争议解决条款，这些条款提供了条约参与方直接挑战缔约国行政行为合理性的权利与机制支持，申请人可以依据约定向有权处理该经济行政争议的机关提请审议。

重要的国际行政争议解决机制有WTO争端解决机制、双边投资协定中的投资者-国家争端解决机制（ISDS）、区域贸易协定（RTAs）中的争端解决条款、根据《华盛顿公约》成立的国际投资争端解决中心。首先，作为多边贸

---

① 参见《促进双多边协商　参与国际规则制定　中国积极推动数据跨境流动国际合作》，载中国政府网2024年7月11日，https：//www.gov.cn/yaowen/liebiao/202407/content_6962453.htm，2025年1月12日最后访问。

易体制的中心支柱,WTO 争端解决机制通过一系列明确定义的规则和时间表来解决成员间的贸易争端,包括专家组审理、上诉机构复审,以及争端解决机构的裁决和建议的执行监督。其次,双边投资协定中的投资者-国家争端解决机制通常包含一个机制,允许投资者将东道国的争端提交至国际仲裁,从而绕过东道国的法院系统,直接解决投资争端。再次,关于区域贸易协定中的争端解决条款,许多自由贸易协定(FTA)和其他区域贸易协定包含了解决成员国之间贸易争端的特定条款和程序。最后,根据《华盛顿公约》成立的国际投资争端解决中心是一个专门解决国际投资争端的机构,提供了调解和仲裁等争端解决服务。

第二节 国际公法对中国涉外经济行政法的影响

一、国际条约对中国涉外经济行政法的影响

国际条约是指国家间、国家与国际组织间或国际组织相互间所缔结而"以国际法为准之国际书面协定",①是至少两个国际法主体意在原则上按照国际法产生、改变或废止相互间权利义务的意思表示的一致,②是意图受一国际规则约束的主体意志的直接表示。"条约必须信守"原则要求缔约国必须赋予国际条约在国内的实际执行力。在此意义上,国际公法对国内法的影响,特别是具有强约束力的国际条约对国内法的影响,其实是探究条约使一国中有约束力的法律规范发生了何种改变。这种改变的实质,是条约被承认为国内法之渊源而以各种方式塑造国内法规范,其发生基础是国际条约由域外法律渊源转变成为一国可实行规范的演进范式,即条约的适用方式。

条约适用方式是指一国如何将其所缔结或加入的国际条约纳入国内法

---

① 《维也纳条约法公约》第 2 条第 1 项规定:"称'条约'者,谓国家间所缔结而以国际法为准之国际书面协定,不论其载于一项单独文书或两项以上相互有关之文书内,亦不论其特定名称如何。"参见国际问题研究所编译:《国际条约集》(1969—1971),商务印书馆 1980 年版,第 42—77 页。
② 参见李浩培:《条约法概论》,法律出版社 2003 年版,第 1 页。

律体系,并在国内得到实施和执行的方式,主要有直接适用、间接适用和混合适用三种方式。直接适用,即自动纳入(automatic incorporation),指一国法律适用的专门机构,即司法或行政部门,将条约作为法律渊源,并以适用国内法的方式直接适用条约;间接适用,即个别转换(individual transformation),指一国需将条约转化为国内法才具有法律约束力,司法或行政机关只能适用由立法机关转化后的国内法律,而不能直接适用条约,当事主体也不能直接援引条约的规定作为处理问题的法律依据;①混合适用(mixed application),则是条约转化为国内法后,在立法中又规定直接适用的条款,兼具直接适用与间接适用之方式。②

关于条约在中国国内如何发生效力,即国际条约如何并入中国法律体系,中国宪法和宪法性法律都没有明确规定。从1982年《中华人民共和国宪法》规定了条约的缔结权限、一系列法律规定了条约的适用、我国对外机关所作的声明以及中国法院直接适用条约规则的事实来判断,我国属于一元论的整体并入法,即通过概括性的宪法、法律规定或习惯规则,将在国际法上对一国生效的条约全部并入该国法律体系。③ 根据国际法,无论一国国内法如何规定国际条约在自己国家法律体系中的地位,各国都不得以宪法及其他国内法为理由不履行国际义务。虽然我国宪法和法律中还缺乏"条约优先"的原则性规定,也没有宣布所有我国缔结或参加的国际条约自动产生法律效力,但我国作为1969年《维也纳条约法公约》的当事国一直在立法、行政和司法实践中坚持条约优先原则,妥善处理条约在中国法律体系中的效力地位问题。④ 譬如《中华人民共和国对外贸易法》(2022年修正)第六条规定,"中华人民共和国在对外贸易方面根据所缔结或者参加的国际条约、协

---

① 参见王勇:《条约在中国适用之基本理论问题研究》,北京大学出版社2007年版,第138—139页。
② 本书暂不详细讨论条约适用方式中的"条约直接适用模式""条约优先适用模式""条约与国内法选择适用模式""条约与国内法重叠适用模式"等条约适用的具体模式,有兴趣者可参阅何其生:《〈对外关系法〉中的国际条约规则评述——兼论国际条约在我国的适用方式》,《中国法律评论》2024年第1期,第219—221页。
③ 参见赵建文:《国际条约在中国法律体系中的地位》,《法学研究》2010年第6期,第191页。
④ 参见万鄂湘等:《国际条约法》,武汉大学出版社1998年版,第192页。

定,给予其他缔约方、参加方最惠国待遇、国民待遇等待遇";《中华人民共和国外国国家豁免法》第二十二条规定,"中华人民共和国缔结或者参加的国际条约同本法有不同规定的,适用该国际条约的规定",即在法律中设立条约适用条款赋予条约以直接或优先的法律效力。类似的"条约执行""条约优先"等条款还见于《中华人民共和国外商投资法》《中华人民共和国商标法》《中华人民共和国关税法》等一系列法律和行政法规。

总而言之,生效条约基于关联法律中普遍设立的条约适用条款事实上已成为中国法律体系的组成部分,并对国内法产生补充和替代之影响。补充影响是指对于中国法律没有规定的属于条约适用范围的事项,有效的条约可以直接获得规范效力得到适用,于该事项有效的本国法律规范得到扩充;替代影响是指在中国缔结或者参加的条约同我国法律有不同规定时,条约规则获得优先适用的地位,使对于该事项实质有效的本国法律规范发生变化。这两种影响并不冲突,有时还同时产生。

基于上述国际条约对国内法的影响,我国涉外经济行政法作为对外开放经济大环境下与国际规则交流极为密切的涉外法律规范,受相关国际条约影响之范例亦不胜枚举,限于篇幅,本章仅举几个有代表性的例证。

例一,在国际贸易行政领域,WTO法律体系是国际贸易行政法律体系的核心,根据《马拉喀什建立世界贸易组织协定》(Marrakesh Agreement Establishing the World Trade Organization)和《中华人民共和国加入议定书》(Protocol on the accession of the People's Republic of China),中国作为组织成员国有义务遵循WTO法对国家贸易行政行为的规范,并且按照WTO协定法律规则制定或修订涉外领域相关国内立法,以满足WTO对成员方相关领域立法的一致性要求。WTO协定提出了一系列关于国际贸易政策与措施的原则和规则,其核心内容是一个基本原则、两个协议、一个争端解决机制。一个基本原则是非歧视原则,并且在此基础上衍生出最惠国待遇原则和国民待遇原则;两个协议是《与贸易有关的投资措施协议》和《服务贸易总协定》;一个争端解决机制是WTO争端解决机构。为履行中国作出的一致性承诺,中国先后制定《外商投资企业和外国企业所得税法》《海商法》《对外贸易法》等涉外性法律,对《中外合资经营企业法》《中外合作经营企业法》《外资企业法》和知识产权领域相关法律进行了系统性修改,使中国的涉外经济行政法与 WTO 法律体系成功接轨。中国通过制定新法、修订旧法等立法程序实现了中国经济领域立法与 WTO 多边贸易规则的衔接,清除了中国入世面临的主要法律障碍,推动中国于 2001 年成功入世。①

例二,在国际知识产权行政领域,对中国涉外知识产权行政法律影响较大的条约有《与贸易有关的知识产权协议》("TRIPS 协定")。WTO 的《与贸易有关的知识产权协议》协定是 1994 年与该组织的其他协议一并缔结的,是迄今为止对各国知识产权法律和制度影响最大的国际条约。该条约涵盖了绝大多数类型的知识产权,其规定构成了 WTO 组织成员必须达到的最低标准。基于履行这些国际规则的需要,中国对本国涉外知识产权行政法律进行了完善,例如关于原产地规则,《与贸易有关的知识产权协议》协定第 3 节规定了地理标识的识别与保护,要求在国际贸易中成员识别一货物的真实来源地以防止构成不公平竞争行为的任何使用。《中华人民共和国进出口货物原产地条例》(2019 年修订)第二条即规定了国际货物原产地识别规则,"本条例适用于实施最惠国待遇、反倾销和反补贴、保障措施、原产地标记管理、国别数量限制、关税配额等非优惠性贸易措施以及进行政府采购、贸易统计等活动对进出口货物原产地的确定",但"实施优惠性贸易措施对进出口货物原产地的确定,不适用本条例。具体办法依照中华人民共和国缔结或者参加的国际条约、协定的有关规定另行制定",从而对我国参与的各类国际条约中的原产地规则进行合理适用。

二、国际习惯对中国涉外经济行政法的影响

国际习惯,是指国家之间具备法律确信的不成文实践,是"被各国接受为法律而形成的不成文的国际法的表现形式"。② 国际公法上的国际习惯作为《国际法院规约》(Statute of the International Court of Justice)第 38 条所述之国际法的三种主要渊源之一,虽然不似国际条约直接明确地具备对当事国的拘束力,但仍是为国家一般所遵守,具有当然的法律拘束力的规范,只是在国际法实践中确定某一规则是否构成对一国有效的国际习惯不是一

---

① 参见刘敬东:《加强涉外领域立法的理论思考与建议》,《国际法研究》2023 年第 2 期,第 6 页。
② 参见王铁崖:《国际法》,法律出版社 1995 年版,第 10—11 页。

项那么简单的工作。国际习惯取得法律拘束力的原因,在于国际习惯已经被国家接受为法律,即具备"法律确信"的要素。联合国国际法委员会将"法律确信"解释为"该实践必须是出于法律权利或法律义务感而行使的"。[①] 换言之,如果国家间"普遍的实践"不是国家基于法律权利或法律义务感而实施的,则该"普遍的实践"就只是国际惯例而不是习惯国际法规则。只有经"法律确信"而被赋予法律拘束力的普遍实践才能成为习惯国际法规则,被确认具有法律上的效力。[②]

然而,确认一普遍实践中的国家"法律确信",在世界各国基于国家利益考量审慎接受国际规则约束的大背景下并不容易,尤其是在规则差异和变化显著的经济行政规制领域,当前许多国际性经济行政规范的普遍实践实际是受各国间执行同一规范标准的规则协调与便利因素驱动,而非基于对该规则的强制法效力的确信。例如,巴塞尔协议是由国际清算银行下的巴塞尔银行监管委员会制定的一系列国际银行监管标准,旨在维持资本市场稳定、减少不公平竞争、降低银行系统信用风险和市场风险。巴塞尔银行监管委员会由十国集团中央银行行长倡议建立,巴塞尔协议的发展历程包括1988年的巴塞尔协议Ⅰ、2004年的巴塞尔协议Ⅱ,以及2010年的巴塞尔协议Ⅲ。巴塞尔协议论其性质并不具有硬法约束力,但十国集团监管部门一致同意在规定时间内在十国集团实施。经过一段时间的检验,鉴于其合理性、科学性和可操作性,许多非十国集团国家的监管部门也自愿地遵守了巴塞尔协定和资本协议,特别是那些国际金融参与度高的国家。因此巴塞尔协议体系被认为是"国际软法",可以被视为有一定拘束力的国际行政建议或国际惯例,尽管巴塞尔委员会声明其文件不具备法律强制力,但市场力量的强大驱动力,使巴塞尔协议体系在世界范围内获得普遍认同和实施,并成为跨国银行监管的权威准则,而以一种事实上的"准国际习惯"身份发挥其

[①] "Report of the International Law Commission, Sixty-sixth Session," UN Doc. A/69/10(2014), p. 242, https://documents-dds-ny.un.org/doc/UNDOC/GEN/G14/134/72/PDF/G1413472.pdf.,转引自钟燕慧、吴坚:《论习惯国际法的重构——基于南北国家利益平衡的视角》,《开放时代》2024年第1期,第145页。

[②] 参见翟仲:《国际惯例与国际习惯的概念界分及现实考察》,《国际法研究》2021年第4期,第34—35页。

影响。①

对中国而言,巴塞尔协议Ⅲ具有重要的约束力和指导意义,巴塞尔协议引入了资本充足率(例如留存资本缓冲、逆周期资本缓冲等)、杠杆比率、流动性覆盖率、净稳定融资比率等重要概念,并在原有监管体制的基础上建立了包含四大主要监管工具的新框架。中国金融监管总局于2023年正式发布《商业银行资本管理办法》,该办法借鉴了巴塞尔协议Ⅲ的监管思路,构建了差异化资本监管体系,强化了风险管理,提高了信息披露标准,以增强中国银行业的风险抵御能力和稳健性。《商业银行资本管理办法》的实施,标志着中国银行业监管与国际标准的进一步对接,有助于提升中国在全球金融市场中的竞争力和开放度。

三、一般法律原则对中国涉外经济行政法的影响

1920年《国际常设法院规约》第38条引进"一般法律原则"作为国际法的渊源之一,1945年《国际法院规约》第38条保留了这一规定,但关于一般法律原则作为独立的国际法渊源或是裁判依据,一直存在相当的争议。一般法律原则在《国际法院规约》中被定义为"为文明各国所承认者",似乎是指代世界各国和各主要法系所共同承认的普遍的法律原则。事实上,一般法律原则在国际法中很少直接适用,因为其内涵和对具体事项的指引缺乏明确性,其意义是在国际和涉外国内法的立法、执法、司法等过程中,作为反映了普遍被接受的价值观念和社会利益的一种理念,提供宏观性、指导性、稳定性、普遍性的规范价值。

实际上,更容易得到确认的是国际法的基本原则,而一般法律原则和国际法的基本原则存在一定重叠。有学者认为,《国际法院规约》第38条规定的一般法律原则既包括各国国内法中共有的一般法律原则,也包括源自国际法体系的一般法律原则。作为国际法体系基本特征和基本要求所固有的原则就是国际法的基本原则,国际法的基本原则包含在源自国际法律体系的一般法律原则之中。国际法基本原则和源自国际法律体系的一般法律原

---

① 参见戴秀河:《论巴塞尔委员会及其巴塞尔协议体系的法律性质》,《上海法学研究》2022年第19卷,第183—186页。

则之间有重合的部分,一般法律原则可能发展成为国际法基本原则。[1] 可以说,国际法基本原则是一般法律原则中较为直观明确的部分。关于国际法基本原则的权威表述,《联合国宪章》表述为"各会员国主权平等、善意履行宪章义务、和平解决国际争端、禁止使用武力和武力威胁、集体协助、确保非会员国遵守宪章和不干涉内政";1970 年的《国际法原则宣言》(Declaration of Principles of International Law)第一次以联合国大会宣言的形式列举并确认国际法原则为"禁止武力威胁或使用武力、和平解决国际争端、不干涉任何国家内政、各国依照宪章彼此合作、各民族权利平等与自决、各国主权平等和善意履行宪章"。

中国在国内涉外立法和国际交往中一直尊重和践行以《联合国宪章》为核心的国际法体系的基本原则和价值理念,在涉外经济行政领域的例子尤为突出。例如,主权平等原则和国际合作原则以及引申的非歧视原则,就有《中华人民共和国对外贸易法》(2022 年)第五条规定的"中华人民共和国根据平等互利的原则,促进和发展同其他国家和地区的贸易关系,缔结或者参加关税同盟协定、自由贸易区协定等区域经济贸易协定,参加区域经济组织";《中华人民共和国反垄断法》(2022 年)第四十条规定的"行政机关和法律、法规授权的具有管理公共事务职能的组织不得滥用行政权力,通过与经营者签订合作协议、备忘录等方式,妨碍其他经营者进入相关市场或者对其他经营者实行不平等待遇,排除、限制竞争";《中华人民共和国海南自由贸易港法》(2021 年)第二十四条规定的"海南自由贸易港的各类市场主体,在准入许可、经营运营、要素获取、标准制定、优惠政策等方面依法享受平等待遇"等涉外经济行政法予以彰显。主权平等原则基础上的国家措施对等原则,在《中华人民共和国关税法》《中华人民共和国外国国家豁免法》《中华人民共和国对外贸易法》《中华人民共和国期货和衍生品法》等一系列涉外经济行政规范中均有体现。关于和平解决国际争端原则,中国在 1992 年批准的《关于解决国家和他国国民之间投资争端公约》,以及《中华人民共和国对外贸易法》(2022 年)第四十七条"国务院对外贸易主管部门依照本法和其他有关法律的有关规定,进行对外贸易的双边或者多边磋商、谈判和争端的解

---

[1] 参见苏超:《论国际法中的一般法律原则》,《国际法学刊》2024 年第 1 期,第 141 页。

决"等规定,均展现了我国依法和平解决经济领域国际争端的态度。综上所述,我国涉外经济行政法对以国际法基本原则为代表的一般法律原则不仅相当重视,还有很多积极的实践。

第三节　中国涉外经济行政法对国际公法的影响

一、中国涉外经济行政法对国际条约的影响

中国在国际法的创新与发展中一直坚持守正创新,提出并推动构建人类命运共同体,倡导并践行多边主义,坚定维护以《联合国宪章》为核心的国际法体系,对国际法的发展作出了重要贡献。中国长期以来一直坚持参与对人类社会有益的国际条约体系的建设,并以自身法律实践和外交努力推进公正、合理、普惠的国际条约规范的发展。

例如,在国际贸易行政领域,中国自 2001 年加入 WTO 以来,逐渐由规则的使用者转变为规则的贡献者。中国积极参与 WTO 规则谈判,推动《贸易便利化协定》(Trade Facilitation Agreement,TFA)的达成,并在 WTO 上诉机构停摆危机中,与欧盟等成员达成《多方临时上诉仲裁安排》(Multi-Party Interim Appeal Arbitration Arrangement),以临时上诉仲裁机制替代原来的上诉机构程序机制。此外,中国还推动了电子商务等领域的谈判,并签署了包括《区域全面经济伙伴关系协定》在内的多个自由贸易协定,为全球贸易规则的发展和现代化作出了贡献。同时,我国积极参与并利用 WTO 世贸组织争端解决机制,彰显我国在促进多边贸易体制法治化中的作用,这是我国对世贸组织规则和国际法治的重大贡献。[①]

在国际海洋经济行政领域,《中华人民共和国领海及毗连区法》明确了中国的领土主权和海洋权益;《中华人民共和国专属经济区和大陆架法》确立了中国对专属经济区和大陆架自然资源以及其他经济性开发和勘查活动的主权权利,该法不仅对中国享有的历史性权利作出了保留,而且还提出了中国同有关邻国解决专属经济区和大陆架划界问题的基本主张,即"在国际

[①] 参见韩永红:《论我国涉外立法的转型》,《东方法学》2023 年第 2 期,第 116 页。

法的基础上按照公平原则以协议划定界限"。这些法律主张既与《联合国海洋法公约》的规则相协调,又丰富了《联合国海洋法公约》在海洋划界、历史性权利、海洋争端解决等待发展领域的有益实践。此外,中国还通过制定《中华人民共和国深海海底区域资源勘探开发法》和参与国际海洋法法庭海底分庭的司法活动积极履行《联合国海洋法公约》项下维护国际海底秩序之义务,推动了《联合国海洋法公约》项下海底区域勘探开发国际规则的发展与完善。

国家立法不仅是凝聚国内共识的产物,也是维护人类社会共同命运的"宣言书"。从共建"一带一路"倡议、构建人类命运共同体,到全球发展倡议、全球安全倡议、全球文明倡议,我国为国际社会提供了丰富多元的"公共产品"。法律是凝聚共识的最高载体,我国要善于将政策性语言转化为法律语言,将国内法语言转化为国际通行话语,努力以中国法治建设推动更为公正合理的国际秩序的形成。[①]

二、中国涉外经济行政法对国际习惯的影响

国际法是在国家博弈中产生的,国家既是国际法的适用主体也是国际法的创造者。国内法域外适用造成的冲突以及围绕冲突的应对博弈本质上就是国际造法的过程。国际造法肇始于既有国际法规则的模糊与空白地带。正是由于既有国际习惯的模糊性与滞后性,各国才有通过自身国家实践参与创建新的国际习惯的空间。[②] 这一过程在经济行政法领域尤为突出。

例如,在国际投资行政领域,双边投资协定已成为最主要的国际投资法律渊源,[③]世界各国正是在广泛订立双边投资协定的过程中不断地对国际投资保护和投资自由化标准的相关习惯予以重申与发展。《中华人民共和国外商投资法》不仅明确了外国投资不征收、投资所得自由汇兑、不行政强制

[①] 参见孙南翔:《进一步完善我国涉外法律体系》,《中国社会科学报》2024 年 8 月 6 日,第 2949 期。
[②] 参见曹亚伟:《国内法域外适用的冲突及应对——基于国际造法的国家本位解释》,《河北法学》2020 年第 12 期,第 86 页。
[③] 参见赵骏:《体用兼具:国际经济法的重要性释义》,《清华法学》2018 年第 1 期,第 56 页。

转让技术、和平解决投资争端等公认的国际投资行政习惯,还创新性地发展了准入前国民待遇制度、负面清单制度等新型国际投资行政习惯。在此规则基础上,我国同 130 多个国家缔结了各类双边投资协定,这些广泛的国家实践对推动建设更普适、更公平、更健全的国际投资行政习惯发挥了难以替代的重要作用。

在国际银行金融行政领域,《中华人民共和国中国人民银行法》《中华人民共和国商业银行法》《商业银行资本管理办法》等在统筹实施巴塞尔协议的过程中,根据国内银行业的实际情况进行了适当的调整和补充。一是构建差异化资本监管体系,使资本监管与银行资产规模和业务复杂程度相匹配,降低中小银行合规成本。这点对于因实行非差异化监管规定而遭到弱势中小银行反对的美国巴塞尔协议Ⅲ立法案等其他实践具有重要的借鉴意义。二是全面修订了风险加权资产计量规则,提升了资本计量的风险敏感性,这有助于更准确地反映银行的整体风险水平和持续经营能力。相关规则对各国基于巴塞尔协议的监管规则兼顾风险计量准确和银行发展空间提供了优秀范本。三是强化匹配性原则,建立覆盖各类风险信息的差异化信息披露体系。我国相关立法强化了行政监督检查,并提高了信息披露标准,引入了 70 余张披露模板,要求银行详细披露风险相关的定性和定量信息,增强了巴塞尔协议项下外部约束监管的有效性。[①] 在上述规则实践中产生的创新性规则、措施等对《巴塞尔资本协议》产生了有益的反馈,对巴塞尔系列协议获得更广泛、更实用、更合理的实践经验,促进相关国际习惯范本不断自我优化具有重要意义。

在国际海洋经济行政领域,《中华人民共和国领海的声明》(1958 年)、《中华人民共和国领海及毗连区法》(1992 年)、《中华人民共和国专属经济区和大陆架法》(1998 年)、《中华人民共和国海域使用管理法》(2001 年)、中越 2000 年划界、中越共同签署的《北部湾共同渔区渔业资源养护和管理规定》等一系列涉外海洋行政法律实践明确了对南海断续线和历史性权利的法律承认与尊重,并对南海地区各国的涉及海洋资源的利用、开发等权利作出了

[①] 参见孙墨瀚:《金融学术前沿:浅析巴塞尔协议Ⅲ》,载复旦发展研究院网 2023 年 5 月 11 日,https://fddi.fudan.edu.cn/9c/ee/c18985a498926/page.htm,2025 年 1 月 12 日最后访问。

合理规划,已成为南海地区地缘秩序的重要标志。我国依法作出的一系列国家实践共同推动了南海地区区域国际习惯法的形成与发展,对促进南海地区乃至世界海洋权利争端的国际规则供给具有基础性、示范性意义。①

中国作为国际法体系的重要参与者与贡献者,对国际习惯的充分实践提升了该领域国际习惯的规则影响力。同时,我国亦在国际习惯实践中不断自我调整优化,提出更合理的规则落地方案,为日后形成更稳定、明确、公正、普适的有法律约束力的国际习惯乃至条约打下良好的法律实践基础。总的来说,我国在涉外经济行政领域的法律活动,丰富了国际习惯的现实实践,增强了国际习惯的影响效力,拓展了国际经济交往可参照的行为规范,对完善多层次的国际法律规范体系作出了重要贡献。

三、中国涉外经济行政法对一般法律原则的影响

我国涉外经济行政法充分反映了我国切实秉承遵守国际法、尊重国家主权、保持开放合作负责任、共建人类命运共同体的原则和精神。新中国在国际法舞台上发出"中国之声",最早可以追溯到和平共处五项原则的提出。和平共处五项原则是20世纪50年代中期由中国与印度、缅甸共同倡导的关于国际关系的基本准则,其内容包括"互相尊重主权和领土完整""互不侵犯""互不干涉内政""平等互利""和平共处",是中国对当代国际法发展的重要贡献,是中国为国际法治提供的重要公共产品。1970年第二十五届联合国大会通过的《国际法原则宣言》、1974年第六届特别联大通过的《建立新的国际经济秩序宣言》,都明确采纳五项原则。因五项原则与《联合国宪章》规定的各项原则与精神相一致,70多年来,其已经得到了世界各国,特别是广大发展中国家广泛认同,被载入中国宪法,成为我国根本大法的内容;并被写入联合国文件,成为开放包容、普遍适用的国际关系基本准则和国际法基本原则。五项原则的"开放包容"特点更体现在其与时俱进,不断被赋予新的时代内涵。从"和平共处"到"和平发展",再到"合作共赢",五项原则的内涵不断丰富,以适应世界新形势发展的现实需要。在经济发展层面,不论是

---

① 参见刘晨虹:《中国南海历史性权利之"国际习惯法"说新解》,《太平洋学报》2019年第9期,第7—12页。

高质量共建"一带一路",落实"三大全球倡议"(全球发展倡议、全球安全倡议、全球文明倡议),还是在国内外以各种法律活动推动构建人类命运共同体,中国的涉外经济行政实践都践行和发扬了和平共处五项原则倡导全球发展合作共赢的深刻内涵。①

在全球化退潮和保护主义盛行的国际经济行政大环境下,中国坚定支持多边主义,支持联合国在国际事务中发挥核心作用,积极维护国际法治,捍卫国际公平正义,坚持推动经济全球化朝着更加开放、包容、普惠、平衡、共赢的方向发展,推动解决世界经济公平公正问题。例如2024年中央外事工作会议即提出倡导"普惠包容的经济全球化",坚持理念、政策和制度的全方位高水平开放,推动贸易和投资自由化便利化,共同维护多边贸易体制,构建开放型世界经济,促进生产要素在全球范围更加自由便捷地流动。②中国经济行政立法也积极响应开放倡议,国家发展改革委、商务部于2024年9月6日公布《外商投资准入特别管理措施(负面清单)(2024年版)》,外资准入负面清单限制措施由31条减至29条,删除了"出版物印刷须由中方控股",以及"禁止投资中药饮片的蒸、炒、炙、煅等炮制技术的应用及中成药保密处方产品的生产"2个条目,制造业领域外资准入限制措施实现"清零"。对负面清单之外的领域,按照内外资一致原则管理,给予外商投资企业国民待遇。中国正以实际行动恪守公平合理、开放包容、互利共赢的法律原则,反对单边主义、保护主义和孤立主义对联合国国际经贸体制与原则的破坏,为推动世界经济的可持续、平衡和包容增长作出重要表率。

我国不仅以"一带一路"倡议对《联合国宪章》确立的国际合作原则进行弘扬和发展,涉外立法的发展也为国际法增加了"中国之维",注入了新的力量。我国多部涉外立法均体现了对国际合作原则的践行,如《中华人民共和国对外关系法》《中华人民共和国电子商务法》《中华人民共和国税收征管法》等涉外经济行政法中均设有国际合作条款,就国际行政合作互助相关事

---

① 参见黄瑶:《践行和平共处五项原则 探索中国式国际争端解决之道》,《民主与法制周刊》2024年第26期,第17页。
② 参见吴志成、刘培东:《坚持普惠包容的经济全球化方向》,载《光明日报》2024年3月27日,第06版。

项作出规定。《中华人民共和国出口管制法》(2020年)第六条规定,"国家加强出口管制国际合作,参与出口管制有关国际规则的制定"。面对国际社会的治理赤字问题,我国提出人类命运共同体理念,在2018年的《中华人民共和国宪法修正案》中规定,将"推动构建人类命运共同体"写入宪法序言。随后"推动构建人类命运共同体"被陆续写入联合国大会、安理会、人权理事会、联合国大会裁军与国际安全委员会决议等国际组织文件,并充分反映在我国各级立法之中。中国涉外法治对国际法一般法律原则的践行与发扬,不仅是对当今国际法体系的卓越贡献,也是对国际法基本价值观和正确功能的激浊扬清,对促进当今国际法律实践坚守和平共处、平等公正、团结互助的法律原则,锚定推动人类社会调纷解争、友善互利、共同发展的规则导向,有着不可或缺的重要意义。

综观之,国际公法视阈下的涉外经济行政法之逻辑,是基于国际公法与涉外经济行政法活跃的双向互动和国家在国际行政规制协调中的主动媒介,国内法不再遗世独立,一条以国际公共协同治理利益为内核,主权国家等国际法律人格实体之参与为基石的法律链条,将互有涵摄的国际公法、国际经济法、涉外行政法、国际经济行政法、涉外经济行政法一一串起,形成一套有机的国际经济行政法律制度。作为这一维度两端的国际公法与涉外经济行政法的互动,如神经信号般在链条上层层传导,诸法律部门给予和接受反馈而法律内涵和实践都得以丰富,协调国际经济行政关系之法律体系亦获得发展。

著名法学家罗纳德·德沃金(Ronald Myles Dworkin)曾言:"法律的确定性来自其逻辑的严密性。"① 法律逻辑在法律制定和解释中起着至关重要的作用,法律是一种实践理性,法律逻辑是法律思维的"一把锋利的剃刀",它就像园丁手中的剪刀,对于法律判断具有规制性功能,将无法得到逻辑证立的论断剃去,防止法律的思辨滑向无序的深渊。因此,尽管本身无法结出

---

① 参见张国清:《法学家应当如何思维?——罗纳德·德沃金〈原则问题〉》,载微信公众号"中国民商法律网"2013年12月28日,https://mp.weixin.qq.com/mp/appmsg/show?search_click_id=9341061453981726129-1736921265075-5563927044&__biz=MzA3OTEzMjMwNg==&appmsgid=10013319&itemidx=4&sign=91327a9559c903e84759862d6b897ee2&scene=7#wechat_redirect,2025年1月15日最后访问。

果实,法律逻辑却是使得法律思维富有成果的基本工具。[①] 要对涉外经济行政法这一复杂、前沿并时刻发展的法律体系进行研究,必须梳理建构其自身及交叉法律部门的逻辑基础和理论范畴,为本法研究提供一个有效可靠的基础抓手,本编各章正应承这一理念而成。在本编涉外经济行政法逻辑建构研究的基础上,下编将对各具体涉外经济行政规范领域的前沿问题展开研究。

[①] 参见雷磊:《什么是法律逻辑?——乌尔里希·克卢格〈法律逻辑〉介评》,《政法论坛》2016年第1期,第179页。

下 编

涉外经济行政法：实践展开

第九章

涉外经济行政法的重要来源：
涉外经济行政立法

法律实践的基本环节是立法、执法、司法与守法。上编论述的涉外经济行政法理论，可以促进涉外经济行政法律实践的展开，能够为我国涉外立法中的重要领域和显要类型——涉外经济行政立法——提供理论支持。上编论证的涉外经济行政法基本框架，描述的利益平衡机制，以及宪法、对外关系法与国际公法中的相关规定，共同构成我国涉外经济行政立法的理论背景与制度环境。

我国在"新型全球化"的时代背景下，构建良好的国家涉外经济秩序，维护稳定的世界经济秩序，解决世界经济发展中的自由、公平与可持续发展等问题，既是各国关注的重要问题，更是我国涉外经济行政秩序构建中面临的突出问题。诸如WTO这样的国际经济管理组织，其协调、干预成员之间或成员内部经济关系的规则导向面临弱化趋势，以欧美大国为首的西方阵营谋求与中国经济脱钩，强化权力导向的行事路径。在险象环生的国际局势下，中国积极探索突破性、创新性发展模式，在政治、经济、文化、社会、生态等多领域不断革新，并且取得了阶段性成果。

本章聚焦中国在经济和法律交叉领域取得的理论成果，以涉外经济行政立法为中心，阐释其在我国法治语境下的基本内涵、静态结构和动态功能。[1]

---

[1] 本章根据当前国内外政治、社会与法律环境，有选择地引用了袁勇、朱淑娣撰写的《论WTO法国内转化过程中凸显的行政立法新类型——涉外经济行政立法》一文中的部分论点。为了避免引文过多重复，在此声明，下不赘述。详见袁勇、朱淑娣：《论WTO法国内转化过程中凸显的行政立法新类型——涉外经济行政立法》，《行政与法（吉林省行政学院学报）》2005第7期，第86—88页。

法治中国建设当以立法先行,涉外经济行政立法是各类涉外经济行政法的重要来源,是落实新时期依法治国总方针"科学立法、严格执法、公正司法、全民守法"的基本途径,是统筹推进国内法治与涉外法治协调发展的主要抓手。

第一节　从涉外立法到涉外经济行政立法

改革开放以来,中国的涉外法律体系从建立走向成熟,涉外领域立法保持着鲜明的中国特色和时代特点。当前,中国涉外领域立法工作以国家安全为重点,以服务高水平对外开放为重要目标,不断强化国内法治与国际法治的有机衔接,并持续推动中国法的域外适用法律体系建设。[①] 在全面推进中国法治建设的进程中,涉外经济行政立法的理论意义与实践领域,在不断更新和丰富。

一、中国法治体系建设情境中的涉外概念

(一)理论维度的"涉外"

从属性角度看,但凡法律关系中某一要素具有涉外性,该法律关系就具有涉外性。当然,这是一个比较宽泛的概念。在一般意义上,"涉外"行政法律关系实质上是指某法律关系的主体、客体或引起法律关系的事实涉及其他国际法主体的影响,即指它们是在某国际法主体内涉及其他国际法主体肯定的具有其法律意义的要素,被其他国际法主体所肯定而具有其法律意义,比如受该国法律管辖。

应松年教授在《涉外行政法》一书中指出,"涉外行政法是调整在对外交往过程中发生的涉外行政关系的行政法律规范的总称",一旦本国公民或组织从事含有涉外因素的活动,如出入国境,在本国境内和外国公民或组织进行经济、文化等方面的合作,在本国境内和外国人实施同一违反行政法的行

---

① 参见刘敬东:《加强涉外领域立法的理论思考与建议》,《国际法研究》2023年第2期,第3页。

为(如在公共场所斗殴,情节较为严重)等,那么本国公民或组织所进行的这些活动(统称为"其他涉外事项")就不再是国内行政法单纯调整的事项,而是属于涉外行政法的调整范围。①

本章认为,"涉外"的外,实质上是指涉及其他国际法主体的影响。涉外要素是指国际法主体内涉及其他国际法主体肯定的具有其法律意义的要素,主要包括:第一,"外国组织或个人",在实质上是行政关系主体的双方或一方涉及其他国家法定的具有该国国籍并受该国法律保护的组织或个人;第二,"客体在国外"、"法律事实发生在国外"或者"涉及跨越我国国境的活动",其实是法律关系的客体或法律事实被其他国际法主体所肯定而具有其法律意义,如受该国法律管辖。

(二)规范维度的"涉外"

例如,全国人大及其常委会自1979年至2000年初,共制定了321件法律和有关法律问题的决定,其中1/3与涉外经济贸易活动有关。国务院主编的《加入世界贸易组织法规文件汇编(上)——中华人民共和国有关法律法规》包含254个文件,其中法律52件,约占20%;行政法规与部门规章共202件,约占80%。也就是说,行政立法占了其中80%的分量,而且这些行政立法大多是与中国"入世"有关的涉外经济行政立法。②

《中华人民共和国行政诉讼法》(2017年)第九章"涉外行政诉讼"第九十八条规定:"外国人、无国籍人、外国组织在中华人民共和国进行行政诉讼,适用本法。法律另有规定的除外。"此处"涉外"因素是指"外国人、无国籍人、外国组织"。

(三)实务维度的"涉外"

从实务角度看,往往以主体具有涉外性来判断整体的"涉外"性。在实务维度,如果客体涉外或法律事实涉外都划归入涉外范畴,则涉外法律关系将会出现泛化和无法确定的情况。客体涉外或法律事实涉外的情形非常多,不具有具象性,不容易区分。

---

① 参见应松年主编:《涉外行政法》,中国政法大学出版社1993年版,第26页。
② 参见国务院法制办公室编:《加入世界贸易组织法规文件汇编(上)——中华人民共和国有关法律法规》,中国法制出版社2002年版,第1—865页。

二、涉外经济行政立法的内涵

(一) 目的：国内法与国际法协调

20世纪70年代至80年代，涉外立法的主要目的是解决对外开放、外商投资的体制机制障碍，为吸引外资营造良好的法治环境，并制定了《中华人民共和国中外合资经营企业法》《中华人民共和国外资企业法》《中华人民共和国中外合作经营企业法》等。20世纪90年代至21世纪初，全国人大及其常委会制定一系列涉外法律法规，如《中华人民共和国缔结条约程序法》《中华人民共和国领事特权与豁免条例》《中华人民共和国领海及毗连区法》等，并在民商事、刑事、行政等领域的法律中作出有关涉外规定。这一时期，中国为推进符合世界贸易组织要求而进行了大量涉外经济立法，如制定《中华人民共和国外商投资企业和外国企业所得税法》《中华人民共和国海商法》《中华人民共和国对外贸易法》等，对外资企业法和知识产权领域相关法律进行了系统修改，从而实现中国国内法与世界贸易组织规则的衔接。

总体而言，国内法与国际法的互动，一方面体现为涉外立法与我国缔结、参加的国际条约、协定相衔接，另一方面体现为国内法对国际法形成的参与和影响。例如，2020年我国修正《中华人民共和国著作权法》，明确延长摄影作品保护期，增加表演者出租权、录音制作者广播获酬权和机械表演权等内容，以与我国缔结或加入的有关国际条约要求相一致。2020年修正《中华人民共和国专利法》，将外观设计专利权的保护期由修改前的十年延长至十五年，以适应我国加入《工业品外观设计国际注册海牙协定》。2022年2月，我国向世界知识产权组织提交《工业品外观设计国际注册海牙协定》加入书，有利于我国积极融入外观设计全球化体系，深度参与全球知识产权治理。

(二) 范围：政府管辖权内

涉外经济行政立法是享有涉外经济行政立法权的行政机关所进行的，规定涉外经济行政事务，调整涉外经济行政关系的立法。换言之，涉外经济行政立法主要是为了调整涉外经济关系，也就是为了调整含有其他国际法主体所肯定的、具有其法律意义因素的、一国政府有权管辖的涉外经济行政关系而进行的行政立法。

如果行政立法依据的是有效的、未转化为国内法律的国际经济法，但得到本国有权机关批准或司法机关援用，以至于行政立法的内容受到了一国以外的国际法主体的影响，而且此行政立法基本上是为了调整涉外经济关系，那么此行政立法也应当被认为是涉外行政立法。

（三）内容：调整涉外经济关系

涉外经济关系就是含有其他国际法主体肯定的具有其法律意义的要素的经济关系。此类要素包括，外籍公民和法人，外国法管辖的物或行为，形成经济关系的事实发生在国外等。当经济关系的部分或全部是其他国际法主体肯定的具有其法律意义的要素时，此类经济关系就成为涉外经济关系。

综上所述，本章认为，涉外经济行政立法是指有权行政机关为了调整涉及其他国际法主体所肯定的，具有涉外法律意义因素的经济关系而进行的行政立法。

三、涉外经济行政立法的特征

（一）涉外性：调适国内法应对国际经济形势

涉外经济行政立法的根本属性是涉外性，主要表现在五个方面。其一，涉外经济行政立法的目的是细化和实施有效的国际经济法，如WTO法，以调整涉外经济行政关系，在履行我国应承担的国际经济法义务的同时，调适和应对经济全球化的影响，实现国家经济利益、维护国家经济安全。其二，涉外经济行政立法的调整对象是涉外经济关系。这是涉外经济行政立法与其他行政立法在调整和规制对象上的根本区别。其三，从立法动因来看，引起涉外经济行政立法的原因，基本上是加入某国际组织、需要履行国际义务，调整因此产生的经济关系，或者立足本国利益，在不与国际经济法相冲突的前提下，主动调整涉外经济关系。其四，进行立法控制，涉外经济行政立法的立法控制，不仅包括国内的，还包括国外的。首先，涉外经济行政立法要遵照已加入的国际组织的原则进行立法，如WTO法的非歧视性原则等；其次，涉外经济行政立法可能受到国际经济组织的审查，如WTO贸易政策审议机制、WTO争端解决机制的审查；最后，还可能受到国内司法机关的依法制约。其五,立法依据,涉外经济行政立法的依据既包括国内经济法律,又包括有效的国际经济法,如 WTO 法。

(二) 经济性:在履行国际义务时保护国家利益

各国政府为了本国国家利益,常常采取各式各样的贸易保护主义政策和措施。一国政府实施的贸易保护主义政策和措施主要包括关税和非关税壁垒两大类。关税包括进口关税和出口关税,是一国政府对通过国境的商品征收的赋税。非关税壁垒包括多种措施,例如,进出口管制、自主进出口限制、商品配额、许可证制度、补贴、歧视性政府采购政策、产品的本地成分要求及技术标准要求、商品包装和标签、动植物卫生检验检疫等方面的规定要求等。此外,针对外国企业倾销、外国政府补贴的行为,一国政府常常实施反倾销、反补贴等贸易救济措施。

于中国而言,有的国家违反国际法和国际关系基本准则,不合理地主张国内法域外适用,严重危害我国主权、安全、发展利益。与此同时,随着我国企业、组织和公民不断"走出去",特别是随着"一带一路"合作持续展开,我国的发展利益已遍布全球,海外利益在国家利益中的比重越来越高。在这些情况下,中国迫切需要丰富对外斗争和应对国际风险的法律手段,充分运用国内法和国际法规则维护国家利益。

2017 年,德国海乐公司向国际投资争端解决中心起诉中国政府案是晚近发生的案例。① 德国海乐调味品有限公司(GmbH & Co.)始创于 1906 年,总部位于德国阿伦斯堡,其生产的"海乐"(Hela)品牌香辛料畅销全球。1996 年德国海乐公司在中国山东济南投资建厂,设立海乐·西亚泽食品有限公司,产品面向中国及其他亚洲地区。2014 年,济南市政府做出房屋征收决定,将德国海乐公司厂房所在地纳入征收范围。德国海乐公司不服该房屋征收决定,于 2016 年 5 月 3 日以济南市政府为被告向济南市中级人民法院提起诉讼。但是,法院以该房屋征收决定已经被其他原告(同属被征收人)先前起诉过,法院已经做出生效判决,本案"诉讼标的已为生效裁判所羁束"为由裁定驳回起诉。德国海乐公司不服一审裁判结果,向山东省高级人

---

① Case Details: Hela Schwarz GmbH v. People's Republic of China (ICSID Case No. ARB/17/19).

民法院上诉,被二审法院以同样的理由裁定驳回起诉。2017年6月12日,德国海乐公司厂房所在地法院做出行政强制执行裁定书,准予济南市政府强制执行房屋征收补偿决定书。2017年6月21日,德国海乐公司将中国诉至国际投资争端解决中心(ICSID),认为中国违反了《华盛顿公约》规定的"缔约国保护其他缔约国国民(投资人)"的国际法定义务。

本案中,德国海乐公司在中国投资设厂开展国际贸易,属于与国际贸易有关的直接投资,①国际贸易争端在国际层面存在WTO、国际投资争端解决中心等国际组织和机构以及其他区域间机构作为管辖主体。中国本土法院在国际贸易行政案件的司法裁判中较少考虑国际法的国内适用问题,可能导致国内的国际贸易行政争议上升为国际层面的贸易争端,甚至引发国家之间的"贸易战"、政治敌对等。当今世界,国家的政府不是仅仅接受民主问责的行政机构,而是接受多种不同方式问责的各类机构组成的复合体,政府愈加多层分级,在国际贸易行政规制领域,关键裁决甚至是由国际组织做出的,例如,经合组织、世界贸易组织(WTO)。因而,法官在审理国际贸易行政案件时,应当有全球性、全局性思维,准确平衡维护国家利益和履行国际法定义务的关系。

(三) 规范性:国内国际的双重立法控制

在国际贸易中,如果相关国家因为容忍或不处罚业已发生的违法行政行为而应对触及内国秩序的行为以及这一行为的损害后果负责,那么这种违反国内法的行政行为就可能引起一个违反国际法的行为。国际贸易行政主体的自治性控制欠缺,从宏观方面看,其结果是国家为本国行政机关违反国际法的行为负责,国家在违反国际法的法定义务方面的可归责性不断叠加,国家的国际声誉和国家利益受损;从微观方面看,其结果是国际贸易行政行为失去国际法、国内法的双重合规性,频繁的不当行政行为不断侵蚀国际贸易市场主体权益。

有了国内法和国际法的双重保障,各国政府签署的国际条约、协定和国际惯例、一国内部的经济行政法等国际、国内经济行政法都可以给当事人维

---

① 胡云峰:《浅谈与国际贸易有关的投资规则的确立》,《商场现代化》2010年第6期,第9页。

权提供法律支撑。例如,如果外国籍国际贸易市场主体在中国难以通过司法途径寻求权利救济,则会寻求母国政府帮助对抗中国政府,或者到国际组织起诉中国政府。

第二节 中国涉外经济行政立法的结构

一、涉外经济行政立法的类型

(一)国内法

各国国内与市场主体从事国际贸易活动、行政主体监管国际贸易活动、司法主体审理国际贸易行政纠纷相关的国际贸易法律规范,即国内立法,在国际经济法中扮演着重要角色。随着全球化的深入发展,各国为了更好地融入世界经济,纷纷制定和完善了与国际贸易、投资、货币和金融相关的国内法律。这些法律不仅反映了一国对国际规则的接受和适应,也体现了国家在特定领域内的自主政策选择。国内立法与国际条约相互影响,共同塑造了国际经济法的规则体系。例如,《中华人民共和国对外贸易法》《中华人民共和国海关法》《中华人民共和国外商投资法》《数据出境安全评估办法》《外资银行管理条例》等,日本的《出口管理条例》《对外贸易外汇管理条例》,等等。

(二)区域间法律

缔结区域经济合作关系的各成员需恪守区域贸易和投资协定。随着区域经济一体化的蓬勃发展,区域间组织的决议和指导原则对国际经济法的发展具有显著影响。这些组织通过制定决议和原则,为成员的经济政策提供指导。这些决议和原则可能涉及货币政策、金融监管、债务重组等领域,对全球经济稳定与发展起到关键作用。例如,《全面与进步跨太平洋伙伴关系协定》规则、《区域全面经济伙伴关系协定》规则、各层级多类别的"一带一路"涉外规则等等。

(三)国际法

国际条约是国际经济法中最为正式和具有约束力的法律渊源。它们通常以书面形式存在,由国家通过外交谈判达成共识。这些条约可能涉及贸易、投资、货币、税收等多个领域,为国际经济活动提供了明确的规则和争端解决机制。例如,WTO 的成立基于成员签署的多边贸易条约,这些条约不仅规定了国际贸易的基本规则,还建立了一个以规则为基础的贸易体系,确保了全球贸易的公平性和可预测性。

国际惯例法,也称为习惯国际法,是基于各国在长期实践中形成的、被普遍接受并具有法律约束力的规则。这些规则可能起初是商业或交易习惯,但随着时间的推移和实践的普及,它们逐渐被认为具有法律效力。在国际经济法中,惯例法往往补充了条约法的不足,为一些尚未有明确条约规定的领域提供了行为准则。

例如,在国际贸易领域中,有《关税及贸易总协定》(1947 年)、《国际货币基金协定》(1944 年)、《国际复兴开发银行协定》(1944 年),以及《建立世界贸易组织协定》(1994 年)等;在知识产权方面,有《保护工业产权的巴黎公约》(1883 年)、《商标国际注册马德里协定》(1891 年)》,以及《世界版权公约》(1952 年)等;在国际投资方面,有《解决国家与他国国民间投资争议公约》(1965 年)、《多边投资担保机构公约》(1985 年);在仲裁方面,有《承认和执行外国仲裁裁决公约》(1958 年);等等。

二、涉外经济行政立法的要素

(一) 主体:内国有权立法机关

2000 年初,中国"入世"在一定意义上是"政府入世",是政府加入国际行政法行列,这要求我国政府承担在国内全面履行 WTO 法的主要义务。需要注意的是,WTO 法大多属于原则性规定和要求,很难直接进入实施过程。从 WTO 各成员的情况看,绝大多数成员都不承认可以直接适用 WTO 法,即使是坚持国际法理论上"一元论"的成员,在对待 WTO 的协议和协定的态度上,也一反常态地认为不能直接适用。根据《中国加入(WTO)工作组报告》第 67 条、第 68 条的规定,我国并未承诺 WTO 法律在国内的直接适用效力,而只是承诺对其进行间接适用,即在遵守 WTO 协定的前提下,通过修订现行国内法和制定新法律的方式实施 WTO 法律。

WTO 有"国际行政法典"之称,它的规则和原则乃是协调、约束和规范各成员政府之间经济主体行为和经济贸易活动的一整套法律体系。WTO的绝大部分规则是以政府的行为为内容并以政府管理活动为对象的,其中的 23 个协定中,只有 2 个条款提到企业,其他都是规范政府行为的规则。WTO 规则在性质上主要是"国际经济行政法",这些协定和规则的法律功能之一是强化政府制止违法行为的权力,为进入成员市场的国内外贸易商提供平等、自由和公开竞争的公共条件,特别是约束和规范成员政府有关贸易、投资和知识产权行为的立法和行政管理活动,而不直接涉及企业之间的交易行为。

就 WTO 法的国内立法转化情形来看,在国际法不能直接在内国适用的国家或地区,涉外经济行政立法的主体不是超越国家的国际组织,而是内国的民主代议机关,以及其他内国法设定的有权调控涉外经济行政关系的公权组织,如政府或其职能部门。

(二)客体:涉外经济行政关系

2020 年 10 月,党的十九届五中全会通过的《中共中央关于制定国民经济和社会发展第十四个五年规划和二〇三五年远景目标的建议》提出,积极参与全球治理体系改革和建设,加强涉外法治体系建设,加强国际法运用,维护以联合国为核心的国际体系和以国际法为基础的国际秩序,共同应对全球性挑战。为推动构建人类命运共同体,需要将我国缔结、参加的双边和多边条约或协定通过一定方式在国内实施,无论在广度还是在深度上,涉外经济关系无不受到公权力的重大影响。涉外经济行政立法的调控客体实际上就是作为涉外经济关系的涉外经济行政关系。

(三)方式:行政立法

广义行政立法不仅指权力机关制定行政法律的活动及其制定的行政法律,还包括行政机关制定行政法规和规章的活动及其制定的行政法规和规章。狭义理解涉外经济行政立法,一般是指有权行政机关立法,即有权行政机关依据法定程序,把国际经济法和国内经济法律转化为经济行政法规和规章。相较于一般立法,涉外经济行政立法具有下列特点。第一,涉外行政立法机关在科层制框架内运作高效,规章等制定时间相对较短,能较快地把我国的对外经济政策和应履行的国际经济义务相结合,及时制定经济行政法规和规章,以有效地弥补国际经济法和涉外经济法律的疏漏。第二,涉外经济行政立法事项详细、执行性强,能较有效地落实国际经济法和涉外经济法律的规定。第三,涉外经济行政立法目的明确,针对性和专业性强,能较有力地细化国际经济法和涉外经济法律,为涉外经济行政执法机关提供切实有效的依据和准则。这些功能是由我国"政府主导""行政优越"的法治环境,以及涉外经济行政立法的性质和行政立法程序的特点相互作用决定的。

三、涉外经济行政立法与相关立法的比较

(一) 涉外经济行政立法与国际经济立法

涉外经济行政立法与国际经济立法在主体和结果方面存在明显差别。涉外经济行政立法是主权国家的有权行政机关行使行政权制定行政法规范的行为。国际经济立法则是国际经济组织在各成员方参与和支持下通过谈判的方式制定国际经济法的活动。

涉外经济行政立法与国际经济立法的联系在于,国际经济立法可能促成涉外经济行政立法,并通过涉外经济行政立法保障其实施。一方面,涉外经济行政立法因此得以发展,并拉动主权国家融入国际社会;另一方面,主权国家通过涉外经济行政立法调适国际经济法对国内环境的影响,取得应变的空间。

(二) 涉外经济行政立法与权力机关一般立法

涉外经济行政立法与权力机关一般立法的主要区别在于:权力机关立法除了有调整涉外经济行政关系的立法外,还有其他方面的立法;涉外经济行政立法除了依据职权和法律授权进行涉外经济行政立法外,不得进行其他立法行为。涉外经济行政立法与权力机关一般立法的联系在于,涉外经济行政立法往往是为了执行权力机关立法而进行的,相应地,某些权力机关一般立法是涉外经济行政立法的依据。

(三) 涉外经济行政立法与非涉外经济行政立法

涉外经济行政立法和非涉外经济行政立法的区别在于:第一,涉外经济行政立法是为了调整涉外经济行政关系,是我国为了履行国际法定义务,调整涉外经济关系而采取的行政立法,具有应对并调适国际经济秩序的功能;

非涉外经济行政立法是为了调整不含有涉外经济因素的国内经济关系。第二,涉外经济行政立法的依据主要是涉外经济宪法和涉外经济法律(狭义),非涉外经济行政立法的依据是不含涉外经济因素的国内宪法和法律(狭义)。

涉外经济行政立法和非涉外经济行政立法共同组成经济行政立法。二者的主体在理论上是相同的,都是一国政府。同时,涉外经济行政立法和非涉外经济行政立法都具有调整国内经济关系、落实上位法、实现依法行政的功能。

第三节　中国涉外经济行政立法的功能

涉外经济行政立法是贸易自由主义时期经济全球化催生的行政法治国际化的产物,反过来,它是经济全球化和行政法治国际化的执行机制和促进机制。在贸易保护主义、单边经济抬头时期,涉外经济行政立法也是主权国家应对去经济一体化冲击、维护国际经济秩序的主要途径。

涉外经济的蓬勃发展离不开涉外法治的坚实保障,为了推进构建国内国际双循环相互促进的新发展格局,提升中国在全球治理中的国际话语权,维护中国在国际社会的正当权益,应当进一步完善国家安全重点领域立法,加大对境内外危害国家安全行为的惩罚力度,加强反制裁、反干涉立法,出台配套措施以确保相关立法发挥功效。①

一、涉外经济行政立法是国际法国内转化的主要机制

(一) 国内法直接转化或间接转化国际法

国际法在国内是直接适用还是转化适用,甚至不予适用,取决于主权国家(独立关税区)的选择。例如,WTO 协定属于国际法,其在中国法律体系中的适用关涉两大问题:一是 WTO 协定在中国是作为中国法律体系的组成

---

① 参见刘敬东:《加强涉外领域立法的理论思考与建议》,《国际法研究》2023 年第 2 期,第 3 页。

部分而直接适用,还是需要经过中国立法机关将 WTO 协定"转化"为国内法而间接适用;二是在直接适用的情形下,WTO 协定在中国法律体系中的法律位阶如何认定,主要争议点在于 WTO 协定的法律效力与宪法、法律的效力高低如何排序。①

我国法律有时需要经过行政法规和规章等细化后才能有效实施。经过法定程序在我国实施的国际经济法,无论是依法直接实施的还是转化为法律后实施的,都可能需要涉外经济行政立法再次制定行政法规和规章。此外,在我国对外贸易管理的立法活动中,比较常见的问题是法律规范较为抽象而实用性不足,难以匹配快速发展变化的经济模式,且整体而言,法律规范的制定数量无法满足市场发展对法治的需求。以与贸易相关的外商投资领域立法为例:一方面,国家的对外开放程度越高,外商投资立法的需求就越大;另一方面,国内市场经济立法越完善,其国内立法成为外资立法的法律替代的可能性越大,专门针对外商投资立法的需求就会越小。

(二) 国内法根据缔约程序细化国际法

根据我国《缔结条约程序法》(1990 年)的相关规定,除条约和重要协定的批准由全国人民代表大会常务委员会决定外,其余的协定相应地由国务院、外交部和国务院其他相关部门决定。国务院及其相关部门在缔结协定的过程中积累了相应的知识,由他们通过涉外经济行政立法细化此类协定会更具有优势。

例如,《1994 年关税及贸易总协定》第十条第一款、第二款规定,WTO 成员关于进出口贸易相关事项的法律规定和司法判例等一般都应当迅速公布。《服务贸易总协定》第三条第一款至第五款规定,WTO 成员一般应将本国与服务贸易协定运作有关的措施以及本国缔结的其他相关国际协议公布,并通知服务贸易理事会。《与贸易有关的知识产权协议》第六十三条第一款规定,成员制定的与贸易有关的知识产权主题的相关法律、法规、司法终局裁决、行政裁定应当以本国语言公布,如果不可以公布,也要能够通过公开途径获得。WTO 协定的透明度原则包括三个方面的法律要求:其一,

---

① 参见曾令良:《WTO 协议在我国的适用及我国法制建设的革命》,《中国法学》2000 年第 6 期,第 41 页。

与贸易政策和措施相关的法律、法规可以通过公开途径获得;其二,行政程序公平,行政决定符合程序规则,具有相对稳定性和公开性;其三,成员对行政决定建立了独立、公正的审查体系。① 中国在《2001年中国入世报告书》第七节的"其他问题"以及在《2001年中国入世议定书》第二条(C)项承诺了实施"透明度"相关制度。中国政府2007年首次发布了《中华人民共和国政府信息公开条例》,并于2019年对该条例的部分内容进行修订,规定了政府信息应当"以公开为常态,不公开为例外",极大提升了中国行政系统工作的透明度要求。

从整体看来,在我国,涉外经济行政立法是国际经济法转化为国内法的主要机制。

二、涉外经济行政立法是区域间法律兼容的重要路径

(一)区域间法律兼容的困境:法律冲突性

法律冲突与法律漏洞的概念相对,法律冲突体现了法律规范的积极性,法律漏洞则体现了法律规范的消极性。法律制定的缺陷往往存在三种情形:"法律不完备""法律条文相互冲突""法条晦涩艰深,语义含混"。② 就不同区域国家间法律关系而言,法律冲突在国际私法领域能够较好解决,存在诸多明确且通行的国际准则,例如,法概念范畴的"冲突规范"(涉外民商事活动的法律适用规范)和"准据法"(由冲突规范指引确定的实体法),方法论范畴的"识别""反致和转致""公共秩序保留""法律规避"等。但是,国际公法的国内适用,在不同国家存在较大差异,国际公法规范关涉国家主权且与国家利益直接相关,不同国家对国际公法适用方式的规定不同。此外,外国公法规范代表外国政府的国家意志和国家主权,当外国公法规范牵涉一国国家、社会和个体利益时,如何处理外国公法规范在国内的适用问题,不同国家也存在不同规定。

区域间法律适用的困境在于,不同国家为了保护本国利益而制定不同

---

① See Sarah Biddulph, Through a Glass Darkly: China, Transparency and the WTO, Australian Journal of Asian Law, Vol.3, 2001, p.59.
② 杨仁寿:《法学方法论》,中国政法大学出版社1999年版,第54页。

的法律规范,这些法律规范之间不兼容性较强。国家利益是国家作为一种法律主体所具有的最为重要的权利,其在不同时期具有不同的内涵。在贸易自由主义时期,国家利益主要体现为经济利益,为了消除国家间贸易壁垒,促进经济一体化,大量国际条约、协定得以成形,国际法的国内适用问题是各国法律关注的焦点。在贸易保护主义时期,国家利益主要体现为国家安全,国家制定法律、开展外交活动的基点是维护国家安全,一些国家意欲从全球产业链中脱离出来,发展国内完整的市场结构,国内法的国际适用问题浮出水面。国内法的国际适用,更进一步说,是国内法的国际协调。各国政府在维护本国国家安全的底层逻辑上制定法律,导致国家间法律冲突概率增加。

(二) 涉外经济行政立法的优势:法律融贯性

法律的融贯性理论(Theory of Coherence)是晚近兴起的法学研究主题。美国耶鲁大学 J. M. Balkin 教授认为,融贯性既是法律的一种属性,也是主体思考的结果。[1] 西班牙法学家 Leonor Moral Soriano 认为,法律的融贯理论主要包括两种:一种是法律体系的融贯理论(Coherence in the Legal System),关注体系中各个部分相融贯而具有的整体性,以整体价值和原则诠释法律的内涵,为司法裁判提供支持;另一种是法律推理或法律论证的融贯理论(Coherence in Legal Reasoning),是一种裁判的融贯(Coherence of Adjudication),关注论证过程中多元价值的交互印证,形成具有融贯性的理由进而得出合理的结论。[2] 本章所说的涉外经济行政立法的融贯性,属于法律体系的融贯理论范畴,是指通过涉外经济行政立法,可以促使不同国家关于国际贸易的不同规定之间相互兼容。

如何衡量涉外经济行政立法的融贯性? 有的学者认为,融贯性表现为法律规范间的逻辑一致性、法律制度及运行机制间的融贯性。[3] 有的学者认

---

[1] See J. M. Balkin, Understanding Legal Understanding: The Legal Subject and the Problem of Legal Coherence, Yale Law Journal, vol. 103, 1993, pp. 8 - 9.

[2] See Leonor Moral Soriano, A Modest Notion of Coherence in Legal Reasoning: A Model for the European Court of Justice, Ratio Juris, Vol. 16, 2003, pp. 296 - 323.

[3] 参见陈金钊:《体系思维的姿态及体系解释方法的运用》,《山东大学学报(哲学社会科学版)》2018 年第 2 期,第 73 页。

为,法律规范的融贯性要求各命题间协调一致并指向同一结论。① 还有学者认为,融贯性要求法律规范间尽可能不相冲突而处于彼此支持的关系,当规范间发生冲突时存在一定的解决方法,使法律规范有序形成先后适用关系。② 综合来说,涉外经济行政立法的融贯性具有程度上的区别,法律规范之间以一致性为原则并处于最大程度的相互支持和最低程度的相互冲突状态,在无法避免法律冲突的情况下,能够遵循统一的方法解决冲突,这样的法律规范体系可谓具有融贯性。③

三、涉外经济行政立法是政府对他国法律的回应手段

(一)他国法律的僭越:长臂管辖

长臂管辖原则发源于美国,是一种"最低限度联系"原则,被告即使并非美国籍国民,并非居住于美国法院所在地,只要被告行为与美国法院所在地存在最低限度的关联性,法院便对被告行为具有管辖权。长臂管辖原则作为美国打击他国的法律利器,本质上是通过司法装置实现其非法律性的政治目的,具有强烈的政治意味。对"最低限度联系"概念的解释权握在美国法院手中,相当于美国司法机关掌握了"被告行为对美国国家利益构成重大威胁或造成危害"这一长臂管辖原则适用标准的自由裁量权。

长臂管辖原则的适用,不包括对"本国国民的境外行为"及"外国国民在本国境内的行为"的管辖。④ 因而,长臂管辖原则不同于以国籍为基础的"属人管辖原则",也不同于以领域为基础的"属地管辖原则",更不同于以保护人类共同利益为目标和以国际法授权为先决条件而针对特定国际罪行的"普遍性管辖原则",从"长臂管辖原则"以保护国家重大利益为基础的表现

---

① 参见孙光宁:《法律规范的意义边缘及其解释方法——以指导性案例6号为例》,《法制与社会发展》2013年第4期,第61页。
② 参见雷磊:《融贯性与法律体系的建构——兼论当代中国法律体系的融贯化》,《法学家》2012年第2期,第3—4页。
③ 参见李晓安、张文斐:《涉海部门规章与地方性法规冲突解决的路径分析》,《北京行政学院学报》2021年第3期,第87页。
④ 参见史际春、吴镱俊:《论如何阻断"长臂管辖"》,《经贸法律评论》2021年第5期,第39页。

形式来看,"长臂管辖原则"更接近于"保护管辖原则"这一国际法上的法律管辖依据类型。

此外,长臂管辖原则还不同于国际礼让原则。其一,在法律效力扩散的地理方向层面,长臂管辖原则是本国法律效力向他国扩散的过程;与此相反,国际礼让原则是他国法律效力向本国扩散的过程。其二,在法律域外适用是否基于两国合意层面,长臂管辖原则是未征得行为目标国同意而单方面对目标国实施的法律效力"强制";与此相反,国际礼让原则是经行为目标国同意、形成双方合意而在行为目标国实行的法律效力"协调"。

(二) 涉外经济行政立法的回应:对等反制

"对等"一词在英语中对应"reciprocity",在以往经济全球化高度发展、国际贸易往来通畅时期,又被译为"互惠"原则,例如,WTO规则中的关税减让措施即互惠、非歧视原则的实际载体。"对等"是一项国际法的基本原则,亦是国际关系应当遵循的最重要准则。[1] 不同于一国国内秩序和国家治理机制的纵向性权力结构(存在一个顶层的最高中央权力机构),各国形成的国际秩序和国际治理机制属于横向性权力结构(不存在一个最高权力机构)。[2] 国家主权具有独立性和平等性,在一国依据某项国际法规则向他国提出权利主张时,主张权利的该国也应当受到此项国际法规则的约束。[3] 当一国罔顾国际法规则侵害他国国家主权和利益时,他国可以采取自助或防卫性质的反制行为。

故此,"对等"原则包括两副面相,既具有互惠、平等、相互尊重和礼让的积极面,亦有自助、防卫、坚决反制的消极面。实践中,衡量国际贸易措施是否"对等"主要涉及四个标准:关税减让的平均幅度、关税减让所涵盖的国际贸易规模、可征收的税收的减少金额、预估的对国际贸易产生的影响。[4]

---

[1] 参见王欣濛、徐树:《对等原则在国家豁免领域的适用》,《武汉大学学报(哲学社会科学版)》2015年第6期,第127页。
[2] 参见李明倩:《〈威斯特伐利亚和约〉与近代国际法》,商务印书馆2018年版,第5页。
[3] 参见李双元:《中国国际私法通论》,法律出版社2007年版,第197页。
[4] See Preeg, E. H. Traders and Diplomats: An Analysis of the Kennedy Round of Negotiations under the General Agreement on Tariffs and Trade, American Journal of Agricultural Economics, 1971, vol.53, issue 4, 691-692.

反制本质上是一种私力、自助、单边行为，原则上有违 WTO "互惠互利"的立法精神和《WTO 关于争端解决规则与程序的谅解》第二十三条 "多边体制的加强"的规定，第二十三条要求缔约方将贸易争端诉诸 DSB 并且不得单方、擅自采取反制措施。但是，依据《1994 年关税及贸易总协定》第二十一条（乙）项第（3）款的 "安全例外条款"规定，任何缔约方在遭遇战争或者其他国际关系的紧急情形时，为了保护国家安全，可以采取其认为必须采取的行动。2019 年 4 月，WTO 专家组在"乌克兰诉俄罗斯运输限制措施案"[①]中就《关税和贸易总协定》"安全例外条款"的适用做出首个裁决报告，明确国家安全事项属于国家"自决权"。

在国际贸易领域，WTO 协定具有"特别法"性质。在"一般法"规定中，《维也纳条约法公约》第六十条规定的"重大违约"、《国家对国际不法行为的责任条款草案》第二十五条规定的"危急情况"等符合特殊情形的条件下，国家部分停止履行国际条约行为，不构成国际不法行为。[②] 基于 WTO 并未对"重大违约"和"危急情况"下的救济途径做出规定，在特别法规定缺失的情况下，可以适用一般法，因而，可以依据《维也纳条约法公约》第六十条以及《国家对国际不法行为的责任条款草案》第二十五条，主张反制行为的正当性。

贸易反制措施在国际法上具有一定的合法性依据，同时，为了避免反制的滥用，破坏国际社会秩序，国际法对合法情形作了严苛的规定，只有满足相关条件，采取反制措施的国家才可以免除国际责任。例如，《国家对国际不法行为的责任条款草案》在程序方面规定，采取反制措施的行为国应当提前通知目标国，并给予目标国谈判协商的机会；在实体方面规定，反制措施只能是非武力性的、不针对第三方的、临时性的、可逆性的、与行为国受到损害相称的等。[③]

就法律实践依次展开的四个方面（立法、执法、司法、守法）来看，广义涉

---

① See DS512: Russia — Measures Concerning Traffic in Transit, see https://www.wto.org/english/tratop_e/dispu_e/cases_e/ds512_e.htm, 2025 年 1 月 25 日最后访问。
② 参见杨国华：《中国贸易反制的国际法依据》，《经贸法律评论》2019 年第 1 期，第 49 页。
③ 参见霍政欣：《〈反外国制裁法〉的国际法意涵》，《比较法研究》2021 年第 4 期，第 150 页。

外经济行政立法在成文法传统内,在我国主动参与构建涉外经济新秩序与全面推进涉外法治建设的过程中,处于显要地位。在国际行政秩序难以演变成行政惯例的情况下,不通过涉外行政立法就不能为涉外行政执法、司法和守法提供必不可少的涉外经济行政规则,就不能及时有效地把必要的国际法转化成国内法,也不能及时地在国际法框架内发挥本国参与重构国际经济贸易秩序的重要功能。本章探讨了涉外经济行政立法的概念、结构与功能,涉外经济行政立法加强和完善,还需要在本国立法制度内,在国际形势与国家政策影响下,在国内法与国际法相交融的诸多方面渐次展开。

第十章

涉外贸易规制领域的行政法前沿论题
——规范体系与司法救济

自我国正式成为世界贸易组织（WTO）成员以来，除自身经济发展取得显著成就外，同时也或主动或被动地参与到越来越多的国际贸易争端之中，根据笔者在 WTO 官网上查询的数据，① 自 2001 年我国加入世贸组织至 2024 年 11 月，中国作为原告发起的争端案件有 28 起，作为被告的案件共有 50 起，作为第三方涉及的案件共有 198 起，同时中国作为被告的案件在发展中国家中位居首位。与此同时，由于逆全球化浪潮的抬头、单边主义及贸易保护主义的兴起，多边贸易体制受到严重的冲击，作为世贸组织核心功能的争端解决机制，由于其内部机制的缺陷及美国的阻挠干预，在实际运行过程中也存在严重的困难。② 在此情形下，世贸组织各成员国内法律体系内的涉外贸易争端解决机制则愈发凸显出其重要作用。

有学者在我国入世之初即提出，要真正谋求中国公民、法人或者其他组织的合法权益在外国获得切实的较高水平的保障，就必须提高我国涉外行政法对在华外国人合法权益的保障水平。③ 因此，涉外贸易领域行政法的研究对于解决贸易争端、提升我国涉外贸易领域法治化水平、保障我国经济主

---

① 参见世界贸易组织网站：https://www.wto.org/english/tratope/dispue/dispubycountrye.htm，2024 年 11 月 20 日最后访问。
② 参见罗佳、张翔：《多边贸易体制下中国企业如何境外维权》，《中国外资》2019 年第 21 期，第 46 页。
③ 参见应松年、蔺耀昌：《中国入世与涉外行政法》，《江苏社会科学》2004 年第 6 期，第 39—40 页。

体在他国享有对等的贸易权益均有着重要的现实意义。尽管从立法成果来看,涉外贸易领域中的行政立法已具备一定的体系性,但从理论研究层面来看,根据笔者对国内现有涉外行政法研究文献的梳理,该领域的行政法理论构建尚欠缺体系性的研究。本章即以涉外经济行政法的研究为契机,梳理我国现行涉外贸易行政法的立法现状及司法救济机制,分析其中存在的问题及对策,以期对涉外贸易行政法的完善作出初步探索。

第一节　本体论视角的涉外贸易行政法

一、涉外贸易行政法的基本特征

(一)涉外贸易行政法的内涵界定

从逻辑关系上看,涉外贸易行政法应属涉外行政法的分支研究领域,但基于对国内学界已有理论成果的梳理,鲜有学者对涉外贸易行政法的概念及研究范围作出清晰的界定。本章认为,"涉外贸易行政法"是关涉 WTO 规则及国内法规范,由国内行政机关对外国人、无国籍人、外国组织就在涉外贸易活动中发生的行政规制及行政指导关系的法律规范和原则的总称。从主体关系的角度来说,涉外贸易行政法就是关涉行政机关与涉外贸易当事人之间行政关系的规范总和。

(二)涉外贸易行政法的主要特征

基于上述对涉外贸易行政法内涵的界定,结合我国有关涉外贸易行政立法及相关司法解释的规定,笔者认为涉外贸易行政法具有以下特征。

第一,行政相对人的特定性。尽管涉外贸易行政法在调整对象上与涉外行政法有着特殊与普遍的关系,但其仍应属于涉外行政法的范畴,具有涉外行政法律关系的一般特征。《中华人民共和国行政诉讼法》(2017年修正)第九章"涉外行政诉讼"第九十八条规定:"外国人、无国籍人、外国组织在中华人民共和国进行行政诉讼,适用本法。"参照上述对涉外行政诉讼中原告范围的界定,笔者认为涉外贸易行政关系中的行政相对人或利害关系人范围应当为"外国人、无国籍人、外国组织",同时对作为行政相对人或利害关系人的"外国人、无国籍人、外国组织"并不要求必须在中国境内。有学者以反倾销行政行为为例,提出在反倾销的法律关系中,由进口国有关部门向进口商征收反倾销税,但倾销行为是境外出口商的行为,征收反倾销税实际上是对境外出口商实施的行政管制。① 笔者认同上述观点,认同不宜将涉外贸易行政关系中的"涉外"要素做过窄的理解。

第二,调整对象为涉外贸易领域的行政关系。涉外贸易行政法作为涉外经济行政法的特别法,适用于涉外经济贸易领域,主要包括对外货物贸易以及对外服务贸易。根据《服务贸易总协定》及我国在服务贸易领域的入世承诺涉及的透明度要求,服务贸易范围涉及法律服务、会计服务、证券服务、通信服务、旅游、保险服务、交通运输等领域,以及在国际贸易过程中产生的知识产权保护,包括商标、专利、版权、外观设计、集成电路、布图设计的确权、保护及救济等。

第三,法律适用坚持国家主权原则。涉外贸易行政法虽适用于涉外贸易领域,调整对象及行政相对人具有涉外因素,但其作为国内法的组成部分应坚持国家主权原则。具体从涉外贸易行政法所涵盖的法律规范来看,国家主权原则通过两种方式体现:

其一,在立法时明确提出以维护国家主权及利益为立法之目的,如《海关法》(2021年)第一条规定的立法目的,即为"为了维护国家的主权和利益,加强海关监督管理,促进对外经济贸易和科技文化交往,保障社会主义现代化建设"。

其二,在具体法律适用中仅以国内法作为行政行为或司法审判的依据。如最高人民法院制定的《最高人民法院关于审理国际贸易行政案件若干问题的规定》(2002年)第七条规定,"人民法院审理国际贸易行政案件,应当依据中华人民共和国法律、行政法规以及地方立法机关在法定立法权限范围内制定的有关或者影响国际贸易的地方性法规",仅有在相关国内法的条文存在两种以上合理解释,且其中有一种解释与我国缔结或者参加的国际条约的有关规定相一致时,应选择与国际条约有关规定相一致的解释。因此,即便是我国加入了WTO,但在行政诉讼法律适用规则上仍坚持主权原则,

---

① 参见陈立虎:《涉外经济行政法论纲》,《金陵法律评论》2009年第2期,第65—74页。

对于国际条约应属于附条件的间接适用。

第四,适用国际法的对等原则。对等原则是国际法的基本原则,也属于涉外贸易行政救济中的基本原则。对等原则在国际法上的含义是一国如果依据一项特定国际法规则对另一国提出权利主张,则该国也必须接受该规则的约束。① 具体在涉外贸易行政救济程序中,根据《中华人民共和国行政诉讼法》(2017年)第九十九条规定,"外国法院对中华人民共和国公民、组织的行政诉讼权利加以限制的,人民法院对该国公民、组织的行政诉讼权利,实行对等原则"。

此外,《关于审理国际贸易行政案件若干问题的规定》(2002年)第十条规定,"外国人、无国籍人、外国组织在中华人民共和国进行国际贸易行政诉讼,同中华人民共和国公民、组织有同等的诉讼权利和义务,但有行政诉讼法第七十一条第二款规定的情形的,适用对等原则"。从我国的涉外贸易行政行为的司法救济实践来看,对等原则更多体现为救济程序中的权利,在实体权利对等方面囿于司法条件的限制存在明显的缺位,具体问题在下文详叙。

二、涉外贸易行政法研究的对象

结合 WTO 协定的内容,参照《关于审理国际贸易行政案件若干问题的规定》中对"国际贸易行政案件"的分类,涉外贸易行政法的研究对象主要有四类。

(一) 涉及国际货物贸易的行政行为

国际货物贸易行政行为是指我国国际贸易行政机关依法对进出口货物规制的行政行为,既包括具体行政行为,也包括抽象行政行为,主要的类型有对外贸主管部门对进出口货物的禁止和限制、启动贸易调查、海关估价、关税征收、原产地认定。相应的行政救济措施包括反倾销、反补贴及必要的保障措施等。

根据《中华人民共和国对外贸易法》(2022年)第三条②及《中华人民共

---

① 参见王欣濛、徐树:《对等原则在国家豁免领域的适用》,《武汉大学学报(哲学社会科学版)》2015年第6期,第129页。
② 《中华人民共和国对外贸易法》(2022年)第三条规定:"国务院对外贸易主管部门依照本法主管全国对外贸易工作。"

和国货物进出口管理条例》(2024)第七条①的规定,国务院对外经济贸易主管部门主管全国货物进出口贸易工作,其具体行政职权包括:制定禁止和限制进出口的货物目录、审核并发放实行配额管理的限制进出口货物的进出口配额许可证、制定不受限制的自行进出口许可管理的货物目录、启动贸易调查,并有权根据贸易调查结果采取适当的贸易救济措施等。

根据《中华人民共和国海关法》(2021)第三条②的规定,国家设立海关总署,统一管理全国海关。海关的职权包括依照《中华人民共和国海关法》和其他有关法律、行政法规的规定,监管进出境的运输工具、货物、行李物品、邮递物品和其他物品,征收关税和其他税、费,查缉走私,并编制海关统计和办理其他海关业务。

(二) 涉及国际服务贸易的行政行为

国际服务贸易行政行为是指我国国际贸易行政机关依法对服务贸易行为进行管理的行政行为。根据《服务贸易总协定》及我国的入世承诺表,除了关税减让及贸易权的承诺外,涉及开放的服务贸易领域包含交通运输、仓储服务、货运代理、海上运输、邮递服务、通信和互联网服务、银行金融、保险业、教育服务、旅游业、建筑业、企业服务、法律及会计服务等专业服务领域。上述领域的行政行为的法律依据,除了我国成文法律规范外,还应包括由《中华人民共和国加入议定书》《服务贸易总协定》及我国入世承诺表确定的最惠国待遇、透明度、发展中国家的更多参与、市场准入、国民待遇,以及经济一体化等原则,这些原则已成为我国服务贸易法律体系发展和完善的依据。③ 需要注意的是,对于上述原则的适用,根据《关于审理国际贸易行政案件若干问题的规定》(2002年),应当适用一致性解释原则,以实现在避免直

---

① 《中华人民共和国货物进出口管理条例》(2024年)第七条规定:"国务院对外经济贸易主管部门(以下简称国务院外经贸主管部门)依照对外贸易法和本条例的规定,主管全国货物进出口贸易工作。"
② 《中华人民共和国海关法》(2021年)第三条规定:"国务院设立海关总署,统一管理全国海关。国家在对外开放的口岸和海关监管业务集中的地点设立海关。海关的隶属关系,不受行政区划的限制。海关依法独立行使职权,向海关总署负责。"
③ 参见王岩:《WTO体制的我国国际贸易行政诉讼研究》,2016年华东政法大学博士学位论文,第40页。

接适用国际条约的同时,促进国内法与国际法体系的良性互动。

(三) 与国际贸易有关的知识产权行政行为

与国际贸易有关的知识产权行政行为是指我国知识产权行政管理机关对国际贸易中发生的知识产权保护、知识产权确权、知识产权侵权等问题,对贸易进出口主体作出的行政行为。根据《与贸易有关的知识产权协议》(TRIPS 协议)第二部分"关于知识产权的效力、范围及使用的标准"中知识产权范围的界定,涉外贸易中的知识产权至少应当包括:版权及相关权利、商标、地理标志、工业设计、专利、集成电路的外观设计(拓扑图)、商业秘密等。

我国在入世之初,知识产权立法及保护水平与《与贸易有关的知识产权协议》协议的要求有较大的差距,如在版权保护方面达不到《与贸易有关的知识产权协议》协议第十三条规定的对版权专有权的限制要求;[1]集成电路布图设计与地理标志的保护在当时均属立法空白;《中华人民共和国商标法》(2001 年)的立法中缺乏对驰名商标的保护(现已修正),也没有《与贸易有关的知识产权协议》协议第十七对商标权的限制。但《与贸易有关的知识产权协议》协议确立的知识产权最低保护标准及对发展中国家过渡期的安排,使得《与贸易有关的知识产权协议》协议的保护标准通过国内知识产权的修改完善,而成为知识产权行政行为的法律依据具备了可行性。

(四) 其他的涉外贸易行政行为

货物贸易、服务贸易以及《与贸易有关的知识产权协议》协议确定的知识产权保护是 WTO 的三大支柱。结合《关于审理国际贸易行政案件若干问题的规定》确定的国际贸易行政诉讼的案件受理类型来看,除了上文所述三类主要的涉外贸易行政行为外,其他违反我国行政法律规范的涉外贸易行为,在满足涉外贸易行政关系的基本特征的情形下,也属于涉外贸易行政法调整的对象范围。

---

[1] 《与贸易有关的知识产权协议》(2005 年)第 13 条:"各成员对专有权作出的任何限制或例外规定应限于某些特殊的情况,且不会与对作品的正常利用相冲突,也不会不合理地损害权利持有人的合法利益。"

第二节 涉外贸易行政的法规范体系

一、中国涉外贸易领域立法的历史脉络

我国涉外贸易领域的立法起步于改革开放,根据对涉外贸易领域立法历史发展脉络的梳理,我国的涉外贸易领域立法可大体分为三个阶段。

第一个阶段是从改革开放到我国加入世界贸易组织前,这个阶段属于涉外贸易领域立法的初创及探索阶段,这个阶段涉外贸易立法重要立足点是服务于我国改革开放和经济发展。这个阶段的涉外贸易领域立法可分为对内和对外两个维度。从对内维度来看,自 1979 年 7 月至 2001 年期间,全国人民代表大会及其常务委员会、国务院先后制定了《中华人民共和国中外合资经营企业法》(1979 年)、《中华人民共和国外资企业法》(1986 年)、《中华人民共和国中外合作经营企业法》(1988 年)、《中华人民共和国对外贸易法》(1994 年)、《中华人民共和国外汇管理条例》(1996 年),一方面以"超国民待遇"吸引外资参与我国的改革开放,另一方面为外商在中国投资构建可以直接适用的法律规范体系。与此同时,在制定《中华人民共和国民法通则》(1986 年)、《中华人民共和国刑法》(1997 年修订)、《中华人民共和国民事诉讼法》(1991 年)、《中华人民共和国公司法》(1993 年)、《中华人民共和国合同法》(1999 年)等部门法中,也有相关条款明确涉外贸易法律关系的处理规则。

从对外维度来看,改革开放伊始,中国即积极尝试与国际法互动与衔接。1987 年 2 月我国正式向关贸总协定组织递交《中华人民共和国对外贸易制度备忘录》,申请恢复中国的创始缔约国地位。[①] 与此同时,全国人大常务委员会先后制定了《中华人民共和国外交特权与豁免条例》(1986 年)、《关于我国加入〈承认及执行外国仲裁裁决公约〉的决定》(1986 年)、《中华人民共和国领事特权与豁免条例》(1990 年)、《中华人民共和国缔结条约程序法》(1990 年)、《中华人民共和国专属经济区和大陆架法》(1998 年)。国务院先

---

① 参见韩永红:《论我国涉外立法的转型》,《东方法学》2023 年第 2 期,第 110 页。

后制定了《实施国际著作权条约的规定》(1992年)、《中华人民共和国国家货币出入境管理办法》(1993年)、《中华人民共和国外汇管理条例》(1996年)等行政法规以对接国际法规则。

为落实上述涉外立法,践行我国加入及承认的国际公约,最高人民法院先后发布《关于执行我国加入的〈承认及执行外国仲裁裁决公约〉的通知》(1987年)、《关于向居住在外国的我国公民送达司法文书问题的复函》(1993年)、《关于人民法院受理申请承认外国法院离婚判决案件有关问题的规定》(2000年)等司法解释。这一阶段的立法主要以民事活动、经济行为及对外贸易领域的立法为主线,初步确立了我国涉外贸易法律体系的基本框架。

第二个阶段是我国加入世界贸易组织至党的十八大召开之前。在2001年加入世贸组织后,为了落实《中华人民共和国加入议定书》以及对接世界贸易组织规则的需要,中央及各地方对与世贸组织规则相冲突的国内法律法规进行立改废释的工作。据有关部门统计,共计清理法律、行政法规及部门规章2 000多件,清理地方性的政策、规范文件19万件。在新法制定方面,先后出台了《中华人民共和国护照法》(2006年)、《中华人民共和国反垄断法》(2007年)、《中华人民共和国涉外民事关系法律适用法》(2010年)、《计算机软件保护条例》(2001年)、《集成电路布图设计保护条例》(2001年)等法律法规。

在法律修改方面,全国人大常委会及国务院先后对"三资企业法"及其实施条例和细则、《外商投资产业指导目录》《中华人民共和国对外贸易法》《中华人民共和国证券法》《中华人民共和国专利法》及实施细则、《中华人民共和国著作权法》及实施条例、《中华人民共和国外汇管理条例》作了相应修改。这一阶段我国以履行世贸组织协定下的义务和承诺为驱动,通过"立改废"等多种形式,加快建立了既符合我国国情又与世贸组织规则相符合的涉外贸易立法,也实质性推动了中国特色社会主义法律体系的建成。①

第三阶段是党的十八大以来,以习近平同志为核心的党中央全面推动涉外法治建设,习近平总书记在多次重要会议上明确提出"加强涉外领域立

---

① 参见韩永红:《论我国涉外立法的转型》,《东方法学》2023年第2期,第110页。

法"的任务。这个阶段的立法活动的特征,突破了在具体涉外领域进行专门性立法的范围,已经逐渐囊括了所有法律部门中具有涉外因素的法律。从涉外立法成果来看,不仅新出台了《中华人民共和国外商投资法》(2019年)、《中华人民共和国反外国制裁法》(2021年)、《中华人民共和国对外关系法》(2023年)、《中华人民共和国外国国家豁免法》(2023年)等涉外领域专门立法,同时也修改了诸如《中华人民共和国专利法》《中华人民共和国商标法》《中华人民共和国著作权法》及《中华人民共和国反不正当竞争法》等法律法规,并在修改《中华人民共和国立法法》时明确了加强涉外领域立法项目的要求。

二、涉外贸易行政的法规范梳理

伴随着我国涉外领域立法的逐步发展完善,涉外贸易行政法作为涉外领域立法的专门领域,逐渐形成从宪法到部门规章的法律规范体系,经笔者梳理,现行涉外贸易行政法的规范体系主要由以下法律法规构成。

(一) 宪法层面的规范

《中华人民共和国宪法》(2018年修正)第十八条规定,"中华人民共和国允许外国的企业和其他经济组织或者个人依照中华人民共和国法律的规定在中国投资,同中国的企业或者其他经济组织进行各种形式的经济合作。在中国境内的外国企业和其他外国经济组织以及中外合资经营的企业,都必须遵守中华人民共和国的法律。它们的合法的权利和利益受中华人民共和国法律的保护"。《中华人民共和国宪法》的上述规定既赋予了涉外贸易行政法的规制事项及规制主体在范围上的正当性,同时也确立了我国涉外贸易行政立法的平等保护原则。

(二) 法律层面的规范

1.《中华人民共和国对外贸易法》(2022年修正)

《中华人民共和国对外贸易法》制定于1994年5月,先后经过2004年4月十届全国人大常委会修订、2016年11月十二届全国人大常委会修正、2022年12月十三届全国人大常委会修正,是我国对外贸易领域的基本法,其系统且全面地确定了我国对外贸易主管部门、对外贸易的不同类型管制措施、对外贸易秩序、对外贸易调查、对外贸易救济、对外贸易促进等内容，因此该法也是我国涉外贸易行政法的重要法律渊源。

2. 《中华人民共和国海关法》(2021年修正)

《中华人民共和国海关法》制定于1987年1月，先后由全国人大常委会在2000年7月、2013年6月、2013年12月、2016年11月、2017年11月、2021年4月进行了六次修正。《中华人民共和国海关法》是我国海关行政执法的专门性法律，根据《中华人民共和国海关法》(2021年)第二条的规定，海关是我国进出关境监督管理机关，依法对进出口运输工具、货物、行李物品、邮递物品等进行监管。

3. 《中华人民共和国出口管制法》(2020年)

《中华人民共和国出口管制法》是我国实施出口管制的基本法，也是两用物项出口货物管制的法律渊源。我国对两用物项、军品、核以及其他与维护国家安全和利益、履行防扩散等国际义务相关的货物、技术、服务等物项实施出口管制。同时也对从中华人民共和国境内向境外转移管制物项，以及中华人民共和国公民、法人和非法人组织向外国组织和个人提供管制物项，采取禁止性措施。

除上述涉及对外贸易领域的专门性立法外，我国现行立法中，如《中华人民共和国进出境动植物检疫法》(2009年)、《中华人民共和国药品管理法》(2019年)、《中华人民共和国固体废物污染环境防治法》(2020年)、《中华人民共和国种子法》(2021年)、《中华人民共和国文物保护法》(2024年)等法律也涉及对涉外贸易中具体事项的禁止性或限制性规定。

此外，部分行政程序立法也应属于涉外贸易行政法的程序性法律渊源，如《中华人民共和国行政诉讼法》《中华人民共和国行政复议法》《中华人民共和国行政处罚法》及《中华人民共和国国家赔偿法》及对应的相关司法解释。涉外贸易行政行为均应受上述法律约束，由于该类法律不是本章讨论的重点，因而不在此展开论述。

(三) 行政法规层面的规范

在行政法规层面，在加入世贸组织后，为了适用世贸组织的贸易争端解决规则，国务院在2001年11月公布了《中华人民共和国反倾销条例》《中华人民共和国反补贴条例》及《中华人民共和国保障措施条例》，上述三条例构成涉外贸易行政救济的基础性法规。此外,在具体的贸易领域,国务院先后制定和修改了《中华人民共和国进出口关税条例》(2017年)、《中华人民共和国知识产权海关保护条例》(2018年)、《中华人民共和国海关行政处罚实施条例》(2022年)、《中华人民共和国货物进出口管理条例》(2024年)等专门性法规。

除上述专门性法规外,《饲料和饲料添加剂管理条例》(2017年)第十二条、《中华人民共和国野生植物保护条例》(2017年)第二十条、《音像制品管理条例》(2020年)第二十八条、《医疗器械监督管理条例》(2021年)第五十七条、《中华人民共和国食品安全法》(2021年)第五十二条等涉及涉外贸易事项的规定,也属于调整特定涉外贸易事项的行政法规依据。

(四) 部门规章层面的规范

《中华人民共和国行政诉讼法》(2017年)第六十三条第三款规定,"人民法院审理行政案件,参照规章"。据此,部门规章及地方政府规章均应属于涉外贸易行政法的法律渊源。

为了进一步明确贸易救济调查的相关程序性和实体性规则,规范贸易救济调查工作,提高贸易救济调查的透明度,我国商务部制定了一系列部门规章,具体包括规范倾销和补贴调查的《反倾销调查立案暂行规则》《反倾销调查实地核查暂行规则》《反倾销调查抽样暂行规则》《反倾销调查公开信息查询暂行规则》《反倾销调查听证会暂行规则》《反倾销价格承诺暂行规则》《反倾销新出口商复审暂行规则》《反倾销退税暂行规则》《倾销及倾销幅度期中复审暂行规则》《关于反倾销产品范围调整程序的暂行规则》《反补贴调查立案暂行规则》《反补贴调查听证会暂行规则》《反补贴调查实地核查暂行规则》等14部部门规章。[①]

同时,在国内产业损害调查程序方面,我国商务部先后制定了《反倾销产业损害调查规定》《反补贴产业损害调查规定》《保障措施产业损害调查与裁决规定》《产业损害调查听证规则》和《产业损害调查信息查阅与信息披露规定》5部规章。上述部门规章为《中华人民共和国反倾销条例》《中华人民

---

① 郑江:《论我国涉外贸易救济法律制度的完善》,中国政法大学2011年硕士学位论文,第22页。

共和国反补贴条例》和《中华人民共和国保障措施条例》的实施提供了可供具体操作的规则指引,具有重要的实践指导意义。

综上所述,我国宪法及上述列举的法律、行政法规及部门规章共同构成我国涉外贸易行政法的法律规范体系。

第三节 我国涉外贸易行政行为的司法救济及其问题

一、我国涉外贸易行政行为的司法救济机制

(一) 涉外贸易行政行为司法救济的范围界定

自加入世贸组织以来,随着我国涉外立法的不断完善,在涉外贸易救济的实践中已形成较为完备的国内法体系。以《中华人民共和国对外贸易法》《中华人民共和国反倾销条例》《中华人民共和国反补贴条例》《中华人民共和国保障措施条例》为基础,确立了我国涉外贸易救济的基本立法框架。基于上述立法,"涉外贸易救济"的概念可定义为:在WTO框架下,商务部为了针对国内产业因不公平的进口或过量进口的冲击,而采取一定的措施给予国内产业以救助的行为。主要的救济措施有三类,即反倾销措施、反补贴措施及保障措施。其中反补贴和反倾销针对的是进口产品存在价格歧视的不公平竞争行为。保障措施针对的是进口产品数量增加,并对生产同类产品或者直接竞争产品的国内产业造成严重损害或者严重损害威胁的情形。上述三种措施均是国内行政主管部门依法通过行政手段保护国内产业采取的措施,其目的均为保障国内产业和有序的市场竞争,本质上属于涉外贸易行政行为。

本章所讨论的涉外贸易行政行为的司法救济,是指外国人、无国籍人、外国组织在涉外贸易活动中,作为行政相对人或利害关系人对我国涉外贸易主管行政机关作出的行政行为不服,而向司法机关提出诉讼的行为,其应属于《中华人民共和国行政诉讼法》中"涉外行政诉讼"的一种具体类型,其与"涉外贸易救济措施"在申请主体、适用程序以及制度设置目的方面均有较大的区别。

需要特别说明的是,涉外贸易行政行为的司法救济适用国内诉讼程序,应属我国国际贸易行政诉讼的组成部分,适用我国有关国际贸易行政诉讼的相关法律规定及司法解释。因此,本章在讨论涉外贸易行政行为的司法救济问题时,既结合《中华人民共和国行政诉讼法》(2017年)对"涉外行政诉讼行为"中"涉外"要素的规定,同时也是在我国国际贸易行政诉讼的法律体系内展开分析研究。

(二) 涉外贸易行政行为司法救济的法律基础

根据2001年11月10日签署的《中华人民共和国加入议定书》(简称《加入议定书》)第一部分第2条D项"司法审查"的规定:"1.中国应设立或指定并维持审查庭、联络点和程序,以便于迅速审查所有与《1994年关税与贸易总协定》("GATT1994")、GATS第6条和《TRIPS协定》相关规定所指的法律、法规、普遍适用的司法决定和行政决定的实施有关的所有行政行为,此类审查庭应是公正,并独立于被授权进行行政执行的机关,且不应对审查事项的结果有任何实质利害关系。2.审查程序应包括给予受须经审查的任何行政行为影响的个人或者企业上诉的机会,且不因上诉而受到处罚。如初始上诉权需向行政机关提出,则在所有情况下应有选择向司法机关对决定提出上诉的机会。关于上诉的决定应通知上诉人,作出该决定的理由应以书面形式提供。上诉人还应被告知可进一步上诉的任何权利。"

结合我国的现行司法制度,《加入议定书》中我国承诺设立的独立审查庭即为人民法院,并未设立WTO协定中提出的仲裁庭和准行政法庭,此两种司法审查模式并不契合我国的现有司法制度。此外,在审查范围上,我国承诺的司法审查范围包括国际货物贸易、国际服务贸易、与国际贸易有关的所有行政行为,远大于WTO要求的范围,这主要是基于国际社会对我国贸易政策透明度和法治程度关注度较高的考虑,期冀为今后在贸易、投资或者知识产权方面的经贸往来营造更好的法治环境,提供可靠的法律保障[①]。

为了落实在入世时作出的司法承诺,最高人民法院基于我国行政诉

[①] 王岩:《WTO体制的我国国际贸易行政诉讼研究》,2016年华东政法大学博士学位论文,第22页。

制度,于 2002 年 8 月 27 日公布《关于审理国际贸易行政案件若干问题的规定》(以下简称《国际贸易行政案件司法解释》),通过司法解释确定涉外贸易行政案件的受理范围、审理法院以及法律适用。相比较《中华人民共和国行政诉讼法》(1989 年)的相关规定,该司法解释明确规定涉外贸易行政行为在级别管辖上由具有管辖权的中级以上人民法院管辖,实质上仍未突破《中华人民共和国行政诉讼法》(1989 年)第十四条关于中级人民法院管辖第一审行政案件的范围。此外,在受案范围上,《加入议定书》中承诺纳入司法审查范围的所有行政行为,与《中华人民共和国行政诉讼法》(1989 年)第十二条规定的不予受理的"法律规定由行政机关最终裁决的具体行政行为"并不契合,但这个问题在司法解释中并没有涉及。

2002 年 11 月 21 日最高人民法院公布《关于审理反倾销行政案件应用法律若干问题的规定》(以下简称《反倾销案件司法解释》)、《关于审理反补贴行政案件应用法律若干问题的规定》(以下简称《反补贴案件司法解释》),上述两个司法解释在《国际贸易行政案件司法解释》(2002 年)的基础上进一步明确了反倾销、反补贴两类涉外贸易行政行为的司法审查规则,同时在规则细化方面也有进一步的突破,具体表现为:

第一,对反倾销、反补贴行政行为提起的行政诉讼,被告为作出相应行政行为的国务院主管部门,根据《中华人民共和国行政诉讼法》(1989 年)第十四条的规定,对于国务院主管部门作为被告的案件,由被告所在地的中级人民法院负责第一审程序。该级别管辖规定与《国际贸易行政案件司法解释》(2002 年)第五条的规定一致,但在本次制定的两个司法解释中,均规定第一审管辖法院为"被告所在地高级人民法院指定的中级人民法院"或"被告所在地的高级人民法院",上述关于级别管辖的规定已突破《中华人民共和国行政诉讼法》的规定。

第二,从受案范围来看,本次制定的两个司法解释将"有关倾销及倾销幅度、损害及损害程度的终裁决定""有关补贴及补贴金额、损害及损害程度的终裁决定"纳入了行政诉讼的受案范围,该部分突破了《中华人民共和国行政诉讼法》(1989 年)第十二条关于行政诉讼不受理"法律规定由行政机关最终裁决的具体行政行为"。

需要注意的是,最高人民法院作出的三个司法解释中,被纳入司法审查受案范围的行政行为均为"具体行政行为",与《加入议定书》中我国承诺司法审查的"所有行政行为"在范围和性质上仍有区别,抽象行政行为未被纳入司法审查范围。但自从第一次修改后的《中华人民共和国行政诉讼法》自2015年5月1日起全面实施以来,除行政法规和规章以外的其他抽象行政行为已被纳入行政诉讼的受案范围。因而,相关涉外贸易抽象行政行为也在此列。

(三)涉外贸易行政行为司法救济的法律适用

《中华人民共和国行政诉讼法》以及《国际贸易行政案件司法解释》《反倾销案件司法解释》《反补贴案件司法解释》共同确定了涉外贸易行政行为司法审查的法律适用规则,具体体现如下。

1. 法律适用规则

最高人民法院作出的有关涉外贸易行政行为的三个司法解释,对人民法院的法律适用规则整体沿用了《中华人民共和国行政诉讼法》(1989年)第五十二条、第五十三条及《中华人民共和国立法法》(2000年)第六十三条、第七十一条的规定,但具体而言仍有一定的区别。《国际贸易行政案件司法解释》规定审理涉外贸易行政案件时,人民法院适用法律、行政法规及地方性法规,地方性法规仅适用于本区域内发生的涉外贸易行政案件。同时参照适用部门规章及地方政府规章,地方政府规章仅在本区域有效。

但根据《反倾销案件司法解释》(2002年)和《反补贴案件司法解释》(2002年)的规定,人民法院在审理反倾销行政案件和反补贴行政案件时,适用行政诉讼法及其他有关反倾销/反补贴的法律、行政法规,参照国务院部门规章。由此可见,在上述两类涉外贸易行政诉讼案件中,并不能适用发生涉外贸易行政行为所在地的地方性法规及地方政府规章。

2. 举证规则

在《国际贸易行政案件司法解释》(2002年)中并没有明确举证规则的问题,但在《反倾销案件司法解释》(2002年)和《反补贴案件司法解释》(2002年)中确立的举证规则,相比于该司法解释作出时的《中华人民共和国行政诉讼法》(1989年)关于举证责任的规定,赋予了行政诉讼原告更多的举证义务。如《反倾销案件司法解释》第八条规定,"原告对其主张的事实有责任提供证据。经人民法院依照法定程序审查,原告提供的证据具有关联性、合法性和真实性的,可以作为定案的根据"。同时"被告在反倾销行政调查程序中依照法定程序要求原告提供证据,原告无正当理由拒不提供、不如实提供或者以其他方式严重妨碍调查,而在诉讼程序中提供的证据,人民法院不予采纳"。基于上述规定,原告需承担"谁主张谁举证"的义务,但同时,原告在行政诉讼过程中补充证据的权利也受到限制。

3. 国际条约的适用

在国际条约的适用问题上,《国际贸易行政案件司法解释》(2002年)确定的适用规则与《行政诉讼法》(1989年)有较大的差别。《中华人民共和国行政诉讼法》(1989年)第七十二条规定,"中华人民共和国缔结或者参加的国际条约同本法有不同规定的,适用该国际条约的规定。中华人民共和国声明保留的条款除外",上述规定所确定的是"国际公约优先适用规则",但在《国际贸易行政案件司法解释》出台后,国际条约并不是涉外贸易行政诉讼的法律依据,因而不能直接援引。同时,只有在人民法院所适用的法律、行政法规在具体条文上存在两种不同的合理解释时,才可以适用与我国缔结或参与的国际条约相一致的解释。但从司法实践的客观情况来看,我国成文法的立法解释权主体为全国人大常委会,作为司法机关的法院并没有法律解释的权力,因此通过对国内成文法予以解释的路径间接在司法程序中适用国家条约并无实质意义上的可行性,某种意义上该司法解释反而排除了涉外贸易行政案件中对国际条约的法律适用。

二、涉外贸易司法救济机制存在的问题分析

基于上文对涉外贸易行政司法救济机制的分析,结合目前涉外贸易的相关司法实践,笔者认为目前我国涉外贸易行政行为司法救济存在一些明显的问题,具体表现如下。

(一)司法解释存在若干滞后问题

我国现行的涉外贸易行政行为司法审查机制是在《中华人民共和国行政诉讼法》(1989年)基础上,由最高人民法院公布的《国际贸易行政案件司法解释》(2002年)、《反倾销案件司法解释》(2002年)、《反补贴案件司法解释》(2002年)等司法解释搭建起来的,但在上述司法解释出台后,《中华人民共和国行政诉讼法》已经历了2014年和2017年两次较大程度的修正,现行

《中华人民共和国行政诉讼法》（2017年）在受案范围、原告范围、举证规则、国际条约适用方面均有新的调整，相比上述三部司法解释出台时所适用的《中华人民共和国行政诉讼法》（1989年）有较大的变化。尽管2018年2月6日最高人民法院制定的《关于适用〈中华人民共和国行政诉讼法〉的解释》第一百六十三条规定，"最高人民法院以前发布的司法解释与本解释不一致的，不再适用"，但该司法解释并未涉及涉外行政诉讼案件的特别规定，无法起到将最高人民法院通过三个司法解释确立的涉外贸易行政行为司法审查机制与现行《中华人民共和国行政诉讼法》的最新规则相衔接的功能。因此，笔者认为有关涉外贸易行政案件的三部司法解释需及时进行修改。

（二）司法审查的受案范围不甚明确

根据《国际贸易行政案件司法解释》第三条的规定，自然人、法人或者其他组织认为行政机关有关国际贸易的具体行政行为侵犯其合法权益的，可以向人民法院提起行政诉讼。上述规定将涉外行政诉讼的受案范围限定在"具体行政行为"。由于《服务贸易总协定》、《补贴与反补贴措施协议》第二十三条、《反倾销协定》第十三条均将抽象行政行为纳入司法审查的范围，同时我国在《加入议定书》中承诺所有与《1994年关税与贸易总协定》第十条第一款、《服务贸易总协定》第六条和《与贸易有关的知识产权协议》相关规定所指的法律、法规、普遍适用的司法决定和行政决定的实施有关的所有行政行为均纳入司法审查[①]，因此，将抽象行政行为纳入行政诉讼的受案范围应属于我国履行入世承诺的义务。现行《行政诉讼法》在《国际贸易行政案件司法解释》出台后已经历两次修改，行政诉讼的审查对象已从"具体行政行为"改为"行政行为"，从而也使在涉外贸易领域中，除行政法规和规章以外的其他抽象行政行为纳入了司法审查的受案范围，但是，在司法解释层面尚未明确。

（三）国际公约适用问题未明确

根据《中华人民共和国行政诉讼法》（1989年）第七十二条的规定，人民法院审理行政诉讼案件，可以直接适用与行政诉讼法规定不同的国际条约。

---

① 夏金莱、叶必丰：《对WTO体制下国际贸易行政诉讼的思考》，《法学评论》2003年第3期，第68页。

《国际贸易行政案件司法解释》规定,国际条约仅可通过解释国内立法的方式间接适用。但在《中华人民共和国行政诉讼法》2014 年修正时,删除了《中华人民共和国行政诉讼法》(1989 年)第七十二条。其后,在 2017 年修正的《行政诉讼法》以及最高人民法院 2018 年制定的《关于适用〈中华人民共和国行政诉讼法〉的解释》中,尚未明确规定行政诉讼程序中国际条约的适用问题。

(四) 原告范围存在争议

根据《反倾销案件司法解释》(2002 年)、《反补贴案件司法解释》(2002 年)第二条、第四条的规定,在反倾销/反补贴的行政诉讼案件中,原告须为与反倾销/反补贴的具体行政行为有"法律上的利害关系"的人或组织。但现行《行政诉讼法》(2017 年)第二十五条关于诉讼参与人的规定,明确行政行为的相对人以及其他与行政行为有"利害关系"的公民、法人或者其他组织,有权提起诉讼。从上述规定来看,对于原告资格的界定,上述两个司法解释与《中华人民共和国行政诉讼法》(2017 年)存在不一致。有学者指出,要证明"法律上存在利害关系",需证明在启动诉讼程序时已经产生了法律上的实际损害后果,但行政诉讼原告范围是一个程序性而非实体性问题。况且诉讼尚未开始,要求法院判断具体行政行为与其是否具有法律上利害关系是非常困难的。[①] 因此,司法解释中的"法律上的利害关系"与司法实践似有脱节,并不适合作为确定原告资格的限定条件。

三、完善涉外贸易司法救济机制的建议

基于上文中分析得出的问题,笔者认为我国现行的涉外贸易行政行为的司法救济机制仍存在诸多缺陷,笔者拟建议从以下几个方面予以完善。

(一) 加强对涉外贸易行政及其司法审查的理论研究

根据笔者在"中国知网"以"涉外贸易行政行为""国际贸易行政行为""涉外贸易行政诉讼""国际贸易行政诉讼"等关键词进行的查询,符合关键词的论文文献不足 20 篇,其中 14 篇均发表于 2010 年之前,且在 2017 年《中

---

① 参见颜敏暄:《国际贸易行政诉讼原告范围研究——以行业协会为例》,2015 年河南师范大学硕士学位论文,第 14 页。

华人民共和国行政诉讼法》修正后并没有产生最新的学术研究成果。由此可见,对于涉外贸易行政行为及其司法审查的研究并未得到学界的较大关注,这也是该领域的相关司法解释即便与现行立法不契合,但仍然长期未予以立改废释的重要原因。因此,笔者认为,要推动我国涉外贸易行政行为司法救济的制度完善,应该有更多的学者去关注和研究该领域的立法现状和实践中存在的问题,以期形成更多的可指导立法及实践的学术研究成果。

(二) 将更多涉外贸易抽象行政行为纳入司法审查范围

应然层面,尽可能将更多抽象行政行为纳入涉外行政诉讼的受案范围,属于我国进一步履行入世承诺的义务。实然层面,现行《中华人民共和国行政诉讼法》(2017 年)第十三条第(二)项的规定,"行政法规、规章或者行政机关制定、发布的具有普遍约束力的决定、命令"等抽象行政行为仍不属于我国行政诉讼的受案范围。有学者提出,基于与 WTO 规则相衔接的出发点,可以将影响国际货物贸易、国际服务贸易、与国际贸易有关的知识产权和其他国际贸易的抽象行政行为纳入司法审查的范围,同时参照《中华人民共和国行政复议法》(2023 年)第七条的做法,将接受司法审查的抽象行政行为的范围限定在"行政机关作出的、相对人认为影响其合法权益的某个具体行政行为的依据",要求在对该具体行政行为提起诉讼时一并向法院提出附带审查,这样既可以维护相对人的合法权益,也可以促进国际贸易的健康发展。[①] 笔者认为上述建议具有一定可行性,其一方面能进一步履行《加入议定书》的承诺,并与国际通行司法审查规则接轨,另一方面也是对将抽象行政行为纳入我国行政诉讼范围的有益尝试。

(三) 启动对《国际贸易行政案件司法解释》等三个司法解释的修改工作

中国现行涉外贸易行政诉讼(司法审查的制度)以《中华人民共和国行政诉讼法》(2017 年)以及最高人民法院制定的《国际贸易行政案件司法解释》等三个司法解释为具体内容,其中三个司法解释的出台距今已超过二十年,且司法解释的内容相对简单、原则,实践指导意义较弱。同时,尽管《行

[①] 夏金莱、叶必丰:《对 WTO 体制下国际贸易行政诉讼的思考》,《法学评论》2003 年第 3 期,第 68 页。

政诉讼法》先后经历两次修改,但修改后的内容以及《关于适用〈中华人民共和国行政诉讼法〉的解释》(2018 年)均未对涉外贸易行政诉讼的实体、程序及法律适用规则做进一步细化,而且现行《中华人民共和国行政诉讼法》(2017 年)在立法术语、基本概念、举证规则、受案范围、法律适用方面均较三个司法解释制定时所适用的《中华人民共和国行政诉讼法》(1989 年)有较大的变化。因此,随着国际贸易争端日趋升级,重新修订《国际贸易行政案件司法解释》及相关司法解释的工作迫在眉睫。

(四)尝试建立我国的专门性国际贸易法院

根据《中华人民共和国人民法院组织法》(2018 年)第十五条的规定,全国人大常委会有权设立专门人民法院。[①] 目前我国已设立的专门法院有军事法院、铁路运输法院、知识产权法院、海事法院及金融法院等,这些专门法院的设立均取得较好的实践效果。涉外贸易行政行为的司法审查,相比于一般的行政案件而言更具专业性。同时,反倾销、反补贴行政案件均已由北京市高级人民法院指定北京市第四中级人民法院集中管辖,因此具备借鉴美国国际贸易法院的设立模式、建立我国的国际贸易专门法院的条件和经验。由专门的国际贸易法院审理涉外贸易行政案件,不仅有利于提升司法审查的透明度,也有利于在涉外贸易行政案件的审理中统一法律适用的标准和尺度,还有利于在涉外贸易行政诉讼中探索抽象性行政行为司法审查的可行性和法律实践效果,以期为我国行政诉讼制度的进一步完善积累有益经验。

在当今严峻的国际局势下,美国对我国不断发起贸易战,中美双边贸易争端将面临不断升级的风险,基于国际贸易争端解决中的对等原则,可以预见,我国司法机关面临的涉外贸易行政诉讼案件数量将会与日俱增。然而,我国现行的涉外贸易行政行为司法审查机制不仅存在一定的滞后性,同时也与现行《中华人民共和国行政诉讼法》不甚契合,因此,原有的构建涉外贸易行政行为司法审查机制的三部司法解释亟待修正。由于涉外贸易行政

---

① 《中华人民共和国人民法院组织法》(2018 年)第十五条规定:"专门人民法院包括军事法院和海事法院、知识产权法院、金融法院等。专门人民法院的设置、组织、职权和法官任免,由全国人民代表大会常务委员会规定。"

本属行政法学与国际法学的交叉学科,且 WTO 及其争端解决并非时下热点,因此,在中国涉外贸易行政法领域的研究成果较少,该研究现状在一定程度上影响了我国涉外贸易行政行为司法审查机制的完善。在中美贸易争端日趋升级的背景下,希望更多的学者致力于涉外贸易行政法研究,形成有益的研究成果,助力司法实践及制度完善,既维护我国的司法主权及国内产业安全,也力争最大范围地保证中国公民、法人和其他组织在他国享有应得的贸易权利和利益。

第十一章

涉外金融规制领域的行政法前沿论题
——基于涉外金融安全视域

涉外金融安全的行政法问题是涉外金融行政法治范畴中的前沿论题。近年来,中国加快建设金融强国,以制度型开放为重点推进金融高水平对外开放,并在完善涉外国家安全机制的过程中强化开放条件下的金融安全机制,因而如何推动涉外金融安全领域的法治化成为一个日益显著的问题。在当前的中国学界,有学者从整体上研究了国家金融安全的法治问题,[①] 也有学者探讨了涉外金融安全的问题,[②] 且均已形成较为丰硕的理论成果。不过,现有文献较少深入到涉外金融安全的行政法治维度。实际上,在对涉外金融安全问题进行规制的实践中,首先且主要涉及的是国家行政权力的运用。由此,有必要从行政法的角度深入探讨涉外金融安全的法治问题,拓展涉外金融安全法治中的行政法学理论视角。

本章首先在涉外国家安全视野下厘清涉外金融安全的内涵,考察涉外金融安全的行政法制度现状和建设进展,然后对现有制度体系所存在的主要问题进行解析,并提出相应的制度完善对策。

[①] 关于国家金融安全法治的代表性文献,参见李建伟:《总体国家安全观视域下金融安全法律规范体系的构建》,《法学》2022年第8期,第52—67页;郭雳:《国家金融安全的法治保障及其动态协同进路》,《中国法律评论》2024年第4期,第2—12页。
[②] 涉外金融安全的代表性文献,参见陈炳才:《中国崛起背景下的涉外金融安全问题与对策》,《全球化》2021年第2期,第27—42页。

第一节　涉外金融安全的内涵及其行政法制度现状

涉外国家安全是总体国家安全观的涉外面向,涉外金融安全是涉外国家安全的重要组成部分。在涉外国家安全的视野下,涉外金融安全可以被界定为:在金融全球化背景下,一国能够抵御外部对本国金融主权的冲击、威胁和侵害,有效保护金融领域中的海外利益,积极促进全球金融安全的良性状态。涉外金融安全的行政法是指为行政权在涉外金融安全领域中运行提供依据的法规范。当前,中央层面关于涉外金融安全的行政法制度主要分散于金融管理、对外关系、国家安全、外商投资等领域的相关法规范之中。地方层面,涉外金融安全的行政法制度主要蕴含在金融管理、外商投资、自贸区管理等地方性法规和政府规章之中。涉外金融安全的行政法治化对国家安全法治建设和金融强国建设具有重要意义,需要对涉外金融安全的内涵及其行政法制度加以界定和考察。

一、国家安全视野下涉外金融安全的内涵界定

涉外国家安全是总体国家安全观的涉外面向。2014年党的十八届四中全会通过的《中共中央关于全面推进依法治国若干重大问题的决定》指出:"贯彻落实总体国家安全观,加快国家安全法治建设……推进公共安全法治化,构建国家安全法律制度体系。"[①]总体国家安全观的提出为国家安全法治化发展提供了根本遵循。2021年党的十九届六中全会通过的《中共中央关于党的百年奋斗重大成就和历史经验的决议》指出:"总体国家安全观,涵盖政治……经济、文化、社会……海外利益……诸多领域。"[②]由此,总体国家安全观的内涵进一步拓展,维护海外利益被明确为总体国家安全观的重要内容。2024年党的二十届三中全会通过的《中共中央关于进一步全面深化改

[①]《中共中央关于全面推进依法治国若干重大问题的决定》,2014年10月23日中国共产党第十八届中央委员会第四次全体会议通过。
[②]《中共中央关于党的百年奋斗重大成就和历史经验的决议》,2021年11月11日中国共产党第十九届中央委员会第六次全体会议通过。

革 推进中国式现代化的决定》要求"全面贯彻总体国家安全观,完善维护国家安全体制机制",并首次提出"完善涉外国家安全机制"的表述。① 结合上述系列文件的相关内容,可以说,在党中央持续布局国家安全体系和能力现代化建设的过程中,总体国家安全观的内涵不断演进深化,其涉外面向被确立,即为涉外国家安全。

在概念内涵上,涉外国家安全具有内在特性。涉外国家安全与国际安全、周边安全、国内安全等传统概念密切关联,但又并不是对这些概念进行的简单承袭。涉外国家安全以总体国家安全观为指导,从维护和塑造国家安全的立场出发,囊括国际安全、周边安全、国内安全等领域中的涉外因素。涉外国家安全的研究,应当既涵盖国际安全传统研究范围,又包括域外国家根据国内法对他国实施单边制裁和所谓"长臂管辖"的国内发展和安全领域等。②

关于涉外国家安全机制的完善,其根本目标是在高水平对外开放背景下实现高质量发展和高水平安全的良性互动,关键举措则是建设同高水平对外开放相适应的涉外安全法治体系和能力。③ 根据《中共中央关于进一步全面深化改革 推进中国式现代化的决定》,完善涉外国家安全机制的主要内容包括:"强化海外利益和投资风险预警、防控、保护体制机制,深化安全领域国际执法合作,维护我国公民、法人在海外合法权益。健全反制裁、反干涉、反'长臂管辖'机制……完善参与全球安全治理机制。"④其中,反制裁、反干涉、反"长臂管辖"机制以维护国家主权与尊严为根本目标;保护中国海外利益、应对海外投资风险、维护中国公民和法人海外合法权益的综合机制,着眼于为溢出中国领土范围的、分布在海外的利益提供保障;参与全球安全治理的机制旨在促进全球安全,为中国发展创造良好的外部安全

---

① 《中共中央关于进一步全面深化改革 推进中国式现代化的决定》,2024 年 7 月 18 日中国共产党第二十届中央委员会第三次全体会议通过。
② 参见马方:《统筹国内国际两个大局 完善涉外国家安全机制》,《民主与法制》2024 年第 36 期,第 1 页。
③ 参见叶青:《培养涉外安全法治人才 服务涉外国家安全机制建设》,载《法治日报》2024 年 7 月 24 日,第 9 版。
④ 《中共中央关于进一步全面深化改革 推进中国式现代化的决定》,2024 年 7 月 18 日中国共产党第二十届中央委员会第三次全体会议通过。

环境。

其一,对外维护国家金融主权安全。国家金融主权是国家主权的组成部分,指主权国家在处理本国对内、对外金融事务上享有独立自主的最高权力,这种最高权力表现为国家在对内与对外金融事务方面的决断权与控制权。① 当国家内部的金融控制权处于稳固状态时,金融主权的安全风险主要来自外部。在金融全球化背景下,具有金融优势的国家往往会对其他国家的金融主权造成影响甚至削弱、损害,从而影响金融相对弱势国家的金融安全。② 由此,从涉外金融安全的角度看,对外维护国家金融主权安全的重点在于防范其他主权国家或国际组织对本国金融事务的不法干涉或不当干预,对来自国际社会的、威胁和侵袭本国金融主权的公权力行为予以抵制乃至反制,进而维护本国对自身金融体系、金融制度的控制权。同时,在金融全球化时代中保持金融主权稳固,还要求一国有能力应对外源性的金融风险,有效防御国际金融体系不稳定所带来的外部冲击,使得国际社会对本国的国家信用和金融体系保有良好的预期。③

其二,保护本国在金融领域中海外利益的安全。改革开放以来,中国持续推进金融国际化发展,逐渐在海外形成庞大的金融资产利益体系。据统计,截至 2023 年末,我国对外金融资产为 95 817 亿美元,对外证券投资(包含金融衍生产品)为 1.1 万亿美元,金融部门对外股权投资为 191 亿美元;截至 2023 年 9 月末,我国对外金融资产、负债继续位居全球前列,对外净资产仅次于日本和德国,在新兴经济体中排名首位。④ 截至 2023 年末,中国银

---

① 参见李国平、周宏:《论金融资本主义全球化与金融主权》,《马克思主义研究》2015 年第 5 期,第 56 页。
② 参见李建伟:《总体国家安全观视域下金融安全法律规范体系的构建》,《法学》2022 年第 8 期,第 54 页。
③ 参见郭雳:《国家金融安全的法治保障及其动态协同进路》,《中国法律评论》2024 年第 4 期,第 4 页。
④ 参见国家外汇管理局网,http://www.safe.gov.cn/guangdong/file/file/20240401/5f2c5838a04a40bb841b11fd3ab0218b.pdf,2025 年 1 月 13 日最后访问。

行、工商银行、建设银行在境外的分支机构分别为534家、413家、近200家,其中仅中国银行在境外总资产体量就超过了7.6万亿元人民币。① 国内主体要素的跨境活动要求重新定位全球化下的国家角色,重塑国家安全的利益结构,其中海外利益是国家利益在海外的拓展,其具有国家安全属性。② 具体到金融领域而言,其海外利益具有涉外金融安全的属性,对广泛分布在全球各地的庞大金融海外利益进行有效保护,可以保障中国主体在海外金融市场中的合法权益,增强中国涉外金融的安全系数。

其三,促进全球金融安全,强化本国金融市场的外部环境安全性。在全球化时代,安全具有突出的全球性,需要将涉外国家安全放在全球安全的格局中加以审视和谋划,并将促进全球安全纳入推进涉外国家安全的范畴。③ 在全球金融一体化的进程中,现代金融体系之间的开放性和联动性不断得到强化,因而国家金融安全呈现为一种动态的金融运行和发展态势,④并与全球金融安全之间存在紧密的互动关系。一方面,一国的金融安全是全球金融安全的组成部分,其安全问题具有外溢性,局部的金融安全影响着全球金融的整体安全;另一方面,全球性的金融安全问题具有渗透性,可以在全球范围的金融体系之间形成恶性反馈,并通过全球一体化的金融环境在国际上传导,进而危及各国金融市场的安全。例如,2008年全球金融危机广泛蔓延,对各国金融系统产生了复杂深远的影响。由此,各国共同参与全球金融安全治理,合力提升全球金融体系的整体安全性,可以降低国际社会外源性金融风险对本国的冲击,为本国金融发展营造更加安全的外部环境。在这个意义上,促进全球金融安全是推进涉外金融安全的应有之义。

基于涉外国家安全的视角,结合上述分析,可以将涉外金融安全界定为:在金融全球化背景下,一国能够抵御外部对本国金融主权的冲击、威胁和侵害,有效保护金融领域中的海外利益,积极促进全球金融安全的良性

---

① 参见上海金融与发展实验室网,http://www.shifd.net/huiyi/detail/9798.html,2025年1月13日最后访问。
② 参见刘艳峰:《国家海外安全治理论析:基于总体国家安全观视角》,《太平洋学报》2023年第5期,第26页。
③ 参见何志鹏:《论涉外法治的安全维度》,《法治研究》2023年第3期,第65—66页。
④ 参见吴晓灵等:《金融改革与法律监管》,《中国法律评论》2023年第3期,第10页。

状态。

在实践中,一国首先并主要运用行政权力维护涉外金融安全,同时以法治方式规范行政权在涉外金融安全领域中的运行过程。在涉外国家安全理念的指导下,应当立足于涉外金融安全关于维护国家金融主权安全、保护金融领域海外利益、促进全球金融安全等方面的基本内涵,推进中国涉外金融安全的行政法治化发展。

二、中央层面关于涉外金融安全的行政法制度现状

为了避免陷入行政法与金融法、国家安全法等其他法律部门之间的学科之争,这里对关于涉外金融安全的行政法作广义的界定,即指为行政权在涉外金融安全领域中运行提供依据的法规范。目前而言,中央层面关于涉外金融安全的行政法制度主要分散于金融管理、对外关系、国家安全、外商投资等领域的相关法律规范之中。

(一)金融管理相关法律规范中的涉外金融安全行政法制度

第一,金融法律规定中央金融行政主体维护金融安全的相关职责,而涉外金融安全作为金融安全的下位概念,可以被这些原则性的规定所涵摄。例如,根据《中华人民共和国期货和衍生品法》(2022年)第一条和第一百零五条的规定,国务院期货监管机构负责防范化解期货市场中的金融风险,维护国家经济安全。① 《中华人民共和国中国人民银行法》(2003年修正)第二条规定,中国人民银行在国务院的领导下防范和化解金融风险,维护金融稳定。② 对中央金融行政主体维护金融安全相关职责作出类似原则性规定的还有《证券法》(2019年修订)第一百六十八条、《中华人民共和国银行业监督

---

① 《中华人民共和国期货和衍生品法》(2022年)第一条规定:"为了规范期货交易和衍生品交易行为,保障各方合法权益,维护市场秩序和社会公共利益,促进期货市场和衍生品市场服务国民经济,防范化解金融风险,维护国家经济安全,制定本法。"第一百零五条规定:"国务院期货监督管理机构依法对期货市场实行监督管理,维护期货市场公开、公平、公正,防范系统性风险,维护交易者合法权益,促进期货市场健康发展。"
② 《中国人民银行法》(2003年修正)第二条规定:"中国人民银行是中华人民共和国的中央银行。中国人民银行在国务院领导下,制定和执行货币政策,防范和化解金融风险,维护金融稳定。"

管理法》(2006年修正)第一条。① 金融管理相关法律规范主要对维护金融安全作出原则性规定,而一般不直接对涉外金融安全作出明确规定。从概念内涵上看,金融安全可以区分为不含涉外因素的金融安全和涉外金融安全。由此,关于金融安全的法律规范,一般亦可适用于涉外金融安全领域。中央金融行政主体履行维护金融安全法定职责的过程中应当维护涉外金融安全。

第二,涉及金融安全且有严重后果的违法行为的追责时效制度,亦可涵摄涉外金融安全。国家外汇管理局制定的《外汇管理行政罚款裁量办法》(2021年)第八条第五项规定,违法行为的基本追责时效为2年,涉及金融安全且有危害后果的违法行为,上述期限延长至5年。②《国家金融监督管理总局行政处罚裁量权实施办法》(2024年)作出了同样的规定。③ 这些规定的上位法依据是《中华人民共和国行政处罚法》。《中华人民共和国行政处罚法》(2021年修订)第三十六条规定,违法行为在2年内未被发现的,不再给予行政处罚;涉及金融安全且有危害后果的,上述期限延长至5年。没有危害后果的,则不适用该5年追责时效规定。④ 因此,当违法行为涉及涉外金融安全且造成危害后果,其追责时效应当为5年。

第三,金融法律设立域外适用条款,可为中央金融行政主体通过域外管辖权维护涉外金融安全提供法律依据。《中华人民共和国证券法》(2019年修订)第二条第四款新增域外适用条款,规定:"在中华人民共和国境外的证

---

① 《中华人民共和国证券法》(2019年修订)第一百六十八条规定:"国务院证券监督管理机构依法对证券市场实行监督管理,维护证券市场公开、公平、公正,防范系统性风险,维护投资者合法权益,促进证券市场健康发展。"《中华人民共和国银行业监督管理法》(2006年修正)第一条规定:"为了加强对银行业的监督管理,规范监督管理行为,防范和化解银行业风险,保护存款人和其他客户的合法权益,促进银行业健康发展,制定本法。"
② 《外汇管理行政罚款裁量办法》(2021年)第八条第五项规定:"违法行为在二年内未被发现的。涉及公民生命健康安全、金融安全且有危害后果的,上述期限延长至五年。法律另有规定的除外。该期限从违法行为发生之日起计算;违法行为有连续或者继续状态的,从行为终了之日起计算。"
③ 《国家金融监督管理总局行政处罚裁量权实施办法》(2024年)第九条规定:"违法行为在2年内未被发现的,不再给予行政处罚;涉及金融安全且有危害后果的,上述期限延长至5年。法律另有规定的除外。"
④ 《中华人民共和国行政处罚法》(2021年修订)第三十六条规定:"违法行为在二年内未被发现的,不再给予行政处罚;涉及公民生命健康安全、金融安全且有危害后果的,上述期限延长至五年。"

券发行和交易活动,扰乱中华人民共和国境内市场秩序,损害境内投资者合法权益的,依照本法有关规定处理并追究法律责任。"作出类似规定的还有《中华人民共和国期货和衍生品法》(2022年)第二条第二款,《中华人民共和国反洗钱法》(2024年修订)第十二条。① 当发生在国外的证券期货发行和交易活动,严重扰乱中国境内证券期货市场的秩序,大规模损害境内投资者或交易者的合法权益,破坏中国证券期货市场的安全,中国证监会可依法行使域外管辖权实施跨国规制,维护中国涉外金融市场的安全。

第四,法律对跨国证券期货治理中维护国家主权安全、保守国家秘密作出制度安排。《中华人民共和国证券法》(2019年修订)第一百七十七条第二款新增规定,明确境外证券监管机构不得在中国境内直接进行调查取证等活动;未经有关主管部门同意,任何单位和个人不得擅自向境外提供与证券业务活动有关的文件和资料。②《中华人民共和国期货和衍生品法》(2022年)第一百二十四条也作出了类似的规定。③ 调查取证等行政行为涉及公权力的运用,而公权力的行使是国家主权作用力的重要体现。禁止境外证券监管机构在中国境内直接进行调查取证等活动,有助于防范他国主权对我国金融主权的挤压,维护中国金融主权的安全。同时,证券业务活动相关的

---

① 《中华人民共和国期货和衍生品法》(2022年)第二条第二款规定:"在中华人民共和国境外的期货交易和衍生品交易及相关活动,扰乱中华人民共和国境内市场秩序,损害境内交易者合法权益的,依照本法有关规定处理并追究法律责任。"《反洗钱法》(2024年修订)第十二条规定:"在中华人民共和国境外(以下简称境外)的洗钱和恐怖主义融资活动,危害中华人民共和国主权和安全,侵犯中华人民共和国公民、法人和其他组织合法权益,或者扰乱境内金融秩序的,依照本法以及相关法律规定处理并追究法律责任。"
② 《中华人民共和国证券法》(2019年修订)第一百七十七条第二款规定:"境外证券监督管理机构不得在中华人民共和国境内直接进行调查取证等活动。未经国务院证券监督管理机构和国务院有关主管部门同意,任何单位和个人不得擅自向境外提供与证券业务活动有关的文件和资料。"
③ 《中华人民共和国期货和衍生品法》(2022年)第一百二十四条规定:"国务院期货监督管理机构可以按照与境外期货监督管理机构达成的监管合作安排,接受境外期货监督管理机构的请求,依照本法规定的职责和程序为其进行调查取证。境外期货监督管理机构应当提供有关案件材料,并说明其正在就被调查当事人涉嫌违反请求方当地期货法律法规的行为进行调查。境外期货监督管理机构不得在中华人民共和国境内直接进行调查取证等活动。未经国务院期货监督管理机构和国务院有关主管部门同意,任何单位和个人不得擅自向境外监督管理机构提供与期货业务活动有关的文件和资料。国务院期货监督管理机构可以依照与境外期货监督管理机构达成的监管合作安排,请求境外期货监督管理机构进行调查取证。"

文件和资料,可能会涉及本国各个经济领域的重要秘密信息,经主管部门审批同意后才能出境,有利于在跨国证券治理合作中保护国家安全。

第五,金融法规范倡导中央金融行政主体参与全球金融治理、建立跨国监管合作机制,在此过程中可促进全球金融安全。早在30年前制定的《国务院关于股份有限公司境外募集股份及上市的特别规定》(1994年,现已废止)中,就曾授权中央证券行政主体建立跨国监管合作机制。① 该类制度被后续出台的金融领域各单行法律沿用。现行《中华人民共和国反洗钱法》《中华人民共和国银行业监督管理法》《中华人民共和国证券法》《中华人民共和国期货和衍生品法》等,对相关中央金融行政主体与国际组织合作、加入国际组织、实施跨国监管合作等作出规定。虽然法律未直接规定中央金融行政主体参与全球金融安全建设工作,但其在加入国际金融组织,或与国际金融组织、其他国家金融监管机构展开合作的过程中,共同打击国际性的金融违法活动,推动国际金融治理规范化发展,进而起到促进全球金融安全的作用。

此外,金融领域的行政法规《外汇管理条例》《外资银行管理条例》《外资保险公司管理条例》等,以及部门规章《金融机构反洗钱和反恐怖融资监督管理办法》《境内企业境外发行证券和上市管理试行办法》《关于加强境内企业境外发行证券和上市相关保密和档案管理工作的规定》《银行业金融机构国别风险管理指引》《人民币跨境支付系统业务规则》《外资银行管理条例实施细则》《外国机构在中国境内提供金融信息服务管理规定》等,为在具体的领域中维护涉外金融安全提供了一定的规范支持。

(二)对外关系及国家安全相关法规范中的涉外金融安全行政法制度

根据《中华人民共和国对外关系法》(2023年)第六条的规定,金融行政主体在对外交流合作中负有维护国家安全的责任和义务。② 同时,《中华人

---

① 《国务院关于股份有限公司境外募集股份及上市的特别规定》(1994年)第四条规定:"国务院证券委员会或者其监督管理执行机构中国证券监督管理委员会,可以与境外证券监督管理机构达成谅解、协议,对股份有限公司向境外投资人募集股份并在境外上市及相关活动进行合作监督管理。"
② 《对外关系法》(2023年)第六条规定:"国家机关和武装力量、各政党和各人民团体、企业事业组织和其他社会组织以及公民,在对外交流合作中有维护国家主权、安全、尊严、荣誉、利益的责任和义务。"

民共和国对外关系法》为涉外金融行政主体维护国家金融主权（第三十二条）、保护金融领域的海外利益（第三十七条）、参与全球金融安全治理（第二十条）提供了一定的法律基础。①

《中华人民共和国国家安全法》（2015年）第三条规定："国家安全工作应当坚持总体国家安全观，以人民安全为宗旨，以政治安全为根本，以经济安全为基础，以军事、文化、社会安全为保障，以促进国际安全为依托，维护各领域国家安全，构建国家安全体系，走中国特色国家安全道路。"在该规范的基础上，金融是现代经济的核心，而涉外金融市场是金融市场的重要组成部分，因而涉外金融安全是金融安全乃至经济安全的重要构成，也是国家安全在涉外金融领域的体现。更进一步地，涉外金融安全强调促进全球金融安全，这与促进国际安全的总体国家安全观相契合。《中华人民共和国国家安全法》（2015年）第二十条规定："国家健全金融宏观审慎管理和金融风险防范、处置机制，加强金融基础设施和基础能力建设，防范和化解系统性、区域性金融风险，防范和抵御外部金融风险的冲击。"该法律条款为加强涉外金融基础设施建设，以及防范和化解涉外金融风险提供基础性规范支持。

根据《中华人民共和国反外国制裁法》（2021年）的规定，国务院有关部门可以决定对外国单边金融制裁采取反制措施（第四条），对不执行该反制措施的中国境内组织和个人依法限制或禁止其从事相关活动（第十一条），并依法追究其法律责任（第十四条）。②

---

① 《中华人民共和国对外关系法》（2023年）第二十条第一款规定："中华人民共和国坚持共同、综合、合作、可持续的全球安全观，加强国际安全合作，完善参与全球安全治理机制。"第三十二条规定："国家在遵守国际法基本原则和国际关系基本准则的基础上，加强涉外领域法律法规的实施和适用，并依法采取执法、司法等措施，维护国家主权、安全、发展利益，保护中国公民、组织合法权益。"第三十七条规定："国家依法采取必要措施，保护中国公民和组织在海外的安全和正当权益，保护国家的海外利益不受威胁和侵害。国家加强海外利益保护体系、工作机制和能力建设。"
② 《中华人民共和国反外国制裁法》（2021年）第四条规定："国务院有关部门可以决定将直接或者间接参与制定、决定、实施本法第三条规定的歧视性限制措施的个人、组织列入反制清单。"第十一条规定："我国境内的组织和个人应当执行国务院有关部门采取的反制措施。对违反前款规定的组织和个人，国务院有关部门依法予以处理，限制或者禁止其从事相关活动。"第十四条规定："任何组织和个人不执行、不配合实施反制措施的，依法追究法律责任。"

关于维护涉外国家安全、反外国制裁的行政立法，主要为商务部制定的 2 个部门规章。其中，《不可靠实体清单规定》（2020 年）规定了中央工作机制对包括金融领域在内的有关外国实体进行调查，以及作出是否将其列入不可靠实体清单的决定等方面的内容。《阻断外国法律与措施不当域外适用办法》（2021 年），则为阻断他国制裁性的金融法律域外适用及金融行政措施提供规范依据。

《中华人民共和国反间谍法》（2023 年修订）为国家安全机关对涉外金融市场中涉及间谍活动的主体开展行政调查，作出行政处罚或行政强制措施决定提供法律依据。其中，按照第五十四条第四款的规定，若国家安全机关根据有关涉外金融市场主体的违法情况，向金融行政主体提出依法责令停产停业、吊销有关证照、撤销登记等方面建议，有关金融行政主体应当将作出行政处理的情况及时反馈国家安全机关。①

《中华人民共和国网络安全法》（2016 年）对金融等重要行业和领域关键信息基础设施实行国家重点保护进行规定。据此，涉外金融领域的关键信息基础设施亦应实行国家重点保护。国务院制定《关键信息基础设施安全保护条例》（2021 年）细化了《中华人民共和国网络安全法》的规定，可以为涉外金融领域中的关键信息基础设施认定、国家保护机制建设、运营者行政法律责任追究等提供一定的规范支持。②

《中华人民共和国数据安全法》（2021 年）对包括金融数据信息在内的数

---

① 《中华人民共和国反间谍法》（2023 年修订）第五十四条第四款规定："国家安全机关根据相关单位、人员违法情节和后果，可以建议有关主管部门依法责令停止从事相关业务、提供相关服务或者责令停产停业、吊销有关证照、撤销登记。有关主管部门应当将作出行政处理的情况及时反馈国家安全机关。"

② 中国人民银行将通过部门规章的形式进一步细化法律法规关于金融基础设施安全的制度安排，其中部分规范与涉外金融基础设施安全的行政管理直接相关。2022 年 12 月，中国人民银行发布《金融基础设施监督管理办法（征求意见稿）》，其第十三条规定境外金融基础设施跨境交付管理要求，第三十条规定境外金融基础设施报告事项。另外，第十四条规定，金融基础设施运营机构所运营的金融基础设施与境内外其他金融基础设施建立系统连接，或与境内外其他金融基础设施运营机构开展重大业务合作的，应当报相关国务院金融管理部门批准。

据信息跨境流动安全作出规定。① 据此,国家互联网信息办公室制定《数据出境安全评估办法》(2022 年)、《促进和规范数据跨境流动规定》(2024 年),为包括金融数据在内的数据跨境流动安全作出了具体的制度安排。

(三) 外商投资相关法规范中的涉外金融安全行政法制度

《中华人民共和国外商投资法》(2019 年)第四条和第二十八条对外商投资作出准入前国民待遇加负面清单管理的制度安排。②《中华人民共和国外商投资法实施条例》(2019 年)对该制度安排进行细化,对负面清单的制定程序和相关实体内容进行规定。③ 国家发展改革委、商务部联合发布的《外商投资准入特别管理措施(负面清单)(2019 年版)》,对证券公司、期货公司和寿险公司的外资股比作出限制性规定。④ 在 2021 年的负面清单版本中,这些限制性规定已被取消。同时,从 2024 年版的负面清单来看,其中关于外商投资金融业的限制措施已完全取消。

---

① 《中华人民共和国数据安全法》(2021 年)第十一条规定:"国家积极开展数据安全治理、数据开发利用等领域的国际交流与合作,参与数据安全相关国际规则和标准的制定,促进数据跨境安全、自由流动。"
② 《中华人民共和国外商投资法》(2019 年)第四条规定:"国家对外商投资实行准入前国民待遇加负面清单管理制度。"第二十八条规定:"外商投资准入负面清单规定禁止投资的领域,外国投资者不得投资。外商投资准入负面清单规定限制投资的领域,外国投资者进行投资应当符合负面清单规定的条件。外商投资准入负面清单以外的领域,按照内外资一致的原则实施管理。"
③ 《中华人民共和国外商投资法实施条例》(2019 年)第三十三条规定:"负面清单规定禁止投资的领域,外国投资者不得投资。负面清单规定限制投资的领域,外国投资者进行投资应当符合负面清单规定的股权要求、高级管理人员要求等限制性准入特别管理措施。"第三十四条规定:"有关主管部门在依法履行职责过程中,对外国投资者拟投资负面清单内领域,但不符合负面清单规定的,不予办理许可、企业登记注册等相关事项;涉及固定资产投资项目核准的,不予办理相关核准事项。有关主管部门应当对负面清单规定执行情况加强监督检查,发现外国投资者投资负面清单规定禁止投资的领域,或者外国投资者的投资活动违反负面清单规定的限制性准入特别管理措施的,依照外商投资法第三十六条的规定予以处理。"
④ 《外商投资准入特别管理措施(负面清单)(2019 年版)》第二十二项规定:"证券公司的外资股比不超过 51%,证券投资基金管理公司的外资股比不超过 51%。(2021 年取消外资股比限制)。"第二十三项规定:"期货公司的外资股比不超过 51%。(2021 年取消外资股比限制)"。第二十四项规定:"寿险公司的外资股比不超过 51%。(2021 年取消外资股比限制)。"

《中华人民共和国外商投资法》(2019年)第三十五条规定:"国家建立外商投资安全审查制度,对影响或者可能影响国家安全的外商投资进行安全审查。依法作出的安全审查决定为最终决定。"根据该法律条款以及《中华人民共和国国家安全法》的相关规定,①国家发展改革委和商务部联合制定《外商投资安全审查办法》(2020年),对投资于包括"重要金融服务"在内的重要领域的外国投资者,作出了安全审查主动申报的规定。对重要金融服务领域的外商投资活动进行安全审查,有助于降低涉外金融市场中的国家安全风险。

三、地方层面关于涉外金融安全的行政法制度现状

在地方层面,涉外金融安全的行政法制度主要规定在关于金融管理、外商投资、自贸区管理等地方性法规和地方政府规章之中。2017年7月举行的第五次全国金融工作会议明确"健全金融法治,保障国家金融安全","加强对金融改革发展稳定的法治"保障等要求。② 在中央的统一部署下,各省级区域加快关于地方金融监管方面的立法进度,目前各省、自治区、直辖市大多颁布了关于金融监管的地方性法规,例如,《河北省地方金融监督管理条例》(2017年)、《四川省地方金融监督管理条例》(2019年)、《上海市地方金融监督管理条例》(2020年)、《浙江省地方金融条例》(2020年)、《内蒙古自治区地方金融监督管理条例》(2020年)、《北京市地方金融监督管理条例》(2021年)等。③

上海市是国际金融中心,涉外金融市场的体量相对较大,关于涉外金融监管方面的制度体系相对较为齐全。除了传统意义上关于金融监管的地方性法规、地方政府规章之外,还有推进国际金融中心、自贸区建设方面的法

---

① 《中华人民共和国安全法》(2015年)第五十九条规定:"国家建立国家安全审查和监管的制度和机制,对影响或者可能影响国家安全的外商投资、特定物项和关键技术、网络信息技术产品和服务、涉及国家安全事项的建设项目,以及其他重大事项和活动,进行国家安全审查,有效预防和化解国家安全风险。"
② 参见中国政府网,https://www.gov.cn/xinwen/2017-07/15/content_5210774.htm,2025年1月13日最后访问。
③ 山东省在2017年第五次全国金融工作会议之前就制定了《山东省地方金融条例》(2016年)。在金融较为发达的省份中,广东省目前尚未正式出台关于金融监管的地方性法规,不过广东省地方金融监管局曾于2021年10月颁布《广东省地方金融监督管理条例(征求意见稿)》。

规范制度,以及浦东新区法规。因此,下面以上海市为例,对地方层面关于涉外金融安全的行政法制度现状进行分析。

《上海市地方金融监督管理条例》(2020年)适用于本市行政区域内地方金融组织及其活动的监督管理、风险防范与处置工作。该条例所要实现的立法目的之一即为防范化解风险,并规定本市地方金融监管工作应当遵循安全审慎的原则。组织有关风险监测预警和防范处置等职责由上海市地方金融监管部门承担,并由其制定重大风险事件报告的标准、程序和具体要求。虽然该条例未对涉外金融安全作出直接的明确规定,但是上海市行政区域内的涉外金融市场主体众多,包括外资金融机构、中外合资金融机构等,这些涉外金融市场主体的风险监测预警和防范处置等同样适用该条例。

2024年8月22日修订的《上海市推进国际金融中心建设条例》强调"统筹金融发展与金融安全",并在第五章专章规定"金融监管协同与风险防范化解"。其中,第四十七条规定:"市人民政府应当配合中央金融管理部门建设与上海国际金融中心地位相适应的金融风险监测预警体系,筑牢有效防控系统性风险的金融稳定保障体系,探索跨区域、跨市场、跨境一体化监管路径。"在跨境监管中防控系统性金融风险,这与涉外金融安全密切关联。此外,第十二条规定:"本市在金融风险管理等方面,加强与其他国际金融中心城市的合作交流,积极参与国际金融治理"。第二十二条第二款规定:"市人民政府在中央金融管理部门的指导下,在风险可控前提下发展人民币离岸交易。"第二十四条规定:"建设上海国际再保险登记交易中心,推动跨境再保险、境内再保险业务发展,强化风险管理。"第二十八条规定:"市人民政府应当配合国家网信部门、中央金融管理部门,支持中国(上海)自由贸易试验区及临港新片区根据国家部署,按照合法安全便利原则,探索制定金融机构数据跨境流动管理措施。"上述条款均与涉外金融安全直接相关。

《上海市外商投资条例》(2020年)对金融服务领域率先开放、在沪金融机构为外商投资企业提供多渠道融资、本市金融机构为外商投资企业开展本市外币跨境融资提供相应便利等作出规定。关于外商投资安全,其第四十四条规定,"本市有关部门应当按照国家外商投资安全审查制度和工作要求,配合国家开展相关工作"。据此,《上海市外商投资项目核准和备案管理办法》(沪府规〔2021〕19号)在第十条明确,"外商投资涉及国家安全的,应当按照国家有关规定进行安全审查"。根据该办法的第二十条规定,本市外商投资项目核准机关应当对项目是否危害经济安全、社会安全、生态安全等国家安全进行审查。① 由此,关于在上海市投资于重要金融服务的外商投资项目,上海市相关部门配合国家开展安全审查工作,即为国家安全审查工作提供行政协助。同时,外商投资项目的核准审查属于地方事权,上海市的核准机关在对外商投资于金融领域的项目进行核准审查时,应当考量这些项目是否会危害国家安全。

《中国(上海)自由贸易试验区管理办法》(2013年,现已废止)第二十五条规定:"本市加强与国家金融管理部门的协调,配合国家金融管理部门在自贸试验区建立与金融业务发展相适应的监管和风险防范机制。"《中国(上海)自由贸易试验区条例》(2014年)对自贸区在金融服务领域扩大开放作出制度安排,规定在风险可控的前提下,推进人民币跨境使用和外汇管理改革等方面的先行先试,并按照金融宏观审慎原则对跨境资金流动实施管理,要求开展自贸区业务的上海地区金融机构配合金融管理部门关注跨境异常资金流动,履行反洗钱、反恐怖融资等义务。其中,该条例的第三十七条规定,"自贸试验区建立涉及外资的国家安全审查工作机制"。该条款适用于外商在自贸区投资金融领域的项目。同时,该规定和相应的外商投资安全审查机制建设,为国家在统一的《中华人民共和国外商投资法》(2019年)中规定外商投资安全审查机制提供了制度探索经验。②

浦东新区法规是特殊的地方性法规,③部分浦东新区法规涉及涉外金融

---

① 《上海市外商投资项目核准和备案管理办法》(沪府规〔2021〕19号)第二十条规定:"项目核准机关应当从以下方面对外商投资项目进行审查:(一)是否符合国家和本市外商投资有关规定;(二)是否危害经济安全、社会安全、生态安全等国家安全;(三)是否符合相关发展建设规划、技术标准和产业政策;(四)是否合理开发并有效利用资源;(五)是否对公众利益产生重大不利影响。"
② 参见孔庆江、丁向群:《关于〈中华人民共和国外商投资法〉立法过程及其若干重大问题的初步解读》,《国际贸易问题》2019年第3期,第2—3页。
③ 2021年4月23日印发的《中共中央 国务院关于支持浦东新区高水平改革开放 打造社会主义现代化建设引领区的意见》提出,要比照经济特区法规,授权上海市人民代表大会及其常务委员会立足浦东改革创新实践需要,遵循宪法规定以及法律和行政法规基本原则,制定法规,在浦东实施。2023年修正的《中华人民共和国立法法》赋予了上海市人民代表大会及其常务委员会制定浦东新区法规的地方立法权,其第八十四条第二款规定,"上海市人民代表大会及其常务委员会根据全国人民代表大会常务委员会的授权决定,制定浦东新区法规,在浦东新区实施"。

安全。其中,《上海市促进浦东新区融资租赁发展若干规定》(2023年)关于融资租赁公司数据安全工作、防范化解融资租赁领域中金融风险的规定,同样适用于住所地在浦东新区的外资或中外合资的融资租赁公司。《上海市浦东新区推进市场准营承诺即入制改革若干规定》(2022年)第五条规定,"除涉及国家安全、社会稳定、生态环境安全、金融业审慎监管、重大公共利益的领域,浦东新区人民政府应当按照风险可控的要求,确定实行市场准营承诺即入制的行业及相应的事项"。由此,浦东新区人民政府在推进市场准营承诺即入制的过程中,应当全面考虑到与国家安全相关的系列因素,其中理应包括涉外金融安全的因素。

  通过对制度现状进行考察,可以发现,中国近年来在涉外金融安全的行政法制度建设方面取得了一定进展。特别是已经认识到以法治化方式防御外源性金融风险,以及在金融领域抵制外国不当干预的重要性。现有的制度体系为涉外金融安全行政法治化运行提供了一定程度的规范支撑。从法治效果上看,中国近年来在保障涉外金融安全的基础上,以制度型开放为重点推进金融领域的高水平对外开放,吸引了众多优质外资金融机构进入我国市场,增强了中国金融市场的国际竞争力。①

---

① 金融监管总局国际合作司的相关负责人指出,在保证金融安全的前提下,近年来国家持续推出金融市场对外开放的新举措。其中,在金融领域放宽外资准入条件的举措主要包括:2022年9月,取消境外金融机构作为中资商业银行法人机构的发起人或战略投资者的总资产要求;2022年10月,取消对境外金融机构作为战略投资者投资财务公司的总资产要求,允许外资跨国集团直接发起设立外资财务公司;2023年10月,允许境外非金融机构作为金融资产管理公司出资人,取消境外金融机构作为金融资产管理公司出资人的总资产要求;2024年9月,允许符合条件的境外大型制造企业作为金融租赁公司主要出资人,取消境外金融机构作为金融租赁公司一般出资人的总资产要求。这些措施实施以来,吸引了一批优质外资金融机构进入我国市场。截至2024年10月,境外24家全球系统重要性银行均在华设立了机构,境外40家最大的保险公司已有近半数进入中国。参见中国证券网,https://www.cnstock.com/commonDetail/278235,2025年1月13日最后访问。

第二节　涉外金融安全的行政法制度问题解析

在制度建设取得一定进展的基础上,本节聚焦于问题意识,梳理当前中国关于涉外金融安全的行政法制度问题。这些问题突出表现为三个方面:一是涉外金融安全行政的法律基础较为薄弱,二是实体法上对涉外金融安全行政的授权不足,三是关于涉外金融安全行政的程序法存在立法滞后、规范缺失的问题。

一、涉外金融安全行政的法律基础较薄弱

涉外金融安全行政是指国家运用行政权维护涉外金融安全的行政活动。在当前的中国法制框架下,缺乏关于涉外金融安全行政的直接性法律规定,同时上位范畴的金融安全和涉外国家安全因法制化不足而难以为涉外金融安全行政供给充足的规范性。由此,涉外金融安全行政存在法律基础较为薄弱的问题。

首先,涉外金融安全缺乏直接性的法律基础。就"涉外金融安全"本身而言,其目前尚未成为一个法律概念,尚无法规范为国家运用行政权从整体上维护涉外金融安全提供直接、明确的依据。涉外金融安全目前是一个学理性的概念,同时是一种政策性较强的表达。① 在中国目前的法规范体系中,尚未发现法律、法规、规章中有"涉外金融安全"的表述。因而可以说,涉外金融安全尚未能成为一个严格意义上的法律概念,现行法规范体系不能为国家行政权在涉外金融安全领域中运行提供直接性的、充足的规范依据。从整体上看,涉外金融安全行政缺乏明确的法制化安排,这将不利于涉外金融安全行政的法治化发展。

其次,金融安全法制滞后而难以成为涉外金融安全行政的间接法律基

---

① 学者陈炳才较早提出涉外金融安全这一概念,对涉外金融安全的研究较早,较为深入。参见陈炳才:《当前我国涉外金融安全的三个问题》,《金融与经济》2011年第11期,第4—8页;陈炳才:《中国崛起背景下的涉外金融安全问题与对策》,《全球化》2021年第2期,第27—42页。

础。"涉外金融安全"在纵向的上位概念是"金融安全",而金融安全的法律化存在滞后的问题,这也造成了涉外金融安全的行政法制供给不足问题。长期以来,在我国的金融管理领域中,金融安全更多是一种政策性而非法制化的表达和安排,其多停留在政策性、党政性的文件层面,在现有立法中仅有非常零星的一些规定。在现有的法规范中,国家法律层面仅在《中华人民共和国行政处罚法》(2021 年修订)的第三十六条中出现了"金融安全"的表述;行政法规层面,仅有《中华人民共和国工业产品生产许可证管理条例》(2023 年修订)和《国有重点金融机构监事会暂行条例》(2000 年)两部条例中出现"金融安全"的表述。党和国家关于金融安全的政策主张未能及时转化到法律规范体系中,也导致了行政权在金融安全维护保障、金融风险防范化解过程中的法律依据不足等诸多问题。① 金融安全的行政法制整体供给不足,影响了行政权在涉外金融安全领域中运行的法律基础,带来了涉外金融安全领域中依法行政依据不足的问题。

最后,涉外国家安全的非法制化影响了涉外金融安全行政的规范性。"涉外金融安全"在横向上的上位概念是"涉外国家安全",但涉外国家安全这一概念尚未"入法",当前关于国家安全的法制安排难以直接为涉外金融安全行政提供法律基础。2024 年党的二十届三中全会的文件正式使用"涉外国家安全"这一概念,而在此之前党和国家公开的政策文件中未曾出现"涉外国家安全"的表述。② 党和国家的政策主张需要经过立法程序才能转化为法律规范,进而被正式纳入法律制度体系。党和国家的相关政策主张在未经规范化转为现行法律之前,并不像法律规范那样具备要求全社会遵守执行的规范性和普遍强制性。③ 若涉外国家安全已经被法律予以规范化,那么其作为上位范畴可以成为各下位领域的规范性来源。但目前而言,涉外国家安全还停留在政策概念中,尚未从政策安排转化为法制安排,未正式

---

① 参见李建伟:《总体国家安全观视域下金融安全法律规范体系的构建》,《法学》2022 年第 8 期,第 56 页。
② 《中共中央关于进一步全面深化改革 推进中国式现代化的决定》,2024 年 7 月 18 日中国共产党第二十届中央委员会第三次全体会议通过。其第五十三项规定:"完善涉外国家安全机制。"
③ 参见梁慧星:《政策是法律的依据和内容,法律是政策的规范化——"政策"与"法源"关系辨》,载《北京日报》2017 年 2 月 20 日,第 14 版。

成为国家安全法制的规范内容。涉外国家安全包括涉外金融安全、涉外投资安全、涉外网络空间安全等,在其自身尚缺乏规范性的情况下,难以为包括涉外金融安全在内的各个子域供给规范性,涉外金融安全行政在国家安全法制中的规范性源流不足。

二、涉外金融安全行政的实体法授权不足

中央层面,法律尚未明确涉外金融安全行政的核心主体。经党中央、国务院批准,国务院金融稳定发展委员会于 2017 年 11 月成立。2022 年 4 月,中国人民银行会同有关部门起草了《中华人民共和国金融稳定法(草案征求意见稿)》,其第五条规定,国家金融稳定发展统筹协调机制负责统筹金融稳定和改革发展,研究系统性金融风险防范、化解和处置以及维护金融稳定重大政策,部署开展相关金融风险处置工作。该草案条款对国家金融稳定发展统筹协调机制的职责进行规定,有助于促进国务院金融稳定发展委员会的法制建设,解决国务院金融稳定发展委员会在法律上的地位和职责安排,①为该委员会统领包括涉外金融安全在内的金融安全提供概括性的制度基础。2023 年 3 月,中共中央、国务院印发《党和国家机构改革方案》指出,组建中央金融委员会,设立中央金融委员会办公室,不再保留国务院金融稳定发展委员会及其办事机构。结合党和国家机构改革的部署,立法机关于 2024 年 6 月公布《中华人民共和国金融稳定法(草案二次审议稿)》,其中的第五条被相应地修改为:"中央金融工作领导机构负责金融稳定和发展工作的决策和议事协调,研究制定、指导实施金融领域重大方针政策,负责金融稳定和发展的顶层设计、统筹协调、整体推进、督促落实。"并在第六条第一款规定,"国务院金融管理部门和其他有关部门按照职责分工,履行金融风险防范、化解和处置责任,防范和依法查处非法金融活动"。在目前的《中华人民共和国金融稳定法》的草案框架下,国务院各相关部门在各自的职责范围内维护涉外金融安全,即在分业监管的体制下各自实施涉外金融安全行政活动。中央金融委员会作为党中央的决策议事协调机构,是否负责统领

---

① 参见郭金良:《国务院金融稳定发展委员会的功能定位与法制化研究》,《经济法研究》2019 年第 1 期,第 140—141 页。

包括涉外金融安全在内的金融安全建设,该法律草案未予以明确,中央金融委员会与国务院各相关行政部门在化解处置各类金融风险上的责任分工尚不可知。进而言之,涉外金融安全行政目前仍局限于金融分业监管的体制之下,中央层面统筹涉外金融安全行政的法定核心主体尚不明确。

地方层面,法律对地方行政主体在涉外金融安全行政上的授权不充分。《中华人民共和国金融稳定法(草案二次审议稿)》第六条第二款拟规定,"省、自治区、直辖市人民政府按照职责分工,履行辖区内金融风险防范、化解和处置,以及防范和依法查处非法金融活动相关责任,采取有效措施维护社会稳定"。中国人民银行2012年12月公布的《地方金融监督管理条例(草案征求意见稿)》,在第四条第二款拟规定,"省级人民政府履行对地方金融组织的监督管理和风险处置职责,承担地方法人金融机构的风险处置属地责任"。从上述两份法规范草案来看,法律、法规将授权省级人民政府对辖区内的金融风险采取防范、化解和处置等方面的措施。其中,省级人民政府有权对辖区内具有涉外因素的金融风险进行防范、化解和处置。地方层面对涉外金融风险的处理过程中,可能会涉及跨境金融监管合作的问题。然而,《中华人民共和国金融稳定法(草案二次审议稿)》(2024年)仅对国务院金融管理部门的跨境监管合作作了制度安排,[①]《地方金融监督管理条例(草案征求意见稿)》(2021年)仅对国内跨区域的地方金融监管合作进行规定,[②]未授权地方金融行政主体开展跨境金融监管合作。

此外,涉外金融安全的行政责任缺乏制度供给。一是部分金融法律缺乏域外效力,《中华人民共和国中国人民银行法》《中华人民共和国银行监督管理法》《中华人民共和国商业银行法》《中华人民共和国保险法》等仍处于域外效力规则缺位的状态,给相关涉外金融安全的跨境行政规制带来了困难。由于域外效力规则缺位,涉外金融安全行政执法的过程中,在对相关境

---

① 参见《中华人民共和国金融稳定法(草案二次审议稿)》第二十九条规定:"国务院金融管理部门与境外监督管理部门开展信息共享和监督管理合作,及时有效防范、化解和处置跨境金融风险。"
② 参见《地方金融监督管理条例(草案征求意见稿)》第六条规定:"省级人民政府应当加强跨区域监督管理协作和信息共享,共同打击跨区域违法违规金融活动,金融委办公室对涉及跨区域监督管理协作的事项进行统筹协调,国务院金融管理部门及其派出机构给予支持配合。"

外违法行为追究行政责任方面,存在着一定的制度障碍。二是法律仅概括性地规定对相关违法行为"追究法律责任",但追究何种法律责任尚不明确。例如,根据《中华人民共和国反外国制裁法》(2021年)第十四条的规定,对于不执行、不配合实施反外国金融制裁措施的组织或个人,相关行政主体可以依法追究其法律责任。① 但是,法律并未对具体追究何种法律责任作出明确的规定,这可能使得执法部门缺乏追究违法者法律责任的直接性规范依据。三是缺乏与涉外金融安全相关的行政责任制度设置。例如,为了保障国家安全、保守国家秘密,现行《中华人民共和国证券法》《中华人民共和国期货和衍生品法》对信息出境规定了行政审批程序,但其未对违反该程序要求的行为设置相应的法律责任。这不利于对证券期货领域中信息出境违法行为的预防和惩治,也在一定程度上降低了对相关涉外金融安全违法行为的威慑作用和规制效果。四是《中华人民共和国行政处罚法》(2021年修订)中关于金融安全的5年追责期限,是否适用于外国公民在域外实施的、破坏中国金融安全的行为,尚不明确。《中华人民共和国行政处罚法》(2021年修订)设定了属人和属地的执法管辖权连接点,适用于公民、法人或其他组织所从事的行为以及在中国域内发生的行为,但是否适用于外国公民在中国域外所从事的行为则并不明确,由此可能导致实体规则没有将域外主体纳入法律责任承担主体的范围。②《中华人民共和国行政处罚法》(2021年修订)的域外效力不明确,使得其关于金融安全的5年追责期限是否具有域外效力存疑,在一定程度上影响了涉外金融安全行政处罚的域外管辖权。

三、涉外金融安全行政的程序法缺失问题

在涉外金融安全行政的总体统筹协调上,缺乏纵向和横向的行政合作程序法规范。《中华人民共和国金融稳定法(草案二次审议稿)》(2024年)在第二章"金融风险防范"中,对纵向的央地合作、横向的国务院相关部门合作等机制作出

---

① 《中华人民共和国反外国制裁法》(2021年)第十四条规定:"任何组织和个人不执行、不配合实施反制措施的,依法追究法律责任。"
② 参见廖诗评:《中国法域外适用法律体系:现状、问题与完善》,《中国法学》2019年第6期,第26—27页。

了原则性的规定。① 目前而言,在纵横两个方向上,关于涉外金融安全行政的统筹协调机制及相应配套的程序制度尚待建立健全。中央层面的部门与省级地方人民政府之间,对涉外金融安全风险隐患的监测信息共享,以及涉外金融安全问题的共同应对等方面,缺乏执行性的行政合作程序规范。中央层面的各个部门之间,就涉外金融安全风险的监测、处理,特别是对外源性国际金融风险进行应急处理的合作协调程序,需要通过法规范予以规定。在地方层面上,中央金融管理部门地方派出机构与地方政府设立的金融监管机构之间,②以及地方政府设立的金融监管机构与地方政府其他相关部门之间,需要通过一定的程序规则开展合作,保障地方层面涉外金融安全行政协调机制的运行效率。

在涉外金融安全行政的各个具体领域中,在一定程度上缺乏可执行的程序规定,以及跨部门、跨行业的行政程序合作法规范。这里以对外国金融制裁进行反制的相关程序为例进行分析。《中华人民共和国反外国制裁法》(2021年)对反制决定的程序作出原则性的规定。③ 将这些法律条款适

---

① 参见《中华人民共和国金融稳定法(草案二次审议稿)》(2024年)第十七条第二款规定:"中国人民银行会同国务院有关部门建设国家金融基础数据库,建立健全监管信息共享机制,并根据维护金融稳定需要向国务院有关主管部门,省、自治区、直辖市人民政府,存款保险基金管理机构和行业保障基金管理机构等提供有关信息。"第十八条第二款规定:"国务院金融管理部门和省、自治区、直辖市人民政府应当及时互相通报发现的金融风险隐患,发现可能影响金融稳定的事件、情形的,应当及时采取控制措施并向国务院报告。"
② 2023年《党和国家机构改革方案》第九项规定:"深化地方金融监管体制改革。建立以中央金融管理部门地方派出机构为主的地方金融监管体制,统筹优化中央金融管理部门地方派出机构设置和力量配备。地方政府设立的金融监管机构专司监管职责,不再加挂金融工作局、金融办公室等牌子。"由此,中央金融管理部门地方派出机构与地方政府设立的金融监管机构,共同构成地方金融监管体制中的主体。
③ 《中华人民共和国反外国制裁法》(2021年)第六条规定:"国务院有关部门可以按照各自职责和任务分工,对本法第四条、第五条规定的个人、组织,根据实际情况决定采取下列一种或者几种措施:(一)不予签发签证、不准入境、注销签证或者驱逐出境;(二)查封、扣押、冻结在我国境内的动产、不动产和其他各类财产;(三)禁止或者限制我国境内的组织、个人与其进行有关交易、合作等活动;(四)其他必要措施。"第八条规定:"采取反制措施所依据的情形发生变化的,国务院有关部门可以暂停、变更或者取消有关反制措施。"第九条规定:"反制清单和反制措施的确定、暂停、变更或者取消,由外交部或者国务院其他有关部门发布命令予以公布。"第十条规定:"国家设立反外国制裁工作协调机制,负责统筹协调相关工作。国务院有关部门应当加强协同配合和信息共享,按照各自职责和任务分工确定和实施有关反制措施。"

用于反外国金融制裁的过程中,国务院有关部门之间进行跨部门协调合作的程序,作出反制决定的程序,以及暂停、变更或者取消有关反制措施的程序等,均缺乏相应的程序法规范支持。在实践中,我国依据《中华人民共和国反外国制裁法》(2021年)对美国有关实体与个人采取的金融制裁反制措施,是通过外交部发布决定的形式予以宣布的,然而相关部门采取反制措施实施了哪些具体的程序步骤不得而知。在反外国金融制裁的执法过程中,相关部门对反制清单的实体采取查封、扣押和冻结等行政措施时,需要具体的程序规则对执法过程进行规范。关于金融机构冻结财产方面,根据《中华人民共和国行政强制法》(2011年)第三十条的规定,行政机关决定实施冻结存款、汇款的,应当在实施前向行政机关负责人报告并经批准,并向金融机构交付冻结通知书。① 换言之,金融机构需要收到行政机关的通知后才能冻结资金,而不能在未收到通知之前主动实施冻结。但也有法律对财产冻结程序作出特别的规定。例如,《中华人民共和国反恐怖主义法》(2018年修正)第十四条规定,"金融机构和特定非金融机构对国家反恐怖主义工作领导机构的办事机构公告的恐怖活动组织和人员的资金或者其他资产,应当立即予以冻结,并按照规定时间及时向国务院公安部门、国家安全部门和反洗钱行政主管部门报告"。因而,在《中华人民共和国反外国制裁法》(2021年)未明确财产冻结程序的情况下,可能会导致反外国金融制裁中财产冻结执法过程失序的问题。

  在涉外金融安全行政的域外管辖方面,缺乏与之配套的具有域外效力的程序法规范。在中国加强涉外法治和金融强国建设的背景下,立法机关推进金融法律设置域外效力条款,注重在实体法上授予金融行政主体域外管辖权,让其通过域外管辖维护本国金融安全和该领域的发展利益。然而,金融法律中的程序法制度主要着眼于规范在域内实施的金融行政程序,与域外管辖相配套的程序法则存在缺位和滞后的问题。该问题主要与两方面的原因相关联。一方面,受到"重实体轻程序"的传统法制观念的影响,行政程序的价值功能及其立法重要性在现实中往往未得到应有的关注与

---

① 《中华人民共和国行政强制法》(2011年)第三十条规定:"行政机关依照法律规定决定实施冻结存款、汇款的,应当履行本法第十八条第一项、第二项、第三项、第七项规定的程序,并向金融机构交付冻结通知书。"

重视。① 在"重实体轻程序"的导向下,立法机关更加注重从实体法上授予本国金融行政主体的域外管辖权。为了促进金融行政域外管辖权的扩张,就可能会有意地放松对该项权力的制约,尤其是放松对其在程序法上的约束。另一方面,金融法域外适用制度建设在一定程度上属于一种应急性的立法行为,满足当下对其他国家法律的不当域外适用进行反制的紧急需求,因而缺乏足够的立法操作时间来设计相应配套的程序法规范,进而导致该领域的程序法缺失问题。

第三节 涉外金融安全的行政法制度完善对策

针对上文所揭示的涉外金融安全的行政法制度的主要问题,本节一一对应地提出制度完善的建议,包括推进涉外金融安全行政的法律化、强化涉外金融安全行政的实体法授权、完善涉外金融安全行政的程序法规则等方面对策。

一、立体式推进涉外金融安全行政法律化

针对涉外金融安全行政法律基础较为薄弱的问题,提出以下对策建议,通过多层次的立法完善,立体式地推进涉外金融安全行政的法律化。一是在综合性的《中华人民共和国金融法》中概括性地规定:国家维护开放条件下的金融安全,包括国内金融安全和涉外金融安全,建立健全涉外金融安全机制,参与全球金融安全治理。二是在《中华人民共和国金融稳定法》中对涉外金融安全进行专章或专门性的规定,进一步就对外维护金融主权安全,保障金融领域的海外利益,②促进全球金融安全等方面作出法律规定。三是由国务院制定关于涉外金融安全的行政法规,落实《中华人民共和国金融

---

① 参见谭宗泽、付大峰:《从规范程序到程序规范:面向行政的行政程序及其展开》,《行政法学研究》2021年第1期,第26页。
② 《民营经济促进法》(2025年)出现了关于"海外利益保障"的表述,或可为涉外金融安全领域的相关法律制度完善提供参考。《民营经济促进法》第五十六条规定:"国家支持引导民营经济组织在海外依法合规开展投资经营等活动,完善海外利益保障机制,维护民营经济组织及其经营者海外合法权益。"

法》《中华人民共和国金融稳定法》的相关规定,对涉外金融安全行政作出更加细致的制度安排。

在综合性的金融法律和维护金融稳定的专门性法律中对涉外金融安全作出规定,强化涉外金融安全行政的法律基础,具有良好的政策基础和立法时机,并在一定意义上借鉴及拓展了国际经验。

首先,从政策层面看,推进涉外金融安全行政法律化具有良好的政策基础。2023年10月召开的中央金融工作会议首次提出建设金融强国的目标,并要求在推进金融高水平开放的同时,确保国家金融和经济安全;要坚持统筹金融开放和安全,维护金融市场稳健运行,规范金融市场发行和交易行为,合理引导预期,防范风险跨区域、跨市场、跨境传递共振。① 2024年7月党的二十届三中全会强调要"完善涉外国家安全机制",强化海外利益保护,完善参与全球安全治理机制;同时对金融体制改革提出了强化开放条件下金融安全机制,积极参与国际金融治理等方面的任务。② 结合上述政策要求,党和国家重视涉外国家安全建设,注重统筹金融开放和金融安全,坚决维护开放条件下的金融安全,着力防范金融风险跨境传播。一般而言,开放包括对外开放和对内开放。但在中国的政策语言体系中,开放主要指向"对外"开放,而对外开放下的相关工作一般具有涉外性。由此,统筹金融开放和金融安全,强化开放条件下金融安全机制建设等方面的政策要求,主要指向涉外金融安全的问题。在中国,执政党和国家的重要政策通常对立法起指导作用,立法机关在制定法律的过程中必然要考虑这些政策,将政策要求融入到法律规范。③ 因此,党和国家与涉外金融安全相关的政策为促进涉外金融安全行政法律化提供了基本指引。

其次,从立法层面看,推进涉外金融安全行政法律化具有良好的立法时机。党的二十届三中全会对深化金融体制改革作出部署,其中提到了一项

---

① 参见中国政府网,https://www.gov.cn/yaowen/liebiao/202310/content_6912992.htm,2025年1月13日最后访问。
② 《中共中央关于进一步全面深化改革 推进中国式现代化的决定》,2024年7月18日中国共产党第二十届中央委员会第三次全体会议通过。其第五十三项规定:"完善涉外国家安全机制。"
③ 参见姜明安主编:《行政诉讼与行政执法的法律适用》,人民法院出版社1995年版,第18—19页。

金融立法任务,即"制定金融法"。未来出台的金融法将是一部法典化的综合立法,也是金融方面综合性的基本法律。其中,维护整体金融安全应当是该部金融法的立法目标和底线所系,如果出现系统性风险,那么金融法关于维护金融效率、结构、秩序等其他目标将难以实现。[1] 利用制定金融法的时机,可以将党和国家关于涉外金融安全的相关政策要求法律化,在金融法中概括性地规定:国家维护开放条件下的金融安全,包括国内金融安全和涉外金融安全,建立健全涉外金融安全机制,参与全球金融安全治理。基于金融法的基本法律地位,在其中对涉外金融安全作出原则性规定,有助于为涉外金融安全行政提供基础性的法律规范支撑。另外,立法机关正在推进金融稳定立法,该法律是防范和化解金融风险、维护金融稳定的专门性法律,意在建立一套科学有效的金融风险防范、化解、处置机制。[2] 根据2024年6月公布的《中华人民共和国金融稳定法(草案二次审议稿)》,保障国家金融安全是金融稳定立法的重要目标。其第二十九条规定,"国务院金融管理部门与境外监督管理部门开展信息共享和监督管理合作,及时有效防范、化解和处置跨境金融风险"。不过,该草案未明确提出涉外金融安全的表述。未来,或可利用该立法契机,对涉外金融安全进行专章或专门性的规定,就对外维护金融主权安全、保护金融领域的海外利益、促进全球金融安全等方面作出法律规定。这将为行政系统维护涉外金融安全供给专门性的法律规范,也为国务院将来制定涉外金融安全的行政法规提供制度框架。

最后,从国际层面看,推进涉外金融安全行政法律化在一定意义上借鉴并拓展了国际经验。2008年全球金融危机唤起了世界各国的金融安全意识,让各国认识到金融安全的重要性,通过制度变革增强金融全球化与金融对外开放背景下的金融安全。[3] 2010年4月,英国对《2000年金融服务与市

---

[1] 参见刘少军:《金融法制定中的基本范畴与体系结构研究》,《新疆师范大学学报(哲学社会科学版)》2025年第2期,第192—201页。
[2] 参见邢会强:《金融稳定法的制度逻辑与规则优化》,《法学杂志》2023年第5期,第77页。
[3] 参见严海波:《金融开放与发展中国家的金融安全》,《现代国际关系》2018年第9期,第20页。

场法》(Financial Services and Markets Act 2000)进行修订,将金融稳定的目标确定为"有助于保护和加强联合王国金融系统的稳定性",并要求金融服务管理局在实现该目标时必须考虑"联合王国境外的事件或情况对联合王国金融系统稳定的影响"。① 2010年7月,美国颁布一项全面的金融监管改革法案,即《多德-弗兰克华尔街改革与消费者保护法》(Dodd-Frank Wall Street Reform and Consumer Protection Act of 2010)。该法案授权组建金融稳定监督委员会,以应对美国金融体系稳定面临的新威胁,控制金融市场的系统性风险,维护金融稳定。② 同时,该法案第173条对外国机构在美国金融市场的市场准入条件进行强化,将外国机构是否会对美国金融体系稳定构成风险作为市场准入的考量因素。美英两国在综合性的金融法律中对金融开放和金融安全进行协调,注重强化涉及外国因素的金融安全,这对完善我国涉外金融安全的行政法制具有一定的借鉴意义。在未来,若中国通过"综合性的金融法-专门性的金融稳定法-涉外金融安全行政法规"三个层面的制度完善,成体系地推进涉外金融安全行政法律化,将有助于拓展和丰富现有的相关国际经验,或可为各国发展涉外金融安全行政法制提供中国方案。

二、强化涉外金融安全行政的实体法授权

第一,明确中央层面关于涉外金融安全行政的核心法定主体。法律是

---

① Financial Services Act 2010, §3A(1) The financial stability objective is: contributing to the protection and enhancement of the stability of the UK financial system. (2)(c) the impact (if any) on the stability of the UK financial system of events or circumstances outside the United Kingdom (as well as in the United Kingdom).

② Dodd-Frank Wall Street Reform and Consumer Protection Act of 2010, §112 (a)(1) The purposes of the Council are: (A) to identify risks to the financial stability of the United States that could arise from the material financial distress or failure, or ongoing activities, of large, interconnected bank holding companies or nonbank financial companies, or that could arise outside the financial services marketplace; (B) to promote market discipline, by eliminating expectations on the part of shareholders, creditors, and counterparties of such companies that the Government will shield them from losses in the event of failure; and (C) to respond to emerging threats to the stability of the United States financial system.

贯穿和分布于整个社会的建构力量,其规定了行动者以制度化形式明确相关领域的建构和治理主体。① 涉外金融安全的行政法律制度规定了该领域中的各类行动者。在现行法制之下,涉外金融安全行政分散于"一行一总局一会"(中国人民银行、国家金融监管总局、中国证监会)之中,而多头规制难免会带来规制重叠、规制漏洞等相互掣肘的问题,因而需要法律明确涉外金融安全行政的核心主体,由其统筹协调涉外金融安全行政体系,增强该行政体系的合力和有效性。《中华人民共和国金融稳定法(草案二次审议稿)》(2024年)基本沿用2023年《党和国家机构改革方案》的表述对中央金融工作领导机构的职责进行规定,显得过于抽象化、政策化,缺乏法律规范的表达,也未能明确该机构对包括涉外领域在内的金融安全的统摄地位。一方面,中央金融委员会是党中央的机构,在执政党深度融入政府体系的时代背景下,政治与行政"双轨一体"化运作,有助于产生政治有力引领、深度统筹、有机融通行政的当代中国治理功能机制,有效消解政策执行梗阻,疏通政策过程,补齐治理短板;②另一方面,国家金融安全法治的关键在于防范金融风险,包括传统金融风险、国际金融风险和新型金融风险。其中,国际金融风险主要指威胁我国金融主权稳固的外源性金融风险,表现为"金融全球化"语境下国际金融市场风险外溢效应对我国金融市场的普遍性冲击,也表现为"金融武器化"情境下少数国家对我国金融机构和个人的特殊性打击。③因此,宜在法律中明确中央金融工作领导机构在防范、化解和处置系统性金融风险,以及应对外部的国际金融风险冲击等方面的统筹协调地位,统合包括涉外领域在内的金融安全行政体系。

第二,加强对地方行政主体在涉外金融安全行政上的法律授权。随着各地金融市场的高水平对外开放发展,外商对地方法人金融机构的投资加大,各行政区域内金融市场的涉外安全重要性将日益凸显。特别地,上海、

---

① 参见[英]马克·尼奥克里尔斯:《管理市民社会:国家权力理论探讨》,陈小文译,商务印书馆2008年版,第90—95页。
② 参见王浦劬、汤彬:《当代中国治理的党政结构与功能机制分析》,《中国社会科学》2019年第9期,第4—10页。
③ 参见郭雳:《国家金融安全的法治保障及其动态协同进路》,《中国法律评论》2024年第4期,第6—7页。

北京、深圳等在国际上具有影响力的金融发达城市,聚集着大量国际性的金融机构、金融产品和金融活动,是金融创新策源地,也是金融风险多发地。这种较高层次的特殊经济社会形态,使得国际金融中心城市的监管执法具有较强的国际性,需要相应的涉外行政法制度予以配套,应对涉外性的金融风险。① 因而,有必要对相关地方行政主体,尤其是金融发达城市的相关地方行政主体进行法律授权,赋予其通过跨境监管合作方式处理区域内具有跨境因素的金融风险的法定权力,强化其在涉外金融安全行政方面的权能和制度保障。

第三,加大涉外金融安全行政中法律责任制度的设置力度。推进系列银行法以及保险等金融监管领域法律的域外效力规则设置,②并将建立良好的金融秩序、防范和化解系统性金融风险作为实施行政域外管辖权的重要目标,将域外发生的对域内金融稳定、金融安全构成实质性影响的违法行为纳入法律责任体系。③ 同时,在《中华人民共和国反外国制裁法》等国家安全法以及金融法律中,进一步建立健全与涉外金融安全行政相关的法律责任体系。涉外金融安全领域违法行为的行政法律责任体系构建,包括罚款、没收违法所得、冻结财产,以及责令停产停业、吊销有关证照、撤销登记等刚性化的手段。同时,丰富行政和解、行政约谈、行政指导等中性化、柔性化的执法手段,为涉外金融安全行政提供多元化的执法"工具箱",提升该领域行政执法的合理性、有效性。此外,适当拓展《中华人民共和国行政处罚法》的效力范围,让该法律中所规定的金融安全追责期限制度,能够适用于发生在域

---

① 参见程合红:《统筹推进有中国特色的国际金融中心法治建设——国际金融中心建设法治保障机制比较研究》,《清华金融评论》2021年第9期,第19—21页。
② 近年来,中国持续推进金融法律域外适用制度建设。其中,2020年10月,中国人民银行发布《商业银行法》(修改建议稿),拟在第二条第三款新增规定,"中华人民共和国境外设立的机构向境内个人或者机构提供商业银行服务,损害境内个人或者机构合法权益的,依照本法有关规定处理"。2022年11月,中国银保监会(现为国家金融监管总局)发布《中华人民共和国银行业监督管理法》(修订草案征求意见稿),拟在第四十七条新增规定,"中华人民共和国境外的银行业金融活动,危害中华人民共和国国家主权、安全、发展利益,扰乱境内市场秩序,损害我国公民、组织合法权益的,依法追究法律责任"。
③ 参见张西峰:《银行法修改中域外适用的理论基础与规则构建》,《甘肃社会科学》2023年第2期,第6页。

外的、破坏中国金融安全的违法行为,防范相关域外违法行为逃脱涉外金融安全的行政规制,筑牢涉外金融安全行政的"法网"。

三、完善涉外金融安全行政的程序法规则

程序正义是涉外金融安全行政过程中的重要环节,也是实现涉外金融安全行政合法性的重要保障。金融规制在一定程度上限制了私主体权利,在公权力对金融市场的主导和深度介入的现实之下,"金融正义的最低要求是程序性的",即通过程序约束防止金融规制权肆意扩张,确保金融市场的自由。① 程序价值的内在构造具有双层性。一方面,程序对于实体而言,具有工具性价值;另一方面,就程序自身而言,程序具有独立的价值。② 在工具价值的意义上,对涉外金融安全行政权力的行使施加程序性规范要求,可以防范该项权力在裁量空间下的恣意行使,促使权力运行合法化。同时,在程序规范权力的过程中,通过程序理性的外观向涉外当事人展示行政主体是在公开、公正地行使涉外金融安全行政权,有利于塑造涉外金融安全行政权在国内和国际社会上的法治形象,强化该项权力的正当性。此外,程序法规范可以为实现涉外金融安全行政的实体合法性提供制度化平台,以公私间的理性交涉、利益平衡增强该类行政行为的可接受性。在独立价值的意义上,涉外金融安全行政中的程序法,是该领域中程序公正价值、效率价值和秩序价值的规范表达。良好的涉外金融安全行政程序,在尊重和保护行政相对人程序权利的基础上,保障、调动行政权的活力,促使行政主体高效地实施涉外金融安全规制行为,及时回应跨境分布的行政相对人、利害关系人之利益诉求,维护涉外金融市场秩序稳定。

为保障涉外金融安全行政的统筹协调机制有效运行,应完善纵横双向的行政合作程序法。纵向上,在法律法规上完善"中央金融委员会-国务院(金融管理及相关部门)-省级人民政府"三个层次之间,关于涉外金融安全风险信息、重大安全事项应对等方面的上传下达程序。例如,在我国应对1997年亚洲金融危机、2008年国际金融危机的经验基础上,结合近年来金

---

① 参见沈伟:《银行监管的比例化和〈巴塞尔协议Ⅲ改革最终方案〉的中国化》,《清华法学》2024年第5期,第43—46页。
② 参见马怀德:《行政程序法的价值及立法意义》,《政法论坛》2004年第5期,第5—6页。

融监管体制的改革后所形成的新架构、新格局,完善中央主导下央地共同应对国际金融危机的程序规范。横向上,通过法规、规章、规范性文件等,完善国务院内部的金融管理部门以及相关部门之间,中央金融管理部门地方派出机构与地方政府设立的金融监管机构之间,地方政府设立的金融监管机构与地方政府其他相关部门之间的协调合作程序。例如,建立健全中央金融管理部门地方派出机构、地方政府金融监管机构、地方有关行业主管部门、地方司法机关的联席会议机制,完善地方层面涉外金融安全风险评估、合作处置的程序规范。

完善反外国金融制裁的程序法规则,增强反外国金融制裁的行政程序合法性。2017年8月发布的《国务院办公厅关于完善反洗钱、反恐怖融资、反逃税监管体制机制的意见》(国办函〔2017〕84号)对执行联合国安理会反恐怖融资相关决议的国内程序提出了细化的要求,可以为反外国金融制裁的程序规则完善提供参考价值。该《意见》指出,要明确金融制裁名单的提交、审议、发布、监督执行以及除名等全流程中相关主管机关的职责分工,完善在执行金融制裁过程中开展资产冻结的时效、范围、程序、善意第三人保护及相关法律责任等方面的制度。借鉴该《意见》的思路,为减少反制措施可能引发的正当程序争议,我国有必要在立法中为被反制对象设置必要的程序保障条款,进一步建立反制措施申请暂停、变更和取消等制度,以进一步增强我国反制裁制度的程序合法性。① 此外,还应推进设置豁免或例外规则,赋予反制措施所涉及利害关系人申请公开听证和进行申辩的程序性权利。

推进设置具有域外效力的程序法规则,为涉外金融安全行政中的域外管辖权运行提供配套程序制度。权利和义务是法律关系中相互依存的核心要素,主张国内法域外适用不仅是法律义务的输出过程,也是法律权利的输出过程,尤其是应当保障境外当事人的程序权利,注重程序法上权利的赋予。② 如果金融行政主体在域外管辖过程中所实施的程序是恣意的、缺乏法

---

① 参见霍政欣、陈彦茹:《反外国制裁的路径演化与中国选择》,《社会科学》2023年第2期,第189—190页。
② 参见孙南翔:《法律域外适用体系建设中的管辖权:演化规则与关联结构》,《法学》2024年第1期,第191页。

规范依据的,则会出现程序行为于法无据的合法性问题;如果所遵循的是不具有域外效力的程序法规则,则会出现程序法适用错误的合法性问题。因而,应当为金融安全行政域外管辖权配置相应的具有域外效力的程序法规则,保障域外管辖权运行过程中的实体和程序合法性。① 以中国金融行政调查程序的跨境实施为例,应当设立具有域外效力的程序规则。一是设立具有域外效力的现场行政调查程序规则。在现行金融监管法对现场行政调查程序的规定中,行政调查执法人员不得少于二人,并应当出示执法证件和调查通知书等执法文书,否认被调查的相对人有权拒绝调查。② 这种域内适用性的现场行政调查程序规则,在域外适用中可能会出现跨境执法上的障碍。因为内国金融行政执法人员赴外国进行调查时,往往会与外国执法机构进行联合调查,在执法人员组成或出示执法证件、执法文书等程序上,可能会以外国执法机构为主。由此,在跨境行政调查程序法定化中,可将该程序规则调整为"执法人员一般不得少于二人","一般应当出示执法证件和调查通知书等执法文书",若执法所在地的境外监管机构或双方跨境监管合作机制

---

① 在比较视野下,美国和加拿大通过成文法明确具有域外效力的金融行政程序规则,并通过正当程序原则加以约束。例如,《2002 年索克斯法案》(Sarbanes-Oxley Act of 2002)第 106 条(b)规定了外国会计师事务所提供审计工作底稿的程序,设置了外国会计师事务所履行审计工作底稿程序义务的适法条件,并设置了该程序义务豁免的条款。加拿大安大略省、不列颠哥伦比亚省和阿尔伯塔省等在本省证券规制法中明确规定,证券委员会有权在本省境外举行听证会,可以与境外的相应证券规制主体联合举行听证会。

② 参见《中华人民共和国期货和衍生品法》(2022 年)第一百零七条规定:"国务院期货监督管理机构依法履行职责,进行监督检查或者调查,其监督检查、调查的人员不得少于二人,并应当出示执法证件和检查、调查、查询等相关执法文书。监督检查、调查的人员少于二人或者未出示执法证件和有关执法文书的,被检查、调查的单位或者个人有权拒绝。"《中华人民共和国证券法》(2019 年)第一百七十二条规定:"国务院证券监督管理机构依法履行职责,进行监督检查或者调查,其监督检查、调查的人员不得少于二人,并应当出示合法证件和监督检查、调查通知书或者其他执法文书。监督检查、调查的人员少于二人或者未出示合法证件和监督检查、调查通知书或者其他执法文书的,被检查、调查的单位和个人有权拒绝。"《中华人民共和国反洗钱法》(2024 年)第二十二条第二款规定:"进行前款规定的监督检查,应当经国务院反洗钱行政主管部门或者其设区的市级以上派出机构负责人批准。检查人员不得少于二人,并应当出示执法证件和检查通知书;检查人员少于二人或者未出示执法证件和检查通知书的,金融机构有权拒绝接受检查。"

有特别要求,可根据其要求确定执法人员数量,并以符合其要求的方式出示相关执法文书。二是设立具有域外效力的非现场行政调查程序规则。根据《证券期货违法行为行政处罚办法》(2021年)第二十条规定,中国证监会可以依法要求当事人或与被调查事件有关的单位和个人,以指定的方式报送相关资料文件。① 在域外管辖中,受制于属地的制度环境,境外相对人可能难以直接向中国证监会报送相关资料文件。因而,可借鉴美国《多德-弗兰克华尔街改革与消费者保护法》第929J条关于履行文件提供义务的其他方式的制度设计,②明确规定境外相对人可以通过所在国相当于中国证监会及其派出机构的组织来提供该等文件。

涉外金融安全是涉外国家安全的重要组成部分,是强化开放条件下金融安全机制的目标所系。当前,中国关于涉外金融安全的行政法制建设在取得进展的同时仍存在诸多需要解决的问题,应推进涉外金融安全行政的法律化,强化涉外金融安全行政的实体法授权,完善涉外金融安全行政的程序法规则,进而推动涉外金融安全的行政法制度体系科学发展,为金融强国建设提供更加坚实的制度保障。

---

① 《证券期货违法行为行政处罚办法》(2021年)第二十条规定:"中国证监会及其派出机构可以依法要求当事人或与被调查事件有关的单位和个人,在指定的合理期限内,通过纸质、电子邮件、光盘等指定方式报送与被调查事件有关的文件和资料。"
② Dodd-Frank Wall Street Reform and Consumer Protection Act of 2010, §929J(f) Notwithstanding any other provisions of this section, the staff of the Commission or the Board may allow a foreign public accounting firm that is subject to this section to meet production obligations under this section through alternate means, such as through foreign counterparts of the Commission or the Board.

第十二章

涉外投资规制领域的行政法前沿论题
——东道国涉外投资行政规制权的法律控制

2023年,中国对外非金融类直接投资1 301亿美元,较上年增长11.4%,连续11年稳居世界前三。对外投资存量2.8万亿美元,遍布全球190多个国家和地区,连续6年保持世界前三,中国作为资本输入和资本输出大国的地位相对稳定。但是国际投资环境充满挑战,受增长前景乏力、地缘紧张、工业政策调整和供应链重塑等因素影响,外国直接投资模式正在经历巨变,导致一批跨国企业在海外业务拓展上采取更加谨慎的态度。外国直接投资普遍表现疲软,全球投资环境并不乐观。①

20世纪90年代,国际关系发生结构性变化,私人直接投资规模爆炸式增长。外国投资者利益与东道国公共利益之间的冲突逐渐代替南北冲突成为当今国际社会的主要矛盾。② 伴随私有化和市场化改革,新自由主义政策在全球范围内广为推行。以新自由主义为基础,国际投资协定在强调投资自由和对外国投资者保护的同时,限制东道国规制权。21世纪初,一些国家为应对金融危机以及其他社会经济问题而收紧外资投资政策,对外国投资者利益造成威胁。外国投资者指控东道国违反投资协定的争端大幅增加,

---

① 参见商务部:《中国对外投资合作发展报告2023》,第2页,https://ecnia.com.cn/sites/default/files/content-files/中国对外投资合作发展报告2023.pdf,2025年1月14日最后访问。同时参见联合国贸发会议发布的《2024年世界投资报告》,http://rss.jingjiribao.cn/static/detail.jsp?id=531526,2024年10月24日最后访问。
② 参见单文华、张生:《从"南北矛盾"到"公私冲突":卡尔沃主义的复苏与国际投资法的新视野》,《西安交通大学学报(社会科学版)》2008年第4期,第1页。

以东道国为维护公共利益而采取的措施损害其投资权益为由索要巨额赔偿。

在国际投资协定数量激增、东道国"去规制化"条约义务持续扩张的情况下,国际投资仲裁实践中对投资者利益的片面保护进一步激化了东道国在涉外投资规制领域的改革。2008年全球金融危机后,为应对市场监管失灵,各主权国家纷纷将其在前期让渡的部分国家经济主权收回。[①] 加强涉外投资领域的行政规制权,平衡外国投资者和东道国利益成为发达国家和发展中国家的共同夙愿。但是,东道国涉外投资行政规制权的加强并非没有边界与限度,需要通过法律手段进行控制。

本章尝试从国际(投资)法和行政法的双重视阈解读涉外投资行政规制权,从东道国涉外投资行政规制权和外国投资者利益平衡的角度,比较世界不同国家和地区对于外国投资的行政规制,主要用行政法控权原理解读涉外投资行政规制权运行的规则。

第一节 法律交融下的涉外投资行政规制权

在百年未有之大变局之下,国际秩序的演变对主权国家的行政规制权产生了重大影响,国际法和国内法之间的互动产生深刻转向。一方面,新兴国家的开放型参与主要体现了国际法的国内化(the domestication of international law);另一方面,传统霸权国家的内顾型参与主要体现了国内法的国际化(the internationalization of domestic law)。[②] 在国际法与国内法相交融下,涉外投资行政规制权的发展在国际法层面和国内法层面积极联动。

一、国际法视阈下的涉外投资行政规制权

(一)行政规制权作为国家主权的表达方式

2012年《世界投资报告》(World Investment Report 2012)中提及规制

---

① 参见沈伟:《投资者—东道国争端解决条款的自由化嬗变和中国的路径——以中国双边投资协定为研究对象》,《经贸法律评论》2020年第3期,第71页。
② 参见沈伟、苏可桢:《变局之下国际法与国内法互动的转向》,《探索与争鸣》2024年第4期,第97页。

权是一国主权的表达,这种规制权的范围不仅涵盖东道国的法律与行政体制,还包括具体的行政部门以及行业规则。① 在涉外投资领域,东道国的规制权是维护国家经济主权的必然要求和体现。20世纪中后期,东道国涉外投资规制权发展显著。1952年国际法院对"英伊石油公司案"的裁决肯定了东道国对本国自然资源采取国有化措施的主权权利。② 1962年联合国大会通过的《关于自然资源永久主权决议》(Permanent Sovereignty over Natural Resources)规定各国在行使自然资源永久主权时,有权采取适合本国情况的各种措施来保护和合理利用自然资源。1974年联合国大会通过的《各国经济权利和义务宪章》提出资本输出国基于不公平的开采协定等的压榨,是用强迫手段侵夺别国正常发展所需要的自然资源的非正义行为;国家对其全部财富、自然资源和经济活动,享有充分的永久主权,包括拥有权、使用权和处置权在内,并得以自由行使此项主权。宪章在第二章"各国的经济权利和义务"中具体规定了各国在经济活动中的权利和义务,即国家有权支配本国的财富、自然资源和经济活动,并对外国投资进行管理,强调了国家经济主权的重要性,使主权的概念从政治领域扩展到经济领域。同年,联合国大会在《建立新国际经济秩序宣言》(Declaration on the Establishment of a New International Economic Order)中宣布:"每个国家对自己的自然资源和一切经济活动拥有充分的永久主权……"该宣言强调了各国在制定和实施其经济政策时的权利,包括对外国投资进行必要的规制和控制。③ 可见,国际社会达成一致,即承认东道国在保护和发展其经济主权方面的权利和责任,这意味着东道国可以基于主权对外资进行规制,但这种规制行为需要在国际

---

① See UNCTAD: World Investment Report: Towards a New Generation of Investment Policies, 2012, pp.109.
② Anglo-Iranian Oil Co. (United Kingdom v. Iran) 1952, ICJ General List No.3,国际法院网 https://www.icj-cij.org/index.php/case/16,2024年11月1日最后访问。
③ 《宣言》确认了东道国对自然资源的永久主权以及对跨国公司的管辖权。这些规定反映了发展中国家在推动建立新的国际经济秩序中的立场,即要求发达国家尊重东道国对其经济活动的自主权,并通过规制外国投资来允许东道国采取措施保护其经济利益。See United Nations: United Nations Judicial Year book, at UNCTAD: https://investmentpolicy.unctad.org/publications/63/world-investment-report-2012—towards-a-new-generation-of-investment-policies,2012年7月5日发布,2024年11月2日最后访问。

法框架内进行,以避免承担国家责任的风险。①

(二)一般例外条款与东道国行政规制权

国际投资协定中的一般例外条款(General Exception Clause)授权东道国在特定情况下,可以采取偏离国际投资协定义务的措施,以保护其公共利益或实现特定的公共政策目标。即允许东道国采取必要的行动来维护国家安全、公共健康、环境保护等基本利益。可见,国际投资协定中的一般例外条款是东道国用以保障其涉外投资行政规制权的重要工具,为东道国管理外资行政主权提供政策空间。以美国为例,其与多个国家或地区签订的双边投资协定中都包括了"非排除措施"条款(Non-Precluded Measures, NPM),允许东道国采取必要的措施以保护基本安全利益。

一般例外条款通常要求东道国的行为具备合理性,允许东道国在特定情况下采取措施,以维护其国家安全和公共利益。《中欧全面投资协定》(China-EU Comprehensive Agreement on Investment,CAI)中专门设置了"规制合作"一章,规定东道国为维护其公共利益可以行使规制权,明确规定了东道国行使规制权的原则、目标和程序。② 欧盟与新加坡的投资保护协定也规定了东道国为保护公共健康、社会设施、教育、安全、环境或公共道德等公共利益而行使规制权的权利。《区域全面经济伙伴关系协定》(Regional Comprehensive Economic Partnership,RCEP)强调东道国对投资准入的管辖权和规制权力,以及相关准入审批行为的不可仲裁性。③《全面与进步跨太平洋伙伴关系协定》(Comprehensive and Progressive Agreement for Trans-Pacific Partnership, CPTPP)和《区域全面经济伙伴关系协定》(Regional Comprehensive Economic Partnership,RCEP)均是通过多种方式保护或加强东道国的规制权,如通过对公平公正待遇、间接征收及非歧视待遇等条款的补充说明,避免投资仲裁庭任意扩大解释损害东道国的规制权,同时也要求东道国的行为具备合理性,从而

---

① 参见董静然:《投资规制权视野下东道国国家责任的构成与判定》,《环球法律评论》2023年第2期,第66—69页。
② 参见张倩雯:《国际投资协定中投资者与东道国利益平衡路径的重构》,《中国海商法研究》2023年第3期,第98页。
③ 参见沈伟、方荔:《比较视阈下 RCEP 对东道国规制权的表达》,《武大国际法评论》2021年第3期,第14—15页。

平衡投资者利益与公共利益。综上,这类条款不胜枚举,体现了国际社会达成共识,即承认东道国为维护本国公共利益而对外国投资进行限制的规制权。

二、行政法视阈下的涉外投资行政规制权

广义上的政府包括立法机关、司法机关和行政机关,相比于立法机关的宏观性和司法机关的被动性,经济主体活动一般由行政机关通过行政规制进行干预。① 行政规制是行政主体的动态规制过程,在国际投资领域,行政规制是行政机关或隶属于行政机关的部门、被行政机关授权的组织针对本国涉外投资活动的主体和行为进行的规制活动。

(一)东道国涉外投资行政规制权的内在意蕴

"规制权"的概念来自英美法,体现为国家利用行政权干预经济活动从而纠正市场失灵的政府行为。市场规制权是与市场规制法关联在一起的,市场规制法在我国经常出现在经济法的语境下,通常认为经济法包含宏观调控法和市场规制法两部分,②反垄断法、反不正当竞争法、消费者权益保护法、产品质量法、金融监管法等法律均属于市场规制法。有学者认为,中国已经形成专门的国家调节机关,包含市场规制权的国家调节权是继立法权、行政权、司法权之外的第四种权力形态。③ 学界主流观点还是将市场规制权划入行政权,同时承认市场规制权的相对独特性。④

在行政法视阈下,行政规制体现为特定领域的具体行政行为和抽象行政行为,为控权而生的行政法确保各种行政行为的内容和程序具有合法性。⑤ 涉

---

① 参见江必新:《论行政规制基本理论》,载中国政法大学法治政府研究院网2013年5月27日,http://fzzfyjy.cupl.edu.cn/info/1058/4461.htm,2024年11月2日最后访问。
② 参见经济法学编写组:《经济法学(第3版)》,高等教育出版社2022年版,第32页。
③ 参见陈云良:《国家调节权、国家所有权和国家行政权》,《经济法论丛》,2008年第2期,第216页。
④ 王新红认为中国经济的调节还是通过立法权、行政权和司法权来实现的,中国人民银行的改革,证监会等的设立并被定位为事业单位等,并没有突破行政机关和行政权的界限,作为法律授权行使公共权力的机构行使行政权。参见王新红:《也论国家调节权——兼与陈云良先生商榷》,《经济法论丛》2011年第1期,第65页。
⑤ 本文采纳行政法主流观点,即控权论。参见姜明安主编:《行政法与行政诉讼法》,北京大学出版社、高等教育出版社1999年版,第67页。

外投资行政规制权是一主权国家相关行政主体就涉外投资领域内的特定对象和行为进行规制的权力。涉外投资行政规制体现为涉外投资领域内由相关行政主体所做的各种具体行政行为如外资安全审查,以及抽象行政行为如发布外商管理办法等。

具体而言,在我国行使涉外投资行政规制权的主体是国务院、商务部、发改委、对外贸易经济合作部、国家税务总局、国家市场监督管理总局、国家外汇管理局等行政机关和组织。国务院作为最高行政机关,负责制定和审批涉及涉外投资的宏观政策和法规,如《境外投资管理办法》等,以加强境外投资宏观指导,优化境外投资综合服务,完善境外投资全程监管,促进境外投资持续健康发展;商务部负责管理国内外贸易和国际经济合作,包括拟订国内外投资贸易和国际经济合作的发展战略、方针、政策,起草相关法律法规,制定实施细则、规章;国家发展和改革委员会负责境外投资项目的核准和备案,对敏感类项目实行核准管理,对非敏感类项目实行备案管理,发布境外投资项目负面清单,设定禁止类和特别监管类境外投资项目,实行分类监管;国家外汇管理局负责外汇管理,包括对境外投资的外汇资金来源、使用和汇出等进行监管,确保外汇市场的稳定和健康发展;国家税务总局负责涉外税收政策的制定和执行,包括对境外投资企业的税收优惠政策、反避税措施等;国家市场监督管理总局在涉外投资行政监管中扮演着重要角色,主要负责规范外商投资企业的登记管理工作,并根据相关法律法规对外商投资企业的设立、变更、注销等进行监督管理。这些行政主体通过各自的职责和权限,共同构成了中国涉外投资的行政规制体系,旨在促进和规范境外投资活动,保护投资者的合法权益,同时维护国家的经济安全和市场秩序。

(二)我国涉外投资行政规制立法体系

《中华人民共和国外商投资法》(2019年)及其实施条例的出台,统领国务院和各部委以及地方政府的法律规范,构建了新时代外商投资法律制度的"四梁八柱",建立了较为完善的涉外投资规制体系。《中华人民共和国外商投资法》明确规定了中国对外商投资实行负面清单管理制度,对特定领域股权比例等方面进行外商投资准入的特别管理;对负面清单之外的外商投资,给予国民待遇。《中华人民共和国外商投资法实施条例》(2019年)作为《中华人民共和国外商投资法》的具体实施细则,规定了行政机关在保护外国投资者、制定涉及外商投资的规范性文件时应遵循的原则和程序、投诉工作机制的建立等内容。《外国（地区）企业在中国境内从事生产经营活动登记管理办法》（2020年修订）规定了外资企业在进驻中国时应当遵循一定的规定及程序，依法在中国登记注册并取得营业执照。

由商务部、国务院国有资产监督管理委员会、国家税务总局、国家工商行政管理总局、中国证券监督管理委员会、国家外汇管理局联合发布的《关于外国投资者并购境内企业的规定》（2009年）专门规制外国投资者并购境内企业的行为，明确规定外国投资者并购境内企业需要遵守中国的法律、行政法规和规章，遵循公平合理、等价有偿、诚实信用的原则，不得造成过度集中、排除或限制竞争，不得扰乱社会经济秩序和损害社会公共利益。并购企业为境内上市公司，需根据《外国投资者对上市公司战略投资管理办法》（2024年），向国务院证券监督管理机构办理相关手续。

国家发展和改革委员会和商务部通过的《外商投资安全审查办法》（2020年）明确了对影响或可能影响国家安全的外商投资进行安全审查的程序、条件、决定和执行的内容。该办法适用于外国投资者在中国境内直接或间接进行的投资活动，包括新建项目、并购及其他方式。

在外商投资企业及其分支机构等登记管理的授权和规范方面，国家市场监督管理总局根据《中华人民共和国外商投资法》及其实施条例，制定《外商投资企业授权登记管理办法》（2022年）。该办法规定了外商投资企业及其分支机构登记管理授权和规范的条件、程序、内容和监督管理等事项。国家市场监督管理总局负责全国外商投资企业的登记管理，并可以根据办法规定的条件授权地方人民政府市场监督管理部门承担相关工作。被授权的地方市场监管部门需要严格按照规定开展外商投资企业的设立、变更、注销登记、备案及其监督管理工作。

对于到海外投资的中国企业，国务院2014年公布的《境外投资管理办法》明确了境外投资的性质和内涵，该办法规制了中国境内依法设立的企业通过新设、并购及其他方式在境外拥有非金融企业或取得既有非金融企业所有权、控制权、经营管理权及其他权益的行为。针对央企境外投资行为的监管，《中央企业境外投资监督管理办法》（2017年）规定了中央企业境外投资监管体系建设、境外投资事前管理、境外投资事中管理、境外投资事后管理、境外投资风险管理等问题。

建设自由贸易试验区是吸引外资的重要战略举措,自 2013 年 8 月在上海设立上海自贸试验区以来,至今已经逐步扩大到广东、天津、福建、辽宁、浙江、河南、湖北、重庆、四川、陕西、海南、山东、江苏、广西、河北、云南、黑龙江、北京、湖南、安徽等地,目前已设立 22 个自贸试验区。自由贸易试验区的相关法律法规涉及多个方面,包括管理体制、投资开放与贸易便利、高端产业促进、法治环境等。各地方雨后春笋般出台自贸区条例,以外商投资法为依据且各具特色。① 另外,国务院也发布了多项决定和通知,以保障自由贸易试验区的改革开放措施依法实施。例如,国务院决定在自贸试验区暂时调整《船舶登记条例》等行政法规的规定。这些法律法规和条例共同构成了中国自由贸易试验区的法律框架。

第二节 利益平衡下的投资者权益和行政规制权冲突

利益平衡理论在中国行政法学界的发展过程中经历了多次讨论和演变。早在 20 世纪 80 年代初,学者们围绕"行政法理论基础"这一主题展开了激烈的学术讨论,形成了多种学说和流派。平衡论在这一过程中逐渐脱颖而出,并经过 20 多年的发展,形成了成熟的理论框架和完备的学说体系。行政法中的利益平衡理论,是指在行政法的实施过程中,通过法律手段协调和平衡公共利益与私人利益之间的关系,以实现社会的和谐与稳定。这一理论的核心在于如何在不同利益主体之间进行权衡,从而兼顾公共利益和个人利益。

一、新自由主义下外国投资者利益强化

20 世纪中后期,尤其是 20 世纪 90 年代以来,信息技术革命的迅猛发展

---

① 《广东自由贸易试验区条例》(2019 年修正)在管理体制、投资开放与贸易便利、高端产业促进、金融创新与风险监管等方面予以规制;《北京自由贸易试验区条例》(2022 年)强调以制度创新为核心,推动京津冀协同发展;《湖北自由贸易试验区条例》(2022 年修正)涉及外商投资的国家安全审查、反垄断审查以及公众参与制度等内容;《黑龙江自由贸易试验区条例》(2024 年)强调自贸试验区开发建设应遵守生态环境保护相关法律法规。

和新自由主义思潮的兴起共同推动了经济全球化和国际投资的迅速增长，随之而来的是私人日益摆脱国家的控制成为国际关系中一股不可忽视的重要力量。私人参与国际关系呈现出主体多样、规模剧增、领域全面、层次多元、形式灵活等特征。参与国际关系的私人包括跨国公司、非政府组织、个人乃至社会网络，其规模呈现几何级增长。私人既参与直接关系其切身利益的贸易等"低级政治"领域，也扩展到以往被认为与其不相关的安全等"高级政治"领域。①

（一）私人利益集团参与全球治理

跨国公司利益集团在全球议程上追逐利益时，往往借助于全球治理的机制和平台。例如，跨国公司利用其巨大的财力影响国际组织，将自身的行动纲领嵌入全球治理议程中，从而使其成为全球性议程的一部分。② 这种现象在卫生健康类组织和粮农类组织中尤为明显。比尔及梅琳达·盖茨基金会(Bill & Melinda Gates Foundation)是全球卫生领域的重要参与者，其资金对世界卫生组织(World Health Organization，WHO)的政策制定产生了显著影响。该基金会在 2012 年和 2013 年分别向 WHO 提供了超过 19 亿美元的资金，占当年 WHO 总预算的一半以上。这些资金通常用于特定领域指定的用途，从而影响了 WHO 的优先事项。一些国际种子公司也有类似的操作，即通过资本影响母国以及东道国的政策制定，从而推动符合自身利益的政策。如拜耳公司(Bayer)在农业领域具有显著影响力，其通过大量资金游说政府政策制定者和监管机构来影响与其利润相关的政策和法规。2019 年拜耳公司花费了超过 900 万美元向美国政府游说，以推动其种子中使用的除草剂草甘膦的注册问题。该公司游说人员还成功地推翻了泰国的草甘膦禁令，并向墨西哥施压，要求停止对其有害除草剂的禁令。同样，国际民用航空组织(International Civil Aviation Organization，ICAO)在制定规则时，往往受到代表航空和旅游业的利益集团的影响。这些利益集团通过参与政策制定过程，确保其成员能够获得有利的规则。综上，私人利益集团通过多种

---

① 参见蔡从燕：《公私关系的认识论重建与国际法发展》，《中国法学》2005 年第 1 期，第 193 页。
② 参见苏长和：《大变局下的全球治理变革：挑战与前景》，《当代世界》2021 年第 7 期，第 59 页。

方式参与到全球治理领域,影响着全球治理的公正性和合法性。①

(二)国际投资协定保护投资者利益

新自由主义理论自 20 世纪 80 年代成为国际经济政策的主流思想,强调市场自由化、私有化和减少政府干预。新自由主义理论的全球传播和实践,促使各国经济法律体系向自由化方向发展。据统计,在 1991 年至 2002 年间,全球有 165 个国家对本国的外资法进行了修改,95% 的修改是为了给外国投资者创造更优越的投资条件,只有 5% 的修改是为了加强对外资的管制。② 新自由主义的理念在国际投资领域极大地推动了大量双边投资协定的签订,这些协定旨在为国际直接投资扫清障碍,以确保投资者权益。投资协定中通常都包含:公平和公正待遇标准条款,确保投资者在其投资活动中不会受到歧视性对待;争端解决机制条款,允许外国投资者在东道国政府违反投资条约义务时提起诉讼;补偿和赔偿条款,如果投资者的投资被征收或剥夺,协定通常规定必须提供及时、充分和有效的补偿;等等。

同样,在全球和区域性多边投资框架下,强化投资者保护亦是国际投资法律规范的主旋律。在投资协定中,"禁止履行要求条款"(Performance Requirements Prohibition,PRP)在很大程度上减少了东道国对投资者的干预。"履行要求"(Performance Requirements,PRs)是东道国为了引导和管理外国投资而对外国投资者及其投资施加的条件,例如,出口销售额比例、合资协议、技术转移、当地采购、研发投入和雇佣当地员工等。禁止履行要求条款对东道国施加的上述特定要求进行了限制或禁止。例如,《与贸易有关的投资措施协议》明确禁止成员国实施与贸易有关的履行要求,如当地成分要求、外汇平衡要求和出口实绩等要求。《跨太平洋伙伴关系协定》则进一步扩展了禁止履行要求的范围,不仅包括 TRIMs 列举的要求,还可能包

---

① See Barbara Adams & Jens Martens: Fit for whose purpose? Private funding and corporate influence in United Nations, https://sustainab ledevelopment. un. org/content/documents/2101Fit_for_whose_purpose_online.pdf, p.66, 2024 年 11 月 6 日最后访问。

② 参见刘志云:《全球化背景下国际经济法律自由化探析》,《厦门大学学报(哲学社会科学版)》2005 年第 4 期,第 31 页。

括其他类型的履行要求,如技术转让要求、境内研发比例要求、雇佣本地人要求等。《中日韩投资协定》(Agreement Among the Government of the People's Republic of China, the Government of Japan, and the Government of the Republic of Korea for the Promotion, Facilitation, and Protection of Investment)包含了禁止履行要求的条款,规定缔约方不得对外国投资者的投资施加当地含量、购买国货等履行要求。这些条款的设置无疑对促进投资自由化以及保护投资者权益产生积极影响。然而,这也引发了关于如何平衡东道国对外资的规制权与国际投资规则之间的冲突的讨论,如何在促进和保护外国投资的同时兼顾东道国的公共利益成为重要的课题。

(三) ISDS 助力投资者利益的实现

在涉外投资争端解决机制方面,多边投资协定强化了投资者-国家争端解决机制(Investor-State Dispute Settlement,ISDS),ISDS 使得投资者可以直接向仲裁机构提起诉讼,从而更为高效地处理投资者与国家间的贸易投资争端。根据联合国贸易和发展会议(UNCTAD)的统计,基于条约的投资者-国家争端解决(ISDS)案件数量在过去 10 年中翻了一倍多。2013 年底,已知的投资者-国家争端解决机制案件少于 600 起,而到 2023 年底,这一数字超过了 1 300 起。除了少数直接征收案件外,这些案件多数诱因是东道国出于公共卫生、环境保护、国内平等和社会道德等原因而采取的国内监管措施影响了外国投资者的预期收益。① 基于投资者-国家争端解决机制仲裁庭的"营利性"基因,即投资者-国家争端解决机制仲裁员的任命和报酬基本上取决于投资者,仲裁员"营利性"的本质使其天然倾向于迎合投资者利益而忽略东道国的国家公共利益。仲裁往往做出有利于投资者的裁决,东道国在涉外投资方面的规制权受到约束。

二、各国涉外投资行政规制权力扩张

经济基础决定上层建筑,经济全球化在促进海外直接投资融通资源的

---

① UNCTAD: Investor-State dispute settlement cases: facts and figures,2024 年 11 月 26 日发布,https://investmentpolicy.unctad.org/news/hub/1753/20241126-investor-state-dispute-settlement-cases-facts-and-figures,2025 年 1 月 16 日最后访问。

同时，加剧了公私利益正面交锋，导致世界经济结构性失衡和收入分配的不平衡，东道国规制权受到挑战。2011 年，美国学者 José E. Alvarez 提出国际投资法中正在出现"国家回归"的现象，即国家正寻求弱化对其主权限制的路径。这是由国际社会面临日益复杂的安全问题、国际条约日益显露出对主权的制约、国际组织日渐脱离国家约束、私人实力增强制约国家主权等因素共同导致的。① 从国内法的视角来看，在涉外投资规制领域相比国家"离开"，即通过让渡部分规制权满足外国投资者的要求以达成引进先进生产要素加速本国经济发展，国家"回归"通过强化国内规制权来管理外资，从而维护国家公共利益。② 在各国涉外投资国内规制层面则集中表现为外资安全立法以及审查制度。据学者统计，我国对外资审查法律制度的研究主要集中于美国、加拿大和欧盟等国家。③ 有学者指出，在卡尔沃主义复活的背景

---

① 参见蔡从燕：《国家的"离开""回归"与国际法的未来》，《国际法研究》2018 年第 4 期，第 10 页。
② 参见杨希：《国家回归国际投资法中的国家"回归"趋势——兼评我国〈外商投资法〉中的规制权》，《海南大学学报（人文社会科学版）》2021 年第 1 期，第 129 页。
③ 根据赵丽莉、张雪在《基于 Citespace 文献计量的外资国家安全审查研究述评》[《山东科技大学学报（社会科学版）》2022 年第 2 期，第 55 页]中的统计，2018 年至 2020 年的发文量呈现出以美国、欧盟等发达经济体的研究为主的趋势。贾英姿、胡振虎、于晓在《美国近十年外资安全审查重点和趋势简析》（《财政科学》2016 年第 9 期，第 80 页），分析了美国外资安全审查的制度和趋势，并指出我国在该领域的研究主要集中在西方发达国家。赵海乐在《国家安全还是国家利益——美澳外资审查比较研究对我国的启示》（《国际经贸探索》2018 年第 6 期，第 109—120 页）中通过比较美国和澳大利亚的外资审查制度，指出我国在该领域的研究主要集中在美、加、欧等国家。郝倩在《中国外商投资国家安全审查制度的确立和最新发展》（2021 年《中国法治政府发展报告》，中国政法大学法治政府研究院网 https://fzzfyjy.cupl.edu.cn/info/1437/14734.htm，2025 年 1 月 14 日最后访问）中提到我国外商投资安全审查制度的研究主要参考了美国、加拿大和欧盟的制度。潘圆圆在《海外投资国家安全审查研究》（中国社会科学出版社，2022 年 5 月）的论述中也体现了外资安全审查制度的研究，主要关注的是美国、加拿大和欧盟的制度。上述学者的研究表明，我国在外资审查法律制度方面的研究确实主要集中在美、加、欧等国家和地区。究其原因，我们认为这些国家和地区在国际经济、政治和法律领域具有重要影响力，其外资审查制度的发展和变化对全球投资环境有着深远的影响，为其相关法律的修订提供了较为丰富的案例。与此同时，其相对频繁地以"国家安全"的名义打压封禁中资科技企业，因而更多地吸引了学者的关注。近年来，伴随对外投资与安全审查关系的日益紧密，更多国家和地区在外资领域的国家安全审查方面有立法和实践，也引得学者更为广泛的关注。

下,包括澳大利亚在内的多国外资审查制度有愈加严格的现实原因。① 有学者对英、美、法、德、澳外资审查法律制度中的审查主体、审查标准以及救济方式等方面进行了对比和分析。② 还有学者分析了多个国家外资国家安全审查制度的审查范围和限制措施是否符合比例原则,等等。③ 本章从几个国家和地区外资安全审查立法以及改革入手,试图"把脉"东道国涉外投资行政规制的新发展。

(一) 美国

美国的外资安全审查制度是一个复杂且多层次的体系,从第一次世界大战期间的《与敌贸易法》(Trading With the Enemy Act,TWEA)到 2018 年的《外国投资风险评估现代化法案》(Foreign Investment Risk Review Modernization Act,FIRRMA),美国逐步建立了以外国投资委员会(Committee on Foreign Investment in the United States,CFIUS)为核心的外资监管机制。21 世纪后,美国对外资安全审查制度进行了多次重大改革。2007 年颁布的《外国投资与国家安全法》(Foreign Investment and National Security Act of 2007,FINSA)标志着美国外资审查制度进入成熟阶段,该法案扩展了国家安全的定义。2018 年的《外国投资风险审查现代化法案》进一步扩大了外国投资委员会的审查范围。近年来,美国的外资安全审查制度显示出越来越明显的保护主义倾向,美国政府以"国家安全"为由对外资进行更严格的审查成为常态,特别是对中国企业的投资采取了更为谨慎的态度,并通过一系列措施限制中国资本进入美国市场。这不仅对国际投资造成了实质性冲击,也形成了负面的示范效应,英国、澳大利亚、加拿大、德国、日本等国相继效仿,开始建立或修订外资审查机制,严重影响了各国海外高科技投资并购和企业的正常经济活动。

---

① 参见韩秀丽:《再论卡尔沃主义的复活——投资者—国家争端解决视角》,《现代法学》2014 年第 1 期,第 128 页。
② 参见王东光:《国家安全审查:政治法律化与法律政治化》,《中外法学》2016 年第 5 期,第 1308—1310 页。
③ 参见黄洁琼:《论比例原则在外资国家安全审查中适用》,《河北法学》2020 年第 10 期,第 152—165 页。

（二）欧盟和欧洲国家

1. 欧盟

欧盟于 2019 年出台《欧盟外国直接投资审查条例》[Foreign Direct Investment (FDI) Screening Regulation 2019/452(EU)]，在欧洲区域层面构建了外资安全审查体制，使得外国投资者进入欧盟面临更加严格的审查，条例的颁布标志着欧盟外资安全审查制度趋向保守。[1] 依据条例规定，各成员国可根据本条例出于安全或公共政策的考虑，维持、修改或建立对其境内外国直接投资的审查机制。欧盟外资安全审查体制有三个特点。

第一，确立了"双轨制"安全审查制度。条例规定了欧盟和成员国间的联络点机制，欧盟与成员国之间形成了实际意义上的"双轨制"安全审查机制。根据该条例，接受外资的成员国（东道国）需要将具体外资项目的审查监管措施通知欧委会和其他成员国。欧委会和其他成员国可以在收到通知后 35 天内提出意见，东道国再进行信息反馈、解释，并作出最终决定。此外，如果东道国没有安全审查机制，则应在每年 3 月 31 日前向欧委会报告其境内外国投资情况。为了确保协调机制的有效性，欧委会应参与协调，以确保对外国投资进行审查的标准在整个联盟范围内保持一致。[2]

第二，强化了欧盟外资安全审查的权力。条例序言指出，外国直接投资属于共同商业政策范畴，该条例的立法基础是《欧洲联盟运行条约》(Treaty on the Functioning of The European Union, TFEU)，《欧洲联盟运行条约》第 3 条规定欧盟在共同商业政策上拥有专属权限。欧盟在该领域拥有立法权，即使安全审查的最终决定权保留给了投资东道国，但成员国适用外资安全审查机制必须确保其符合欧盟法律要求。

---

[1] 参见廖凡：《欧盟外资安全审查制度的新发展及我国的应对》，《法商研究》2019 年第 4 期，第 188 页。

[2] See EUROPEAN COMMISSION: Proposal for a Regulation of the European Parliament and of the Council on the Screening of Foreign Investments in the Union, https://eur-lex.europa.eu/legal-content/EN/TXT/?uri=CELEX:52024PC0023, p. 2, 2023-12-31, 2024 年 11 月 2 日最后访问。同时参见冷帅：《欧盟外资监管和安全审查立法的评估与应对——基于〈建立外国直接投资监管框架条例〉的分析》，《现代法学》2019 年第 6 期，第 196 页。

第三,扩大了外资安全审查范围。条例增加了外资安全审查的考量因素,使得对外资安全的审查更加谨慎。如条例的第 4 条涉及外国直接投资对国家安全和公共秩序的影响评估。这些条款扩展了安全审查的范畴,加强了对外国投资的监管力度,尤其是在关键基础设施、关键技术、敏感信息获取等领域的投资审核更加严格。①

2. 德国

2013 年 6 月,德国联邦通过《对外贸易与支付法》(Foreign Trade and Payments Act)(AuBenwirstchaftsgesetz,AWG),规定在外贸与支付交易中,为确保国家基本安全利益,政府对受到限制和附加责任的法律交易和行为依法规制。随后《对外贸易和支付条例》(Foreign Trade and Payments Ordinance)(AuBenwirtschaftsverordnung,AWV)颁布,该条例是德国对外经济活动的重要法律规范,涉及国际支付、外商投资审查以及出口管制等方面的法律义务和程序。条例授予德国联邦经济与气候保护部(Bundesministerium für Wirtschaft und Klimaschutz,BMWK)对于非欧盟企业的并购交易是否威胁德国的公共安全或秩序进行审查的权力。根据欧洲法院的解释,所谓公共安全或秩序是指危机情况下的供应安全、电信安全和供电行业、具有战略意义的服务行业的供给安全。②

2017 年 7 月,德国政府通过《对外贸易和支付条例》修正案,明确了国家安全审查的范围及领域。根据该修正案,德国建立了对外资安全审查的强制申报制度,规定外国投资者收购涉及安全敏感领域的德国企业必须向德国经济部进行申报。近年来,德国对《对外贸易和支付条例》进行了多次修订,以加强对敏感行业和关键技术的投资审查。③ 修正案扩大了敏感行业的范围,包括侦察以及与军事相关的辅助性行业,如目标监视和跟踪系统、军用电子设备等。

---

① 参见吕东睿:《欧美外资安全审查制度的新发展及对我国的借鉴》,《法律研究》2024 年第 2 卷,第 146—147 页。
② 参见黄萌萌:《德国投资安全审查制度的调整及其影响》,载周弘、黄平、田德文主编:《欧洲发展报告(2018—2019)》,社会科学文献出版社 2019 年版,第 227 页。
③ 参见商务部:《对外投资合作国(地区)指南(德国)》,https://www.mofcom.gov.cn/dl/gbdqzn/upload/deguo.pdf,2024 年 11 月 5 日最后访问。

3. 荷兰

2023年6月荷兰《投资、兼并与收购安全测试法》（Investments, Mergers and Acquisitions Security Test Act）（Wet veiligheidstoets investeringen, fusies en overnames, Vifo Act）正式生效，允许投资审核局（Bureau Toetsing Investeringen, BTI）审查外国技术投资并以国家安全为由限制投资规模或阻止收购，旨在保护知识密集型公司免受不必要的知识转移。无论收购方是否来自荷兰，只要被收购公司与荷兰存在实际关联，如该公司由荷兰进行管理，或在荷兰进行生产或研究等，交易将适用于法案且必须向投资审核局报告。法案的特色在于适用于涉及敏感技术的重要提供者、企业园区运营者或重要基础设施提供者的并购交易。根据荷兰国防部的声明，如果某项交易引发国家安全方面的担忧，荷兰能够阻止外国公司收购在关键领域运营的荷兰本土公司。根据《投资、兼并与收购安全测试法》的规定，敏感技术包括双重用途产品、部长令指定的军品和技术，如量子技术、光子技术、半导体技术等。此外，其他类别的技术也可以通过政府法令被定义为"敏感技术"。[①] 为避免敏感技术泄露至中国，投资审核局出于国家安全的考虑审查了中国芯片制造商安士半导体公司（Nexperia）对荷兰芯片公司诺维公司（Nowi）的收购，最终认为诺维公司的技术不属于双用途技术，不会对国家安全构成威胁，因此没有阻止这笔交易。[②]

（三）英国和英联邦国家

1. 英国

英国作为老牌资本主义国家，其对外资审核制度比较完善。英政府在2017年发布《国家安全和基础设施投资审查报告》[National Security and Infrastructure Investment Review（Green Paper）]宣布对外国直接投资国家安全审查政策实施改革，提出国家安全审查程序和竞争评估程序相分离的改革目标。2018年发布《国家安全与投资：立法改革磋商》（The National

---

① 参见深圳市商务发展促进中心（深圳市世贸组织事务中心）：《贸易相关措施与法律服务简讯》，2023年第25期，http://commerce.sz.gov.cn/attachment/1/1400/1400536/11081215.pdf，2024年11月5日最后访问。

② See Journal of Law & Commerce, Vol. 42, No.1(2023). ISSN: 2164-7984 (online) DOI 10.5195/jlc. 2023.268. at http://jle.law.pitt.edu，2024年11月3日最后访问。

Security and Investment: A consultation on Proposed Legislative Reforms, White Paper),全面阐述了英国关于外商直接投资国家安全审查机制的长期改革设想。2021 年,英国国会通过了《国家安全和投资法》(National Security and Investment Act,NSI),授予英国政府以国家安全为由审查外国投资的权力,开启了英国政府独立的外商投资审查程序。在特定敏感领域进行的特定交易需要主动向英国商业、能源和工业战略部的投资安全部门进行强制申报。

法案特别针对 17 个关键经济领域,要求外国投资者在进行并购或投资时必须进行强制性申报,这些领域包括先进材料、人工智能、民用原子能等。如果外国企业或个人计划或已经行动,拟直接或间接控制这些领域内的实体、资产或权益,或取得对有关权益的影响力和控制权,都必须提前向英国政府有关部门申报,经批准方可进行并购,未经批准的交易将被视为无效并受到处罚。除了强制申报外,对于未达到强制申报标准但可能存在国家安全风险的交易,交易方也可以选择自愿申报。如果国务大臣有合理理由怀疑某项交易可能造成国家安全问题,即使该交易不需要强制申报,也可以进行主动介入调查(call-in)。政府可以为防止、补救或减轻对国家安全的风险,发布其认为合理必要且相称的任何命令。[①] 这一法律框架的建立标志着英国外商投资审查制度的重大转变,使其更加主动、直接和广泛地介入审查。

2. 澳大利亚

在澳大利亚负责监管和审查外国投资者在澳投资的机构是外国投资审批委员会(Foreign Investment Review Board,FIRB),由其审查外国投资提案,评估其对澳大利亚国家利益的影响,并向澳大利亚财政部提供建议。

近十年,澳大利亚政府就外资管理颁布多部法规政策,其中有两次重大改革。第一次重大改革涉及两个重要条例:《外国收购与接管条例》(Foreign Acquisition and Takeover Regulation 2015)和《外国收购与接管条例修正案(政府基础设施)》(Foreign Acquisitions and Takeover Amendment (Government

---

① 参见中国贸促会产业促进部、中国贸促会研究院:《英国营商环境报告》,载中国贸易促进会网 2024 年 5 月 29 日,https://www.ccpit.org/image/1273893138053726209/6ddef15fbdac4c56b2369a8c70b0b091.pdf,2024 年 11 月 7 日最后访问。

Infrastructure)Regulation 2016)。2015 年的条例通过设立专门机构和降低审查门槛加强了对房地产和农业领域的外资审查力度,2016 年的条例修正案针对海外借贷、媒体行业收购、未上市澳大利亚土地企业收购、不增加股权的收购等行为做出了详细的规定。

根据外国投资审批委员会发布的《澳大利亚外国投资审查框架重大改革摘要》(Major Reforms to the Foreign Investment Review Framework),2017—2019 年世界最大的十个经济体中有九个经济体通过修正或颁布新政策,加强了对涉及核心安全利益的外国投资的审查。在此背景下澳大利亚完成了第二次重大改革,即 2020 年颁布的《外国投资改革(保护澳大利亚国家安全)法案》[Foreign Investment Reform(Protecting Australia's National Security Act 2020)],该法案针对涉及国家安全的投资赋予澳大利亚政府再次审查已被许可投资的权力。法案中引入国家安全测试是一大亮点,安全测试考察维度包括"国家安全""竞争""澳大利亚政府其他政策""对经济和社群的影响""投资者特点"等。① 经过两次重大改革,澳大利亚外资安全审查制度变得愈加严格。

3. 加拿大

加拿大因其丰富的自然资源长期以来是受外资控制程度最高的国家之一。外资对加拿大产业的高度渗透造成加拿大产业结构的失调及整个经济发展的不平衡。基于此,1973 年国会通过《加拿大投资审查法案》(Foreign Investment Review Act,FIRA),建立了对外国投资进行逐一筛选的外资审查制度,并确定了"显著利益(significant benefit)"审查原则,要求外国投资者必须证明其投资对加拿大具有或可能具有显著利益,法案授权外国投资审查局(Foreign Investment Review Agency,FIRA)具体适用这一审查原则。1984 年国会通过《加拿大投资法》(Investment Canada Act,ICA),取代了 FRIA,采用比"显著利益"标准更低的"净效益"(net benefit)标准为审查核心的外资投资审查制度,对外资更为友好。2009 年 ICA 的细则《国家安全审查条例》(National Security Review of Investments Regulations)颁布,

---

① 澳大利亚政府官网,Australian Government, Foreign Investment Reform (Protecting Australia's National Secunty) Act 2020, https://www.lefslction.gov.au/c2020Aoo114/latest/taxt,2025 年 2 月 23 日最后访问。

具体规定国家安全审查各个阶段的期间以及相关行政主体的权责,以确保《加拿大投资法》有效实施。

加拿大的"净效益"外资审查标准是一大亮点,对于非国有企业投资者和 WTO 成员投资者发起的取得加拿大业务控制权的直接投资采用的是"企业价值"计算法;对于国有企业投资者和非 WTO 成员投资者发起的并购投资采用的则是"账面价值"计算法。企业价值用来评估并购业务潜在利益,等于股权收购业务所要付出的金额与被收购业务资产负债表上金额之和减去其现金资产后的总额,账面价值则是账面余额之和减去相关备抵项目后的净额。前者是一种动态的评价,可以更直接反映现代经济中以服务和知识、技术为基础产业的重要性。有的价值如人、知识产权和其他无形资产的价值往往不能通过账面反映出来,因而企业价值的计算方式更能满足现代经济发展的需要。双重价值即账面价值和企业价值的分别使用,有利于实现对不同产业的外国投资进行更为有效的评估。①

总体来看,在与外国投资者的利益冲突中,东道国的外资安全审查立法和改革制度体现了审查行为的法律基础的强化、审查主体的专业化与独立化、审查标准细化以及审查对象范围明确化的趋势,同时伴有审查门槛降低、审查频率增加以及对特定领域重点关注等特点。更加严格和系统化的立法和改革反映了东道国在应对国家安全威胁、保护战略产业以及维护国家公共利益的情况下,更加重视国家安全和经济自主权,通过强化涉外投资行政规制权以更为有效地应对外国投资带来的挑战。

第三节 双向兼顾下的行政法律控制

行政法平衡论认为,公共利益和个人利益的差别与冲突是现代社会最普遍的现象,正确处理这些利益关系应当是双向兼顾。双向兼顾下的涉外

---

① See Innovation, Science and Economic Development Canada, Investment Canada Act: Annual Report 2015-2016, p.4. 同时参见加拿大商参处:《加拿大能源政策的演变》,载国际能源网 2006 年 6 月 27 日, https://m.in-en.com/article/html/energy-18163.shtml,2024 年 11 月 7 日最后访问。

投资行政规制权需要有法律明确授权,其行使应遵循正当程序和行政比例原则。

一、涉外投资行政规制需有法律更为明确的授权

(一)审查范围

涉外投资行政规制行为,无论是制定涉外投资规范性文件抑或实施具体行政行为,都需要法律的明确授权。以外资安全审查行政规制为例,作为外商投资中预防和化解国家安全风险的重要制度,特别需要有明确的法律授权。《中华人民共和国外商投资法》(2019年)第三十五条仅在法律层面确定了外商投资安全审查制度的合法性。由国家发展改革委、商务部共同出台的《外商投资安全审查办法》(2020年)属部门规章,法律层级较低。该办法规定对投资关系国家安全的重要农产品、重要能源和资源、重大装备制造、重要基础设施、重要运输服务、重要文化产品与服务、重要信息技术和互联网产品与服务、重要金融服务、关键技术以及其他重要领域的投资进行审查,但对若干"重要"行业如"重要基础设施""重要文化产品"以及"关键技术"等概念缺乏法律界定,需要进一步明确提升审查范围的透明度。

(二)审查主体

《外商投资安全审查办法》第三条规定:"建立外商投资安全审查工作机制(以下简称工作机制),负责组织、协调、指导外商投资安全审查工作。工作机制办公室设在国家发展改革委,由国家发展改革委、商务部牵头,承担外商投资安全审查的日常工作。"该办法并没有提到审查主体的确切构成,以及部门间的工作职责与协同工作机制。外商投资审查涉及军事、国防、能源、资源、数据科技、文化等诸多领域,具有专业性、系统性、复杂性的特点,通常需要不同主管部门和不同领域的专家投入审查。当工作机制涉及多部门共同审查时,需要明确各部门权责分配。另外,国家发展改革委和商务部共同作为牵头部门,如何确定两者职能分工,避免两部委职能交叉时审查漏洞风险,以及审查不力的责任承担问题都需要相关法律进一步明确。

二、以正当程序规范涉外投资行政规制权

无程序保障,实体正义也就无从谈起。正当程序原则要求审查机关在

行使审查权力时必须遵循正当程序,同时应当听取当事人的意见,为当事人寻求救济提供法理依据。① 正当程序原则起源于英国1215年《自由大宪章》(Magna Carta),在美国体现于美国宪法第五和第十四修正案,是美国法律的重要内容,并对世界其他国家法律的制定和发展产生重大影响。我国立法首次将程序违法和实体违法放在了同等重要的位置的标志是1989年《行政诉讼法》第54条的规定,法院如果发现具体行政行为存在着程序违法的情形时,无须审查该具体行政行为的结果是否合法,可以直接判决撤销或者部分撤销该具体行政行为。2015年,中共中央印发了《法治政府建设实施纲要(2015—2020年)》,"程序正当"被确定为推进行政决策科学化、民主化、法治化,全面提高政府工作人员法治思维和依法行政能力的目标之一。

(一) 审查程序的合法化

涉外投资行政规制涉及的核心问题是东道国国家利益与涉外投资者利益的博弈。以外资审查制度为例,行使行政规制权的主体是审查机构,而被审查的是取得投资企业实际控制权的私人投资者。行政规制的本质是行政权的运行,而行政权的运行要受到法律的控制。从控权的角度出发,外资安全审查行为应符合正当程序原则。经济合作与发展组织(Organization for Economic Co-operation and Development,OECD)发布的《投资接受国与国家安全相关的投资政策指南》(Guidelines for Recipient Country Investment Policies Relating to National Security)中提出对外国投资进行安全审查以及政府高层作出重要决定时,应当考虑各种监督方式,例如政府内部的监督、议会监督、司法审查和定期的监督评估等程序,保障执行机关贯彻问责制的执行。② 外商投资安全审查程序的设置应当以正当程序原则为指引,在审查程序启动前和启动后依法展开告知、说明理由、听取意见、信息公开、权利救济等事项。基于此,我国需要完善审查权力的监督机制。工作机制办公室作出的外资安全审查决定,需要向国务院进行备案,编制年度报告交予全国人大及其常委会,确保安全审查的合法性;在审查的各阶段,工作机制办公

---

① 参见王名扬:《英国行政法》,北京大学出版社2007年版,第151—152页。
② See OECD: Guidelines for Recipient Country Investment Policies Relating to National Security(2009), at https://www.businessatoecd.org/policy/investment-committee, 2024年11月4日最后访问。

室应当书面告知当事人审查关注的问题及所依据的公开信息及法律规定，还应给予当事人进行陈述、申辩的机会，保障当事人和公众的知情权。只有以正当程序规范涉外投资行政规制权的运行，才能提升外资审查的具体行政行为的透明度以及审查机构的专业性和权威性。

（二）审查行为的可诉性

在我国只有法院和行政复议机关可以依据《中华人民共和国行政诉讼法》和《中华人民共和国行政复议法》的规定，认定违反正当程序原则的行政执法行为无效。但根据《中华人民共和国外商投资法》(2019年)第三十五条的规定，依法作出的国家安全审查决定为最终决定，即我国外资国家安全审查机关作出的决定具有终局性，外国投资者不能对国家安全审查机关作出的审查决定提请行政复议或行政诉讼。这种外资安全审查决定的终局性正是国家涉外投资行政规制权强化的体现，不可诉的模式强调通过行政规制权控制外国投资者在国内的并购行为，避免其通过司法渠道挑战外资安全审查机关的权威性，以确保国家安全。

根据《外商投资安全审查办法》(2020年)的规定，针对特定领域的外商投资，应当由当事人向工作机制办公室申报，工作机制办公室作出不需要进行安全审查决定的，当事人可以实施投资。工作机制办公室决定对申报的外商投资进行安全审查的，则须按照审查结果的要求，开展投资活动。这种申报、审核、批准的行为在本质上就是我国行政机关做出行政许可的具体行政行为。我国目前实行的外商投资国家安全审查行政终局有相当的合理性，但从发展前瞻来看，从进一步保障相关行政相对人合法权益、监督外商投资国家安全审查行政权的行使的角度出发，将外商投资国家安全审查行为纳入到行政诉讼的受案范围，变行政终局为司法终局，在我国《行政诉讼法》(2015)的框架内存在合理的制度空间。因此，笔者认为，外商投资国家安全审查行政行为可以在未来有条件地纳入行政诉讼的受案范围。

三、以比例原则限制涉外投资行政规制权

（一）比例原则与有限政府

比例原则被誉为公法中的"皇冠原则"，要求行政机关行使权力的手段

要与行政目的之间保持适当的比例关系,不可超出必要的范围,以此制约自由裁量权的滥用。① 行政手段必须是必要且合法,对公众损害最小。比例原则反对国家权力过度介入私领域,其所蕴含的"适度性""均衡性"的考量因素,与市场经济中"有限政府"的理念一致。

比例原则作为公法领域的基本原则用以保护公民的基本权利,是对为维护公共利益、公共秩序而限制公民权利的国家权力的限制,适用于行政执法的各个领域。② 在涉外投资行政规制权的运行中,比例原则可以限制公权力在必要的情况下最低程度地介入私权,平衡国家利益和外国投资者利益,在维护国家利益的同时,最大限度地保护外国投资者利益和投资积极性。

(二)严谨适用禁止交易的措施

在涉外投资行政规制中,以外资安全审查为例,审查是东道国国内行政主体在外资管理领域的具体行政行为,行政相对人是外国投资者和国内相关当事人,直接影响到私主体的投资自由和财产权,因此外资安全审查和决策应适用比例原则。东道国综合各方因素评估审核外资对本国的影响,鉴于审查规则、范围和标准的模糊性,行政机关往往享有宽泛的自由裁量权,而比例原则的适用恰好可以规范这种自由裁量权。具体而言,行政机关在解除国家安全风险的条件下应选择对投资者利益损害最小的处理方式。从外资安全审查的实践来看,往往对投资实施附加条件,如剥离外国人控制权、股权削弱等,尽量不适用极端方式如直接国有化的方式处理。概言之,在涉外投资行政规制中,行政主体应适用比例原则,在外资安全审查过程中,应以必要性为原则,平衡行政规制的目的与规制手段,采取对行政相对人权益侵害最小的方式,严谨适用禁止交易的措施。

涉外投资领域的法律关系有其特殊性,涉及的两大主体即主权国家与私人投资者的地位并不平等。主权国家为获取先进的生产要素、推动制度改革和技术创新引进外国投资;而私人投资者的天然趋利性使得其更多关注自身经济利益,忽略东道国的公共利益。双方在追求各自权益的过程中

---

① 参见黄学贤:《行政法中的比例原则研究》,《法律科学(西北政法学院学报)》2001年第1期,第72页。
② 参见梅扬:《比例原则的适用范围与限度》,《法学研究》2020年第2期,第65页。

形成难以避免的冲突,这种"公私冲突"始终贯穿于国际投资法从规则制定到纠纷解决的整个过程。涉外投资行政规制行为在法律性质上可以归于抽象行政行为和具体行政行为,就其本质上来说是行政权的运行状态或结果。习近平总书记也提到,要将权力关进制度的笼子里,强调法治的价值观在于公平正义和维护人民权益。[1] 为了实现这种平衡,权力必须被法律赋予合法性,权力行使的范围、内容、方式、程序、后果要由法律规定。涉外投资行政规制权同样适用"牢笼"理论,规制权的获得与行使要有法律明确的授权,这具体体现为涉外投资行政规制主体资格由特定法律授权,在涉外投资领域的规制范围、对象、标准、程序要有法律依据,规制行为在法律框架下受监督,从而保证规制权不被滥用。另外,把正当程序原则和比例原则嵌入涉外投资行政规制行为,在保证规制行为的透明性、促进外国资本的有效利用的同时,维护本国的国家安全和公共利益亦是一项值得长久探讨的课题。

---

[1] 参见《习近平在二十届中央纪委四次全会上发表重要讲话强调 坚持用改革精神和严的标准管党治党 坚决打好反腐败斗争攻坚战持久战总体战》,载中华人民共和国商务部网 2025 年 1 月 6 日,https://www.mofcom.gov.cn/syxwfb/art/2025/art_62845d23fb3e444c95b3970a65c38414.html,2025 年 1 月 16 日最后访问。

第十三章

涉外数据规制领域的行政法前沿论题
——基于数据出境规制视域

如本书第一章所界定,涉外经济行政法是本国对外维护经济领域核心利益和参与全球经济治理的制度基础。涉外经济行政法中的"涉外"一词具有双重内涵,即本国在经济行政中所涉及的"外国因素",以及本国参与全球经济法律治理过程中所涉及的"国际因素"。涉外经济行政法是调整涉外经济行政关系和监督涉外经济行政关系的法律规范和原则的总和。本章的写作亦基于上述的界定展开。涉外经济行政法映射在数据领域,主要体现在:一是数据具有流动性,在中国境内的数据基于各种原因存在出境的可能性,同时境外的数据亦可能流动至中国境内;二是中国数据领域相关法律规定的域外适用,即在某些情形下,域外的数据处理活动亦需受到中国法的规制,某种意义上亦可理解为中国在数据领域的"长臂管辖";三是对数据安全和隐私保护的治理天然具有国际化因素,需要参与全球的数据合作治理,中国必然需要参与此种治理。

其中,需要明确的是,关于数据领域相关规定的域外适用,我国并非个例,欧美个人数据保护及境外数据获取的最新立法均体现出强烈的域外适用倾向。前者以欧盟《通用数据保护条例》为代表扩大属人主义原则的运用,并将"目标指向"或"消极人格"标准引入数据法规;后者以美国《澄清域外合法使用数据法》(the Clarifying Lawful Overseas Use of Data)为典型,通过扩张本国对数据控制者的联系进行数据执法。同样地,中国的数据领域法律亦注重域外效力问题,例如《中华人民共和国个人信息保护法》的域外效力是指本国的个人信息保护法可以适用于在本国境外发生的处理个人信息的活动。这种域外效力的设置主要是为了保护本国公民的个人信息权益,同时也有助于维护国家安全和公共利益。根据《中华人民共和国个人信息保护法》(2021年)第三条,组织、个人在中华人民共和国境内处理自然人个人信息的活动适用中国《中华人民共和国个人信息保护法》,即信息处理活动发生地在中国境内,此情况下的个人信息不限于中国境内自然人的个人信息。此外,在中国境外处理中华人民共和国境内自然人个人信息,且有以下情形之一的,也适用中国《中华人民共和国个人信息保护法》:以向境内自然人提供产品或服务为目的;分析、评估境内自然人的行为;法律、行政法规规定的其他情形。①

数据跨境相关的涉外数据规制,既包括中国的监管部门对数据出境和数据入境的监管,又包括数据法律的域外适用规制,还包括中国在参与全球数据治理中的行为。本章将重点针对数据出境问题进行研究。

数据出境,主要指在中国境内的数据处理者通过网络及其他方式(如物理携带),将其在中国境内运营中收集和产生的数据,通过直接提供或开展业务、提供服务、产品等方式提供给境外的组织或个人的一次性活动或连续性活动。《中华人民共和国网络安全法》《中华人民共和国数据安全法》《中华人民共和国个人信息保护法》所确立的数据安全出境评估制度,是重要国家数据安全出境的评估法律制度。2022年7月7日,国家网信办公布《数据出境安全评估办法》(以下简称《办法》),并于2022年9月1日起施行。《办法》(2022年)第一条规定,"为了规范数据出境活动,保护个人信息权益,维护国家安全和社会公共利益,促进数据跨境安全、自由流动,根据《中华人民共和国网络安全法》《中华人民共和国数据安全法》《中华人民共和国个人信息保护法》等法律法规,制定本办法"。

数据出境安全评估体现了总体国家安全观,其中"规范、保护、维护、促进"这四个关键词在立法目的中是一种递进关系,规范数据出境活动是核

---

① 《中华人民共和国个人信息保护法》(2021年)第三条规定:"在中华人民共和国境内处理自然人个人信息的活动,适用本法。在中华人民共和国境外处理中华人民共和国境内自然人个人信息的活动,有下列情形之一的,也适用本法:(一)以向境内自然人提供产品或者服务为目的;(二)分析、评估境内自然人的行为;(三)法律、行政法规规定的其他情形。"

心,只有在规范数据出境活动的基础上,方能保护个人信息权益和维护国家安全和社会公共利益,从而实现促进数据跨境安全和自由流动之目的。

数据入境,与数据出境在内涵和链路上相反,但是因为数据入境在一般情况下不会对中国构成安全隐患,相反主要会带来价值,因此在相关的管制方面是淡化的,事实上并无实质限制,而主要受制于数据主体母国的监管规定。因此本章不就数据入境问题进行分析,而是重点分析数据出境中的规制问题,亦对数据出境中的重要场景即人工智能训练数据的问题作出一定的针对性分析。

第一节 全球与中国数据跨境治理概述

一、全球数据治理背景和现状

科技的迅猛发展使得数据成为第五大生产要素,数据被视为数字经济深化发展的核心引擎,已成为一国发展经济、参与国际竞争的基础性、战略性资源。数据的价值在于流通和利用,数据加速跨境流动和国内以及全球数据市场的形成是数字经济全球化的必然发展趋势,这也为全球数字治理提出更多挑战。伴随数据经济价值的不断挖掘,数据安全、算法风险、人工智能伦理、数字监控等问题日益凸显,一系列复杂的挑战横亘在全球发展的道路上,其能否得到妥善解决将深刻影响着数字经济全球化的发展进程。

如今,数字化生存成为人们主要的生活样态,数据作为载体具有巨大的开发利用价值,蕴藏着海量的个人信息和关乎国家安全的重要内容,在数据跨境流通过程中,数据不仅是驱动数字经济的核心要素,也是国家进行政治决策与应对全球性挑战不可或缺的重要资源,监管体系的缺陷可能为国家带来巨大的数据主权风险。因此,各国均意识到数据治理的重要性并展开战略性布局,不仅结合国家数字经济发展现状加速制定数据流通规则,更积极参与数字经济治理与数字规则的制定,力求掌握全球数字经济竞争中的话语权。

近年来，世界各国均高度重视数据安全、数据治理、隐私保护、数据利用等问题，实施诸多立法改革举措，完善本国法律体系，并积极参与数据规制的国际合作，力求以更加高效、科学的方式解决数字经济领域的复杂问题。从国际数字经济竞争的战略布局来看，美欧等发达国家和地区在数字经济领域起步较早，已经逐步建立起符合自身优势和特点的数据治理模式，并致力于推广自身规则标准，在全球数据要素治理规范标准的制定中抢占话语权。欧盟自2018年起实施《通用数据保护条例》，作为全球最为严格的数据保护法规之一，《通用数据保护条例》在对数据的收集、处理、存储和传输等方面对数据控制者和数据处理者提出了严格要求，并在设立了高额罚款以确保法规的执行的同时，给予数据主体对其数据更大的控制权，确保数据处理的透明度和合法性。《通用数据保护条例》所建立的数据保护机制对各法域的数字治理进程产生了深刻影响，目前已有15个国家或地区获得了其充分认定。如巴西的《通用数据保护法》(Lei Geral de Proteção de Dados, LGPD)、日本的《个人信息保护法》(Act on the Protection of Personal Information, APPI)以及韩国的《个人信息保护法》(Personal Information Protection Act, PIPA)等，都是参照欧盟的《通用数据保护条例》标准来制定的，欧盟亦在《欧盟标准化战略——制定全球标准以支持弹性、绿色和数字化的欧盟单一市场》(An EU Strategy on Standardisation—Setting global standards in support of a resilient, green and digital EU single market)中强调将加大推广其自身所制定标准成为全球基准的力度。① 美国则在其数字经济发展龙头的地位下通过七国集团(Group of Seven)、"印太经济框架"(Indo-Pacific Economic Framework, IPEF)、"东盟-美国特别峰会"(ASEAN-U. S. Special Summit)等形式积极推广数据自由流动、数据隐私保护理念，促使各国调整治理政策，使其与美国的治理规则相匹配，减少数据国际贸易的阻碍。此外，美国积极构建其主导下的数据治理同盟阵营，通过2015年加入《跨太平洋战略经济伙伴关系协定》、2018年签订《美墨加贸易协定》等方式将美国对数字经济发展的影响力辐射全球。近年来，美欧在博

---

① 参见靳思远:《全球数据治理的DEPA路径和中国的选择》，《财经法学》2022年第6期，第99页。

弈的基础上也为了共同利益达成一定的妥协与协作,如 2000 年签订现已废除的《安全港协议》(Safe Harbor),2016 年达成的《隐私盾协议》(Privacy Shield),以及于 2022 年最新缔结的《跨大西洋数据隐私框架》(Trans-Atlantic Data Privacy Framework),为美欧数据管辖争端提供新的解决方案,展现美欧双方在面对分歧时所达成的相互让步,充分表明了它们在跨大西洋区域数字经济领域内寻求共同发展的坚定意愿。①

中国是全球第二大经济体,是全球数据治理的重要参与者,我国在数字经济技术与法治建设方面虽然起步较晚,但追赶速度迅猛。我国数据要素市场治理同样面临诸多问题与风险,并致力于在激烈竞争中学习和探索科学应对之道,与国际标准和国际治理步伐相衔接。在全球数字经济战略博弈的进程下,中国作为一个发展中大国,其路径与美国崇尚的自由主义市场经济传统及欧盟强调的欧洲人权优先理念存在显著差异。我国的数字经济治理工作在激烈的全球数字经济博弈中恪守数据安全这一基石,坚定不移地倡导数据主权原则,这一立场根植于对数据安全重要性的深刻认识与战略考量,在保障数据安全的基础上寻求高效的治理路径是涉外数据规制领域行政法发展完善的根本遵循。

二、中国数据治理变迁

承前所述,自 2017 年《中华人民共和国网络安全法》正式生效以来,我国的数据领域立法不断加速,2021 年《中华人民共和国数据安全法》《中华人民共和国个人信息保护法》颁布生效,它们与《中华人民共和国网络安全法》一同构成了三位一体的数据领域法律保障体系。与此同时,数据要素的流通利用也日益受到重视,2022 年随着"数据二十条"的公布以及国家数据局的成立,数据的合规流通和利用及其相应的价值实现成为发展数字经济的关键点。在数据跨境领域,我国为有效防范无序数据出境活动所带来的潜在风险,切实保护个人信息权益,坚决维护国家安全和社会公共利益,同时促进数据的安全与自由流动,逐步且系统地构建了一套完善的数据出境监管

---

① 参见徐凌验:《全球跨境数据治理态势与启示》,《中国经贸导刊》2024 年第 7 期,第 73 页。

规则体系,确保数据在跨境传输过程中的合法合规性,为数据的国际交流与合作奠定坚实的基础。《数据出境安全评估办法》《个人信息出境标准合同办法》以及《个人信息保护认证实施规则》等一系列规章制度相继出台,共同构成了以安全评估、标准合同备案和个人信息保护认证为核心的数据出境监管框架。

数据出境安全评估与标准合同备案制度作为数据出境监管领域的重大制度创新,自其正式实施以来,有效缓解了我国此前数据跨境流动过程中安全保障缺失、监管机制不健全以及无序流动等问题。这一制度的建立与实施,不仅为数据跨境流动提供了明确的法律框架与操作指南,还显著提升了数据出境活动的透明度与规范性。然而,在实际操作中,这些制度亦不可避免地存在执行上的挑战与困境。具体而言,事前监管审批流程的设置,虽然确保了数据出境活动的严格把关与风险防控,但同时也给企业及监管部门带来了较为显著的人力与物力资源负担。企业为了满足数据出境的需求,往往需要投入大量的人力与时间成本来准备相关材料,并经历烦琐的审批流程。监管部门则面临着大量递交材料的审核压力,这不仅增加了其工作负担,还可能导致审批周期的延长,进而影响了审批效率,这给企业的经营决策带来了巨大的风险和挑战。一方面,长时间的审批可能导致企业错失市场机遇,影响其在全球范围内的竞争力;另一方面,审批结果的不确定性也可能给企业的战略规划与决策带来困扰,增加了其业务发展的不确定性。

随着数据出境实践的不断深入与拓展,国家及地方各级网信部门通过持续的监管与评估,对各行业数据出境活动的风险有了更为深入的了解与全面的把握。基于实践经验与风险防范认知的不断提升,国家互联网信息办公室积极应对数据出境工作的最新动态与实践需求,国家网信办在征求意见稿公布半年后,于2024年3月22日发布了《促进和规范数据跨境流动规定》(以下称"新规"),旨在在原有数据出境监管体系的基础上,对数据出境监管体系进行更加全面而深入的更新与完善。新规整体呈放宽趋势,对数据跨境的各类具体场景提供了较为明确的指引,对个人信息和重要数据的跨境流动的认定及监管作了大量豁免性规定,明确不同种类数据的不同合规要求,极大地降低了相关企业的合规成本。

第二节 现行法律法规下数据出境的规制

一、《促进和规范数据跨境流动规定》出台后数据出境的主要变化

(一) 新规出台后金融机构数据出境路径图示与思维导图

新规的出台为数据出境治理工作带来新局面,在明确界定了免于申报数据出境安全评估的具体情形、详细阐述了订立个人信息出境标准合同的必要条款,并通过个人信息保护认证为数据出境活动设立了严格而清晰的条件后,相关政策对于前期企业在数据出境合规工作中遭遇的诸多难点与瓶颈给予了实质性的"松绑",释放了"促进数据依法有序自由流动"的积极信号,数据出境正式进入了"2.0时代"。图13-1、表13-1、表13-2对新规所形成的数据出境监管体系及其合规路径进行了细致梳理。

表13-1 不同情形下企业数据出境的路径判断(1)

无须受到数据跨境监管	不包含个人信息或者重要数据
无须履行前置审批程序,但需具备个保法的合法性基础	a) 境外收集和产生的个人信息过境的; b) 为订立、履行个人作为一方当事人的合同,确需向境外提供个人信息的; c) 按照依法制定的劳动规章制度和依法签订的集体合同实施跨境人力资源管理,确需向境外提供员工个人信息的; d) 紧急情况下为保护自然人的生命健康和财产安全,确需向境外提供个人信息的; e) 关键信息基础设施运营者以外的数据处理者自当年1月1日起累计向境外提供不满10万人个人信息(不含敏感个人信息)的; f) 自由贸易试验区负面清单外的数据出境的
应当申报数据出境安全评估	a) CIIO向境外提供个人信息或者重要数据; b) CIIO以外的数据处理者向境外提供重要数据; c) CIIO以外的数据处理者自当年1月1日起累计向境外提供100万人以上个人信息(不含敏感个人信息); d) CIIO以外的数据处理者自当年1月1日起累计向境外提供1万人以上敏感个人信息

续 表

应当订立个人信息出境标准合同或者通过个人信息保护认证	a) 关键信息基础设施运营者以外的数据处理者自当年1月1日起累计向境外提供10万人以上、不满100万人个人信息(不含敏感个人信息); b) 关键信息基础设施运营者以外的数据处理者自当年1月1日起累计向境外提供不满1万人敏感个人信息

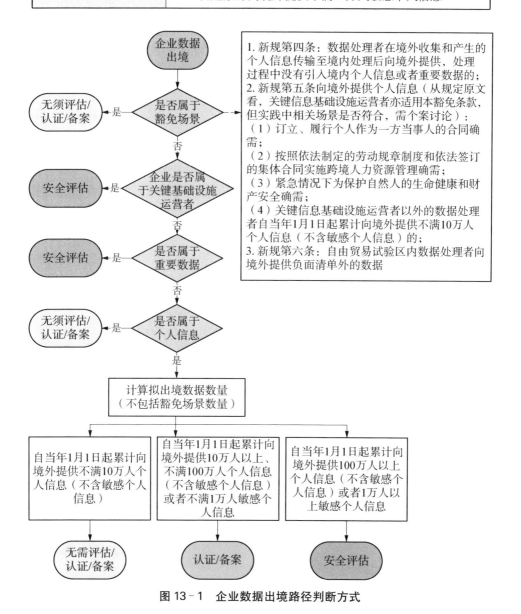

图 13-1　企业数据出境路径判断方式

表 13-2①　不同情形下企业数据出境的路径判断(2)

类别	特殊情况	个人信息	敏感个人信息	重要数据	其他数据
CIIO	a) 境外收集和产生的个人信息过境的；	无论数量或周期	无论数量或周期	无论数量或周期	无论数量或周期
非CIIO	b) 为订立、履行个人作为一方当事人的合同,确需向境外提供个人信息的； c) 按照依法制定的劳动规章制度和依法签订的集体合同实施跨境人力资源管理,确需向境外提供员工个人信息的；	自当年1月1日起累计向境外提供100万人	自当年1月1日起累计向境外提供1万人以上		
	d) 紧急情况下为保护自然人的生命健康和财产安全,确需向境外提供个人信息的； e) 自由贸易试验区负面清单外的数据出境的	累计向境外提供10万人以上、不满100万人	自当年1月1日起累计向境外提供不满1万人		

(二) 新规出台给数据出境带来的主要变化

新规的出台为数据流通和出境管理带来了几项关键性的变革,这些变革不仅结合现实需求优化了原有的制度框架,还为企业提供了更为明确的操作指南,是监管部门在数据安全与数据流动之间寻求平衡得出的答案。

其一,新规将重要数据的认定标准从"自行鉴别"转变为"被告知或者公开发布"。此前《中华人民共和国数据安全法》(2021年)第二十一条规定由各地区、各部门按照数据分类分级保护制度确定本地区、本部门及相关行业、领域的重要数据具体目录。但截至新规出台前,仅部分行业对此进行明确规定,其他地区、部门、行业或领域尚未明确其重要数据目录,企业在识别自身重要数据时往往缺乏有效的指导,难以依靠自身的理解和判断得到权威可靠的鉴别结论,这不仅增加了企业的运营成本,还为企业合规工作带来巨大的不确定性和经营风险。根据新规第二条的规定,如果数据未被相关

---

① 作者注:深灰色为无前置评估/无须受到跨境监管;浅灰色为需进行个人信息保护认证或标准合同备案;蓝色为需经安全评估。

部门、地区告知或者公开发布为重要数据，数据处理者就不需要将其作为重要数据申报数据出境安全评估。虽然新规规定企业仍具有识别和申报重要数据的义务，但这一变化显著减轻了企业自行鉴别重要数据的压力，在提高数据出境的效率和准确性的同时，更大程度上提升了数据出境监管的安全性。

其二，在个人信息出境三大制度的适用条件上，新规进行了重要的调整。过去，根据《数据出境安全评估办法》（2022 年）第四条的规定，只要数据处理者处理了 100 万人以上的个人信息，无论其实际向境外提供了多少个人信息，都需要申报数据出境安全评估。这一设定加重了企业合规义务履行的负担，限制了数据的跨境流动。新规将适用条件转变为关注数据出境数量，并根据数量的不同设置了不同的合规路径。① 具体来说，对于关键信息基础设施运营者以外的数据处理者，如果其自当年 1 月 1 日起累计向境外提供不满 10 万人个人信息（不含敏感个人信息），则无须履行数据出境三大制度；如果累计提供 10 万人以上、不满 100 万人个人信息（不含敏感个人信息），或者不满 1 万人敏感个人信息，则需要依法与境外接收方订立个人信息出境标准合同或者通过个人信息保护认证；如果累计提供 100 万人以上个人信息（不含敏感个人信息）或者 1 万人以上敏感个人信息，或者涉及重要数据，则需要通过所在地省级网信部门向国家网信部门申报数据出境安全评估。这一变化使得数据出境的合规路径更加清晰，也更加符合企业的实际需求。

其三，在数据出境监管口径方面，新规也体现了从"相对严格"到"适度豁免"的转变。与此前数据出境相关规定相比，新规针对数据出境的合法性和量级规模制定了豁免适用数据出境三大制度的规定，适当放宽了数据出境的合规要求。这一变化不仅体现了监管部门在保障数据安全的同时促进数据跨境流动的决心，也反映了我国在全球数字经济加速流通背景下加大

---

① 《促进和规范数据跨境流动规定》（2024 年）第八条规定："关键信息基础设施运营者以外的数据处理者自当年 1 月 1 日起累计向境外提供 10 万人以上、不满 100 万人个人信息（不含敏感个人信息）或者不满 1 万人敏感个人信息的，应当依法与境外接收方订立个人信息出境标准合同或者通过个人信息保护认证。属于本规定第三条、第四条、第五条、第六条规定情形的，从其规定。"

数据对外开放、提高数据资源利用率的发展态度。此外,新规还借鉴了国际数据领域的立法和实践经验,推动国内制度与世界数据安全保护标准相衔接,这将有助于我国数字经济与世界更好地接轨。值得注意的是,新规的出台并不意味着对数据出境的监管有所放松,而是标志着监管思路的转变。过去对数据出境监管着重强调事前监管的模式,新规出台后便转变为事前预防、事中监控与事后追责三者并重的全过程监管体系。在此过程中,企业作为数据出境的主体,其责任被更加鲜明地凸显出来,一方面能够享受到更多的自主权与操作灵活性,根据业务需求和经济效益灵活调整数据出境策略;另一方面,监管机构将不再直接为企业自主的数据出境活动提供背书或担保,企业需要重视数据出境合规学习,更加明确并承担起自己作为数据出境活动主体的责任,更加审慎地处理数据出境合规工作,进而确保每一项数据出境行为都符合法律法规的要求。

其四,设立自贸区负面清单制度,降低自贸区经营负担。新规规定自由贸易试验区在遵循国家数据分类分级保护制度的基础上,可以自主制定区内数据出境的"负面清单",并经省级网信及数据管理部门批准并备案后实施。自贸区内的数据处理者仅需针对负面清单内的数据履行安全评估、标准合同或认证等出境路径义务,清单外的数据则可免除该项义务。上海、天津等地的自贸区已先行发布了关于数据跨境流动分类分级管理制度的规定,如上海的临港新片区将数据分为核心数据、重要数据、一般数据三级,并制定了相应的重要数据目录和一般数据清单;天津则发布了企业数据分类分级标准规范,指导区内企业完成内部数据分类分级工作,并明确重要数据目录向主管部门报送。① 这些举措为自贸区内的数据出境活动提供了更为明确、便捷的数据出境操作指南。

新规对数据流通和数据出境的相关规定变化不仅优化了制度框架,提高了企业运营效率,还降低了监管机构的负担,以更加高效、有序、权威的监管方式在数据安全与数据流动之间寻求平衡。

---

① 《中国(天津)自由贸易试验区企业数据分类分级标准规范》(2024年)第八条对"数据分类分级程序"作出规定,其中第(一)项规定:"企业开展数据分类分级。企业根据本规范开展内部数据分类分级工作,形成企业数据目录,明确本企业重要数据,并向天津自贸试验区网络数据安全工作主管部门报送重要数据目录。"

二、现行法律法规下数据出境的三种路径

当前我国对企业个人信息和重要数据的跨境流动实施了严密的监管措施,这一监管框架的构建,旨在维护国家安全、公共利益以及个人合法权益。数据跨境流动安全管理制度的核心逻辑在于精准界定了其规制范畴和规制重点,即注重个人信息与重要数据的出境管理,将国家秘密信息、个人敏感信息及其他核心数据排除在数据出境范围外。具体而言,若数据出境行为不涉及个人信息或重要数据,则不受该制度的直接监管,企业可自由决定数据出境的场景与方式,无须履行数据出境安全评估、签订标准合同或获取相关认证等合规义务。

对于重要数据出境,数据安全的最高层次利益体现为对一国政治安全的维护。具体而言,数据出境不仅可能因非法获取国家信息而危及政治安全,即便出于商业目的的数据出境活动,也同样可能潜藏着对国家政治、经济安全的潜在威胁。重要数据是内蕴国家安全与公共利益的数据类型,重要数据监管则是数据安全保护理念更新与范式转型的产物。《中华人民共和国数据安全法》(2021年)第三十一条规定,关键信息基础设施的运营者在中华人民共和国境内运营中收集和产生的重要数据的出境安全管理,适用《中华人民共和国网络安全法》的规定;其他数据处理者在中华人民共和国境内运营中收集和产生的重要数据的出境安全管理办法,由国家网信部门会同国务院有关部门制定。《数据出境安全评估办法》(2022年)全面而系统地提出了我国数据出境"安检"的具体要求。其第二条明确规定,在出境数据涉及重要数据的情况下,安全评估是强制性的,包括关键信息基础设施的运行者和其他数据处理者。因此,目前重要数据只能通过安全评估出境。

对于个人信息出境,数字化的个人信息具有重要的经济价值,个人数据的跨境流动和商业利用是数字经济全球化发展的核心,而数字经济全球化的加速演进使个人信息出境需求不断增加。合理利用跨境个人信息的经济价值有助于推动数据产业的发展,同时,数据出境也可能导致个人信息被滥用,破坏市场公平竞争机制,国家负有保障个人信息跨境安全的义务,需要通过合理的监管体系进行监管。根据《中华人民共和国个人信息保护法》(2021年)第三十九条的规定,个人信息处理者向境外提供个人信息的,需告知个人信息主体境外接收方的名称或者姓名、联系方式、处理目的、处理方

式、个人信息的种类以及个人向境外接收方行使本法规定权利的方式和程序等事项,并取得个人的单独同意。同时需遵守《中华人民共和国个人信息保护法》(2021年)第三十八条及第五十五条的规定,达到一定标准的个人信息出境可以通过标准合同、安全评估、个人信息保护认证三种方式出境,并进行个人信息出境的个人信息保护影响评估。

对于涉及重要数据和个人信息出境的情况,有三种数据出境路径,具体要求与流程简要分析如下。

第一条路径是通过国家网信部门组织的安全评估。2024年3月22日,国家互联网信息办公室发布《数据出境安全评估申报指南(第二版)》,对申报数据出境安全评估、备案个人信息出境标准合同的方式、流程和材料等具体要求作出了说明,对数据处理者需要提交的相关材料进行了优化简化。关于数据出境安全评估具体要求和数据出境安全评估具体流程,可详见表13-3和图13-2。

表 13-3 数据出境安全评估具体事项

事项	具 体 要 求
适用范围	(一)关键信息基础设施运营者向境外提供个人信息或者重要数据; (二)关键信息基础设施运营者以外的数据处理者向境外提供重要数据; (三)关键信息基础设施运营者以外的数据处理者自当年1月1日起累计向境外提供100万人以上个人信息(不含敏感个人信息)或者1万人以上敏感个人信息。 属于《促进和规范数据跨境流动规定》第三条(不含个人信息或重要数据)、第四条(数据过境)、第五条(豁免场景)、第六条(自由贸易试验区)规定情形的,从其规定。
数据出境行为	(一)数据处理者将在境内运营中收集和产生的数据传输至境外; (二)数据处理者收集和产生的数据存储在境内,境外的机构、组织或者个人可以查询、调取、下载、导出; (三)符合《中华人民共和国个人信息保护法》第三条第二款情形,在境外处理境内自然人个人信息等其他数据处理活动。
数据出境风险自评估事项	(一)数据出境和境外接收方处理数据的目的、范围、方式等的合法性、正当性、必要性; (二)出境数据的规模、范围、种类、敏感程度,数据出境可能对国家安全、公共利益、个人或者组织合法权益带来的风险; (三)境外接收方承诺承担的责任义务,以及履行责任义务的管理和技术措施、能力等能否保障出境数据的安全;

续 表

事项	具 体 要 求
	（四）数据出境中和出境后遭到篡改、破坏、泄露、丢失、转移或者被非法获取、非法利用等的风险，个人信息权益维护的渠道是否通畅等； （五）与境外接收方拟订立的数据出境相关合同或者其他具有法律效力的文件等是否充分约定了数据安全保护责任义务； （六）其他可能影响数据出境安全的事项。
数据出境安全评估重点评估事项	（一）数据出境的目的、范围、方式等的合法性、正当性、必要性； （二）境外接收方所在国家或者地区的数据安全保护政策法规和网络安全环境对出境数据安全的影响；境外接收方的数据保护水平是否达到中华人民共和国法律、行政法规的规定和强制性国家标准的要求； （三）出境数据的规模、范围、种类、敏感程度，出境中和出境后遭到篡改、破坏、泄露、丢失、转移或者被非法获取、非法利用等的风险； （四）数据安全和个人信息权益是否能够得到充分有效保障； （五）数据处理者与境外接收方拟订立的法律文件中是否充分约定了数据安全保护责任义务； （六）遵守中国法律、行政法规、部门规章情况； （七）国家网信部门认为需要评估的其他事项。
与境外接收方订立的法律文件中的内容	（一）数据出境的目的、方式和数据范围，境外接收方处理数据的用途、方式等； （二）数据在境外保存地点、期限，以及达到保存期限、完成约定目的或者法律文件终止后出境数据的处理措施； （三）对于境外接收方将出境数据再转移给其他组织、个人的约束性要求； （四）境外接收方在实际控制权或者经营范围发生实质性变化，或者所在国家、地区数据安全保护政策法规和网络安全环境发生变化以及发生其他不可抗力情形导致难以保障数据安全时，应当采取的安全措施； （五）违反法律文件约定的数据安全保护义务的补救措施、违约责任和争议解决方式； （六）出境数据遭到篡改、破坏、泄露、丢失、转移或者被非法获取、非法利用等风险时，妥善开展应急处置的要求和保障个人维护其个人信息权益的途径和方式。

特别值得注意的是，数据出境安全评估作为一项具有法定强制性的措施，在所有可能的出境方式中最为严格，应被优先考虑并适用。一旦企业的数据出境行为触发了法定的安全评估要求，就必须严格按照规定，及时向相关的网信部门申报数据出境安全评估，以确保数据出境的合法性和安全性。只有在确认未触发安全评估要求的前提下，企业才可以根据自身情况和需求，选择通过"个人信息保护认证"或签订"标准合同"等其他合法方式作为

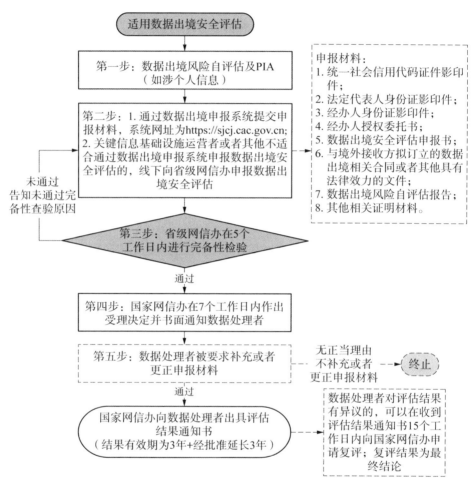

图 13-2　企业数据出境安全评估申报流程

数据出境的依据。

第二条路径是经专业机构进行个人信息保护认证。区别于严格的数据安全评估制度，个人信息保护认证是在国际贸易流通的复杂性特征下做出的灵活选择，作为数据出境安全评估机制的重要补充，既坚决维护国家安全，又有效促进跨境贸易、便利数据流动。

该路径是《中华人民共和国个人信息保护法》(2021年)第三十八条规定的个人信息跨境提供的合规方式之一。2022年11月4日，国家市场监督管理总局、国家互联网信息办公室发布《关于实施个人信息保护认证的公告》

(2022年第37号),决定实施个人信息保护认证,鼓励个人信息处理者通过认证方式提升个人信息保护能力,由经批准的从事个人信息保护认证工作的认证机构按照《个人信息保护认证实施规则》实施认证。2022年12月16日,原全国信息安全标准化技术委员会(现已更名为"全国网络安全标准化技术委员会")秘书处发布《网络安全标准实践指南——个人信息跨境处理活动安全认证规范V2.0》,规定了跨境处理个人信息应遵循的基本原则、个人信息处理者和境外接收方在个人信息跨境处理活动中的个人信息保护、个人信息主体权益保障等方面的内容,其中关于个人信息保护认证应当具备的条件,详见表13-4。

表13-4 个人信息保护认证具体事项

事项	具体要求
认证主体	1. 申请认证的个人信息处理者应取得合法的法人资格,正常经营且具有良好的信誉、商誉; 2. 跨国公司或者同一经济、事业实体下属子公司或关联公司之间的个人信息跨境处理活动可由境内一方申请认证,并承担法律责任; 3.《个人信息保护法》第三条第二款规定的境外个人信息处理者,可由其在境内设置的专门机构或指定代表申请认证,并承担法律责任
适用情形	仅针对个人信息
基本原则	1. 合法、正当、必要和诚信原则; 2. 公开、透明原则; 3. 信息质量保障原则; 4. 同等保护原则; 5. 责任明确原则; 6. 自愿认证原则
基本要求	1. 具有法律约束力的文件; 2. 具有相应的组织管理(个人信息保护负责人 & 个人信息保护机构); 3. 境内外各方应约定并遵守个人信息跨境处理规则; 4. 开展个人信息保护影响评估
个人信息主体权益保障要求	1. 个人信息主体权利; 2. 个人信息处理者和境外接收方的责任义务

第三条路径是与境外接收方订立标准合同。2023年2月22日,国家互联网信息办公室发布了《个人信息出境标准合同办法》,落实了《中华人民共

和国个人信息保护法》关于个人信息出境规则中标准合同制度的举措,与《数据出境安全评估办法》《个人信息保护认证实施规则》共同组成了我国个人信息出境的完整监管体系。

根据《个人信息出境标准合同办法》(2023年)第四条的规定,向境外提供个人信息的主体,需要同时满足四个条件(2024年3月2日《个人信息出境标准合同备案指南(第二版)》出台后,相关条件已变更,具体要求详见表13-5),才能采取订立《个人信息出境标准合同办法》的方式进行个人信息出境活动,否则需按照《数据出境安全评估办法》的要求通过所在地省级网信部门向国家网信部门申报数据出境安全评估。

表 13-5 个人信息出境标准合同备案相关事项

事项	具 体 要 求
适用范围	个人信息处理者通过订立标准合同的方式向境外提供个人信息,同时符合下列情形的应当向所在地省级网信部门备案: (一)关键信息基础设施运营者以外的数据处理者; (二)自当年1月1日起,累计向境外提供10万人以上、不满100万人个人信息(不含敏感个人信息)的; (三)自当年1月1日起,累计向境外提供不满1万人敏感个人信息的。 属于《促进和规范数据跨境流动规定》第三条、第四条、第五条、第六条规定情形的,从其规定。 个人信息处理者不得采取数量拆分等手段,将依法应当通过出境安全评估的个人信息通过订立标准合同的方式向境外提供
适用情形	仅针对个人信息
备案方式	个人信息处理者应当在标准合同生效之日起10个工作日内,通过数据出境申报系统备案,系统网址为 https://sjcj.cac.gov.cn

个人信息出境标准合同通过固定的合同条款将数据安全保护义务转换为合同义务,将公法层面的数据安全保护义务固定为私法层面的合同义务,最终实现统一化、精准化的监管标准。标准合同是行政监管与企业自治相结合的创新型数据监管工具,旨在全方位保护合同外第三方受益人的合法权益,发挥数据出境全过程的规范功能。依据2024年3月2日网信办发布的《个人信息出境标准合同备案指南(第二版)》,个人信息出境标准合同备案的具体流程详见图13-3。

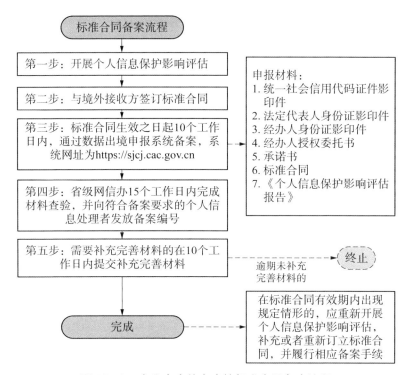

图 13‑3　企业个人信息出境标准合同备案流程

三、GAI 数据出境的路径分析

生成式人工智能（Generative Artificial Intelligence，下称"GAI"）①作为引领新一轮科技革命和产业变革的关键性技术，对现代产业发展起到了至关重要的推动作用，其监管问题因于算法的复杂性和领域的延伸性，一贯备受关注。GAI 的应用以庞大的数据资源积累为依托，通过对海量数据的训练，完成多元化的任务，其数据来源主要包括公开数据、自研数据、数据交换和数据购买。人工智能与大语言模型本身均伴随一定的安全风险，加剧了传统数据安全风险，例如虚假信息经 AI 技术深度伪造难以识别，海量个人信息的记录、存储给用户隐私造成巨大威胁，GAI 主体多元且技术复杂，跨

---

① 生成式人工智能也经常被翻译为 AIGC（AI-Generated Content），但是笔者理解这个翻译有不准确之处，故在本书中，笔者将生成式人工智能翻译为 GAI。

境传输引发多重法律纠纷与严重数据事故,这些都为数据治理体系带来极大的挑战,需重点关注。

GAI 训练和提供服务过程中不可避免地蕴藏着各行各业的重要数据以及大量可识别的个人信息,由于其技术复杂性尚未得到完善的监管,无论是数据采集还是提供服务,都可能对个人敏感信息或关乎国家安全的重要数据造成侵犯和泄露,进而侵犯用户或相关数据主体的隐私。当前核心数据和重要数据的认定标准及目录分散在各部门规章、行业标准及地方性法规中,GAI 企业在提供服务过程中可能难以确保这一识别工作的准确性和完整性,需通过法律法规规范并结合数据出境场景判断,对其合规义务予以明确,进而保障个人信息和重要数据的安全性。

GAI 的生命周期大体可包括模型训练、应用运行和模型优化三个阶段,各阶段都蕴藏着不同的法律风险。从实践角度看,当前 GAI 涉及数据出境的场景主要有以下三方面。

一是 GAI 跨境调用算力。在 GAI 技术的发展和应用过程中,高性能的算力和海量的数据是不可或缺的两大要素。然而,目前国内 GAI 产业链的基础设施层,如芯片技术和云计算平台尚在技术发展期,仍存在算力不足的问题。为支撑其模型的训练和推理,GAI 开发者可能会选择跨境调用境外算力。GAI 跨境调用算力时,其采集的相关行业和业务大模型训练数据需传输到算力所在地进行相关训练,这一过程中往往涉及数据的储存、传递、利用开发等多个环节,蕴藏着多方面的数据跨境风险。

二是调用境外算法模型。在 GAI 技术的快速发展中,除少数自行研发并部署模型的服务提供者外,为了利用境外更为成熟和先进的算法模型,多数 GAI 开发者需借助调用境外的算法模型来训练或优化自己的定制化模型,或提供 GAI 服务。这一过程需要将国内采集的相关行业数据、业务数据等传输至境外,以便在境外算法模型上进行训练或推理。因此,企业提供的数据类型存在很大程度的不确定性,这将触发相关的数据出境合规义务要求。[①]

[①] 参见蔡荣伟、斯响俊、杨杰:《AIGC 数据跨境的法律监管和合规路径》,载中伦律师事务所官网,https://www.zhonglun.com/research/articles/15820.html,2024 年 11 月 25 日最后访问。

三是其他可能触发数据跨境风险的情形。例如,GAI 服务提供者向境外客户提供服务时,由于不同国家和地区的数据保护法律、隐私政策以及信息安全标准存在差异,加之信息内容的敏感性和交互数据的规模庞大,在数据传输、存储和处理过程中容易产生数据跨境风险,需注意合规问题,这要求 GAI 服务提供者不仅要精通技术,还需深入了解并遵守目标国家的相关法律法规,确保数据跨境流动的合法性和安全性。此外,境内使用者广泛使用如 ChatGPT 这样的境外 AI 工具时,也可能面临数据跨境风险。这些境外 AI 工具往往要求用户上传大量个人信息或进行频繁的交互,而这些数据一旦跨境传输,就可能存在数据泄露或被非法利用的风险。境内使用者在使用此类境外 AI 工具时,同样需要提高警惕,注意保护个人隐私和敏感信息,避免不必要的数据跨境流动,并树立强烈的风险防范意识,确保自身数据安全管理不受侵害。

结合我国法律对数据出境的一系列限制和豁免规定,GAI 涉及数据出境时应重点注意对以下几方面内容进行评估。

第一,是否需要境内存储。根据《中华人民共和国网络安全法》(2016 年)第三十七条规定,关键信息基础设施的运营者在中华人民共和国境内运营中收集和产生的个人信息和重要数据应当在境内存储。数据的境内存储规定主要针对重要数据、个人信息和特定行业数据三大类。GAI 服务提供者应当注意核实自身是否被认定和通知为"关键信息基础设施运营者",相关数据是否被相关部门、地区告知或者公开发布为重要数据。若是,则对使用境外 GAI 应当极为谨慎,自身训练和使用的 GAI 及其数据应严格控制于境内。

第二,是否符合数据出境的豁免情形。如前所述,新规规定了一系列数据出境豁免情形,企业可以根据自身的业务范围,来判断分析自身业务是否属于豁免情形。如 GAI 企业为海外客户提供服务,此时为服务海外客户收集到的客户个人信息,即使存储在企业境内的服务器进行处理,但该过程只要不涉及境内个人信息,则不构成数据出境;GAI 服务提供者收集和产生的数据向境外提供,不包含个人信息或者重要数据的,也可以免于履行数据出境合规义务。

第三,数据本身是否具有合法性基础。若企业计划利用境外的 GAI 服务,则必须遵循《生成式人工智能服务管理暂行办法》(2023年)中关于境外提供的生成式人工智能服务的相关规定。当GAI服务提供者在使用含个人信息的训练语料时,应当注意以下方面:首先,对语料数据实施匿名化处理,尽量选择已去标识化或匿名化的数据,或对数据进行预处理,去除个人信息后再用于模型训练;①其次,依法履行告知义务,向个人信息主体以尽量简洁易懂且全面的方式披露数据处理的相关信息;再次,必须获得相关主体的明示同意,特别是涉及敏感个人信息时则需取得用户的单独同意;最后,若训练数据来源于公开或非公开渠道,应谨慎评估是否侵犯其他市场主体的数据权利、知识产权或商业秘密,并尽可能获得合法授权,确保数据来源的合法性。②

第三节 新规后数据出境面临的问题

毋庸置疑,在新规后,此前数据出境问题上遇到的难题多数已经解决,现实意义巨大。但是依然存在一些问题,有些问题在行业之间有共性,有些问题则是行业个性化的。下文以金融机构数据出境合规业务实践,分析当前数据出境面临的共性和个性问题。

一、各行业数据出境共性化的遗留问题

第一,敏感个人信息的判断标准有待明确。随着新规的生效,对于出境数据量不大且不属于CIIO范畴的企业来说,判断其出境数据是否包含敏感个人信息成为决定是否需要进行出境申报的关键因素。具体而言,根据新规第八条,CIIO以外的数据处理者自当年1月1日起累计向境外提供10万人以上、不满100万人个人信息(不含敏感个人信息)或者不满1万人敏感个人信息的,应当依法与境外接收方订立个人信息出境标准合同,或者通过个

---

① 参见刘艳红:《生成式人工智能的三大安全风险及法律规制——以ChatGPT为例》,《东方法学》2023年第4期,第35页。
② 参见孙清白:《论人工智能大模型训练数据风险治理的规范构建》,《电子政务》2024年第12期,第19页。

人信息保护认证。除豁免场景外,敏感个人信息出境即使只有1条,也要通过标准合同或个人信息保护认证方式。根据《信息安全技术 个人信息安全规范》(GB/T 35273-2020),个人敏感信息的范围很大,且不同地区网信部门对于个人信息敏感程度及个人敏感信息所涉具体字段的判定,也缺乏统一的标准。这将使得企业在出境与个人隐私密切相关,但并未被个人信息安全规范或《中华人民共和国个人信息保护法》明确列为敏感个人信息的数据时,面临合规上的不确定性。个人敏感信息的范围如表13-6所示。

表13-6 个人敏感信息举例

个人敏感信息类型	举例
个人财产信息	银行账户、鉴别信息(口令)、存款信息(包括资金数量、支付收款记录等)、房产信息、信贷记录、征信信息、交易和消费记录、流水记录等,以及虚拟货币、虚拟交易、游戏类兑换码等虚拟财产信息
个人健康生理信息	个人因生病医治等产生的相关记录,如病症、住院志、医单、检验报告、手术及麻醉记录、护理记录、用药记录、药物食物过敏信息、生育信息、以往病史、诊治情况、家族病史、现病史、传染病史等
个人生物识别信息	个人基因、指纹、声纹、掌纹、耳廓、虹膜、面部识别特征等
个人身份信息	身份证、军官证、护照、驾驶证、工作证、社保卡、居住证等
其他信息	性取向、婚史、宗教信仰、未公开的违法犯罪记录、通信记录和内容、通信录、好友列表、群组列表、行踪轨迹、网页浏览记录、住宿信息、精准定位信息等

第二,重要数据的范围问题。重要数据的范围问题一直是数据处理者关注的焦点。新规第二条明确规定,数据处理者有责任按照相关规定来识别并申报重要数据。对于那些未被相关部门或地区明确告知,也未被公开发布为重要数据的信息,数据处理者无须将其作为重要数据进行出境安全评估的申报。然而,当前的实际情况是,大多数行业的重要数据目录仍处于缺失状态,尤其是银行和证券行业,至今尚未公布具体的重要数据目录。在金融行业,这一现状引发了诸多实际操作上的困扰。尽管金融机构尚未收到关于重要数据目录的明确通知,从理论上看,它们似乎可以将数据视为一般数据进行出境处理。然而,鉴于金融数据具有极高敏感性,这样操作可能

面临着极高的合规风险。同时,金融行业监管机构从业务监管的角度出发,也有其独特的视角和判断标准,这进一步增加了金融机构的判断难度。为了应对这一挑战,2024年3月15日,国标委批准发布了国家标准《数据安全技术　数据分类分级规则》(GB/T 43697-2024),其中,原《重要数据识别指南》被纳入为现标准的附录G,这一标准的发布无疑为数据分类分级提供了更为明确的指导。鉴于上述现状,我们强烈建议金融监管机构能够尽快制定并公布重要数据目录,为金融机构提供明确的指引。同时,考虑到可操作性是当前备受诟病的问题之一,未来各部门在制定重要数据识别规范时,应当力求详细具体,避免过于笼统和原则性的表述,以确保规范在实际操作中的有效性和可行性。

　　第三,关键信息基础设施的问题。外资金融机构目前应达不到被认定为关键信息基础设施的标准,故外资金融机构主要的问题在于个性化问题;对于内资金融机构而言,绝大多数的数据出境问题已经被解决,反而是一些规模较大的银行、证券公司被认定为关键信息基础设施,需要按照《中华人民共和国数据安全法》《中华人民共和国网络安全法》《中华人民共和国个人信息保护法》等的规定履行数据出境合规义务,其中包括第五条豁免场景的具体适用。如表13-7所示。

表13-7　关于关键信息基础设施的相关规定

法规名称	法　律　规　定
《中华人民共和国数据安全法》	第三十一条　关键信息基础设施的运营者在中华人民共和国境内运营中收集和产生的重要数据的出境安全管理,适用《中华人民共和国网络安全法》的规定
《中华人民共和国网络安全法》	第三十七条　关键信息基础设施的运营者在中华人民共和国境内运营中收集和产生的个人信息和重要数据应当在境内存储。因业务需要,确需向境外提供的,应当按照国家网信部门会同国务院有关部门制定的办法进行安全评估;法律、行政法规另有规定的,依照其规定
《中华人民共和国个人信息保护法》	第四十条　关键信息基础设施运营者和处理个人信息达到国家网信部门规定数量的个人信息处理者,应当将在中华人民共和国境内收集和产生的个人信息存储在境内。确需向境外提供的,应当通过国家网信部门组织的安全评估;法律、行政法规和国家网信部门规定可以不进行安全评估的,从其规定

第四,各地自由贸易试验区数据的负面清单有待斟酌和讨论。新规第六条规定,自由贸易试验区在国家数据分类分级保护制度框架下,可以自行制定区内需要纳入数据出境安全评估、个人信息出境标准合同、个人信息保护认证管理范围的数据清单(以下简称负面清单),经省级网络安全和信息化委员会批准后,报国家网信部门、国家数据管理部门备案。自由贸易试验区内数据处理者向境外提供负面清单外的数据,可以免予申报数据出境安全评估、订立个人信息出境标准合同、通过个人信息保护认证。

在新规颁布前,天津市和上海市相继于2024年2月5日和2月8日印发《中国(天津)自由贸易试验区企业数据分类分级标准规范》及《中国(上海)自由贸易试验区临港新片区数据跨境流动分类分级管理办法(试行)》,指引相关辖区内数据处理者的数据分类分级工作,以促进数据依法依规、安全有序流动。据报道,临港新片区发布的首批一般数据清单包含智能网联汽车、公募基金、生物医药三个领域,涉及智能网联汽车跨国生产制造、医药临床试验和研发、基金市场研究信息共享等11个场景,具体划分成64个数据类别、600余个字段。[①]

但是在新规颁布后,原本由自贸区拟放宽的很多问题都已经被新规豁免,原本拟定的负面清单或正面清单将面临新规的重新审视。预计各地自贸区,包括上海临港新片区,将根据新规编制自贸区清单并逐步公布。总体上,在法律法规操作细节不明确的背景下,政策洼地对于特定领域营商环境和数据出境的先行试点具有重要意义,但是也要注意由自贸区建设中政策突然放宽,导致入驻自贸区企业成本无谓增加的情况。

二、各行业数据出境的个性化遗留问题——以金融行业为例

就金融机构这一特定行业而言,金融数据具有高度敏感性且规模较大,金融行业受制于行业监管而具有特殊性,由此导致金融数据出境存在如下个性化遗留问题。

第一,跨国金融机构和境外金融监管部门往往有数据统一处理的要求,

[①] 参见《上海临港发布首批数据跨境一般数据清单》,新华社报道 https://www.gov.cn/lianbo/difang/202405/content_6951895.htm,2025年1月17日最后访问。

因此全球数据的境外处理就成为必然要求,如果数据不能出境就无法统一处理。然而,目前金融数据出境受限于重要数据的标准尚不清晰,金融机构在实际落地时如何评估,如何避免潜在风险尚存有较多障碍。

第二,数据出境安全评估、个人信息出境标准合同、认证等方式在金融领域落地需要金融细分领域的监管规则出台,否则具体实施困难。正如前所述,金融是强监管领域,有自身的金融行业监管视角,很多数据类型是否构成行业敏感性,甚至是否属于重要数据范畴,有赖于明确的标准并加以公布。

第三,以机构客户为主的金融机构如果涉及机构客户的个人信息出境问题,应当如何取得个人的同意?此种情况下的个人信息的数量未必很多,但是即使不涉及个人敏感信息或数量不满 10 万人的,依法取得个人授权同意仍为必要,而金融机构较难直接触达具体的个人获得授权同意。对于此种情况,金融机构,尤其是外资企业会趋严判断,合规成本较高。

第四,数据出境后的管理风险问题。对金融数据的出境安全问题,新规的规制范围仅能覆盖数据从境内到境外传输过程中的合规,但是数据出境后在境外是否会再被传输到其他主体,是金融监管部门或有顾虑的问题,特别是具有特殊性的金融数据可能会产生金融安全问题。

第五,一些金融机构,特别是外资金融机构出于合规目的可能会自己制定数据出境的白名单,但是实际操作非常复杂,在执行过程中就很难把握尺度,且需要所有员工都要非常了解白名单。

第六,信息出境的合法性、正当性和必要性标准问题。《数据出境安全评估办法》(2022 年)第八条规定"数据出境的目的、范围、方式等的合法性、正当性、必要性"是数据出境安全评估重点评估事项之一;新规第五条也规定了合同履行"确需"、人力资源管理"确需"、人身财产"确需"三种"确需"向境外提供的豁免情形。截至目前,暂无法律法规或国家标准对数据出境行为合法性、正当性、必要性及确需向境外提供的内涵进行解释,亦无相关评判标准。对于金融机构来说,需综合考虑合规成本、业务要求、风险程度、法律规定等多个方面,综合评估论述数据出境的必要性,以获得监管部门的认可,但是证明"确需"则较难把握清晰尺度。

第七,新规规定出于跨国人力资源管理目的,员工敏感个人信息出境可以豁免,但是跨国金融机构管理中可能要求收集员工近亲属的敏感个人信息(如身份信息、14岁以下未成年人信息、个人财产信息等)。从合理性上看,是否可以将豁免放宽至员工近亲属是实践中存在的问题。

第四节　涉外数据规制领域制度完善进路

一、完善数据治理规则体系

我国数据治理体系目前仍在逐步完善细化过程中,站在全球视角审视数据治理相关法律和标准体系,我国数字经济发展的独特现状和产业利益需求与欧盟存在显著差异,盲目复制欧盟式的严格监管立法模式并不适宜中国数字经济发展,应当审慎吸收借鉴欧盟的经验。在完善我国数据出境管理体系时,应充分考虑我国数字产业的实际情况和发展需求,制定出既符合国际标准,又兼顾本土特色的数据出境政策,以促进我国数字经济的持续健康发展。①

为了进一步提升我国数据跨境流动管理体系的有效性和可操作性,不仅需要从宏观层面完善制度设计,明确界定各类数据的跨境流动标准和规则,还应重视标准的细化和具体化工作。具体而言,应有序开展数据出境行业性、地域性细化规则的制定,针对不同行业、不同地区的实际情况,制定更具针对性和可操作性的指导原则和实施细则。通过这些细化规则的出台,为企业提供更加明确、具体的合规指引,降低企业的合规成本,提升数据跨境流动的效率和安全性,发挥数据出境制度体系的应有作用。同时,应加强在各地区、各行业协会开展企业合规能力的培训和指导,提升其自我合规意识和能力,共同推动我国数据跨境流动管理体系的健康发展。②

二、兼顾数据安全与自由流动

当前,我国数字产业蓬勃发展,已孕育出一批具备国际竞争力的数字企

---

① 参见马其家、李晓楠:《论我国数据跨境流动监管规则的构建》,《法治研究》2021年第1期,第96页。
② 参见薛梦:《全球金融数据治理现状及对我国的启示》,《投资与合作》2024年第4期,第3页。

业。过于严格的监管举措可能会增加企业的合规成本,抑制本土数字企业的创新活力,对我国中小企业在本土市场的竞争发展构成阻碍。在数字经济发展的不同时期,应当把握数字经济治理的主要矛盾,通过数据分类分级管理制度的针对性完善,确立更加灵活有效的数据跨境规则,提高数据治理的效率,避免因合规义务繁重复杂导致企业数据流动受阻的情况。

三、提升数据治理国际话语权

欧美在数字治理方面的领先地位导致数据领域出现"欧洲化""美国化"的情况,美国形成了以维护产业竞争优势为主要目的的"数据霸权"战略,欧盟则形成了以数据保护高标准引导全球重建数据跨境规则体系的"规则高地"战略。由于经济和法律体系的领先地位,数据跨境成熟国家依托数据服务提供者对其他国家实施长臂管辖和长臂执法,通过对数据跨境的限制性行为对其他国家的数据主权产生负面影响。这一情况与我国的数据主权理念形成对立局面,亟需提升数据领域国际话语权来与之相抗衡,以维持我国参与全球数字经济贸易的竞争力。作为数字经济快速发展的发展中大国,中国应高度重视数据安全领域的国际博弈和共同利益,积极推动建立全球数据安全治理的全新框架,把握如"一带一路"等双边、多边平台的影响力[①]。一方面,应推广中国数据治理理念和标准体系,加强数据规制方面的国际合作与交流;[②]另一方面,应将数据领域的国际合作框架落实到法律规则上,增强其可操作性和确定性。

---

① 参见许多奇:《个人数据跨境流动规制的国际格局及中国应对》,《法学论坛》2018年第3期,第137页。
② 参见梁宇:《中国参与全球数据治理的机遇、现实困境与实践进路》,《中国科技论坛》2024年第8期,第60页。

第十四章

涉外经济行政争议解决法

有涉外经济行政活动必然就有争议,这些争议的解决必须要有法律予以规范和提供依据。当前,世界百年未有之大变局正在深刻演进,国际政治经济格局加速调整,以行政行为引发贸易战、投资纠纷等争议问题层出不穷,这种局面对涉外经济行政争议解决法适当性产生更高程度的依赖。

在过去几十年中,中外学者对涉外经济行政争议解决法的某些领域如贸易争议领域,某些层面如国际条约法层面,某种类型如行政复议法,某种规范如正当程序要求等作出了较丰富甚至深刻的多种研究。然而,以较全面的视角,较系统地以涉外经济行政争议解决法的整体为研究对象的成果却非常鲜见。

全面综合地探讨涉外经济行政争议解决法不仅有利于把握这一领域的全局状况,也有益于各层面、各类型、某种规范要求之间的衔接、协调与互相借鉴,还能保留各自特色以发挥互补或竞争优势。为此,本章致力于在参考较多零散成果的基础上,通过理论归纳、规范分析、实践考察等多种手段,以期形成有较大新颖性的理论成果。

第一节 涉外经济行政争议解决法的学理基础

一、涉外经济行政争议法的界定

涉外经济行政争议解决法是指所有调整以本国各级政府行政机关或其

他行政主体为一方当事人的涉外经济行政争议解决关系的法律规范,除有明确规定外,不包括对本国具有约束性,但非为本国单独制定的条约、公约等国际规范。

在以上的界定中,"涉外"一词是指境内视角的对外争议解决关系。① 这种关系包含着"境外要素",即存在下列情况之一:第一,争议解决关系中非行政主体的另一方或另几方当事人具有境外籍属或无境内籍属(含为无国籍或国际性组织的情况);第二,在客体要素中包含位于境外的物、非物质财富、部分或全部发生在境外的行为;第三,在内容要素上引起争议解决关系产生、变化或消灭的部分或全部事实发生在境外。

上述的"行政"用语则指系争的对象为行政行为或行政法上的权利。就前者而言,包括积极的作为与消极的不作为,法律行为与事实行为,单方行为与双方行为等。② 同时,该种行政行为不仅指具有外部性、成熟性、法效性、具体性之类特点的单个主体单一阶段的行为或不行为,还涵盖兼有过程性、分阶段、多主体、内部性、抽象性等特点多阶段的行为或不行为。③ 至于后者,在狭义上主要指向行政相对人的权利,在近年来被我国很多行政法学者关注。较新的一种观点认为行政权利包括:排除国家行政部门干预人身和财产的权利,如自治权和选举权之类的参与国家与社会管理的权利;请求国家行政部门给付的权利,即行政受益权、程序保障权和获得救济权等。④

各级政府行政机关或其他行政主体有时可能会与"涉外"非行政主体的当事人发生非基于行政行为或行政权利受损的争议,如民事合同违约或侵权赔偿争议等,则不是本章讨论的涉外行政争议。同时,涉外行政争议也是有多种

---

① 参见韩立余:《涉外关系治理的法律化与中国涉外法律实施》,《吉林大学社会科学学报》2022 年第 2 期,第 34 页。
② 参见夏雨:《行政复议前置的制度价值与实现路径》,《上海交通大学学报(哲学社会科学版)》2024 年第 12 期,第 83 页。
③ 参见耿宝建、殷勤:《行政行为作为行政诉讼受案标准的困境与解决之道——以多阶段行政行为的可诉性判定为例》,https://mp.weixin.qq.com/s/2qNogNYXqcTYnpfzNd280g,2025 年 1 月 17 日最后访问。
④ 参见何海波:《行政权利论》,《中国法学》2024 年第 3 期,第 224—244 页;张泽宇:《新时代行政法学和行政法治的创新发展——中国法学会行政法学研究会第九次会员大会暨 2023 年年会综述》,《行政法学研究》2024 年第 3 期,第 111 页。

类别的,如涉外婚姻登记行政争议等。只有涉外贸易行政争议、涉外海关行政争议、涉外知识产权行政争议、涉外投资行政争议、涉外金融行政争议和涉外税收行政争议等含有经济因素的争议才是本章界定的涉外经济行政争议,调整这些涉外经济行政争议的法律规范即本章所称的涉外经济行政争议法。

从法律形式上看,几乎没有一个国家或地区的立法机关制定出一部被命名为"涉外经济行政争议解决法"的单行法律规范。符合以上界定的涉外经济行政争议解决的立法规范实际上散见于各种制定法之中,如美国的涉外经济行政争议解决法中的立法规范就是由 1789 年《联邦宪法》(the Federal Constitution)第 3 条与第 7 修正案、1946 年《行政程序法》(the Administrative Procedure Act,APA))[1]、1990 年美国国会通过并于 1996 年修改的《行政争议解决法》(the Administrative Dispute Resolution Act,ADRA)等立法中的相关条文构成。[2] 再如,俄罗斯的涉外经济行政争议解决的立法规范也分散于 1993 年 4 月通过并于 1995 年 12 月修订的《对侵犯公民权利与自由的行为和决定向法院控告法》、2001 年的《俄罗斯行政违法法典》、2002 年的《俄罗斯联邦仲裁程序法典》、2003 年的《俄罗斯联邦民事诉讼法典》等程序法典和《海关法典》《道路交通规则》《税收法典》等以实体法为主的制定法之中。[3] 我国的涉外经济行政争议解决的立法规范则主要体现于《中华人民共和国对外关系法》《中华人民共和国行政复议法》《中华人民共和国行政诉讼法》《中华人民共和国仲裁法》甚或《中华人民共和国民事诉讼法》之中。[4]

除了法律以外,世界各国家或地区的很多行政部门制定的行政法规、法

---

[1] See Richard Lorren Jolly, The Administrative State's Jury Problem, Washington Law Review, December 2023, pp.1188 – 1256.
[2] See Kristen Blankley, Kathleen Claussen & Judith Starr, Alternative Dispute Resolution in Agency Administrative Programs, Journal of Dispute Resolution, Summer 2024, pp.6 – 7.
[3] 参见哈书菊:《俄罗斯行政救济制度述评》,《北方法学》2010 年第 4 期,第 134—144 页。
[4] 参见《中华人民共和国行政诉讼法》(2017 年)第九十九条第一款和第一百零一条规定:"外国人、无国籍人、外国组织在中华人民共和国进行行政诉讼,同中华人民共和国公民、组织有同等的诉讼权利和义务";"人民法院审理行政案件,关于期间、送达、财产保全、开庭审理、调解、中止诉讼、终结诉讼、简易程序、执行等,以及人民检察院对行政案件受理、审理、裁判、执行的监督,本法没有规定的,适用《中华人民共和国民事诉讼法》的相关规定。"

院判决形成的判例法等中也含有涉外经济行政争议解决法规范,其中的判例法具有弥补立法者不能识别所有可能的事实情况、增进效率和明晰举证责任等功效。① 在我国,最高人民法院发布的司法解释中同样大量地包括了这样的规范,如《关于审理反倾销行政案件应用法律若干问题的规定》和《关于审理反补贴行政案件应用法律若干问题的规定》就对反倾销和反补贴行政案件的特别诉讼程序作出了明确规定。②

二、涉外经济行政争议解决法的指导理论

为了切实有效地解决涉外经济行政争议,完善相关的法律规范,境内外学者及实务界人士提出并践行了很多理论,其中很有影响者包括多元化理论和比例理论等。

(一) 多元化理论

多元化理论的基本内涵是,涉外经济行政争议的解决不能只有一种诉讼或调解手段,而是要容许协商(negotiation)、行政裁决、事实调查(fact finding)、内部复议、仲裁、巡视监察(ombuds)、微型审判(minitrials)、一对一争议讲解培教(conflict coaching)、恢复性司法(restorative justice)等多种其他手段,并制定多种不同的法律制度来规范这些多元化的手段;这些不同制度之间尽管具有竞争关系,其目的却在于实现共同目标而非相互反对或排斥;不同的多元化制度能促进各分类制度的不断创新和技术调整,降低制度成本,以便在竞争中获得更大优势,同时由于分类制度具有外溢性,因而某一分类制度的创新也可能会引发其他制度的变动,进而推动整个制度体系的变迁;③ 多

---

① 不过,也有批评者认为,案例法破坏了分权原则并限制了法院自由裁量权等副作用。See Egea-de Haro, Alfonso. "Correction To: How Does Case Law Shape Civil Law Systems? An Analysis of Spanish Administrative Courts." Liverpool Law Review, vol. 44, no. 3, Oct. 2023, p.1.

② 参见董皞、葛自丹:《对行政赔偿诉讼与涉外行政诉讼若干问题的思考——以〈中华人民共和国行政诉讼法〉的修改为视角》,《行政法学研究》2012年第2期,第32—36页。

③ 参见李大勇:《行政复议与行政诉讼的制度竞争》,《法律科学(西北政法大学学报)》2023年第2期,第134—142页;See also Kristen Blankley, Kathleen Claussen & Judith Starr, Alternative Dispute Resolution in Agency Administrative Programs, Journal of Dispute Resolution, Summer 2024, pp.3-14.

元化的涉外经济行政争议法不仅能适应社会和当事人纠纷解决的多元化需求，而且也有助于国家职能从管制角色向服务角色转变，促进政府与行政相对人的沟通与理解。①

美国学者在世界上较早地提出采用多元化理论解决涉外经济行政争议的主张，其英文简称为 ADR（全称为"Alternative Dispute Resolution"）理论。早在 20 世纪初期，美国的国会就通过制定法在劳动争议等领域支持该理论。1987 年，美国行政联盟（the Administrative Conference of the United States，ACUS）对包括会做出涉外经济行政行为的行政机构和其他所有联邦行政机构发布了 ADR 评估和选用指南。自此，美国已有行政机构的争议解决实践发生了很大的改变，一些新成立的行政机构更是创造了前所未有的新方法。1990 年通过并经 1996 年修改的《行政争议解决法》以正式综合性制定法的方式确立了包括调解、调停、小型审判等在内的同样适用于涉外经济行政争议解决的多种合意型机制。②

欧洲有一些发达国家或地区也十分支持多元化理论，例如英国的苏格兰地区自 20 世纪 90 年代以来就通过立法、行政政策和司法判决等确认诉讼不应是唯一的行政争议解决手段，而是应包括早期中立评估（early neutral evaluation）、仲裁（arbitration）等多种涉外或非涉外的行政争议解决手段。为了落实多元化理论，苏格兰地区规定了涉外或非涉外的行政争议诉讼解决的高费用门槛或用尽其他救济手段等要求。③ 再如，为了支持该理论，荷兰自 1994 年开始就强制性地将行政异议程序（administrative objection procedure）规定为向行政法院提起上诉程序的前置争议解决方法。通过该异议程序，行政相对人可在口头听证环节陈述案情，行政部门可全面考虑最初的行政决定甚至全面地予以撤销，从而避免诉讼的争议解决方法。④

不过，我国部分立法对某些涉外经济行政行为争议的解决规定并没有采

---

① 刘向鹏：《完善行政争议多元化纠纷解决机制的思考》，《法制与社会发展》2015 年第 4 期，第 46—48 页。
② See Kristen Blankley, Kathleen Claussen & Judith Starr, Alternative Dispute Resolution in Agency Administrative Programs, Journal of Dispute Resolution, Summer 2024, pp. 3 - 7.
③ Brian Thompson, The place of judicial review in the administrative justice system, Juridical Review, 4, 2015, pp. 420 - 438.
④ Marc Wever & Jan Fekke Ybema, Social Justice Research, Springer, 2024, pp. 77 - 78.

纳多元化理论。例如,根据《中华人民共和国外商投资法》(2019年)第三十五条的规定,即便发生了争议,审查机构做出的关于外资安全审查的行政决定也是终局的,行政相对人不得提起行政复议和/或行政诉讼救济措施。① 有学者认为,这种状况导致外商投资者缺乏充分的保护机制,不利于进一步扩大对外开放和促进我国外商投资制度的完善。② 笔者赞同该看法,认为有争议即应有救济渠道,否则会助长一些涉外经济行政部门的任意弄权行为。

此外,在肯定多元化理论合理性的同时,部分中外学者也批评了该理论适用后出现的一些情况,包括突破法律底线、慷国家之慨和无视行政诉讼裁判等。③ 笔者认为,民事争议中都有某方当事人慷慨让步,诉讼判决后搁置判决书和解等情况,一些不重大的涉外经济行政争议的解决过程或法律规范也应容忍非诉讼的其他多元化结案手段存在。

(二) 比例理论

比例(proportionality)理论又称谦抑性理论,其基本内容有所谓的"一阶""二阶""三阶"与"四阶"之差异。"一阶"论者认为,在判断(涉外经济)行政行为合法性、损益性、提供的救济手段等因素时,应考虑行政主体是否贯彻了均衡性,以避免给行政相对人造成远大于所保护法益价值的损害,"均衡性"是"一阶"论的核心考量因素。④ "二阶"论者主张,除了考虑均衡性要素以外,还应考察"必要性"(或"最小侵害性")因素,即行政主体做出或不做出某种行政行为时,是否选择了对行政相对人最小侵害的方式。⑤ "三阶"论在"二阶"论的基础之上,增加了"适当性"要求,即考察所争议的(涉外经济)行政行为是否恪守行政目的。"四阶"论在"三阶"论的基础之上,又增加了一项对行政主

---

① 《中华人民共和国外商投资法》(2019年)第三十五条第二款:"依法作出的安全审查决定为最终决定。"
② 参见高华:《新时代中国外商投资安全审查制度的完善——基于对欧盟安全审查制度变革的考察与借鉴》,《法学论坛》2022年第5期,第74—85页。
③ 参见马怀德:《新时代法治政府建设的使命任务》,《政法论坛》2023年第1期,第20—21页。
④ 参见于柏华:《比例原则的法理属性及其私法适用》,《中国法学》2022年第6期,第147—148页。
⑤ 参见刘权:《比例原则适用的争议与反思》,《比较法研究》2021年第5期,第174页。

体所做出行政行为目的本身是否具有正当性的考察要求。①

有学者考证,比例理论的雏形发端于智者辈出的古希腊时期,其现代内容则导源于18世纪的法国启蒙思想者信奉的社会契约理论,即个人先于国家拥有永恒的自然权利,但是个人又必须(通过契约)让渡一些自由以通过国家实现集体的福利。② 19世纪的德国警察法学理论和实践是世界上较早采纳了比例理论的范例。1802年,德国学者温·伯格在《德国警察法手册》一书中提出,警察权力只有在"必要的"时候才可以行使,该理论在1882年的"十字架山案"中被普鲁士高等法院援引,用于审查警察权力的行使是否超出了其目的达成的必要限度。③

第二次世界大战后,比例理论的内涵得到了丰富,被运用的领域更为广泛。涉外经济行政争议解决领域的肯定者认为,该理论在实践中依次递进,构成层次秩序,从而成为控制涉外经济行政争议解决领域在内的所有行政权滥用的有效的、不可忽视的利器,甚至被尊称为"帝王条款",④如《欧洲联盟条约》第五条第一款和第四款(立法实践)⑤、多起国际投资争议仲裁庭的裁决等都采纳了比例理论,⑥《中华人民共和国立法法》(2023年)第七条第一款、《中华人民共和国行政诉讼法》(2017年)第七十七条,以及多起法院判决也都肯定了比例理论。⑦

---

① 参见银红武:《涉环境国际投资仲裁案中比例原则的适用》,《广州大学学报(社会科学版)》2018年第9期,第56页;黄洁琼:《论比例原则在外资国家安全审查中适用》,《河北法学》2020年第10期,第154页。
② 参见蒋军堂:《论行政比例原则的适用》,《洛阳师范学院学报》2023年第11期,第86页。
③ 参见黄洁琼:《论比例原则在外资国家安全审查中适用》,《河北法学》2020年第10期,第154页。
④ 参见叶经天:《个人数据跨境流动的行政监管——基于比例原则的分析》,《国际商务财会》2022年第9期,第79—83页;罗文燕:《行政规范性文件备案审查中比例原则的适用》,《浙江工商大学学报》2024年第2期,第87—97页。
⑤ 参见高华:《新时代中国外商投资安全审查制度的完善——基于对欧盟安全审查制度变革的考察与借鉴》,《法学论坛》2022年第5期,第74—85页。
⑥ 参见银红武:《涉环境国际投资仲裁案中比例原则的适用》,《广州大学学报(社会科学版)》2018年第9期,第55—57页;杜明:《国家安全的国际经济法回应——以华为诉瑞典仲裁案为例》,《国际法研究》2023年第5期,第3—22页。
⑦ 参见谢立斌:《比例原则的适用范围与审查基准》,《当代法学》2024年第5期,第88—97页。

然而,质疑批判者指出,比例理论在一定程度上使得某些非法的行政行为具有正当性。为此,他们主张用非理性(unreasonableness)理论代替比例理论。这种质疑批判的主张近年来已得到英国和加拿大最高法院判决的采纳,我国香港和台湾地区的法院判决也在效仿。① 不过,有些质疑批判者仅反对部分类别的比例理论,如有学者认为,"二阶"说和"三阶"说都有逻辑缺陷,兼顾评价目的与手段正当性的"四阶"说更具有合理性。②

笔者认为,尽管受到少量的理论质疑,并在某些法院不受重视,比例理论仍然对涉外经济行政争议解决理论和实践问题具有重大指导价值。当然,该理论也应当与时俱进,并应当根据立法、司法或仲裁的实际情况考察它是否应适用,以及适用的程度和适用的要件等。

三、涉外经济行政争议解决法的重点领域

限于篇幅,本章将重点研究以下两类涉外经济行政争议解决法。

(一) 涉外经济行政诉讼法

涉外经济行政诉讼法规范的诉讼争议解决问题可能在数量上不及其他类型规范的对象,然而,该法却非常重要。在全球化的大背景下,各国需要合适的行政行为或不行为参与其间,尽管涉外经济行政诉讼法仅规范这些行为或不行为的事后司法审查活动,如其他行政诉讼法一样,该类法律体现司法权在涉外经济领域对行政公权的监督与制衡,不仅对解决涉外经济行政争议非常关键,而且也是观察和理解涉外经济行政关系特定维度的独特窗口。③

正是由于具有上述重要地位与功能,涉外经济行政诉讼法多年前就成

---

① See Shiling Xiao. "Counter Currents to The Globalization of Proportionality." Wisconsin International Law Journal, Winter 2024, pp. 145 - 184.
② 参见马怀德、李策:《关照时代命题的行政法学》,《湖南科技大学学报(社会科学版)》2022年第4期,第98—108页。
③ 参见孟天广、李熠:《司法体制改革背景下行政诉讼制度的政治经济分析——基于司法大数据的分析》,《南京社会科学》2021年第8期,第64—72页。See Thomas Verellen, Imperial Presidency versus Fragmented Executive? Unilateral Trade Measures and Executive Accountability in The European Union and The United States, German Law Journal, November 2023, pp. 1140 - 1141.

了现代法治国家普遍采纳的一项重要法律制度。① 德国联邦宪法法院甚至认为,包括涉外经济行政诉讼法在内的所有行政诉讼法规范成了行使护宪职能的根本解决之道。② 此外,涉外经济行政诉讼法及其正确适用不仅能解决当事方之间的行政争议,而且其中产生的非调解性判决具有维护司法权威、在立法模糊的情况下具有树立新规则等积极功能,具有所谓的"审理一案,规范一片"的重要意义。

涉外经济行政诉讼法规范涉外经济行政诉讼争议领域的事实审查问题与法律审查问题,通过规定涉外经济行政诉讼程序,有管辖权的法院使公众参与到了涉外经济行政行为的合法性审查过程之中。否则,在缺乏涉外经济行政诉讼法和相应司法审查程序的情况下,涉外经济行政主体集决策者与裁判者于一身,从而难免会有违法的或滥用自由裁量权的涉外经济行政行为。③

我国某些领域的涉外经济行政诉讼法规范至今有着一定的缺陷。例如,我国的涉外税收行政争议法就存在着国际税收协定与国内税法关系内容方面同质化且不完整,司法解释溯及既往性不明确,行政解释法律地位不清晰,"双重前置"起诉制度壁垒高,当事方之一的税务机关主导规则制定与证据提供、缺乏兼懂财税法与国际法的法官等缺陷,并在司法实践中不仅造成了不利于保护行政相对人合法权益,不利于监督行政机关依法行政的消极局面,而且也不利于人民法院通过行使司法裁判权积极参与全球税收治理,积累培养优秀法官及审判立法的前期经验。④

(二) 涉外经济行政仲裁法

涉外经济行政仲裁法在境外很多发达国家或地区较为健全完善,目前出现了很多关乎我国的涉外投资行政仲裁案件。根据联合国贸易与发展会

---

① 参见李光曼、李丽、赵春燕:《WTO对我国税务行政诉讼制度的影响》,《南昌大学学报(人文社会科学版)》2003年第2期,第51—55页。
② 参见高利红、苏达:《司法权与行政权的关系转向:以美国气候诉讼为视角》,《南京工业大学学报(社会科学版)》2023年第5期,第36—50页。
③ See Yoo, Christopher S., et al. "Due Process in Antitrust Enforcement: Normative and Comparative Perspectives." Southern California Law Review, vol. 94, no. 4, May 2021, pp. 849–850.
④ 参见崔晓静:《论中国特色国际税收法治体系之建构》,《中国法学》2020年第5期,第170—175页。

议的统计,截至 2024 年 10 月 14 日,中国投资者提起的国际投资仲裁案件为 19 起,中国政府被诉的案件为 9 起。由此可见,中国投资者作为投资仲裁申请方的实践不断增加,案件数已超过中国政府被诉案的两倍。① 中国投资者作为最新投资仲裁申请方的是 2023 年中国机械诉特立尼达和多巴哥案(China Machinery v. Trinidad and Tobago),中国政府最新作为被申请方的是 2021 年瑞士投资者 Montenero 发起的仲裁案。其中,常设仲裁法院(The Permanent Court of Arbitration,PCA)所管辖的 2019 年英国投资者 Yu Song 提请的仲裁案、我国投资者王家驻对芬兰提请的仲裁案等都非由国际投资争端解决中心管辖,连同 2023 年国际投资争端解决中心根据附加便利程序受理的"中国电建与铁建诉越南案"等涉及相关国家或地区的涉外投资行政仲裁法也是如此。②

在过去的十多年间,我国致力于争取成为世界重要的涉外投资行政仲裁中心。2016 年 10 月,我国深圳国际仲裁院发布的《仲裁规则》第二条对该机构受理投资者与东道国间的争端进行规定,开创了中国投资仲裁规则创新发展的先河。③ 2017 年 9 月,我国国际经济贸易仲裁委员会制定的《国际投资争端仲裁规则》更是进一步向前突破,不仅对仲裁规则的适用范围、仲裁程序的透明度、仲裁员的专业性等内容重新进行了制度化建构,而且还兼收并蓄,将中国特色、东方色彩与西方先进的经验合理结合,在裁决的方式上采用"仲裁与调解"相结合。④ 此后,我国的北京仲裁委员会等也制定了专

---

① 参见黄丽萍:《欧盟干预内部投资仲裁的国际法批判与中国因应》,《环球法律评论》2024 年第 5 期,第 218 页;李贤森:《另辟蹊径:我国 Non-ICSID 投资仲裁制度的建构与发展》,《国际经济法学刊》2023 年第 2 期,第 87—105 页。
② China: Cases as Respondent State/Cases as Home State of claimant, https://investmentpolicy.unctad.org/investment-dispute-settlement/country/42/china,2024 年 10 月 13 日最后访问;沈伟:《国际投资协定的结构性转向与中国进路》,《比较法研究》2024 年第 2 期,第 191—207 页。
③ 参见杨常雨、江岚:《中国投资仲裁规则国际化创新的法律障碍》,《西南石油大学学报》2020 年第 3 期,第 92—100 页。同时参见李贤森:《另辟蹊径:我国 Non-ICSID 投资仲裁制度的建构与发展》,《国际经济法学刊》2023 年第 2 期,第 87—105 页。
④ 杨常雨、江岚:《中国投资仲裁规则国际化创新的法律障碍》,《西南石油大学学报》2020 年第 3 期,第 92—100 页。同时参见李贤森:《另辟蹊径:我国 Non-ICSID 投资仲裁制度的建构与发展》,《国际经济法学刊》2023 年第 2 期,第 87—105 页。

门的涉外投资行政仲裁规则。①

由于具有较强保密性的特征,可能还有未公布的非投资领域的关乎我国的其他涉外经济行政仲裁案件。此外,由于涉外经济行政仲裁法自身并不完善,相应有针对性的研究成果也非常少。为此,本章将对此展开进一步研究。

第二节 涉外经济行政诉讼法的理论与制度运行

一、涉外经济行政诉讼法的指导理论

在学术较繁荣的当代,涉外经济行政诉讼法的特别指导理论有诉讼类型划分说、权益保护论、实质解决争议说等,本节对以下两种较有影响力的理论展开论述。

(一)尊重当事方涉外条约法下权责的理论

准许涉外经济行政争议的当事人提起诉讼且使该种诉讼符合一定的标准是很多涉外条约对缔约者规定的义务。例如,1995年生效的《与贸易有关的知识产权协议》第四十一条第四款就规定:"诉讼当事人应有机会要求司法当局对行政终局决定进行审议,并在遵守成员国内法律中有关案件要件的司法管辖规定的条件下,至少对关于案件是非曲直的一审判决适用法律是否得当予以复审的机会。"1995年生效的《服务贸易总协定》第六条(国内法规)第2款(a)项还规定,相关成员的行政诉讼法院"在受影响的服务提供者的请求下,对影响服务贸易的行政决定做出迅速审查,并在请求被证明合理时,该成员应确保这些程序实际上会作出客观和公正的审议"。《中国加入WTO议定书》(2001年)第二条(D)节"司法审查"第1—2款更是具体地要求:"如初始上诉权需向行政机关提出,则在所有情况下应有选择向司法机关对决定提出上诉的机会。关于上诉的决定应通知上诉人,作出该决定

---

① 参见杨常雨、江岚:《中国投资仲裁规则国际化创新的法律障碍》,《西南石油大学学报(社会科学版)》2020年第3期,第93—101页;李贤森:《另辟蹊径:我国Non-ICSID投资仲裁制度的建构与发展》,《国际经济法学刊》2023年第2期,第87—105页。

的理由应以书面形式提供。上诉人还应被告知可进一步上诉的任何权利。"一些学者认为,一国的涉外经济行政诉讼法律规范应与上述类别条约下的国际权责义务不相冲突,或应得到诉讼活动的遵循。①

不过,涉外条约规则在一国行政诉讼中能否得到直接适用,国内外学界与实务界都有分歧。② 一种看法认为,相关的涉外条约规则应区分为"自动执行"(self-executing)性和"非自动执行"(non self-executing)性两种,前者可以在诉讼中直接适用,后者则只能经一国立法机关转化为国内法规范后才能适用;对内容较为原则抽象、与国家利益联系紧密的"公法性条约",宜采取间接适用,即通过国内立法予以转化,我国即采用此规则。这样既能维护国家主权,又能提高适用条约的效率。③

(二)正当程序理论

正当程序(due process)理论起源于英国的自然正义(Natural Justice)理论,现已在全球较为盛行。不过,该种理论在英国本国以及在接受该种理论的其他国家或地区不同学者的论著,甚至在法官的涉外经济行政判决中往往有不同的称谓,如"程序公共政策"(procedural public policy)、"正义"(justice)或"程序公正"(procedural justice)等。④ 支持该理论的境外学者及立法与司法实践人士认为,除了制定一般政策和涉及正当的保密内容等少量类别的案件之外,其他包括涉外经济行政诉讼在内的所有行政诉讼争议

---

① 参见康琳娜:《WTO体制下中国司法审查制度的完善——兼谈俄罗斯加入WTO对中国贸易行政诉讼的影响》,《黑龙江社会科学》2013年第6期,第102—106页。
② 更详细的阐述可参见彭岳:《WTO协定在国内法院的适用:中国入世廿年的理论与实践》,《上海对外经贸大学学报》2021年第4期,第5—20页。
③ 参见黄惠康:《中国对外关系立法的里程碑——论中国首部〈对外关系法〉应运而生的时代背景、重大意义、系统集成和守正创新》,《武大国际法评论》2023年第4期,第2—26页;See also Alves, Mary Jane. "Reflections on the Current State of Play: Have U. S. Courts Finally Decided To Stop Using International Agreements and Reports of International Trade Panels in Adjudicating International Trade Cases?" Tulane Journal of International & Comparative Law, vol. 17, no. 2, Apr. 2009, pp. 302-303.
④ See Marc Wever & Jan Fekke Ybema, Procedural Justice and the Design of Administrative Dispute Resolution Procedures, Social Justice Research (37) 2024, pp. 81. See also Philip A Joseph, Administrative Law Retrospective, New Zealand Universities Law Review, June 2023, pp. 392-394.

都应当交由有能力胜任的独立且公正的法院审理,法院应向当事方发出适当通知,使得作为行政相对人的当事方获得行政主体卷宗内容,通过开庭公平审理来给予高质量的司法裁定或判决。①

与其他种类诉讼,特别是民商事诉讼中同名理论不同的是,包括涉外经济行政诉讼在内的所有行政诉讼中的正当程序理论还常涉及实体正义问题,即法院常考察涉案行政主体的行政行为是否遵循了正当程序,如在诉讼前是否给行政相对人发出适当通知,是否给予其适当的抗辩机会,等。若此种行政程序被诉讼认定存在瑕疵,则被诉的行政行为本身应被撤销。② 不过,域外有理论认为,这种关于先期行政行为是否符合正当程序的要求标准,应比审理法院及其诉讼活动所应遵循的正当程序标准低一些。③

多年来,我国也有不少行政法学者阐述过正当程序理论。部分学者还很详细地列出了该理论的应然内容:第一,程序的中立性要求;第二,程序的对待性要求;第三,程序的合理性要求;第四,程序的自治性要求;第五,程序的及时性要求;第六,程序的终结性要求;第七,程序的人道性要求。④ 笔者认为,既要学习西方发达国家或地区的相关理论,也应总结中国实践中所做出的开创性贡献。

二、涉外经济行政诉讼法规范及其运行

(一) 涉外经济行政诉讼法立法规范实践

在境外,涉外经济行政诉讼法的立法规范实践主要有两种模式,即英美法系单轨制法院的诉讼立法模式和大陆法系复轨制法院的诉讼立法模式。

英美法系模式的特征是,宪法或宪法性立法规范及其他立法规范规定

---

① See Ricardo Perlingeiro & Luísa Silva Schmidt. "An Overview of Environmental Justice in Brazil." *British Journal of American Legal Studies*, Spring 2023, pp. 29 – 48. See also Tamir, Oren. "Our Parochial Administrative Law." *Southern California Law Review*, vol. 97, no. 4, April 2024, pp. 821 – 901.
② 参见赵宏:《作为主观权利的程序公权》,《中外法学》2024 年第 1 期,第 123—142 页。
③ See Ricardo Perlingeiro & Luísa Silva Schmidt. "An Overview of Environmental Justice in Brazil." *British Journal of American Legal Studies*, Spring 2023, pp. 41 – 42.
④ 参见张洪霞:《论司法裁判过程中事实认定的程序保障》,《黑龙江省政法管理干部学院学报》2022 年第 5 期,第 96 页。

在单一普通法院中进行包括涉外经济行政诉讼在内的各种行政诉讼终审活动。例如，在英国，其最高法院负责涉外经济行政诉讼终审，最高法院同时还负责审理其他民事或刑事等类型的案件。只要符合法定或自由裁量的条件，作为涉外经济行政诉讼中坚力量的上诉法院同样不区分涉外经济行政诉讼及任何其他类型的诉讼。① 又如，在美国，其联邦最高法院负责涉外经济行政诉讼终审问题，同时还管辖非涉外经济行政诉讼终审问题。除了联邦最高法院外，美国下级联邦巡回上诉法院也能受理涉外经济行政诉讼、跨州经济行政诉讼及非经济行政诉讼等。不过，英美法系国家一般都有第一审的专门行政法院。例如，属于英国高等法院系列的行政法院、与美国联邦地区法院平级的美国国际贸易法院等。②

大陆法系模式的特征是，宪法或宪法性立法规范及其他立法规范规定在普通法院之外的一个或多个法院进行包括涉外经济行政诉讼在内的各种行政诉讼终审活动。例如，根据法国《行政司法法典》第 L111-1 条的规定，该国的最高行政法院而不是一般司法系统的最高法院才是涉外经济行政诉讼的终审法院。然而，在德国，根据其《联邦基本法》第 94 条和第 95 条的规定，管辖涉外经济行政诉讼终审案件的则既可能是联邦最高行政法院，也可能是联邦最高财税法院。③ 属于大陆法系的危地马拉、多米尼加、哥伦比亚和乌拉圭等拉美国家也采用了大陆法系的复轨制模式。不过，在其他深受大陆法系影响的巴西、阿根廷、智利等多数拉美国家却选择英美的单轨制立法模式。④

---

① See Arden, The Judicial System of England and Wales: A Visitor's Guide, https://www.judiciary.uk/wp-content/uploads/2016/05/international-visitors-guide-10a.pdf, 2024 年 10 月 6 日最后访问。
② See Mark Jia. "Special Courts, Global China." Virginia Journal of International Law, vol. 62, Spring 2022, pp. 567-569. See also Claussen, Kathleen, and Timothy Meyer. "Economic Security and the Separation of Powers." University of Pennsylvania Law Review, vol.172, no.7, June 2024, pp.1957-1987.
③ 参见刘树德、徐澍：《最高法院裁判文书援引先例说理比较研究——基于法德俄日四国的实践考察》，《首都师范大学学报（社会科学版）》2024 年第 4 期，第 151—160 页。
④ See Ricardo Perlingeiro, Administrative Functions of Implementation, Control of Administrative Decisions, and Protection of Rights, British Journal of American Legal Studies, Spring 2021, pp.4-6.

（二）涉外经济行政诉讼法规范运用实践

境外涉外经济行政诉讼法规范运用实践较为丰富，本节主要阐释两起典型的案例。

1. TikTok 诉美国政府案

TikTok 公司是中国字节跳动公司在美国的子公司，本案起因于美国外国投资委员会于 2019 年 6 月启动的对 TikTok 进行的所谓存在政治敏感内容和个人信息存储方面问题的正式审查。在此过程中，尽管 TikTok 向美国外国投资委员会保证其所获取个人数据完全存储在美国，中国政府对 TikTok 在美国获取内容的信息没有任何管辖权，美国外国投资委员会最终也没有许可 TikTok 的请求。①

此外，特朗普总统所签署的行政令还授权美国商务部对包括 TikTok 在内的特定交易进行审查，并采取禁止或者附条件批准等限制性措施。美国商务部为此颁发相关实施细则，对 TikTok 作出的有诸多限制的决定则构成了另一部分的诉因。TikTok 公司、员工及创造者自 2019 年 8 月起就分别在加利福尼亚、宾夕法尼亚、哥伦比亚特区等地的区法院发起了行政诉讼。不过，该公司较快撤回在加利福尼亚的起诉，并重新在哥伦比亚特区提起诉讼。总体上，该公司、员工及创造者都在很短的时间内获得了临时胜诉。②

2021 年 6 月，尽管美国时任总统拜登宣布撤销特朗普时期关于 TikTok 的禁令，美国参议院、众议院及其他政府部门却陆续颁布禁令，禁止在政府的设备上使用 TikTok 应用。2024 年 4 月 24 日，拜登政府通过《对外援助法》，规定字节跳动必须在九个月限期内剥离 TikTok 在美国的业务，否则将面临全国禁令；若出售事宜取得进展，将行使一次 90 天的延期权力。次月 7 日，TikTok 与字节跳动向美国哥伦比亚特区联邦巡回上诉法院提起诉讼，寻求阻止该种使 1.7 亿美国人噤声的规定在 2025 年 1 月 19 日后发

---

① 参见张怀岭：《数字经济下美国与外国对手 ICTS 交易监管及法律限度——基于 TikTok 案和微信被禁案的分析》，《经贸法律评论》2023 年 5 期，第 15—32 页。

② 参见郑媛：《又一美国法官阻止实施 TikTok 禁令，TikTok 熬出头了？》，载凤凰网，https://tech.ifeng.com/c/823gVXck4gk，2024 年 10 月 7 日最后访问。

生效力。① 7月26日,美国司法部作出了正式的官方答辩,有美国法律专业人士预测,该案很可能交由美国最高法院解决。②

笔者认为,本案是当前国际社会中非常重要,且与我国企业高度关联的一起涉外经济行政诉讼案件,已有不少美国学者或政界人士作出了很细致的分析。有种观点认为,对 TikTok 的限制只有利于 Meta 这个平台,而 Meta 平台对美国时任总统特朗普已禁言两年多,导致先前想要大肆限制 TikTok 的他转而反对以上新法的规定。③ 相比之下,我国学者的成果少而单薄。④

2. 英特尔公司(Intel Corp.)诉欧盟委员会案

英特尔公司是一家总部在美国的微处理器制造公司。21世纪初,在其当时最大的竞争对手 AMD 的投诉下,欧盟委员会对其进行了数年的反滥用垄断调查。2009年,该委员会发布结论称,英特尔公司在 X86CPU 市场滥用市场地位,尤其是给予戴尔、惠普、联想和 NEC 四家计算机制造商以忠诚折扣,排除了主要竞争对手 AMD 公司的公平竞争,违反了欧盟竞争法规范,英特尔公司应立即停止违法行为并支付10.6亿欧元(当时约合14亿美元)的巨额罚款。不久,英特尔公司就针对该结论和罚款向欧盟普通法院提起了上诉。⑤

---

① 参见张怀岭:《数字经济下美国与外国对手 ICTS 交易监管及法律限度——基于 TikTok 案和微信被禁案的分析》,《经贸法律评论》2023年第5期,第15—32页;杜宇:《TikTok 与字节跳动起诉美国政府》,https://finance.sina.cn/2024-05-08/detail-inaunpfn7627441.d.html,2024年10月7日最后访问。
② See Alexander Paykin, A Tik-Tok Ban? The First Amendment Implications Should Not Be Underestimated, New York State Bar Journal, Fall 2024, pp.41-42.
③ See Chander, Anupam, and Paul Schwartz. "The President's Authority over Cross-Border Data Flows." University of Pennsylvania Law Review, vol.172, no.7, June 2024, pp.2044-2045.
④ 除了上述引用的张怀岭正式专门论文外,近年来就只有另一篇会议综述中记载有学者笼统地提到"国家层面可通过多边贸易体制、国内相互扶持以及产业规划立法和政策调整进行反制"之类太简单抽象的对策建议。参见李策:《行政法治的新发展与行政法法典化——中国法学会行政法学研究会2021年年会综述》,《行政法学研究》2022年第3期,第26—38页。
⑤ 参见刘雅甜、林平、吴绪亮:《忠诚折扣的反垄断经济分析》,《经济与管理研究》2019年第2期,第70—80页;刘勇:《冤大头英特尔》,《商界(评论)》2009年第7期,第130—133页。

经过数年的审理,欧盟普通法院于 2014 年作出了维持欧盟委员会的处罚决定的判决,理由是英特尔公司给予四家原始设备制造商的折扣属于排他性的忠诚折扣,本质上具有限制竞争的效果,从而可以推定违法。不服该判决的英特尔公司再度上诉至欧盟法院。2017 年 9 月 6 日,欧盟法院二审裁定驳回了上述判决,并要求普通法院重新审理此案,要求后者必须基于事实与经济学证据来评估涉案的折扣行为是否足以产生排除或限制竞争的效果。①

欧盟普通法院于 2022 年重新审查此案后认为,欧盟委员会的罚款决定存在关键性错误,一是该委员会在认定英特尔排挤竞争对手 AMD 时,提供了一份"不完整"的经济分析,不能成为必要的法律标准;二是该委员会并没有进行"高效竞争对手"测试,无法证明英特尔公司提供的回扣能够或可能产生限制竞争的效果;三是英特尔公司在调查过程中,曾就回扣问题提出了解释,认为并不阻碍竞争,但该委员会忽视了英特尔公司的反驳,未予认真审查。据此,欧盟普通法院判决,欧盟委员会应向英特尔公司退还罚款。②

对于本案,境外有多位学者从不同的角度加以分析,如有学者就曾在论证正当程序所具有的各种积极意义的基础上,结合美国和中国这两个全球最大的经济体进行分析。③ 再如,有一些学者结合谷歌、脸书等高科技企业在欧盟面临的反垄断行政诉讼历程综合地加以探讨。④ 笔者认为,我国的一些高科技企业正在做大做强,并很可能遇到类似的诉讼活动。为此,关注美国同行的经验与教训将启发我国的这些企业采取高效的应对措施。

---

① 参见顾正平:《2017 年国际反垄断十大经典案例评析》,《竞争政策研究》2018 年第 2 期,第 73—89 页。
② 参见刘雅甜、林平、吴绪亮:《忠诚折扣的反垄断经济分析》,《经济与管理研究》2019 年第 2 期,第 70—80 页;沈光:《欧盟英特尔反垄断案的法律谜题》,《宁波经济(财经视点)》2023 年第 3 期,第 47—48 页。
③ See Yoo, Christopher S., et al. "Due Process in Antitrust Enforcement: Normative and Comparative Perspectives." Southern California Law Review, vol. 94, no. 4, May 2021, pp. 844-925.
④ See Grzejdziak, Lukasz. "Privacy, Attention, and Competition. How to Apply Competition Law to Big Tech Companies? The European Perspective." Loyola Consumer Law Review, vol. 34, no. Symposium Issue, 2022, pp. 396-407.

三、中国涉外经济行政诉讼法的不足与完善

（一）中国涉外经济行政诉讼法的不足

我国涉外经济行政诉讼法散见于《中华人民共和国法院组织法》《中华人民共和国行政诉讼法》《中华人民共和国民事诉讼法》等法律及《最高人民法院关于审理国际贸易行政案件若干问题的规定》等相关司法解释之中。除了一些情况属于法官适用法律原则问题①以外，还存在着以下一些法律重点关注的事项。

第一，管辖制度有待进一步完善。② 我国管辖制度规定中级人民法院管辖国际贸易行政案件和少量的其他类别涉外经济行政案件的第一审行政案件。③ 此外，跨行政区的管辖理念获得了一定范围的实践，相关改革也取得了一定的实效。然而，很多涉外金融行政案件、涉外投资行政案件、非关税的其他涉外税收案件等并不能被归为"国际贸易行政案件"或符合特定类别的案件，从而不能当然地由中级人民法院管辖。

第二，负责审判的法官不够专业。涉外经济行政诉讼所涉及的事实认定与法律适用极具专业性，法官不仅需要熟练掌握行政法和行政诉讼法的规则，而且还必须综合掌握民商法、国际经贸与投资法、国际公法、国际税法以及相关的经贸和财务会计知识，拥有较高的法律专业外语水平和学习研究能力与热情等。目前，中国法院系统并未设立如美国国际贸易法院或德国税务法院此类的专门法院，涉外经济行政诉讼案件归由人民法院的行政审判庭审理，导致涉外经济行政诉讼往往被当成普通的行政诉讼进行处理，其特殊性未能受到重视。

---

① 如有法官在判案中忽视适用法定的对等原则。详见杨金晶：《涉外行政诉讼中被忽视的对等原则——兼论我国行政诉讼法对等原则条款被虚置问题的解决》，《政治与法律》2019 年第 4 期，第 142—151 页。
② 参见解志勇：《行政法院：行政诉讼困境的破局之策》，《政法论坛》2014 年第 5 期，131—137 页。See also Margaret Y. K. Woo, Court Reform with Chinese Characteristics, Washington International Law Journal, December 2017, pp.260 - 261.
③ 参见马超、郑兆祐、何海波：《行政法院的中国试验》，《清华法学》2021 年第 5 期，第 192—206 页。同时参见汪厚冬、黄学贤：《设立行政法院热的冷思考》，《中州学刊》2015 年第 2 期，第 56—60 页。

就行政审判庭的法官们而言,其专业背景大多数为行政法学。许多法院在遴选行政审判法官时,一般都只要求有从事行政审判工作经验或有行政法学专业背景,而未能积极主动地吸收具有国际经济法和财税法专业知识的人才,从而导致人民法院行政审判庭法官的专业知识结构过于单一,难以有效解决各种涉外经济行政诉讼纠纷。因为负责审判的法官们不精通国际经济法和财税法专业知识,人民法院的能动性长期受到了极大限制,往往显得较为谦抑、被动和克制。[1]

第三,法律规定的立案条件不够简化。《中华人民共和国行政诉讼法》(2017年)对包括涉外经济行政诉讼在内的所有涉外行政诉讼的立案条件没有进行专门规定。为此,涉外经济行政诉讼的立案条件就适用该法第二十五条和第四十九条以及《最高人民法院关于适用〈中华人民共和国行政诉讼法〉的解释》(法释〔2018〕1号)第五十五条第一款的规定,即:(1)涉外经济行政诉讼的行政相对人须是其合法权益被争议中的行政行为侵害的受害者;(2)有明确的行政被告主体;(3)有具体的诉讼请求和事实根据;(4)属于人民法院受案范围和受诉人民法院管辖。对于符合以上条件的涉外经济行政诉讼请求的案件,受案的人民法院可根据《行政诉讼法》(2017年)第五十一条第一款的规定进行"登记立案"。

"登记立案"表面上表达的是立案登记制,实则是较为苛刻的立案审核制,因为这些规则要求立案登记的前提至少[2]是要符合《中华人民共和国行政诉讼法》所"规定的起诉条件"。首先,人民法院要判定起诉人是否确实受到被诉行政行为的侵害,即原告是否适格,而这需要在对案件进行实质审理之后才能查明;其次,人民法院要判定起诉是否"有事实根据",即起诉人必须提供证明被诉行政行为存在之事实根据。在常规情形下,起诉人提交被诉行政行为的决定文书,即可完成对这一项起诉条件的证明,此时法院对其进行形式上的核对即可,因而其属于立案要件。但是,在司法实务中,起诉

---

[1] 参见崔晓静:《论中国特色国际税收法治体系之建构》,《中国法学》2020年第5期,第163—183页。
[2] 对于涉外税收等特殊类型的经济行政诉讼案件,其立案门槛则可能更高而有所谓的"双前置"条件。详见崔晓静:《论中国特色国际税收法治体系之建构》,《中国法学》2020年第5期,第163—183页。

人有时无法提供书面的行政决定文书,此时还可以通过提交其他能证明行政行为存在的间接证据加以证明。此时,"有事实根据"这一要件的证明就变得十分复杂,需在立案之后的法庭调查过程中才能查明,因而其属于诉讼要件。最后,"属于人民法院受案范围"和"属于受诉人民法院管辖"这两个要件在少量的案件中可能简单明了。然而,由于涉外经济行政案件在大多数情况下都较为复杂,立案庭通常无法通过表面审查判定被诉行为是否属于受案范围,而是必须在受理案件后通过对案件事实的实质性审理才能查明。①

(二) 中国涉外经济行政诉讼法的完善

上述缺陷导致了我国涉外经济行政诉讼多年来都处于非常不景气的状态。笔者从中国裁判文书网上进入"高级搜索"选项,在"全文"栏选择"涉外",在"案件类型"栏选择"行政案件",在"文件类型"栏选择"判决书",在"公开类型"栏选择"文书"后,获得2012—2024年判决书的年数量分别是3、10、43、68、46、80、80、118、79、20、2、12、8。从检索出来的判决书标题上看都不是涉外文件,如"彭银水、国家知识产权局外观设计专利权无效行政纠纷二审行政判决书"。从判决书的内容上看也少有涉外的相关内容,在扣除如婚姻登记、工伤等较难归入"经济"范畴的行政诉讼案件之外,涉外经济行政诉讼案件的数量在总和上应低于1 000件,这跟同期的国内行政诉讼判决量相比,有天壤之别。②

笔者认为,我国应采取以下各种措施弥补以上缺陷。

第一,增强审判法院的独立性。对于包括涉外经济行政诉讼在内的所有行政诉讼案件,基于其在诉讼领域唯一的"以权制权"的特质,其受到地方行政干预的可能性远远高于另外两种案件,即民事和刑事诉讼案件。③ 10

---

① 参见施立栋:《得形忘意:行政诉讼立案登记制之省思》,《浙江学刊》2021年第3期,第87—96页。

② https://wenshu.court.gov.cn/website/wenshu/181107ANFZ0BXSK4/index.html?docId=AOerA/kqNAN+I8kmiVsSx9CVLbFxp7Hcw2Lql JKC61sjvSGjNlj07Z/dgBYosE2go/ZCEzlseUPy+hixgun6geu/TuI1dIMDcoAN8CK165rp/pSCIAk/rnG860wSb8f5,2024年10月9日最后访问。

③ 参见朱学磊:《中国行政法院热的冷思考》,《江苏警官学院学报》2015年第3期,第26—31页。

多年来，我国已有很多学者倡导采用这种措施，主张设立专门的行政法院。一方面，专门法院的设立能在一定程度上杜绝地方行政对司法的制约，减少行政权对司法审判权的干预，避免出现法官想判而不敢判的情况，保证顺利结案，防止程序空转，提高司法权威性；另一方面，财政独立于地方行政系统，行政法院的经费由中央财政支持，建立全国统一的垂直司法体系。[1]

笔者赞同上述倡议。据不完全统计，在全世界200多个国家和地区中，有近60个国家和地区建立了普通行政法院，此外还有30余个国家和地区设有经济、审计、税务、社会、劳动、知识产权、国际贸易等特别行政法院。[2] 专门的行政法院设立后，其作为一个独立的实体存在，将分散在各个法院的行政审判庭聚拢在一起形成"规模效应"，至少在行政诉讼领域可以扭转司法权的弱势地位，不仅能够强化解决纠纷职能，而且能够强化对行政权力的监督，推进国家治理的诉讼功能。[3]

第二，大力选拔培养能胜任的法官。法官职业素质能力直接影响行政审判的公正性与权威性，这种影响对涉外经济行政诉讼在内所有行政诉讼法官而言则更明显。[4] 从比较法的角度来看，域外的行政诉讼法官任职条件通常都很高。如在德国，若想成为行政诉讼法官，需要经过两次考试。第一次考试至少应在大学学习三年半后参加，考试通过后被称为"准法律工作者"，若未通过则没有重考机会，因此竞争非常激烈。第一次考试通过且在不同的法院、行政机构或法律机构实习两年半后，才可以参加第二次考试，

---

[1] 参见叶三方等：《涅槃重生：从行政审判庭到行政法院——以我国行政法院的构建为视角》，《广州广播电视大学学报》2014年第3期，第70—111页。
[2] 参见何嘉巍：《我国立案登记制度背景下行政法院制度设计研究》，《法制与经济》2018年第4期，第63—64页；See also Peterson, John M. "Substantial Transformation: The Worst Rule for Determining Origin of Goods-Except for All the Rest." Vanderbilt Journal of Transnational Law, vol.56, no.4, October 2023, pp.1066-1095.
[3] 参见朱学磊：《中国行政法院热的冷思考》，《江苏警官学院学报》2015年第3期，第26—31页；梁凤云：《关于对中国特色行政法院体系的基本设想》，《行政法学研究》2015年第1期，第82—88页。
[4] 参见叶三方等：《涅槃重生：从行政审判庭到行政法院——以我国行政法院的构建为视角》，《广州广播电视大学学报》2014年第3期，第70—75页。

只有通过两次考试的人员才可以担任法官。① 如需考取联邦法官,则还必须具备年满35岁的条件。②

目前,我国部分法院已提高专业法官的选拔标准,如最高人民法院知识产权庭所选拔的法官全部拥有硕士学位,其中半数拥有博士学位,1/3拥有理工学位,1/4具有海外学习经历。③ 再如,国际商事法庭法官需兼备三项任职条件,一是必须是有审判经验的高级法官,二是熟悉国际贸易和投资条约与惯例,三是精通英语与中文。④ 笔者认为,除了无须具有高级法官身份以外,我国的涉外经济行政诉讼案件审判法官的任职条件应类似于上述国际商事法庭法官。此外,各级人民法院还应当经常组织涉外经济行政审判课题讲座、案例指导培训等活动,弥补法官在处理这类案件时出现的在事实认定、法律适用和裁判文书撰写方面所存在的不足,时时更新法官的理论知识,避免法官因忽视理论前沿问题而做出不合理的判决。⑤

第三,简化涉外经济行政诉讼的立案条件。2014年党的十八届四中全会通过的《中共中央关于全面推进依法治国若干重大问题的决定》提出,要"做到有案必立、有诉必理,保障当事人诉权"。⑥ 为了繁荣涉外经济,涉外经济行政诉讼当事人的诉讼权利也必须得到保障。因此,涉外经济行政诉讼的立案条件必须予以简化。

---

① 参见田文华:《德国行政法院制度观察及借鉴》,《江西电力职业技术学院学报》2020年第8期,第149—150页;魏海深:《法德两国行政法院之异同比较》,《河北法学》2014年第3期,第141—147页。
② 参见段葳、刘权:《法、德行政法院考察及其启示》,《云南行政学院学报》2017年第6期,第164—171页。
③ 参见章志远:《人民法院在行政争议多元化解体系中的角色定位》,《学习与探索》2023年第1期,第69—77页。同时参见刘运毛:《浅议税务行政争议解决机制》,《税务研究》2017年第4期,第63—67页。
④ See Mark Jia. "Special Courts, Global China." Virginia Journal of International Law, vol. 62, Spring 2022, pp. 599-601.
⑤ 参见刘东:《我国行政法院设立的可行性分析》,《山西省政法管理干部学院学报》2020年第2期,第30—32页;崔晓静:《论中国特色国际税收法治体系之建构》,《中国法学》2020年第5期,第163—183页。
⑥ 《中共中央关于全面推进依法治国若干重大问题的决定》,2014年10月23日中国共产党第十八届中央委员会第四次全体会议通过。

具体而言，涉外经济行政诉讼的原告只需满足起诉条件；涉外经济行政诉讼的被告只需具有一定的可辨识度，不必列举出具体的被告信息；具体的诉讼请求只需原告主张即可。例如，要求确认涉外经济行政行为违法，要求撤销涉外经济行政行为等均可被纳入受案范围。

涉外经济行政诉讼的立案条件经简化后，可能会导致案件数量的增加。然而，涉外经济行政争议案中的行政相对人通常具有国际视野，大多会运用多元化争议解决手段，因此，简化措施施行后大概率不会导致案件数量的井喷式增长。退一步说，即使会出现较多案件，也没必要将其视为"洪水猛兽"，而要正确对待，因为该种诉讼争议的存在可能并不是坏事，反而提供了一个暴露问题，解决问题的契机。我国的涉外经济行政主体应积极面对、正确处理，将外部监督压力转化为内部治理动力，努力挖掘诉讼成败案例中的价值，使得一些典型案件的裁判理由成为具有普遍适用价值的新规则，成为涉外经济行政争议诉源治理的"利器"。①

第三节　涉外经济行政争议仲裁法的理论与制度运行

一、涉外经济行政争议仲裁法的指导理论

涉外经济行政争议仲裁法的特别指导理论有多种类型，如国家主权豁免与放弃理论、视同涉外商事争议仲裁理论、透明度理论、效率导向理论、自裁管辖权理论、仲裁事项可分性理论、正当仲裁程序理论等，这里仅对以下两种最基本的特别指导理论进行进一步阐释。

（一）涉外经济行政争议仲裁性质的理论

这一理论在全球范围内尚无共识，大体而言主要存在司法性、契约性和混合性这三种不同见解。

司法性理论（jurisdictional theory）认为，包括涉外经济行政争议在内的

---

① 参见章志远：《人民法院在行政争议多元化解体系中的角色定位》，《学习与探索》2023年第1期，第69—77页；刘运毛：《浅议税务行政争议解决机制》，《税务研究》2017年第4期，第63—67页。

所有仲裁都具有司法性,国家或地区具有控制和管理其域内所有仲裁的权力,虽然仲裁来自当事人的合意,但是其性质仍属于诉讼契约,因此应当受到诉讼法规范。司法审判通常是国家法院实施司法主权的体现,而仲裁来自国家审判权的授予,仲裁庭、仲裁程序、仲裁裁决的承认和执行等都必须符合严格的法定条件才具有法律效力。涉外经济行政争议仲裁属于公法争议仲裁,在关于仲裁协议、仲裁员的合适性、仲裁程序及仲裁实体裁决争议等方面都应当受到有管辖权法院的司法控制。①

不同于司法性理论,契约性理论(the contractual theory)认为,涉外经济行政仲裁与其他仲裁一样,只具有契约性,无仲裁合意则无涉外经济行政仲裁。涉外经济行政仲裁的组成体系由当事人协议确定,仲裁员所作出的裁决实际相当于所有当事人选择接受其约束。在当事人一方不履行的情况下,另一方当事人请求有管辖权的法院强制执行仲裁协议或裁决,这一行为并不使仲裁活动转变成公共职能,而仅仅为强制执行一项未履行的合同。②

由于司法性理论完全忽视涉外经济行政仲裁的特殊情况,而契约性理论过度排除司法干预,这两种理论分别在英国、比利时等国家或地区被贯彻后,均造成了很负面的结果。③ 于是,一些学者提出了混合性理论(hybrid theory),主张涉外经济行政仲裁某些方面或环节具有司法性,而另一些方面或环节则不具有司法性。④

---

① See Cristina Emilia Alexe (ed), Complications and Liability of Arbitral Institutions in Compliance with Sanctions Regimes, Wolters Kluwer România, Issue 4, 2021, pp. 92 - 105. See also Emilia Onyema (ed.), Rethinking the Role of African National Courts in Arbitration. Kluwer Law International, 2018, p. 18.
② See Sergey Anatolievich Kurochkin, et al. (eds), Arbitration in Russia, Kluwer Law International, 2019, pp. 24 - 25.
③ 参见张圣翠:《仲裁司法审查机制研究》,复旦大学出版社 2020 年版,第 44、265 页;See also Nayla Comair-Obeid & Stavros Brekoulakis (eds), The Plurality and Synergies of Legal Traditions in International Arbitration: Looking Beyond the Common and Civil Law Divide, Kluwer Law International, 2023, pp. 455 - 456.
④ See Philippe Fouchard 等, On International Commercial Arbitration,中信出版社影印版,2004, pp. 600 - 626. See also Hodges, Paula. "Time to Stand up for Immunity." Arbitration International, vol. 39, no. 2, June 2023, pp. 234 - 245.

我们认为,上述理论所主张的涉外经济行政仲裁性质从总体上看,都属于应然性质,而不是必然或现实的性质。必然或现实的性质应当由一个国家或地区的法律进行规定,即使最初的涉外经济行政仲裁具有较强的契约性,也可能被所管辖国家或地区的立法或司法当局赋予较高程度的司法性甚或行政性。①

(二) 意思自治(party autonomy)理论

这一理论认为,与民商事争议仲裁中的意思自治理论一样,涉外经济行政争议仲裁的启动、仲裁员或仲裁机构的确定、仲裁程序的选择、仲裁参与的形式与方式、仲裁和解的发起与进行等,也都应遵循仲裁各方当事人的共同意愿,凡在这些方面未能遵循仲裁各方当事人的共同意愿的争议解决活动都不能被称为仲裁。②

支持意思自治作为涉外经济行政争议仲裁特别指导理论的学者认为,启动仲裁的合意要求具有维护行政主体的争议解决选择主权的功能,仲裁员和仲裁机构的合意确定权则有助于增强包括行政主体在内的所有当事方对仲裁的信任,保持仲裁本身的吸引力。③

不过,即便是在国际商事仲裁领域,意思自治理论的适用并非没有任何边界。相反,在可仲裁性类型与范围、仲裁员的中立性及披露义务履行、遵循仲裁正当程序等方面,当事人的意思自治都不能违背相关的强制性规则,否则就不能产生有约束力或可强制执行的仲裁裁决。④

由于涉及一方当事人是国家或地区的行政主体,涉外经济行政仲裁领

---

① See Kessler, Amalia D. "Reflections on the Nexus of Procedure and History: The Example of Modern American Arbitration." *University of Pennsylvania Law Review*, vol. 169, no. 8, Aug. 2021, pp. 2341–2364.

② See Thomas D. Grant & F. Scott Kieff, Appointing Arbitrators: Tenure, Public Confidence, and A Middle Road for ISDS Reform, Michigan Journal of International Law, Fall 2022, pp. 172–178.

③ See Jeswald W. Salacuse, "Anatomy of an Investor-State Arbitration: The Case of Aguas Argentinas." International Lawyer, vol. 55. 2022, pp. 350–351.

④ 参见张圣翠:《仲裁司法审查机制研究》,复旦大学出版社 2020 年版,第71—254页;靳也:《国际投资争端解决中透明度机制的新发展——强制性与任意性的规则模式选择》,《国际法学刊》2021 年第 2 期,第 69—89 页。

域有更多的禁止性规范约束着当事方的共同意愿。例如,在国际商事仲裁领域,保密性是一种较强的特征和当事人较常见的共同选择。然而,在国际投资行政仲裁领域,保密性却遭到众多学者的反对,以及一些国内法甚或国际条约的禁止。①

二、涉外经济行政仲裁法规范及其运行

(一) 涉外经济行政仲裁法立法规范实践

在域外,涉外经济行政仲裁的立法规范在实践中主要体现于《仲裁法》(The Arbitration Act)或《民事程序法典》(The Code of Civil Procedure)之中,其他的立法文件也可能含有相关规范。例如,阿尔巴尼亚1993年《外国投资法》第五章"纠纷解决"中的第15条b款就明确规定,有关营业执照有效期及延长有效期的问题,依照营业执照颁发之时联合国国际贸易权利委员会现行条款的规定,将提交某国际仲裁机构解决,执照颁发机关与外国投资者事先达成其他协议并写入执照者例外。② 该仲裁机构的每一项裁决对纠纷双方都将是强制性与决定性的。③

不过,有些国家采用了双轨制立法模式,即分别制定《仲裁法》或《民事程序法典》以及《国际仲裁法》(The International Arbitration Act)。例如,希腊在《民事程序法典》(the Code of Civil Procedure)的第七编(第867—903条)规定国内仲裁的同时,还单独制定《国际仲裁法》(the Law on International Commercial Arbitration),其中《第2735/1999号法律》适用于包括涉外经济行政仲裁在内的所有涉外仲裁。新加坡、瑞士等也采纳了双轨制立法模式。

---

① See Thomas Grant & Scott Kieff, "Appointing Arbitrators: Tenure, Public Confidence, and a Middle Road for ISDS Reform." Michigan Journal of International Law, Fall 2022, pp. 225 - 235. See also Matthew Calabrese, Calabrese, Matthew. "Deciding without an Appointment: Examining the Appointments Clause and Administrative Arbitration." Georgetown Law Journal, vol. 111, no. 2, December 2022, pp. 349 - 351.
② 参见李贤森:《国际投资仲裁的意思自治保障与商事发展路径》,《国际法学刊》2022年第4期,第10—102页。
③ 同上文,第84—115页。

（二）涉外经济行政仲裁法规范运用实践

涉外经济行政仲裁法规范运用实践较为突出的国家或地区主要有瑞典、荷兰、法国、新加坡、英格兰与威尔士、中国香港等。[①]

瑞典在涉外投资行政仲裁法规范运用实践方面尤为令人关注。该国的斯德哥尔摩商会仲裁院（the Stockholm Chamber of Commerce，SCC）早在1993年就因受理了一起涉外投资仲裁案件而适用了该国的仲裁法。在过去20年时间中，斯德哥尔摩商会仲裁院共受理了90多起投资仲裁案件，这些案件或是根据斯德哥尔摩商会仲裁院《仲裁规则》进行管理，或是根据《贸法会（UNCITRAL）仲裁规则》由斯德哥尔摩商会仲裁院担任指定机构。仅2019年，斯德哥尔摩商会仲裁院就登记了6起投资条约仲裁，这6起仲裁均根据斯德哥尔摩商会仲裁院《仲裁规则》提起。如今，已有121个投资保护协定将斯德哥尔摩商会仲裁院纳入了争端解决条款，这些条款或要求根据斯德哥尔摩商会仲裁院《仲裁规则》进行仲裁，或者规定斯德哥尔摩商会仲裁院将作为临时仲裁的指定机构。这些投资协定中，有60项包括根据斯德哥尔摩商会仲裁院《仲裁规则》进行仲裁的争端解决条款，61项是提及将斯德哥尔摩商会仲裁院作为指定机构，13项是将斯德哥尔摩作为仲裁地。此外，多边投资协定《能源宪章条约》（Energy Charter Treaty）将斯德哥尔摩商会仲裁院《仲裁规则》列为针对"投资者-国家争端解决机制"的三种选择之一。[②]

由于是常设仲裁法院的总部所在地，荷兰涉外经济行政法的运用实践也非常"高光"，近年来发生的史上裁赔额最高的尤科斯案（OAO Yukos Oil Company v. the Russian Federation，尤科斯石油公司诉俄罗斯）更是使其蜚声全球。该案的仲裁庭裁决被申请的行政主体俄罗斯承担500亿美元的赔款，[③]不服的当事方轮番上诉，荷兰最高法院2021年裁定发回阿姆斯特丹上

[①] 参见李贤森：《另辟蹊径：我国Non-ICSID投资仲裁制度的建构与发展》，《国际经济法学刊》2023年第2期，第87—105页。

[②] 参见李贤森：《国际投资仲裁的意思自治保障与商事发展路径》，《国际法学刊》2022年第4期，第84—115页。

[③] 参见钱嘉宁：《投资者违法行为抗辩的裁判基础和规则优化》，《国际商务研究》2023年第3期，第59—72页。

诉法院重审。① 目前,瑞士等国的法院已判决执行该仲裁裁决。②

三、中国涉外经济行政仲裁法的不足与完善

(一) 中国涉外经济行政仲裁法的不足

我国涉外经济行政仲裁法散见于《中华人民共和国仲裁法》《中华人民共和国民事诉讼法》及《关于审理行政协议案件若干问题的规定》等相关的司法解释之中,这类规范及其运行中主要存在着两种缺陷。

第一,涉外经济行政争议的可仲裁性不够明确。"可仲裁性"(arbitrability)在不同论著的上下文中有不同的含义,中外学者经常提到的"可仲裁性"有两种含义:一是"主体可仲裁性"(subjective arbitrability),指当事人具有缔结仲裁协议的能力;③二是"客体可仲裁性"(objective arbitrability),指争议标的不属于法院专属管辖范围从而依法能够提交仲裁。④

关于包括涉外经济行政争议在内的所有行政争议中的行政主体是否具有主体可仲裁性,我国并无任何法律规范予以明确规定。实践中,我国不少法院在一些案件中宣告各种行政主体由于不符合《中华人民共和国仲裁法》(2017年)第二条规定的平等主体条件而不具有主体可仲裁性,但是另一些

---

① See Breydo, Lev E. "Putin's Matryoshka: A War Reparations Facility for Rebuilding Ukraine." *Columbia Journal of Transnational Law*, vol. 61, no. 3, 2023, pp. 711 – 712. See also Mirna Monla, "Testing the Reliability of Expert Evidence in International Arbitration." *Dispute Resolution International*, vol. 16, October 2022, pp. 179 – 181.
② See Manish N. Bhatt & Viktoria Karamane, Kabir Duggal, Dianne Lake, Goran Jutrisa, International Courts and Judicial Affairs, The Year in Review, 2023, pp. 263 – 264.
③ See Homayoon, Arfzadeh. "Arbitrability under the New York Convention: the Lex Fori Revisited." Arbitration International. vol. 1, 2001, pp. 54 – 55. See also Lauren Brazier, "The Arbitrability of Investor-State Taxation Disputes in International Commercial Arbitration." Journal of International Arbitration, vol 32, 2015, p. 2. See Daniel Girsberger and Nathalie Voser, International Arbitration: Comparative and Swiss Perspectives (Third Edition), Kluwer Law International, 2016, p. 110. 此外值得注意的是,境外少数学者认为,代订仲裁协议尽管与主体可仲裁性密切相关却是有些区别的问题, See Böckstiegel & Kröll, et al. (ed), Arbitration in Germany: The Model Law in Practice (Second Edition), Kluwer Law International, 2015, p. 464.
④ See Mistelis & Brekoulakis (ed), Arbitrability, Kluwer Law International, 2009, pp. 5 – 6.

法院却公开地认定行政协议中的行政主体符合该条件。《关于审理行政协议案件若干问题的规定》(2019年)第二十六条规定,在有法律、行政法规、我国缔结或参加的国际条约的情况下,行政主体具有涉外和非涉外的主体可仲裁性。[①]

《中华人民共和国仲裁法》(2017年)第三条笼统地将所有依法应当由行政机关处理的行政争议排除在客体可仲裁性之外,以上的司法解释在相同的限定条件下承认了行政协议类争议具有客体可仲裁性。这种司法解释尽管有一定的合理性,但毕竟没有立法权威,且对非行政协议类的涉外与非涉外经济行政争议的客体可仲裁性问题也没有提供答案。值得注意的是,《中华人民共和国仲裁法(修订草案)》(2024年)在第八章附则第八十九条中对投资仲裁作出回应,特别是鼓励我国仲裁委员会参与国际投资仲裁,依照有关国际投资条约、协定,按照争议双方约定的仲裁规则处理国际投资案件。这实际上是尝试对平等主体的制度突破,给涉外经济行政仲裁创设制度空间。

第二,不承认临时仲裁制度和仲裁庭的自裁管辖权原则。在域外的涉外经济行政争议仲裁中,临时仲裁的比例较高。例如,在涉外投资行政争议仲裁中,很多当事方就选择采用联合国国际贸易法委员会的仲裁规则进行临时仲裁。该种仲裁通常更为灵活简便,成本更低且更契合意思自治理论。在世界银行的营商环境成熟度体系中,是否允许当事人选择临时仲裁是关键的评估指标。《中华人民共和国仲裁法》(2017年)第十六条和第十八条却要求有效的仲裁协议必须选定明确的仲裁机构,使得机构仲裁成为中国大陆唯一的仲裁方式,由此导致了涉外经济行政争议的当事人无法在中国进行临时仲裁,而放弃选择到中国内地解决争议。而且,依据《纽约公约》(New York Convention)的约定,中国法院还需承认和执行在他国作出的临时仲裁裁决,导致仲裁的内外不平等。[②]

[①] 参见米思谕:《行政协议争议可仲裁性研究》,《商事仲裁与调解》2023年第3期,第87—97页。

[②] 参见冯硕:《〈中华人民共和国仲裁法〉修订的涉外法治之维》,《上海大学学报(社会科学版)》2024年第5期,第13—22页。See also Kat Gritsenko, Arbitration As a Dispute Resolution Mechanism for Cross-Border Intellectual Property Disputes, Cybaris an Intellectual Property Law Review, 2024, pp.392-393.

此外,《中华人民共和国仲裁法》不承认仲裁庭的自裁管辖权原则(the competence-competence principle),即对于仲裁协议纠纷中是否有管辖权、组成合适性、管辖权范围等争议,我国不允许仲裁庭在不受相关法院未作出司法审查决定的情况下,自行作出裁断。实施仲裁庭自裁管辖权原则的意义在于,能够排除司法审查对仲裁庭管辖权的阻断,在仲裁协议的效力遭异议时,仲裁庭仍保留继续审理的权力,从而阻止滥用异议权之诉以达到拖延仲裁程序的不当目的。[①] 我国《仲裁法》中的缺陷显然不利于吸引涉外经济行政仲裁的案源。

(二) 中国涉外经济行政仲裁法的完善

第一,立法明确涉外经济行政争议的可仲裁性规则。在主体可仲裁方面,我国是 1965 年《华盛顿公约》的缔约国,该公约明确规定:作为解决一缔约国和其他缔约国国民间投资争端的仲裁机构,这两类特别主体之间因直接投资而产生的任何法律争端,可以由按照该公约建立的国际投资争端解决中心受理。我国是世界上签署双边投资保护协定数量第二多的国家,其中不少的双边投资保护协定对涉外投资行政争议确定了仲裁解决方法,这些条约在涉外投资行政领域为我国确立了承认行政主体可仲裁性的义务。

就以国际主流经济交往的国家或地区为仲裁地的仲裁庭及有管辖权的法院而言,其立场一般都是在涉外经济行政仲裁案件中,不适用当事方国内法中限制主体可仲裁性的规则。[②] 鉴于此,在非投资的其他涉外经济行政没有国际义务涵盖的领域,我国还是应赋予各级行政部门在限定范围内具有主体可仲裁性。结合多个国家或地区专门仲裁制定法中将客体可仲裁性范围限定为"当事方可自由处分的法律争议",我国可在新修订的《中华人民共和国仲裁法》中借鉴巴西现行同名法中的表达,即"公共当局可以采用仲裁

---

① 参见樊堃:《仲裁在中国:法律与文化分析》,法律出版社 2017 年版,第 63 页。See also Dmitry A. Pentsov, "Bifurcation in International Arbitration Involving Joint Ventures: Beyond Efficiency and Fairness." *International Lawyer*, vol. 57, no 1, 2024, pp. 27 - 28.

② Hadir Khalifa, Towards a Unification of Rules on the Extension of Arbitration Agreements: Emphasis on the Agency Theory, American Review of International Arbitration, 2022, pp. 392 - 393.

解决其可以处分的固有权益争议"。① 在 2024 年 11 月公布的《中华人民共和国仲裁法(修订草案)》第二条关于仲裁适用范围的规定中,删除了"平等主体"的限制性表述。这将为我国仲裁适用于非平等主体提供法律依据。

第二,引入承认临时仲裁和仲裁庭自裁管辖权的立法规则。从性质方面来看,临时仲裁的很多元素并没有背离仲裁的司法属性,只要有适当的特别程序和监督机制,该仲裁就能与机构仲裁一样具有公信力。② 2016 年,最高人民法院《关于为自由贸易试验区建设提供司法保障的意见》(以下简称《保障意见》)为适用临时仲裁创设了"三特定"原则,即自贸区注册的企业只要满足特定条件,该临时仲裁协议就可被认定有效。③ 此后,在《保障意见》的指导下,国内先后发布了一系列临时仲裁规则,共同构成了我国当前临时仲裁制度的实践基础。④ 然而,该司法解释不是权威性更高的制定法,而且仅规定自贸区注册的企业为一方主体,显然不能涵盖众多非自贸区注册的涉外经济行政相对人。可见,引入临时仲裁的最好办法就是在《仲裁法》中删除关于仲裁协议需以有选择仲裁机构为有效条件的内容。

再就仲裁庭自裁管辖权的立法规则而言,我国在《中华人民共和国仲裁法》中可区分其与可受理性问题的关系,及在相应的司法审查标准基础上采取"定义加清单"的方式进行规定,即相关立法在对它们进行概括性界定之外,还应采用列举的方式尽量明确各自的典型情形。⑤ 同时,《中华人民共和

---

① See Wald, Arnoldo, and Ana Gerdau de Borja. "The New Brazilian Arbitration Law." *University of Miami Inter-American Law Review*, vol. 47, no. 1, Winter 2015 – 2016, pp. 26 – 27.
② 参见蒋惠岭:《论非诉讼纠纷解决机制的司法属性》,《政法论丛》2024 年第 5 期,第 111—122 页。
③ 这项规定体现于该意见中的第九项第三段:"在自贸试验区内注册的企业相互之间约定在内地特定地点、按照特定仲裁规则、由特定人员对有关争议进行仲裁的,可以认定该仲裁协议有效。人民法院认为该仲裁协议无效的,应报请上一级法院进行审查。上级法院同意下级法院意见的,将其审查意见层报最高人民法院,待最高人民法院答复后作出裁定。"http://m. law-lib. com/law/law_ view. asp? id = 551835&page = 3,2025 年 1 月 22 日最后访问。
④ 参见戴宇倩:《〈仲裁法〉修订下我国临时仲裁的构建——以临时仲裁"双轨制"面临的挑战及应对为例》,《商事仲裁与调解》2023 年第 6 期,第 40—53 页。
⑤ 参见池漫郊、郑军:《论我国仲裁庭自裁管辖权的完善——以区分"管辖权问题"和"可受理性问题"为视角》,《经贸法律评论》2024 年第 5 期,第 89—105 页。

国仲裁法》还应如新西兰等众多采用联合国《示范法》(the Model Law on International Commercial Arbitration)①的国家或地区的专门仲裁制定法那样,规定除非有该法中的明确依据,人民法院不得干预仲裁②。

  本章对涉外经济行政争议解决法的理论和重点领域的制度进行了剖析。涉外经济行政争议解决法的指导理论主要包括多元化理论和比例理论,这在涉外经济行政争议解决类别化的制定法或多样化运用的实践中得到了贯彻。各个国家或地区的涉外经济行政争议解决法的重点基本放在了涉外经济行政诉讼法和涉外经济行政仲裁法方面,很大一部分原因在于,它们一般都属于外部介入式的争议解决制度,理论上有利于公信力建设。

  涉外经济行政诉讼法最重要的指导理论是尊重当事方涉外条约法下权责的理论和正当程序理论。在域外的实践方面,我们应当多关注我国的立法和司法实践。就我国本身的涉外经济行政诉讼立法而言,目前存在着管辖法院规范不够合理、负责审判的法官不够专业、立案规范的条件不够简化等不足之处,应修改弥补。涉外经济行政仲裁法最重要的是涉外经济行政争议仲裁性质的理论、意思自治理论,而域外发达国家或地区比较重视涉外经济行政仲裁法的制定和运用实践。在涉外投资行政争议领域已有了不少的仲裁实践。然而,现行的《中华人民共和国仲裁法》中有很多不配套的规则或空白,尚待通过修改予以完善。

---

① 该《示范法》由联合国贸易法委员会(The United Nations Commission on International Trade Law, UNCITRAL)制定,其英文全称为"the Model Law on International Commercial Arbitration",全称的中文译名是《国际商事仲裁示范法》,英文简称则为"the UNCITRAL Model Law"。
② See William Porter, When Two Worlds Collide: The Common Law Clash over Arbitration Agreements in Winding-Up Proceedings, and How New Zealand Should Respond, New Zealand Business Law Quarterly, 2023, pp. 95-96

结语

涉外经济行政法：在时空交汇中守正创新

基于全书共十四章关于"涉外经济行政法体系建构与实践展开"的系统阐释，这里尝试作简要总结，提炼形成一个基本观点。契合涉外经济行政法的生成机理、演进逻辑，面向涉外经济行政法制度体系的传统、现在与未来，本书所得出的基本观点为：涉外经济行政法应当在时空交汇中守正创新。

涉外经济行政法既在时空交汇中形成与发展，也在时空交汇中运行与发挥制度作用。经济发展范式的变迁引发经济治理制度的变革。国家设立涉外经济行政法制度，起点条件是经济对外开放的出现。置身于经济全球化的大图景之中，国家推动经济对外开放的核心在于促进经济价值的跨时空交换，实现价值在不同时空之间的优化配置。所调整对象要素之跨时空性，让涉外经济行政法呈现出时空交汇的"面貌"。在由内而外的动向上，涉外经济行政法是国内经济行政法国际化的呈现；在由外而内的动向上，部分涉外经济行政法是国际经济治理法国内化的呈现。随着一国经济对外开放的推展，及其与经济全球化的交融加深，涉外经济行政法制度不断更新完善，更好地平衡涉外经济市场中的公权力运行与私权利保护，维护经济价值跨时空配置的秩序、公正和效益。

在公权力与私权利的交汇中，涉外经济行政法应当坚守规制权力的"公法属性"。"行政法的全球化发展始终不能脱离其公法属性，须以调整公共行政关系、规制公权力行使为目标"。① 当下，涉外经济行政权具有膨胀和扩

---

① 石佑启：《基于中国治理实践的行政法学命题转换》，《中国社会科学》2023年第9期，第43页。

张的趋势,因而更应重视法律对该类公权力的规范和控制。行政权作用于涉外经济市场,牵涉到该领域中私主体的权利分配问题,涵盖相关外国私主体的权利,以及身处国外的相关本国私主体的权利。全球化时代背景下,人权保护国际化的理念和公法机制日益深化,这些也为全球化中的公权力运行提供合法性基础。① 涉外经济市场中私主体的权利亦应受到尊重和制度化保障。如果放任涉外经济行政权力的盲目扩张、肆意而为,将会不当侵损涉外私主体的合法权益,背离人权保护国际化的价值趋向,进而带来涉外经济行政中的合法性危机问题。

在国内法国际化中,涉外经济行政法应当坚守尊重国际法的"制度理性"。建立健全域外适用型的涉外经济行政法,是推动国内经济行政法国际化的一个重要举措。具有域外效力的涉外经济行政法,其制度运行空间溢出主权国家的物理边界,进入了国际秩序空间,从而与国际法规范"交汇"。在一定意义上,国际法是各国在考虑彼此利益,以及国际社会权力格局的基础上,理性寻求自身利益最大化的产物。② 若一国强行将本国的涉外经济行政法凌驾于国际法之上,为本国经济霸权提供法律支持,就会导致法律凌霸等制度非理性现象,引致国际法治的困顿。反之,不违反国际法规则的涉外经济行政法,因其制度合理性而获得国际道义方面的制高点,有利于减少涉外经济行政法域外适用的阻力。③

在国际法国内化中,涉外经济行政法应当坚守扎根本土的"制度自主性"。国际经济治理的法规范体系为涉外经济行政法发展注入了重要"养分",对国际规则的适应、接受和吸收催生了相当规模的涉外经济行政法。毋庸置疑,两套制度体系在对话、互动中具有很强的"耦合点"。但是,亦应注意到,二者之间并不具有全然的"同构性"。国际经济治理的制度体系受到国际经济规制环境复杂性、多样性的影响,体现各国在经济、政治话语权方面的博弈与价值糅合。中国涉外经济行政法则应当立足于本国宪制结

---

① 参见焦洪昌主编:《宪法学》,北京大学出版社2020年版,第307—310页。
② See Jack Goldsmith & Eric Posner, The Limits of International Law, Oxford University Press, 2005, p.3.
③ 参见廖诗评:《中国法域外适用法律体系——现状、问题与完善》,《中国法学》2019年第6期,第32页。

构,以及我国经济对外开放的实践经验与现实进度,不能脱离中国制度环境的规定性、本土资源的约束性。对国际经济治理法规则的简单套用、刻板模仿,将会破坏涉外经济行政法的内在融贯性和外在有效性,危及制度自主性的根基。

"守正"方能"行稳","创新"方能"致远"。在"守正"的基础上,涉外经济行政法应当直面挑战、把握机遇,在时空交汇中不断推进制度创新。

面对经济全球化与逆全球化的碰撞,涉外经济行政法应当以"制度全球化"助力构建公正合理的全球经济秩序。长期而言,经济全球化的历史趋势不可逆转。但近年来,经济全球化遭遇逆流,部分经济强国通过"长臂管辖""脱钩断链"等不合理的方式逐利,对全球化秩序造成了冲击。在全球化与逆全球化交互激荡的背后,是国家之间技术遏制与反遏制的交锋,[1]更是国家之间制度遏制与反遏制的交锋。在此过程中,经济规制之法应当强化全球化面向,进一步因应维护国家权益与全球化公正秩序的制度需求。经济规制领域的制度全球化,围绕涉外经济行政法的全球化发展、国际经济治理法的更新迭代两条线路展开。要增强涉外经济行政法关于对外防御和反制的制度功能,应对某些国家对中国经济进行打压、围堵的不法行为,在逆全球化的暗流中以制度化方式维护我国正当权益。同时,通过涉外经济行政法的全球化机制,让更多兼具形式理性与实质理性的中国规则"走出去",增强我国在国际经济规制中的制度建构话语权。由此,助推国际经济治理法之合理更新,让各国更充分地利用自身经济要素禀赋,实现各国共同的利益,防范国际经济组织沦为某些发达国家主导的利益集团。

面向中国式现代化与全球治理现代化的交汇,涉外经济行政法应当以"制度现代化"促进中国与世界的现代化变革。在现代法治社会中,法律是最具权威性、预期性的制度,无论是各类市场主体还是一国政府,抑或超国家机构,都应当在法治的框架内运行。处于"现代化"状态的国内和国际法规范体系,是实现中国式现代化和全球治理现代化最可靠的制度保障。[2] 涉

---

[1] 参见王勇、赵昌文、江深哲:《大国竞争中的技术遏制与反遏制》,《中国社会科学》2024年第6期,第100—101页。
[2] 参见莫纪宏:《论法治改革的底层逻辑——党的二十届三中全会精神的法学解读》,《中国法律评论》2024年第5期,第6页。

外经济行政法作为"制度现代化"中的活跃"分子",应当革新进取、奋力作为。在中国向度上,增强涉外经济行政的透明度、境内外市场主体的参与度、跨国规制的协调度,积极吸纳国际经济规制中的先进理念、规则和标准,提高国家涉外经济治理能力,塑造高水平对外开放的现代化经济体系。在全球向度上,通过制度化、程序化的机制,强化中国以法治方式履行负责任大国使命的能力,参与和引领全球治理规则体系建构、国际事务治理,与各国一道合力提升全球治理的效能和发展质量。不断创新发展的涉外经济行政法,作为"促进国际合作的一个积极有效的法律手段",[①]将推动中国与世界在现代化的征程中"交相勉""同灿烂"!

[①] 参见[德]汉斯·沃尔夫等:《行政法(第一卷)》,高家伟译,商务印书馆2002年版,第2页。

图书在版编目(CIP)数据

涉外经济行政法体系建构与实践展开/程天权等著.
上海：复旦大学出版社,2025.4.--(国际经济行政法
系列丛书).--ISBN 978-7-309-17889-0
Ⅰ.D922.295.4;D922.104
中国国家版本馆 CIP 数据核字第 2025ZM9416 号

涉外经济行政法体系建构与实践展开
程天权 等 著
责任编辑/刘 月

复旦大学出版社有限公司出版发行
上海市国权路 579 号 邮编：200433
网址：fupnet@fudanpress.com http://www.fudanpress.com
门市零售：86-21-65102580 团体订购：86-21-65104505
出版部电话：86-21-65642845
上海盛通时代印刷有限公司

开本 787 毫米×1092 毫米 1/16 印张 26.5 字数 407 千字
2025 年 4 月第 1 版第 1 次印刷

ISBN 978-7-309-17889-0/D·1214
定价：98.00 元

如有印装质量问题,请向复旦大学出版社有限公司出版部调换。
版权所有 侵权必究